Schriftenreihe des Behinderten-Sportverbandes NW
Behinderte machen Sport
Band 11

Volker Scheid (Hrsg.)
Facetten des Sports behinderter Menschen
Pädagogische und didaktische Grundlagen

Schriftenreihe des Behinderten-Sportverbandes NW
Behinderte machen Sport
Band 11

Volker Scheid (Hrsg.)

Facetten des Sports behinderter Menschen

Pädagogische und didaktische Grundlagen

Mit Beiträgen von:

Gudrun Doll-Tepper
Friedhold Fediuk
Ingo Froböse
Hermann Herwig
Jürgen Innenmoser
Peter Kapustin
Ralf Kuckuck
Hermann Rieder
Volker Scheid
Hans-Georg Scherer
Lutz Worms

Meyer & Meyer Verlag

Die Deutsche Bibliothek – CIP-Einheitsaufnahme

Facetten des Sports behinderter Menschen :
pädagogische und didaktische Grundlagen / Hrsg.: Volker Scheid.
– Aachen : Meyer und Meyer, 2002
(Behinderte machen Sport ; 11)
ISBN 3-89124-637-4

© 2002 by Meyer & Meyer Verlag, Aachen,
Adelaide, Auckland, Budapest, Graz, Johannesburg, Miami,
Olten (CH), Oxford, Singapore, Toronto
Member of the World
Sport Publishers' Association (WSPA)
Schriftleitung: Prof. Dr. Volker Scheid
Druck: Druckpunkt Offset GmbH, Bergheim
Printed in Germany
ISBN 3-89124-637-4
E-Mail: verlag@meyer-meyer-sports.com

Inhaltsverzeichnis

Vorwort des Behinderten-Sportverbandes NW e.V. (BSNW)

Als 1992 der erste Band der Schriftenreihe mit dem Titel „Spiel und Sport für alle" erschienen ist, war es Wunsch aller Beteiligten im BSNW und in der Schriftleitung, in loser Reihe eine Schriftenreihe mit Büchern zum Behindertensport aufzulegen. Heute, neun Jahre später, erscheint mit diesem Buch „Facetten des Sports behinderter Menschen" der Band 11. Die Verantwortlichen des Behinderten-Sportverbandes NW e.V. (BSNW) haben es sich damals nicht vorstellen können, dass aus den gemeinsamen Ideen eine so erfolgreiche Schriftenreihe entstehen könnte.

Mit diesem Band 11 will der Herausgeber, Prof. Dr. Scheid, eine Standortbestimmung zum Behindertensport an der Schwelle des 21. Jahrhunderts geben. Welche Ziele, unterschiedlichen Ansätze und Möglichkeiten hat er heute und welche Bedeutung wird er für die Zukunft haben?

Dabei wird sowohl die Abkehr von einer defizit-orientierten Betrachtungsweise behinderter Menschen wie die Hinwendung zu einem ganzheitlichen Ansatz deutlich, der insbesondere von den positiven Möglichkeiten ausgeht und die Leistungen beschreibt, die behinderte oder chronisch kranke Menschen trotz Behinderung leisten können. In diesem Sinne verfolgt der Herausgeber ein Motto, das der frühere Bundespräsident der Bundesrepublik Deutschland, Richard von Weizäcker mit dem Satz formulierte: „Es ist normal, verschieden zu sein."

Dem BSNW ist es mit der Veröffentlichung des Bandes 11 in der Verantwortung von Prof. Dr. Volker Scheid ein Anliegen, sich bei ihm für die langjährige vertrauensvolle Zusammenarbeit zu bedanken. Die Übernahme der Schriftleitung dieser Reihe durch Prof. Scheid wird vom BSNW für den Verband, aber auch für den Erfolg der Schriftenreihe als Glücksfall gesehen.

Prof. Dr. Scheid ist die treibende Kraft dieser Schriftenreihe. Er stellt bereits heute sicher, dass nach Band 11 viele weitere Veröffentlichungen in dieser Schriftenreihe folgen werden. In diesem Sinne wünscht der Behinderten-Sportverband NW dem vorliegenden Band viel Erfolg verbunden mit einem Schub in der Weiterentwicklung des Behindertensports in der Bundesrepublik Deutschland.

Duisburg, im Mai 2001   *Theodor Zühlsdorf*
Vorsitzender
Behinderten-Sportverband NW e.V.

Vorwort des Herausgebers

Nachdem in den bereits vorliegenden zehn Bänden der Schriftenreihe „Behinderte machen Sport" zumeist einzelne Behinderungsformen behandelt werden, sollte ein Sammelband entstehen, der bekannte Zielgruppen des Behindertensports thematisiert. Bei der Planung des Buches wurde festgelegt, dass zum einen sechs Behinderungsgruppen (Körperbehinderte, Hörgeschädigte, Blinde und Sehbehinderte, geistig Behinderte, Menschen mit schwerer Behinderung, Lernbehinderte) und zum andern die beiden übergreifenden Themenbereiche des Integrations- und Behindertenleistungssports berücksichtigt werden sollen.

Der Sammelband dient einer Standortbestimmung aus pädagogischer Sicht; der Diskussionsstand und aktuelle Entwicklungstendenzen des Sports behinderter Menschen werden aufgezeigt. Das Buch wendet sich an interessierte Übungsleiter und Trainer, Sonderpädagogen und Sportlehrkräfte, Dozenten und Studierende, die im Sport mit behinderten Menschen tätig sind oder zukünftig tätig sein wollen.

Namhafte Autoren konnten für die Ausführung der einzelnen Beiträge gewonnen werden. Dabei informieren die Beiträge nicht nur über grundlegende pädagogische und behinderungsspezifische Aspekte, sondern geben auch didaktische und methodische Anregungen. Ausgehend von den jeweiligen Besonderheiten der Behinderungsarten, informieren die Verfasser über Wege und Möglichkeiten von Bewegung, Spiel und Sport. Neben Zielsetzungen und Förderungsmöglichkeiten sind auch konkrete methodische Hinweise zu geeigneten Inhalten und bewährten Unterrichtsformen zu finden. Die Schwerpunktsetzung sowie die jeweilige Verknüpfung theoretisch-konzeptioneller und didaktisch-methodischer Aspekte lag in der Verantwortung der Autoren:

* *Jürgen Innenmoser* (Universität Leipzig) befasst sich in seinem Beitrag „Bewegung, Spiel und Sport der Körperbehinderten – Breiten-, Freizeit-, Leistungs- und Rehabilitationssport in angeleiteter, selbstverantwortlicher Gestaltung" mit unterschiedlichen Facetten des Sports für körpergeschädigte Personen. Entgegen einer Defizitorientierung fragt der Autor zunächst nach vorhandenen Möglichkeiten und Bewegungslösungen bei acht unterschiedlichen Schädigungsformen. Hinsichtlich der Inhalte von Bewegung, Spiel und Sport werden sowohl eigenständige Sportarten als auch Abwandlungen allgemeiner Sportarten behandelt. Ein eigenes sportdidaktisches Kapitel befasst sich mit Auswahlkriterien und unterrichtsmethodischen Fragestellungen.

- Der Beitrag „Bewegung, Spiel und Sport mit Hörgeschädigten" von *Ingo Froböse* (Deutsche Sporthochschule Köln) thematisiert einleitend die Ursachen und Erscheinungsformen einer Hörschädigung. Ausgehend von den sonderpädagogischen Grundlagen einer schulischen und außerschulischen Förderung werden Zielsetzungen, Inhalte und didaktische Maßnahmen im Sport mit Hörgeschädigten angesprochen.

- *Hans-Georg Scherer* (Universität Osnabrück) und *Hermann Herwig* (Universität Marburg) beschreiben in ihrem Artikel „Wege zu Bewegung, Spiel und Sport für blinde und sehbehinderte Menschen". Zunächst nehmen sie eine anthropologische und bewegungspädagogische Perspektive ein und fragen nach dem Menschenbild sowie den Aufgaben der Entwicklungsförderung und Handlungsorientierung. Aus praktisch-methodischer Perspektive wird anschließend das Bewegungslernen als Wahrnehmungslernen und Aufgabenlösen thematisiert.

- *Peter Kapustin* (Universität Würzburg) vollzieht in seinem Beitrag „Ich will auch! – Kinder, Jugendliche und Erwachsene mit geistiger Behinderung im Hindernislauf auf dem Weg in die Sport-Gemeinschaft" einen interessanten Perspektivenwechsel. Auf der Grundlage der Interviewaussagen von zwei Menschen mit geistiger Behinderung – Wolfgang und Manuela – werden weiterführende sportpädagogisch-didaktische Anregungen gegeben. Dabei werden Zielsetzungen und Lerninhalte einer entwicklungsorientierten Bewegungserziehung und handlungsorientierten Sporterziehung ausgeführt. Über den Schulsport hinaus wird auf bewährte Modelle und Veranstaltungskonzepte wie den Familiensport, die Sportferien sowie Spiel- und Sportfeste hingewiesen.

- „Menschen mit schwerer Behinderung im Sport" sind eine Zielgruppe, die *Ralf Kuckuck* (Deutscher Behinderten-Sportverband e.V.) und *Lutz Worms* (von Bodelschwinghsche Anstalten Bethel) in ihrem Artikel behandeln. Einleitend bemühen sich die Autoren um eine begriffliche Eingrenzung der Zielgruppe und kontrastieren unterschiedliche Förderansätze. Zielsetzungen, Konzeptionen und Praxisbeispiele für Bewegungsangebote mit schwerbehinderten Menschen werden anschließend aufgezeigt.

- „Bewegung und Sport verstärken Entwicklungschancen für Menschen mit unterschiedlichen Lernbedingungen", so lautet der Beitrag von *Hermann Rieder* (Universität Heidelberg). Einleitend setzt sich der Autor mit den Formen und der Heterogenität seiner Zielgruppe auseinander. Überlegungen zur

angemessenen Planung und Durchführung von Sportangeboten für Lernbehinderte sowie didaktisch-methodische Möglichkeiten einer vielseitigen
Sportpraxis (u.a. Erlebnissport und Psychomotorik) stehen im Mittelpunkt
der weiteren Ausführungen.

• *Gudrun Doll-Tepper* (Freie Universität Berlin) thematisiert „Historische und
aktuelle Entwicklungen im Leistungssport von Menschen mit Behinderungen". Der Beitrag informiert nicht nur über die historischen Anfänge des Behindertenleistungssports, sondern auch über das aktuelle internationale Wettkampfgeschehen (Paralympische Spiele, Weltspiele der Gehörlosen, Special
Olympics). Zentrale Themenstellungen des Behindertenleistungssport wie
die Klassifikation, die Prothesen-, Rollstuhl und Sportgeräteentwicklung, die
sportmedizinischen, ethischen und integrativen Aspekte werden angesprochen.

• *Volker Scheid* und *Friedhold Fediuk* (beide Universität Gesamthochschule
Kassel) berichten im abschließenden Beitrag über „Menschen mit und ohne
Behinderung gemeinsam im Sport". Auf der Grundlage der integrationstheoretischen Position von Reiser werden zunächst Ansätze und Befunde des integrativen Sports dargelegt. Didaktisch-methodische Grundlagen des integrativen Sports (u.a. Bewältigung von Heterogenität, innere Differenzierung und
individualisierte Leistung) werden im zweiten Teil des Beitrages diskutiert.

Die Verwirklichung des Buchprojekts wäre ohne die finanzielle Unterstützung
des Behinderten-Sportverbandes Nordrhein-Westfalen e.V. nicht möglich gewesen. Dem BSNW sei für die erwiesene Unterstützung gedankt.

Ein Dank geht ebenso an die beteiligten Autoren, die spontan ihre Mitarbeit an
dem vorliegenden Sammelband zugesagt haben, ihre Beiträge mit Engagement
gestalteten und aufgetretene Verzögerungen mit Nachsicht tolerierten.

Schließlich darf ich Herrn Enrico Voigt von der Universität Gesamthochschule
Kassel, der bei der umfangreichen Texterfassung und Manuskriptgestaltung
mitgewirkt hat, für seine Mitarbeit recht herzlich danken.

Kassel, im Juni 2001   *Volker Scheid*
                                                   Herausgeber und Schriftleiter

Jürgen Innenmoser

Bewegung, Spiel und Sport der Körperbehinderten
Breiten-, Freizeit-, Leistungs- und Rehabilitationssport in angeleiteter, selbstverantwortlicher Gestaltung

1 Körperliche Schädigungen und funktionelle Einschränkungen ergeben soziale Beeinträchtigungen

Die Begriffe Behinderter, Versehrter, Krüppel, ja sogar der an sich neutrale Begriff Schädigung haben in unserer Umgangssprache fast immer einen abwertenden Bedeutungsgehalt. Tatsächlich mussten viele Menschen mit Körperschädigungen bei ihren Bemühungen um soziale Integration und gleichwertige Behandlung abwertende Urteile, negative Einschätzungen und reale Nachteile hinnehmen.

Die Sportwissenschaft und Medizin benutzen die Begriffe neutral und versuchen vorurteilsfrei dem behinderten, versehrten oder geschädigten Menschen gerecht zu werden. Streng sachorientierte und emotionsfreie Schulungs- und Forschungsmaßnahmen und die darauf basierenden Lehrkonzepte sollen helfen, die Situation der Körperbehinderten in der Gesellschaft zu verbessern.

Mit dieser Absicht hat die Weltgesundheitsorganisation (WHO) bereits 1980 Definitionen vorgelegt und Zusammenhänge aufgezeigt, die unter der Aufgabenstellung „disability prevention and rehabilitation" klären sollten, was unter einer Schädigung, einer funktionellen Störung und was unter einer sozialen Beeinträchtigung, d.h. einer Behinderung, zu verstehen ist. Diese Erkenntnisse gingen ein in das Grundlagenwerk der BAG Rehabilitation („Rehabilitation Behinderter"), das bereits in zweiter Auflage (1984 und 1994) erschien und jedem niedergelassenen Arzt vorliegt, weil es kostenlos zugeleitet wurde. Für alle Fachkräfte der Rehabilitation sind die darin enthaltenen Vorgaben verbindlich.

1995 wurde die International Classification of Impairments, Disabilities and Handicaps (ICIDH) in deutscher Übersetzung von Matthesius erneut publiziert und erneuert. Jochheim und Matthesius (1995, S. 5 ff.) betonen die Bedeutung eines richtigen Verständnisses und stellen die instrumentalen Möglichkeiten klar, an denen sich auch der Gesetzgeber orientieren sollte. Mit der ICD (International Classification of Diseases) versucht man, Gesundheitsstörungen unter den vergleichbaren Aspekten Ätiologie, Pathogenese und Manifestation zu erfassen. Manifest gewordene Gesundheitsstörungen werden ergänzend dazu in der ICIDH identifiziert als Schädigungen, Fähigkeitsstörungen oder individuelle funktionelle Einschränkungen und Beeinträchtigungen. Von besonderem Interesse für die Rehabilitation sind die (individuelle) Bewältigung dieser Störungen (Coping) und die Reaktionen der Gesellschaft (ebd.).

1.1 Grundsätzliche Aussagen

Eine Vielzahl von Ursachen (Erkrankungen, Unfälle, äußere Gewalteinwirkungen) können dazu führen, dass Menschen eine Schädigung ihres Körpers oder über den Weg einer akuten Erkrankung eine chronische Erkrankung des Körpers erleiden. Die körperliche Struktur/Gestalt kann auch durch – notwendige, weil oft lebensrettende und häufig schmerzreduzierende – ärztlich-medizinische Maßnahmen (Amputation, „Umdrehplastik", Endo-Prothese, Gelenk- und Wirbelsäulenversteifung, Muskelplastik ...) so verändert werden, dass die Personen funktionsgestört und nicht selten erheblich behindert sind.

Die Ausgangsbasis für alle Überlegungen im Rahmen der Rehabilitation stellt somit die physisch feststellbare Schädigung oder chronische Krankheit – im Falle der Körperschädigung – der Teile des Körpers dar, die man dem Stütz- und Bewegungsapparat und dem zentralen und peripheren Nervensystem zuordnet[1].

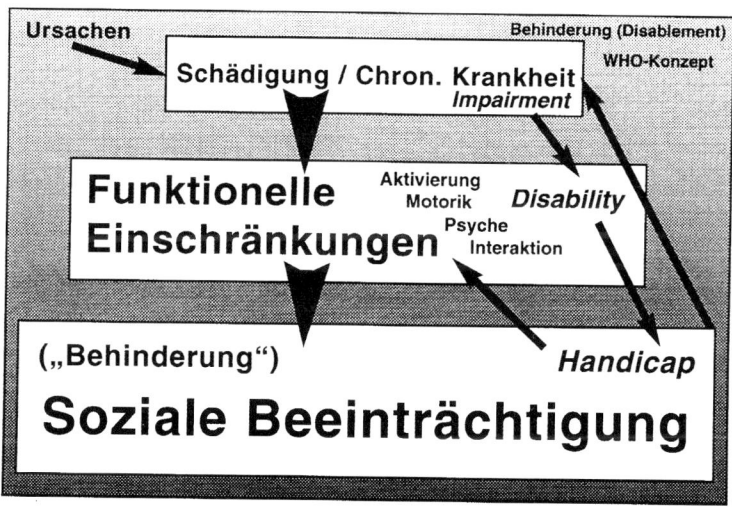

Abb. 1: Die Zusammenhänge zwischen Schädigungen, funktionellen Einschränkungen/ Störungen und Behinderung in ihrer Präzisierung auf den körpergeschädigten Menschen

---

[1] Obwohl auch die „geistige Behinderung" auf Schädigungen der organischen Substanz und des neurophysiologischen Zusammenspiels einzelner Gehirnabschnitte beruht oder z.B. die chronische Herzkrankheit ein patho-organisches, patho-physiologisches Symptom des Herz-Kreislaufsystems ist, benennt man traditionell – ganz im Sinne einer morphologischen Betrachtungsweise – die Funktionsstörungen der beiden o.g. Bereiche als „Körperschädigung". International wird hierfür der Begriff „impairment" verwendet. In unserer Umgangssprache wird hieraus die „Körperbehinderung".

Sichtbar werden körperliche Schädigungen als Veränderungen der körperlichen Gestalt und der Gliedmaßen und vor allem als Bewegungsstörungen und Bewegungsveränderungen. Als Folge dieser Schädigungen und chronischen Krankheiten des Stütz- und Bewegungsapparates und des zentralen und peripheren Nervensystems entstehen logischerweise körperbezogene funktionelle Einschränkungen oder Beeinträchtigungen. International wird dies mit dem Begriff „disability" bezeichnet.

Der hier verwendete Begriff „Funktion" meint nicht nur die physischen bzw. die in der Medizin vordringlich behandelten patho-physiologischen Funktionen. Vielmehr können durch eine körperliche Schädigung sowohl die physischen Funktionen des Stütz- und Bewegungsapparats, die Funktion Motorik als auch die Funktionen Psyche (Kognition/Emotion, Motivation), die Funktion Aktivierung und die Funktionen Interaktion/soziale Kommunikation beeinträchtigt sein (vgl. van der Schoot, 1990, S. 10 und van der Schoot & Seeck, 1990, S. 33 ff.). Körperliche Schädigungen wirken sich in direkter Folge einschränkend auf die physischen Funktionen aus, wobei besonders die motorisch-koordinative Funktion betroffen ist. Als Konsequenz einer physischen Schädigung, d.h. der Schädigung körperlicher Strukturen, können auch sensorische Funktionsstörungen entstehen, weil die Sinnesorgane des Körpers (Tiefen- und Oberflächensensibilität) und deren Nervenbahnen geschädigt sein können. Dieses führt übrigens zu eigenständigen Wahrnehmungen des Körpergeschädigten, die nicht deshalb, weil sie der Nichtgeschädigte so nicht hat, als „Störungen" identifiziert werden dürfen!

Die Folge motorischer Funktionsstörungen sind Beeinträchtigungen der energetisch-konditionellen Funktionen. Bei einigen motorischen Schädigungen kann es auch zur Beeinträchtigung der Kommunikation und der sozialen Interaktion kommen. Alle diese Störungen und Funktionseinschränkungen sind bei Körperschädigungen mehr oder weniger obligat, hängen allerdings auch vom Schädigungsort, von der Schädigungsart und der Schwere der Schädigung ab.

Eine körperliche Schädigung verursacht nie Beeinträchtigungen der kognitiven Funktionen. Sie kann allerdings bei Vorliegen spezieller Persönlichkeitsmerkmale zu Beeinträchtigungen der emotionalen und motivationalen Funktionen und der Aktivierungsfunktion führen. Körperliche Schädigungen und chronische Krankheiten sind in der Regel mit medizinischen bzw. biologischen Testverfahren erfassbar; die funktionellen Beeinträchtigungen/Funktionsstörungen werden mit speziellen diagnostischen Verfahren erfasst, die stets funktionsspezifisch sein müssen.

Aus den funktionellen Beeinträchtigungen, Einschränkungen und Störungen entsteht im sozialen Kontext die individuelle soziale Beeinträchtigung. Der Begriff soziale Beeinträchtigung wird synonym mit dem in der Alltagssprache üblichen Begriff der Behinderung gebraucht. International spricht man von „handicap" bzw. von „disablement".

Aus der hier aufgezeigten Herleitung der Begriffsinhalte wird ersichtlich, dass der Schweregrad der sozialen Beeinträchtigung bzw. der Behinderung nicht allein von dem Ausmaß der funktionellen Einschränkungen abhängt, sondern vom sozialen Umfeld, von den sozialen und gesellschaftlichen Möglichkeiten und der Befähigung der Person, diese sozialen und sachbezogenen Lebensbereiche zu bewältigen.

Wenn wir somit von Bewegung, Spiel und Sport der Körperbehinderten reden, dann beschreiben wir sportliche Tätigkeiten, die eine breite Spanne an Zielen, Inhalten und Aufgaben abdecken.

So können wir damit einerseits den Sport von Menschen meinen, die über nur geringgradige soziale Beeinträchtigungen (= Behinderung/Disablement) in unserer Gesellschaft verfügen, einem Beruf nachgehen und diesen voll ausfüllen. Sie stellen ganz spezifische Forderungen an die Art und Durchführung ihres Sports. Andererseits ist dies auch der Sport von nicht so umfassend körpergeschädigten Menschen, bei denen diese Körperschädigung zu einer erheblichen sozialen Beeinträchtigung führte, unter anderem, weil sie in einem sozialen Umfeld leben, das ihre Chancen erheblich einschränkt.

> Bewegung, Spiel und Sport für Körperbehinderte müssen behinderungsspezifisch sein, das heißt, alle Faktoren, die Schädigung, die funktionellen Störungen und die sozialen Lebensumstände, berücksichtigen.

Sportliche Angebote, die nur schädigungs- oder funktionsspezifisch ausgerichtet sind, können nicht befriedigen! Aber auch sportliche Angebote – nicht selten nennen ihre Protagonisten dies Integrationssport –, die von der Schädigung und von den funktionellen Möglichkeiten und Einschränkungen nichts bzw. wenig wissen wollen, weil sie die sozialen Prozesse favorisieren und glauben, über das Erlebnis der sozialen Gemeinschaft alles kompensieren zu können, sind nur der halbe Weg! Was hat ein körperbehinderter Jugendlicher davon, wenn er zwar in eine Gruppe integriert ist, aber seine erhaltenen und beeinträchtigten Funktionen nicht angemessen berücksichtigt werden und dadurch immer schlechter werden? Zunehmend häufiger wird er Fremdhilfe benötigen. Wo bleibt das Ziel, seine Selbständigkeit zu fördern, wenn er nicht auch gleichzeitig motorisch gefördert wird?

1.2 Schweregrade

Die Art und das Ausmaß einer Schädigung der Körperorgane entscheiden darüber, ob auch eine Vielzahl funktioneller Einschränkungen mit gravierenden Störungen der Lebensumstände vorliegt. Allerdings gibt es hier keine saubere 1:1-Beziehung.

Wir wissen aus der Entwicklung von frühkindlich hirngeschädigten, bewegungsgestörten Kindern, dass ihre funktionellen Einschränkungen immer dann nicht zu erheblichen sozialen Beeinträchtigungen führten, wenn sie über eine hohe Intelligenz, gute geistige Leistungen und eine optimale Förderung im familiären Umfeld verfügen konnten. Frühkindlich hirngeschädigte Kinder allerdings, die in einem Heim aufwachsen müssen, müssen über eine ganz besonders hohe Intelligenz und eine durchsetzungsfähige Persönlichkeit verfügen, um wenigstens ihre funktionellen Einschränkungen einzudämmen und damit die Behinderung gering zu halten.

Unsere Gesellschaft hat eine hohe ethisch-moralische Verantwortung, dazu beizutragen, dass solche Entwicklungsmängel oder weitergehende soziale Beeinträchtigungen vermieden werden. Die maßgeblichen Entscheidungsträger dieser Gesellschaft sollten Einsicht in die Notwendigkeit spezieller Fördermaßnahmen zeigen, wenn die soziale Beeinträchtigung/die Behinderung trotz scheinbar geringerer Funktionsstörungen bzw. Schädigungen doch erheblich und z.B. ein selbständiges Sporttreiben nicht leicht möglich ist. Denn es ist für die Gesellschaft – warum soll man das nicht betonen – von hohem Nutzen, wenn sich solche frühgeschädigten Menschen – seien es nun Gliedmaßenfehlgebildete (Beispiel: Dysmelie-Geschädigte) oder frühkindlich Rückenmarksgeschädigte bzw. frühkindlich Hirngeschädigte – mit einer so erfolgversprechenden charakterlichen Veranlagung und Persönlichkeit und mit einer so hohen Intelligenz in die Gesellschaft integrieren können!

Das Ausmaß der Schädigung führt zu differenzierten funktionellen Einschränkungen. Schädigungen mehrerer Funktionsbereiche und Schädigungen der

Funktionen mehrerer Körperabschnitte bestimmen in der Summe den Schwere-grad der funktionellen Einschränkung. Insofern müssen mit diagnostischen Ver-fahren sowohl die Schädigungen als auch die funktionellen Einschränkungen ermittelt und hinsichtlich ihres Ausmaßes und ihres Schweregrades festgestellt werden.

Andererseits aber muss klar sein, dass funktionelle Einschränkungen auch zu Einschränkungen der Durchführung eines, z.b. sportlich orientierten, kompensa-torischen Trainings führen und somit Sekundärwirkungen der Schädigung nicht auszuschließen sind. Dies ist ein großes Problem, das sich vor allem bei spätge-schädigten Menschen, bei langandauernder Schädigung im Lebensverlauf oder bei langandauernden chronischen Krankheiten negativ auswirken kann. Gehbe-hinderte Menschen z.b. sind zur Durchführung eines herzkreislaufwirksamen Ausdauertrainings entweder auf die Bewegung im Wasser (Schwimmen) ange-wiesen oder auf technische Hilfsmittel, mit denen sie sich fortbewegen können. Die Verbesserung der allgemeinen aeroben Ausdauer ist ohne eine langandau-ernde Aktivität mittlerer Intensität nicht zu erwarten (vgl. dazu Martin et al. 1991; Badtke, 1999; Schnabel, Harre & Borde, 1994 u.a.). Was aber, wenn es ihnen extrem schwer fällt, ein Training im Wasser durchzuführen? Und wenn sie mit ihren technischen Hilfsmitteln nicht in der Lage sind, solche langandauern-den Trainingsprogramme durchzuführen? Weitergehende funktionelle Ein-schränkungen sind zu erwarten und logischerweise wird daraus auch eine weite-re Verstärkung der sozialen Beeinträchtigung/Behinderung entstehen.

2   Bewegungslösungen und Bewegungsprobleme

Viele Aufsätze zum Sport der Körperbehinderten begnügen sich damit, die durch die Medizin festgestellten (physischen und motorischen) Schädigungen und die daraus entstehenden bewegungspathologischen Symptome aufzuzeigen und, davon ausgehend, die Inhalte des daran angepassten Sports zu beschreiben!

Ausgehend von unserem in vielen Jahren immer wieder modifizierten didakti-schen Konzept[2] des Rehabilitationssportes bzw. der Sporttherapie, bei dem nicht die Defizite und ihre Problemlösungen im Vordergrund stehen, sondern die

---

[2] Die medizinische Denkweise prägt auch die des Sportlehrers, weil er sich für unser Arbeits-gebiet die nötigen Informationen aus der Medizin holen muss. Frühere Publikationen des Autors waren ebenfalls mehr oder weniger *defizitorientiert,* auch wenn die eigene Praxis als Sportlehrer im Körperbehindertensport immer anders war!

- erhaltenen physischen und motorischen Möglichkeiten,
- die entwickelten kompensatorischen Lösungen und
- die dadurch vorhandene Befähigung, selbst etwas gegen die Defizite zu tun,

ist es ein besonderes Anliegen dieses Abschnitts, darauf einzugehen, welche Bewegungslösungen Menschen mit körperlichen Schädigungen gefunden haben, wie sie damit in ihrer Umwelt zurechtkommen und ob es z.B. bestimmte „Bedürfnisformen" der Haltung, der Motorik, der Funktion der inneren Organe oder auch der psychischen Einstellung gibt. Deshalb benutzen wir jetzt ein alternatives Modell, das Hinweise gibt auf die erhaltenen Funktionen.

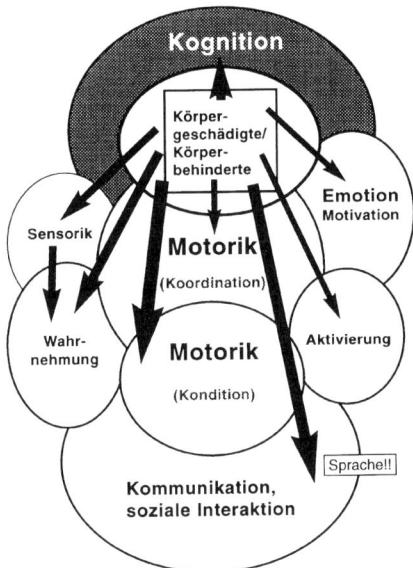

Abb. 2: Modell der erhaltenen Funktionsbereiche von Körperbehinderten in Anlehnung an die Funktions-Konzepte von van der Schoot und Seeck et al. (1990). Die Pfeile sollen durch ihre Breite und Gestaltung andeuten, welche Funktionen besonders gut nutzbar sind und körpergeschädigten Personen zur Verfügung stehen.

Die Bedeutung eines Sportangebotes ist – auch als Sporttherapie – für den Rehabilitationsprozess als Ganzes erheblich geringer als die der sonstigen medizinischen, psychischen, sozialen und berufsfördernden rehabilitativen Maßnahmen. Speziell dort aber, wo Bewegungsstörungen, also Schädigungen der Bewegungsorgane, und wo eingeschränkte physisch-funktionelle Leistungen der inneren Organe oder der Psyche die Betroffenen in ihrer Lebenssituation und Lebensqualität lebenslang beeinflussen, weil durch medizinische Maßnahmen eine Heilung nicht möglich ist, ist es logisch, ein speziell ausgewähltes Bewegungslernprogramm und ein sozial wirksames Sportförderprogramm als Hilfe einzusetzen.

Nachfolgend soll vordringlich beschrieben werden, dass körpergeschädigte Menschen im Verlauf des Lebens mit ihrer Schädigung – oft ohne irgendeine Anleitung durch Trainer, Sportlehrer oder sonstige Fachleute in gezielt eingesetzten Lernprogrammen – zu einer Vielzahl von kompensatorischen Bewegungslösungen kamen. Wie wir bereits früher dargestellt haben, bewiesen und beweisen sie, dass sie zur kreativen Kompensation befähigt sind (Innenmoser, 1998, 2001). Die durch kreative Kompensation ermöglichten Bewegungslösungen sind oftmals einmalig, weil auch die Kombination Schädigung/ Persönlichkeit der Betroffenen einmalig ist.

Zur Bewegungspathologie

Die bewegungspathologischen Ereignisse/Besonderheiten – auf ihre Benennung kann nicht verzichtet werden – von Körperbehinderten liegen in folgenden Teilbereichen:

Es sind veränderte Bewegungen deshalb anzutreffen,

- weil Gliedmaßen fehlen (statische Dysbalance) und damit eine Kompensationsnotwendigkeit für die Fortbewegung entsteht oder weil fehlgebildete Gliedmaßen vorliegen, die motorisch kompensiert werden müssen
- weil es zu Kraftverlust durch Erkrankungen der Muskelzellen kommt
- weil es zu nerval bedingtem Kraftverlust und in der Folge davon zu Lähmungen wegen Schädigungen des Nervensystems kommt und somit kompensatorische motorische Leistungen notwendig sind.

Weitere bewegungspathologische Aspekte sind:

- Zwanghafte reflektorische Haltungen und tonische Bewegungsaktionen und -reaktionen (pathologische, frühkindliche Reflexe)
- dyskinetische Bewegungen als athetotische, choreatische und ballistische Abweichungen und
- ataktische Bewegungen.

Wir sprechen hier von veränderten und nicht von gestörten Bewegungen! Denn es liegt zwar eine (bleibende) Störung des sensomotorischen Systems vor, aber der Vergleich mit den ungestörten Bewegungen von Menschen mit einem vollständigen sensomotorischen System ist nicht korrekt. Das sensomotorische System ist eigentlich nur wenige Tage nach Eintritt einer Schädigung irritiert und gestört. Es versucht sich – in einem hoch organisierten Selbstregulationsvorgang – schon bald an die neuen Gegebenheiten und die Wünsche des Geschädigten, also dessen Bewegungsbefehle, anzupassen, so wie auch das sensomotorische System des Nichtgeschädigten sich in einem ständigen Anpassungsprozess befindet. Kinder, die mit einem veränderten sensomotorischen System geboren werden, entwickeln sich mit ihrem – organisch unveränderlichen – System völlig normal, denn der vorhandene Bestand an Nervenzellen gibt ihren Spielraum der Bewegungshandlungen vor; das sensomotorische System versucht sich selbst zu optimieren und kann dabei logischerweise nur auf das bauen, was in Funktion gerbacht werden kann!

Lehrbücher der Neurologie und einige Bücher, die für die medizinischen Heilhilfsberufe Bewegungsbehinderungen beschreiben, tun so, als wäre es ausreichend, allein die bewegungspathologischen Symptome aufzuzeigen. Nach unseren Erfahrungen allerdings sehen die Bewegungshandlungen von Körper- und Bewegungsbehinderten selten einmal so aus, wie sie im medizinischen Lehrbuch beschrieben sind.

Vielmehr sind die Bestimmungsfaktoren ihres Bewegungsverhaltens in folgender Weise zu benennen:

• Negativ wirken sich zunächst die auf der Schädigung organischer Strukturen beruhenden bewegungspathologischen Symptome aus. Jeder Betroffene ist gezwungen, seine Bewegungshandlungen individuell so abzuwandeln, dass ein möglichst erfolgreiches Bewegungsverhalten im Alltag entsteht. Es kommt also zum Alltagslernen; häufig versuchen die Betroffenen diese erlernten Bewegungen unauffällig, d.h. den Bewegungen Nichtbehinderter vergleichbar, zu gestalten. Denn andersartige Bewegungen erzeugen Probleme in der sozialen Kommunikation. Oft ist dies schon der Vorgang der kreativen Kompensation. Dieser positive Effekt führt zu einer Abmilderung der pathologischen Symptome.

• Liegt eine Bewegungsbehinderung längere Zeit vor, kommt es durch die Langzeitwirkung der Symptome zu Einschränkungen der Beweglichkeit und weiterer Sekundärsymptomen, die ursächlich auf die nicht korrigierbaren Schädigungen des sensomotorischen Systems zurückzuführen sind. Damit sind also die an sich durch Alltagslernen verbesserten Möglichkeiten erneut eingeschränkt. Wenn dies die Betroffenen selbst, die Ärzte und Sportlehrer bemerken, ist es höchste Zeit, durch ein entsprechendes Lernangebot Kompensationsbewegungen zu ermöglichen. Dazu können die kreative Kompensation als spontanes Lernen und weitere angeleitete Lernprogramme dienen. Vielen Bewegungs- und Körperbehinderten gelingt es, durch solches Kompensationslernen wieder ein im Alltag unauffälliges Bewegungsverhalten zu entwickeln oder/und mit ihren technischen Hilfsmitteln perfekt zurechtzukommen.

- Zusätzlich können sensomotorisch erzwungene Anpassungen an technische oder operative Maßnahmen zu weiteren Störungen des Bewegungsverhaltens führen, welche die Person wiederum zwingen, weitere Lernprogramme zu absolvieren.

Nachfolgend soll sowohl auf die Fragen eingegangen werden, was Körperbehinderte sensomotorisch leisten können, als auch darauf, an welcher Stelle, in welchem motorischen Teilbereich oder mit welchen psychischen Vorgängen sie Probleme haben.

Wir gehen dabei stets so vor, dass wir neben den Ursachen auch die Ausprägung bzw. die Topographie der Schädigung nennen. Dann werden die Auswirkungen im motorischen, sensorischen oder/und vegetativen Bereich benannt. Ohne diese wäre die Beschreibung der verfügbaren Bewegungsäußerungen nicht möglich. Bei der Frage, was sensomotorisch möglich ist, berücksichtigen wir stets zuerst die motorischen Funktionen, die nicht durch die Schädigung beeinflusst sind. Dann gehen wir darauf ein, die Funktionen und Leistungen aufzuzeigen, bei denen die geschädigten Körperteile durch kompensatorische motorische Lernprozesse ausgeglichen wurden. Schließlich soll gezeigt werden, was motorisch möglich wird, wenn es zu einem Ausgleich/zu einer Kompensation der ausgefallenen Funktionen durch technische Hilfsmittel kommt.

2.1   Armgeschädigte

Grundsätzlich ist bei einer Armschädigung zu unterscheiden zwischen der einseitigen und der beidseitigen Armschädigung und der Topographie der Läsion. Kommt es zu einer Funktionsstörung der Hand, sind wesentliche Greif- und Hantierungsfunktionen nicht mehr vorhanden. Dies ist bei weitergehenden Schädigungen (Amputationen des Unterarms und Oberarms) ebenfalls unmöglich. Ist die Hand erhalten und die Funktion der oberen Gliedmaße durch eine

Lähmung, Teillähmung oder Spastik eingeschränkt, vermindern sich die Funktionsmängel im Greifen und Halten oft erheblich. Bei beidseitigen Armschädigungen kann es zu Kombinationen verschiedener Schädigungen kommen; so kann z.b. auf der einen Seite die Hand und auf der anderen Seite der gesamte Arm geschädigt sein.

Als Ursachen für Schädigungen bzw. morphologische Veränderungen der Arme und für motorische Beeinträchtigungen sind Amputationen, angeborene Fehlbildungen, Lähmungen oder auch spastische Tonuserhöhungen und Kontrakturen der Gelenke, z.b. als Folge der rheumatischen Erkrankung, zu nennen.

Welche motorischen Funktionsleistungen können Armgeschädigte erbringen? Alle armgeschädigten Menschen verfügen über die volle Leistungsfähigkeit der unteren Extremität und des Rumpfes. Sie können somit die Fortbewegung im Raum ohne jegliche Hilfsmittel ausführen. Im Alltag sind sie mit den Beinen frei bewegungsfähig, und sportlich können sie neben Gehen und Laufen z.b. durch den Einsatz von technischen Hilfsmitteln eine Vielzahl von Fahrdisziplinen wie z.b. das Zweiradfahren ausüben oder andere Fortbewegungsgeräte benutzen, um sich damit eine hohe und schnelle Mobilität zu verschaffen.

Armgeschädigte sind die geborenen Ausdauerathleten und Langläufer unter den Körperbehinderten.

Sie können, je nach Ausmaß der Schädigung, auch sprinten; Doppel-Oberarmgeschädigte schaukeln sich allerdings beim Sprint durch die fehlende Gegenbewegung der Arme in eine sehr schwer muskulär-koordinativ beherrschbare Rumpfrotation hinein, die je nach Geschwindigkeit nach ca. 50-70 m nicht mehr zu steuern ist. Sie sind in der Lage, fast alle Sprungdisziplinen und, wenn sie eine einseitige Schädigung haben, auch fast alle Wurfdisziplinen der Leichtathletik auszuführen.

Abb. 3: Einseitig unterarmgeschädigter Mittelstreckenläufer bei den IPC-Weltmeisterschaften in Berlin

In den Sportspielen können sie mit ihren funktionstüchtigen Beinen alle läuferischen Anforderungen erfüllen und sind oft perfekte Fußballspieler (R. Schlienz war ein einseitig armamputierter Bundesliga- und Nationalmannschaftspieler des VfB Stuttgart). Selbst mit ihren verkürzten Armen sind sie in der Lage, Bälle zu fangen, zu „pritschen" und zu werfen. Sie sind nur dann eingeschränkt, wenn sie eine beidseitige gravierende Schädigung der Arme haben, und zwar auch nur dann, wenn in dem jeweiligen Sportspiel die Arme notwendig sind. So können z.B. Dysmeliegeschädigte mit sehr kurzen Armen durchaus das Volleyball- oder Basketballspiel betreiben und erfolgreiche Angriffsschläge oder Korbwürfe erzielen.

Einseitig und beidseitig Armgeschädigte können fast alle Wintersportdisziplinen ausführen. Die einseitig Armgeschädigten sind mit Hilfe eines Skistocks oft perfekte alpine Skiläufer. Bei einer beidseitigen Armschädigung kommt beim Skilanglauf der Wachstechnik selbstverständlich eine große Bedeutung zu.

Bewegungsprobleme bei Armschädigungen

Armgeschädigte Menschen haben bei allen Tätigkeiten, zu denen die freie Greiffunktion der Hand notwendig ist, erhebliche Schwierigkeiten. Allerdings ist die einseitige Armschädigung mit Hilfe der unbeeinträchtigten Gliedmaße der anderen Seite voll ausgleichbar. Einseitig Armgeschädigte können lernen, z.B. sich beim Essen nur mit Hilfe der Gabel in einer Hand das Fleisch zu zerteilen und so völlig selbständig zu sein. Gelegentlich sind die Arme notwendig, um Gegenstände festzuhalten oder sich selbst an Gegenständen festzuhalten. So ist es für die meisten Armgeschädigten schwierig, die heute vorhandenen Schwimmbecken über die Ein- und Ausstiegsleitern zu betreten oder zu verlassen, weil sie erhebliche Probleme haben, sich festzuhalten. Leider sind auch viele turnerische Disziplinen nicht mehr ausführbar, weil dazu die freie Verfügbarkeit der Hände z.B. beim Reck-, Barren- und Ringeturnen und am Stufenbarren notwendig ist. Aber sie können grundsätzlich z.B. am Schwebebalken turnen. Das Trampolinturnen hat eine ganz spezifische haltungsfördernde Bedeutung, die im Rehabilitationssport genützt werden muss. Selbstverständlich ist auch das Bodenturnen, wenn es nicht gerade um das Einnehmen des Handstandes geht, möglich.

2.2 Beingeschädigte

Die Beinschädigung kann einseitig oder beidseitig auftreten. Betroffen können der Fuß, die Füße, Unterschenkel, Oberschenkel und auch die Fußgelenke, Kniegelenke und Hüftgelenke sein. Einseitige Knieversteifungen sind nicht selten. Die Hüftversteifung als äußerste orthopädische Notfallmaßnahme wird heutzutage seltener angetroffen. Moderne Operationstechniken geben heute die Möglichkeit, sowohl das Knie- als auch das Hüftgelenk durch Endoprothesen zu ersetzen und somit eine fast normale Funktion wieder herzustellen.

Als Ursachen für Beinschädigungen sind Amputationen, angeborene Fehlbildungen, Lähmungen der Muskulatur des Beines, spastische Tonuserhöhungen (Extensorenspastik) und Gelenkskontrakturen sowie arthrotische und arthritische Prozesse anzugeben.

Da eine Beinschädigung die Steh- und Gehfähigkeit erheblich einschränkt, sind oft technische Hilfen wie Orthesen und Prothesen notwendig. Von der Bewegungsfähigkeit her ist deshalb zu unterscheiden, ob die betroffene Person die Bewegungen ohne Orthese/Prothese oder mit ausführen möchte. Bei einseitigen Beinschädigungen werden fast immer technische Hilfsmittel eingesetzt, um die geschädigte Seite zu stabilisieren und eine beidbeinige Funktion weiter zu ermöglichen.

Einseitig Beingeschädigte verfügen über ein voll leistungsfähiges Bein der nichtbetroffenen Seite; Amputierte können auf diesem Bein stehen und sich hüpfend fortbewegen. Gleiche Möglichkeiten haben auch Personen mit einseitigen Fehlbildungen des Beines oder mit Lähmungen. Bei einer spastischen Tonuserhöhung einer Seite (z.B. der Hemiplegie des Schlaganfallpatienten) ist ohnehin das Bein nicht völlig funktionslos, sondern erlaubt lediglich eine verkürzte Stütz- oder eine verminderte Stehfähigkeit.

Wenn Orthesen und Prothesen getragen werden, ist ein intensives Training in Anpassung an die nun zur Verfügung stehende volle Stützfähigkeit des Beines notwendig. Solche Betroffene nehmen in der Regel an einer Gehschule teil und schaffen es in besonderen Fällen, im Gangbild völlig unauffällig zu sein. Benutzen sie zusätzlich Unterarmstützen, um ihre Stützfähigkeit zu verbessern, sind sie zu einer raschen Fortbewegung ohne jegliche Einschränkung befähigt. Zwar ist dies eine erhebliche Belastung des Schultergürtels, aber letztlich ist damit eine hohe Mobilität gegeben.

Beingeschädigte, bei denen eine Endoprothese die Normalfunktion des Gelenks wieder herstellte, müssen ein entsprechendes kompensatorisches Lernprogramm nach Absolvierung des postoperativen physiotherapeutischen Programms durchführen. Zumindest im Alltag gehen diese Personen völlig unauffällig und sind zu längeren Gehleistungen befähigt.

Die modernen Techniken des Prothesenbaus gestatten es heute einseitig Beinamputierten, sportliche Laufdisziplinen auszuführen, die sowohl im Sprint als auch im Mittelstreckenbereich liegen können. Im Sprint erzielen sie mit speziellen Prothesen ganz hervorragende Leistungen, die einige Fachleute schon zur Meinung verführten, solche Prothesenträger würden irgendwann einmal schneller sprinten als Nichtbetroffene.

Einseitig Beinbehinderte können sehr viele leichtathletische Disziplinen ausführen. In der Normalsituation des Rehabilitations- und des Freizeit- und Breitensports der Körperbehinderten können sie diese Grundbewegungsarten (die dann später leichtathletische Disziplinen werden) für ein Training ihrer Mobilität verwenden. Das heißt, sie können Wurf- und Stoßdisziplinen ausführen, weil sie frei verfügbare Arme haben und das Abstützen mit ihrem beeinträchtigten

Bein jederzeit leisten können. Sie können Gehen und sogar Laufen und sie könnten auch Weit- und Hochsprung ausführen.

Die motorischen Möglichkeiten von Personen mit unvollständigen Lähmungen eines Beines sind nicht ganz so einfach abzuleiten. Sie hängen sehr davon ab, welche Muskulatur ausgefallen ist. Handelt es sich lediglich um Muskeln, die eine Korrektur der Fußstellung notwendig machen, ist ein technisches Hilfsmittel (Peronaeus-Schiene) angezeigt. Dann können mit Hilfe der erhaltenen Muskulatur des Oberschenkels und des Rumpfes weitgehend normale Leistungen erzielt werden z.B. im Spiel oder bei Sprungdisziplinen, die ohnehin nur ein Absprungbein erfordern.

Abb. 4: Absprungphase zum Hochsprung eines einseitig polio-unterschenkel-gelähmten Athleten

Ist die einseitige Lähmung allerdings umfassender und somit das Tragen einer Orthese notwendig, entscheidet sich die Funktionsfähigkeit daran, ob das Kniegelenk mit Hilfe der Orthese aktiv stabilisiert werden kann. In vielen Fällen wird die Orthese allerdings im Kniegelenk steif gestellt, so dass die Bewegungen sehr denen von Personen mit einer Knieversteifung ähneln.

Einseitig beingeschädigte Menschen sind zu einer Vielzahl von sportlichen Disziplinen befähigt. Alle sportlichen Bewegungen und Disziplinen, bei denen ohnehin vorwiegend die oberen Gliedmaßen eingesetzt werden, bereiten keinerlei Probleme. Mit der freien Verfügbarkeit der oberen Gliedmaßen können sie sämtliche Tätigkeiten, bei denen die Greiffähigkeit der Hände notwendig ist, uneingeschränkt absolvieren. Dennoch haben gerade einseitig Beinbehinderte das Sitzballspiel entwickelt; international wurde es vom Sitzvolleyballspiel abgelöst.

Einseitig Oberschenkelamputierte können selbstverständlich den Segelsport ausüben, viele sind befähigt, mit einer speziellen Prothese das Windsurfen und die Wasserfahrsportarten Rudern, Kanu und Kajak auszuführen.

Bei einer einseitigen Beinbehinderung größeren Ausmaßes (nicht bei Unterschenkelamputation, bei US-Lähmung und bei Beinspastik) werden im alpinen Wintersport zwei Unterarmstützen mit kleinen Skiern eingesetzt (Krückenskier), die es dem Betroffenen gestatten, mit einem Ski am nichtgeschädigten Bein zu fahren. Die Krückenskier werden stützend mit eingesetzt. Mit Orthesen bzw. Prothesen kann Skilanglauf durchgeführt werden.

Beidseitig Beingeschädigte verfügen je nach Ausmaß der Schädigung in jedem Fall über die freie Nutzbarkeit der Arme und des Rumpfes. Ihre motorischen Leistungen sind dann, wenn z.B. nur die Füße betroffen sind, auch in der Mobilität oder Fortbewegung nur wenig eingeschränkt. Ansonsten sind sie in ihrer Befähigung zum freien Gehen sehr abhängig von den technischen Hilfsmitteln, die sie einsetzen können. Sowohl bei Amputationen als auch bei Fehlbildungen ist es möglich, mit Hilfe von Prothesen einen technisch guten Ersatz zu liefern, so dass zumindest das Gehen möglich ist.

Auch bei Lähmungen in den distalen Gliedmaßenabschnitten kann mit Hilfe von Orthesen sehr viel Bewegungssicherheit, -tempo, -ausmaß und -umfang erreicht werden. Beidseitig von einer spastischen Tonuserhöhung Betroffene sind in aller Regel noch stehfähig und auch vielfach gehfähig. So ist z.B. die Person mit einer spastischen Diplegie nur wenig eingeschränkt in ihrer Bewegungsfähigkeit und kann in einem mittleren Tempo laufen.

Einschränkungen der Beweglichkeit in den Beingelenken und die spastische Überaktivierung der Adduktoren wirken sich in der Regel nicht so gravierend aus, dass eine freie Fortbewegung unmöglich wird.

Mit ihren frei verfügbaren oberen Gliedmaßen können beidseitig Beingeschädigte eine Vielzahl sportlicher Handlungen ausführen. Je nach Ausmaß ihrer Beinschädigung integrieren sie sich auch in den Sport der Rollstuhlfahrer. Dann, wenn eine Nutzung von Prothesen oder Orthesen nicht möglich oder nicht sinnvoll ist, kann der Rollstuhl eine große Hilfe für die Fortbewegung sein und mit den Armen hervorragend bewegt werden. In der Regel haben z.b. doppelamputierte Athleten im Rollstuhl eine wesentlich bessere Sitzkontrolle und können athletische Vorteile gegenüber Querschnittsgelähmten haben.

2.3   Schädigungen des Rumpfes/der Wirbelsäule

Die Schädigungen des Rumpfes bzw. der Wirbelsäule werden danach unterschieden, ob allein der Stütz- und Bewegungsapparat der Wirbelsäule betroffen oder ob der gesamte Rumpf mit einbezogen ist. Wirbelsäulenschädigungen können eine Vielzahl von Leistungsmängeln und Erkrankungen der inneren Organe verursachen.

Schädigungen der Wirbelsäule sind (a) die Skoliose als seitliche und rotatorische Veränderung, (b) die Kyphose als vermehrte Rumpf-Vorneigung und (c) die Lordose als verstärkte Einbiegung der Wirbelsäule. Kyphose und Lordose sind abnorme Veränderungen der normalen Schwingungen der Wirbelsäule. Alle drei Formen können nur das Stützsystem der Wirbelsäule betreffen, in Verbindung mit zusätzlichen Schwächungen im Bereich der Lendenwirbel kann es aber z.B. bei Spondylolistesis auch zu lähmungsartigen Zuständen kommen. Wir unterscheiden die Veränderungen der Wirbelsäule, welche mit Lähmungen einhergehen von denen, welche ohne jegliche Lähmungen verlaufen.

Weitere Veränderungen des Rumpfes können Störungen der Funktionsweise des Brustkorbes und Abweichungen der Funktion des Sternums (Kielbrust oder Trichterbrust) sein (vgl. hierzu Dordel, 1990, S. 417 ff.).

Im Hinblick auf sportliche Fragen ist als Erkrankung der Wirbelsäule der Bandscheibenvorfall von Bedeutung, weil er in seinen vielfältigen Ausprägungsformen stets mit sensorischen und motorischen Ausfällen, also Lähmungen und Gefühlsstörungen, verbunden ist.

Eine besondere Form der Wirbelsäulenerkrankung ist die rheumatische Erkrankung Morbus Bechterew (Spondylarthritis ankylopoetica), bei der es zu Entzündungen im Bereich der kleinen Wirbelgelenke kommt. Letztlich endet dies in arthrotischen Prozessen. Die gesamte Statik und Dynamik der Wirbelsäule wird verändert.

Rumpf-/Wirbelsäulenschädigungen können sich auf lokale Abschnitte des Rumpfes beziehen, teilweise umfassen sie auch den gesamten Rumpf. In jedem Fall wirken sich selbst lokalisierte Erkrankungen des Rumpfes auf die umgebenden Körperorgane aus. Die Haltung des Kopfes muss sich ändern; die Rumpfbeweglichkeit und die Bewegungsfähigkeit der Beine und Arme können beeinträchtigt sein.

Als Ursachen für Rumpf-/Wirbelsäulenschädigungen kommen eine angeborene Disposition, Erkrankungen (wie z.B. bei Morbus Bechterew) und Schwächungen, d.h. ein Abbau der muskulären Stabilität, in Frage. Viele der Erkrankungen folgen allerdings bis heute einem idiopathischen Mechanismus, ihre Entstehungsursache ist noch ungeklärt.

Wirbelsäulengeschädigte benötigen die technische Hilfe eines Stützkorsetts, denn wenn die Schädigung nicht operativ oder muskulär stabilisiert werden kann, würden gravierende weitere Funktionsstörungen entstehen. Dadurch kann einem weiteren Haltungsverfall und Zusatzschäden vorgebeugt werden.

Bewegungslösungen bei Rumpf-/Wirbelsäulenschädigung

Die Bewegungsfähigkeit der Beine und der Arme ist bei Rumpf-/Wirbelsäulengeschädigten in keiner Weise eingeschränkt. Das bedeutet, dass sie sowohl alle Varianten des Gehens und Laufens ausführen können als auch alle Möglichkeiten haben, ihre Arme zur Hantierung und zu Greif- und Fangaktivitäten zu nutzen. Das einzige Problem stellen bei dieser Funktionalität die verminderte Stabilität des Rumpfes und die mehr oder weniger eingeschränkte Federfunktion der Wirbelsäule dar. Jede Aktivität der Arme wird nur möglich über einen stabilen Rumpf, und jede Beinaktivität benötigt die Gesamtbeweglichkeit des Körpers.

Von einer ganz besonderen Bedeutung ist deshalb für diese Geschädigten die Bewegung im Wasser. Dort können sie das notwendige Korsett ablegen, dort wirken sich auch die – manchmal noch geringen – vorhandenen Lähmungen nicht gravierend aus. Bei angemessener Nutzung der besonderen Bedingungen des Wassers kommt es zu einer Entlastung, so dass z.b. eine weitere Bedrohung durch einen fortschreitenden Bandscheibenvorfall oder ein Gleiten der Wirbel nicht entsteht.

Für Morbus Bechterew-Patienten ist die Bewegung im (warmen) Wasser ein essentieller Bestandteil der Pflege ihrer Körperlichkeit. Mit den frei verfügbaren Gliedmaßen können sie die für die Fortbewegung im Wasser nötigen Bewegungen ausführen und sind in der Lage, die klassischen Schwimmtechniken zu erlernen. Am wirkungsvollsten ist für alle Rumpf-/Wirbelsäulengeschädigten das Schwimmen in den Wechselschlagtechniken, weil es hierbei zu einem dynamischen Wechsel der Belastung der einen und anderen Körperseite kommt. Das Schwimmen in Bauchlage bringt eine bessere Entlastung der Wirbelsäule als das Schwimmen in Rückenlage, weil bei der Rückenlage der stabilisierende Bandapparat des Hüftgelenkes Wirkungen auf die Lendenwirbelsäule im Sinn einer vermehrten Lordosierung ausübt und es somit nicht zu einer vollständigen Entlastung kommen kann. Neben der Entlastung und Entspannung durch die Wirkung des Wassers können die relativ langsamen, wenig schnellkraftfordernden Bewegungen des Schwimmens sich positiv auf die stabilisierende Kräftigung der Muskulatur auswirken.

Ist für Bewegungen der Wirbelsäulenbetroffenen an Land die Anwendung des Korsetts notwendig, grenzen sich die Bewegungsmöglichkeiten und sportlichen Aufgaben erheblich ein, weil die Beweglichkeit des Rumpfes eingeschränkt ist. Alle Aufgaben, die wir sonst in der funktionellen Gymnastik zur Beweglicherhaltung der Wirbelsäule unternehmen würden, entfallen bei dieser Gegebenheit. Dennoch können selbstverständlich solche Betroffene am Hallensport teilnehmen; für sie kann es von Vorteil sein, eine Gehschule zu besuchen, um individuelle Haltungskorrekturen rechtzeitig vorzunehmen. Das Hindernisturnen ist ebenso möglich.

Sie können an vielen Parteiballspielen teilnehmen, wie z.B. dem Prellball, bei geringeren Schädigungen auch am Fußballtennis. Eine „aufrichtende" Funktion der Wirbelsäule könnte die Teilnahme am Sportspiel Volleyball ermöglichen, wenn dabei die richtigen Bedingungen geschaffen werden.

Die Teilnahme am Badminton- oder am Tennisspiel muss streng geprüft werden, weil die einseitige Handhabung des Schlägers etwa vorhandene Dysbalan-
cen noch verstärken kann. Sportarten, die im Sitzen betrieben werden, wie z.b.
manche der Wasserfahrsportarten und auch der Segelsport, müssen von den Betroffenen sehr sorgfältig erprobt werden, weil jede Sitzhaltung nur dann sinnvoll
ist, wenn sie auch muskulär stabilisiert durchgeführt werden kann.

2.4 Mehrfachschädigungen des Stütz- und Bewegungsapparats

Zu dieser Gruppe gehören die Schädigungen der Wirbelsäule in Verbindung mit
einer Beinschädigung, die Schädigungen der Wirbelsäule in Verbindung mit einem Armschaden und Kombinationen der Schädigung der Wirbelsäule, des
Rumpfes und der Arme und Beine. Solche Schädigungen können unterschiedliche Ursachen haben. Aus der Veränderung des Beinskeletts können z.b. weitere
Wirbelsäulenschäden entstehen. Eine Skoliose ist als Folge mangelnden muskulären Trainings bei einer einseitigen Armamputation leicht möglich. Besonders
schwierig sind die Mehrfach-Fehlbildungen, wie sie als angeborene Fehlbildungen z.b. bei Dysmeliegeschädigten vorkommen können.

Welche Bewegungslösungen finden wir bei solchen Mehrfachgeschädigten? In
keiner anderen Gruppe sind die individuellen Bewegungslösungen so vielfältig
und so sehr auf die kreative Kompensationsleistung der Betroffenen angewiesen
wie in dieser. Dysmeliegeschädigte zum Beispiel, die rudimentäre Arme und
Beine haben und dazu einen fehlgebildeten Rumpf besitzen, erlernen schon von
frühester Kindheit an, sich mit ihren verfügbaren Gliedmaßen zu bewegen.

Welche Probleme haben Menschen mit Mehrfachschädigungen des Stütz- und
Bewegungsapparates? Es ist wohl leicht auszurechnen, dass der Stütz- und Bewegungsapparat in hohem Maße gefährdet ist, vor allem durch alltägliche Tätigkeiten und durch eine Überbelastung des gesamten Systems. Sie benötigen deshalb für die alltägliche Situation unbedingt technische Hilfsmittel, Stützen und
Geräte, mit denen sie die Belastung reduzieren können. Eine ganz besonders intensive funktionelle Gymnastik, die darauf aus ist, die erhaltenen Funktionen,
vor allem die muskuläre Stabilisierung, zu verbessern und die Beweglichkeit zu
erhalten, bei gleichzeitiger Entlastung der besonders hoch belasteten Gelenke,
ist eine unbedingte Notwendigkeit.

2.5 Rollstuhlfahrer

Zur Beschreibung der vielfältigen Bewegungslösungen, die Rollstuhlfahrer gefunden haben, orientieren wir uns daran, ob die Betroffenen den Rollstuhl obligatorisch oder fakultativ nutzen (vgl. auch Kap. 4). Wir unterscheiden weiter
danach, ob die Rollstuhlfahrer eine Rest-Stehfähigkeit oder sogar -Gehfähigkeit
erhalten haben. Häufig ist die dann gegebene Gehfähigkeit gebunden an die
Nutzung von Orthesen.

Rollstuhlfahrer werden eingeteilt

- in die Gruppe der Paraplegiker, d.h. derjenigen, bei denen hauptsächlich die
  Beine von Funktionsstörungen/Lähmungen betroffen sind und somit die
  Steh- und Gehfähigkeit erheblich eingeschränkt ist. Hier ist zu unterscheiden,
  ob es sich um eine komplette Lähmung, d.h. einen vollständigen Ausfall der
  Muskulatur, handelt oder ob es sich um eine inkomplette Läsion des Rü-
  ckenmarks handelt, bei der, wie z.B. bei der Poliolähmung, die erhaltenen
  Funktionsmöglichkeiten nicht aus der Höhe der Läsion des Rückenmarks ab-
  geleitet werden können.

- Die zweite Gruppe sind die Tetraplegiker, d.h. Menschen, bei denen alle vier
  Gliedmaßen von einer Lähmung betroffen sind. Bei einer kompletten
  Tetraplegie handelt es sich um eine Lähmung, bei der die unteren Gliedmaßen und der Rumpf für willkürliche Bewegungshandlungen vollständig ausgefallen sind und somit nur noch Teile der oberen Gliedmaßen für Bewegung
  und Haltung zur Verfügung stehen. Mehr Möglichkeiten haben Tetraplegiker
  mit einer inkompletten Läsion des RM, weil bei ihnen noch teilweise Funktionen zur Verfügung stehen, die auch für das Stehen genutzt werden können.
  Solche teilweise vorhandenen Fähigkeiten zur willentlichen Aktivierung der
  Muskeln sind besonders nützlich, wenn es darum geht, den Rollstuhl zu fahren oder vom Rollstuhl in andere Sitzgelegenheiten überzuwechseln.

Als Verursacher für Schädigungen des Rückenmarks (Querschnittslähmung, Poliolähmung, spinale Muskelatrophie, amyotrophe Lateralsklerose) können Erkrankungen, Traumen und Tumoren genannt werden. Die Auswirkungen im motorischen, sensorischen und vegetativen Bereich sind in erster Linie von der/den
Läsionshöhe(n) im Rückenmark abhängig. Bei der Poliomyelitis-Erkrankung
entsteht die Läsion lediglich in den motorischen Vorderhornganglienzellen im
Rückenmark. Dort können die Viren völlig regellos verschiedene Zellen in verschiedenen Segmenten befallen und zerstören. Bei Poliogelähmten müssen in

Funktionsprüfungen immer alle Muskeln geprüft werden; als positiv kann festgestellt werden, dass es sich nur um eine motorische Schädigung handelt und die sensorischen und vegetativen Funktionen vollkommen unbetroffen sind.

Da Rollstuhlfahrer auch Muskeldystrophiker und Personen mit anderen Muskelerkrankungen mit erheblich eingeschränkten muskulären Leistungen sein können, die freie Steh- und Gehfähigkeit überhaupt nicht mehr möglich sein kann, muss geprüft werden, wie der Rollstuhl genutzt werden kann und welche Restfunktionen der Arme z.B. zum Halten und Werfen eines Balles vorhanden sind.

Rollstuhlfahrer können Personen sein,

- bei denen sich die Schädigung bereits im frühen Kindesalter entwickelt hat oder angeboren ist. Dabei unterscheiden wir, ob es sich, wie bei Spina bifida, um weitere Schädigungen mit oder ohne Hydrozephalus handelt. Zusätzlich muss geprüft werden, ob die frühkindliche Läsion des Gehirns zu zusätzlichen motorischen Einschränkungen oder zu Wahrnehmungsstörungen führte.

- Davon zu unterscheiden sind Betroffene mit erworbener Schädigung der Wirbelsäule, welche die größte Gruppe der para- und tetraplegischen Rollstuhlfahrer ausmachen. Bei ihnen sind in der Mehrzahl äußere massive Gewalteinwirkungen auf das Rückenmark bei Unfällen die Verursacher.

Welche Bewegungslösungen haben Rollstuhlfahrer gefunden?

Orientieren wir uns an den beiden o.g. Gruppen. Fast allen Tetraplegikern ist es möglich, einen Rollstuhl selbständig zu bewegen. Sie benötigen dazu eine besondere Technik, weil bei ihnen fast immer die Funktionen der Armbeuger (Mm. biceps brachii) erhalten sind, während die der Armstrecker eingeschränkt sind. Somit bewegen sie den Rollstuhl am Treibreifen eher von hinten ziehend als, wie die Paraplegiker, nach vorne unten schiebend. Die Paraplegiker haben die volle Bewegungsfähigkeit der Arme zur Verfügung; häufig sind sie in der Lage, zusätzlich ihre Rumpfmuskulatur einzusetzen und sind somit im Sitz im Rollstuhl ausreichend beweglich und stabil.

Rollstuhlfahrer können also über die mehr oder weniger komplette, erhaltene Bewegungsfähigkeit der Arme verfügen (alle Maßnahmen des physischen Trainings in der medizinischen Rehabilitation dienen dazu, aus diesen Betroffenen Oberkörperathleten zu machen). Unter Nutzung eines funktionstüchtigen Rollstuhls (vgl. dazu Kap. 4) gelingt es ihnen, sämtliche Fortbewegungsarten mit dem Rollstuhl als Ersatz für die Beine auszuführen.

Um neue Bewegungslösungen mit allen ihren erhaltenen Funktionen zu finden, ist es wichtig, dass besonders die Kinder und Jugendlichen unter den Rollstuhlfahrern häufig den Rollstuhl verlassen und ihre erhaltene Bewegungsfähigkeit zur Fortbewegung am Boden nutzen. Polio- und Querschnittsgelähmte können sich in dieser Weise mit den Armen ziehend und mit dem Rumpf und den teilweise noch funktionstüchtigen Beinen stützend, krabbelnd über den Boden bewegen. Manche können einen Vierfüßlerstand noch gut ausführen und somit durchaus Hindernisse überwinden.

Von einer ähnlichen Bedeutung sind auch bei muskelerkrankten Personen Bewegungsaufgaben außerhalb des Rollstuhls. Die funktionelle Gymnastik wird bei Rollstuhlfahrern oftmals reduziert auf die Beweglicherhaltung (und Kräftigung) der oberen Gliedmaßen. Denn dies lässt sich – klar ersichtlich – leicht im Rollstuhl durchführen. Wir sind der Meinung, dass dies nicht ausreicht. Die funktionelle Gymnastik sollte von Rollstuhlfahrern auch außerhalb des Rollstuhls, auf einer weichen Turn- oder Gymnastikmatte, durchgeführt werden, und sie muss sich unbedingt sowohl auf die Pflege der erhaltenen Funktionen des Körpers orientieren als auch auf das Durchbewegen der Gelenke der gelähmten Gliedmaßen.

Abb. 5: Junge mit Spina bifida beim Überwinden einer Treppe; beachte die Polsterung der Kanten mit einer weichen Gymnastikmatte

Rollstuhlfahrer können ohne Rollstuhl an einem Hindernisturnen teilnehmen; ein Barren oder ein Reck sind eine hohe Herausforderung für die sportliche Geschicklichkeit, nicht nur der Jugendlichen, sondern auch der erwachsenen Rollstuhlfahrer.

Der Sport der Rollstuhlfahrer (Rollstuhlsport) hat mittlerweile schon Traditionen, denn die Entwicklung begann wenige Jahre nach dem 2. Weltkrieg. Zumindest im Bereich des Elitesports gehört er zu den sportlichen Tätigkeiten, die auf einem sehr hohen Niveau stattfinden. Weil es gelungen ist, viele Rollstuhlfahrer in den Sport einzubinden, ist die Konkurrenzsituation in vielen Sportarten auch erheblich. Dies wiederum bedeutet, dass die Rollstuhlfahrer nicht nur ihr sportliches Talent einsetzen können, sondern auch erheblich trainieren müssen. Von den Trainingsbedingungen und vom Trainingszustand her finden wir unter den Rollstuhlfahrern die höchsttrainierten Athleten unter den Behinderten.

Das Finden von Bewegungslösungen und die erfolgreiche Ausübung der sportlichen Aufgaben verlangen im Sport der Rollstuhlfahrer eine spezifische Vorgehensweise, deren Prinzipien nachfolgend zusammenfassend aufgezeigt werden:

1. Rollstuhlfahrer sollen mit Hilfe des Rollstuhls ihre volle erhaltene Bewegungsfähigkeit nutzen können und auch anwenden (Modell der Hierarchie der erhaltenen Funktionen); die sportliche Disziplin darf nicht wesentliche Funktionsbereiche ausklammern, wenn diese noch funktionstüchtig sind.

2. Der Rollstuhl als eines von mehreren Hilfsmitteln ist ein Fahrgerät, das auch von Personen mit höheren Lähmungen mit Hilfe ihrer erhaltenen Arm-/ Schulterfunktion im Alltag und selbst im unebenen Gelände perfekt beherrscht werden kann; dazu müssen entsprechende Lernangebote gemacht werden. Ergänzend zum Rollstuhlfahren müssen die erhaltenen Bein- und Rumpffunktionen für das Stehen und die Fortbewegung im Nahbereich genutzt werden. Dabei muss ein persönlich relevantes, ökonomisches Maß für den erhöhten Aufwand (z.B. des Gehens mit Orthesen und Unterarmstützen) und den möglichen Nutzen gefunden werden.

3. Der Rollstuhlfahrer sollte durch geeignete Aufgabenstellungen dazu befähigt werden, weiter drohenden Funktionsverlusten entgegenzuwirken (Modell des beständigen Aufbaus kompensatorischer Funktionen). Die Dauerhaltung oder langandauernde Haltungen im Sitz im Rollstuhl führen zu weiteren Bewegungseinschränkungen durch Muskelatrophie, muskuläre Dysbalance und

Kontrakturen. Dies muss durch eine interessante, wahrnehmungsfördernde Gymnastik inner- und außerhalb des Rollstuhls ausgeglichen werden.

4. Dem Rollstuhlfahrer sollten neue Möglichkeiten der Wahrnehmung geschaffen werden, indem z.b. Aufgaben aus der Mototherapie oder der Motopädagogik ermöglicht werden, die ein weitgehend vollständiges Wahrnehmungsbild des Körpers und ein neues Bewusstsein vom Körper herstellen (Modell des Aufbaus des Sinnesvikariats und alternativer Wahrnehmungs- und Bewusstseinsvorgänge). Die Rückenmarksschädigung bewirkt einen spezifischen Verlust an somatischer und viszeraler Sensibilität, so dass der Querschnittsgelähmte sensorisch und motorisch aus zwei Körperhälften besteht, die nur bei visueller Kontrolle wieder eine Einheit sind. Mit einem solchen Wahrnehmungsgeschehen können auch die Chancen auf Rückkehr sensorischer Funktionen durch Regenerations- oder Funktionsumbauprozesse genützt werden.

5. Der Zwang zum Sitzen im Rollstuhl ist nicht nur mehr oder weniger behindernd, im Sitz ist man auch räumlich real tiefer bzw. niedriger als jeder Stehende, was sich sozial-kommunikativ gesehen nicht selten erniedrigend auswirkt. Hier finden wir oft Fehlverhalten von Laien und häufig Gedanken- und Taktlosigkeit der meisten Mitmenschen. Das sportliche Angebot muss somit durch die Art der Gestaltung und die Organisationsform eine echte Kommunikation ermöglichen. Sitzende Sportarten oder Sportarten, bei denen auch der Partner im Rollstuhl sitzt, sind zu empfehlen; besonders wenig Probleme ergeben sich selbstverständlich beim Schwimmen, wenn die Schwierigkeiten des Ein- und Ausstiegs aus dem Becken und beim Umkleiden gelöst sind (Modell des Ausgleichs realer Funktionsbeeinträchtigungen durch kompensierende Kommunikations- und Verhaltensmuster). In diesem Zusammenhang muss der Unterrichtsstil des Sportlehrers auch beweisen, dass er nicht der befähigte Fußgänger ist und nur gelegentlich ein mehr oder weniger befähigter Rollstuhlfahrer sein kann. Die Aufgabenstellungen und die kommunikativen Maßnahmen müssen einer wachsenden Gemeinsamkeit der Sportler dienen.

6. Rollstuhlfahrer finden über das Sich-wieder-Beweisen im Sport und die realen Vorteile für Befindlichkeit und organische Funktionszustände motorische Sicherheit und psychische Stabilität, die oft auch in eine soziale Gemeinschaft hineinführt (Modell der Einübung sozialen Lernens in kleinen Gruppen und der Bildung sozialer Gemeinschaften aus dem Sporttreiben heraus

und darüber hinaus). Die anfängliche soziale Gemeinschaft des Sportvereins wird später – mit der Steigerung der Mobilität – erweitert, so dass soziale und berufliche Wünsche erfüllbar werden.

7. Die Bewegungsaufgaben müssen so gestaltet sein, dass die von der Muskulatur nicht mehr gestützten Körperabschnitte nicht durch zu hohe Lasten, zu schnelle Bewegungen oder zu langes Verharren in einer Haltung gefährdet werden. Der Rollstuhlfahrer muss somit ständig seine kompensatorischen Funktionen trainieren, den Bestand an diesen Bewegungsfähigkeiten erweitern und die Reduktion von Kraft, Kraftausdauer, Ausdauer und Koordination vermeiden.

8. Das ungewöhnliche Bewegungsverhalten von Rollstuhlfahrern und von Gelähmten ist sozial auffällig. Personen müssen sich deshalb daran gewöhnen, von Nichtinformierten angestarrt oder mit negativen Wertungen versehen zu werden. Ein intensives Bewegungslernen und die Sicherheit im Bewegungsverhalten, wie es der Sport bringen kann, vermittelt ein neues soziales Selbstbewusstsein.

Die Aufgaben der Rollstuhlgebrauchsschulung bzw. der grundlegenden Lernprogramme des Rollstuhlfahrens sollen an dieser Stelle nicht wiederholt werden, sie sind u.a. in der einschlägigen Literatur der meisten Rollstuhlfirmen verfügbar; besonders verwiesen werden soll an dieser Stelle auf Horst Strohkendl (1989) sowie Bröxkes und Herzog (1993).

2.6   Frühkindlich Hirngeschädigte

Eine frühkindliche Hirnschädigung kann vorwiegend sensomotorische Auswirkungen haben und/oder sich auch auf die anderen Funktionen (psychische, kognitive, vegetative) beziehen. Nachfolgend soll es um die frühkindlich Hirngeschädigten mit vorwiegend motorischen Störungen gehen.

Als solche finden wir die Spastik in verschiedenen Ausprägungsformen. Eine abnorme, willentlich kaum kontrollierbare und in der Regel nicht bewusst gewollte Tonuserhöhung der antagonistisch tätigen Muskulatur (bei Nichtspastikern werden diese nicht aktiviert bzw. reflektorisch gebremst) führt dazu, dass Bewegungen in den betroffenen Abschnitten verlangsamt werden und einer hohen konzentrativen Anspannung bedürfen, um die erwünschten Bewegungsziele zu erreichen. Wichtig aber ist, dass Bewegungen durchführbar und nicht, wie bei Lähmungen, gänzlich der Willkürmotorik verloren gegangen sind!

Die zweite Gruppe der motorischen Störungen sind die dyskinetischen Bewegungsstörungen, und zwar

- die Athetose, bei der es zu regellosen, distal betonten, überschießenden Bewegungen kommt. Diese von den Betroffenen nicht gewünschten und oft wenig kontrollierbaren Bewegungen stören ihr gezieltes Bewegungsverhalten, und da sie in den distalen Körperabschnitten auftreten, wirken sie sich auf die Beinfunktion, d.h. das Stehen und Gehen, und auf die Hantierungsfunktion der Arme aus.

- Weitere Sonderformen sind die Chorea (schnelle, zappelnde Bewegungen) und Ballismus (große, schleudernde und rotatorische Bewegungen).

- Die dritte Gruppe sind die Störungen der Bewegungen durch Ataxie. Hierbei kommt es zu einer Zielungenauigkeit vor allem schneller Bewegungen. Häufig tritt ein Intentionstremor auf, der in der Annäherung an das Bewegungsziel besonders stark in Erscheinung tritt. Eine Ataxie kann verschiedene Körperabschnitte betreffen und beeinflusst sowohl die Haltung als auch die Befähigung zum Gehen und Stehen. Bei einer ataktischen Bewegungsstörung ist der Zwang zur „Nachsteuerung" gegeben. Die Personen müssen viel Konzentration darauf verwenden, ihr Bewegungsziel zu erreichen. (Auf weitere Bewegungsstörungen als Folge der frühkindlichen Hirnschädigung soll hier nicht eingegangen werden.)

Hinsichtlich der Topographie ist zu unterscheiden zwischen

- dem halbseitigen Befall (Hemi-), d.h. den Bewegungsstörungen, die sich vorwiegend auf eine Körperhälfte beziehen und oft im Bereich der oberen Gliedmaßen stärker ausgeprägt sind als in den unteren Gliedmaßen

- der Dispastik, bei der die Störungen der Motorik sich hauptsächlich auf die unteren Gliedmaßen beziehen. Die Arme sind nicht oder nur minimal betroffen

- dem Befall aller Gliedmaßen (Tetraspastik oder (fälschlich) „Quadriplegie"), bei der sich die Bewegungsstörungen auf alle vier Gliedmaßen und den Rumpf erstrecken und der sehr unterschiedliche Ausprägungsformen haben kann. Möglich sind beinbetonte, armbetonte oder halbseitenbetonte topografische Anordnungen.

Zur Einteilung der Schweregrade sind motorische Funktionsmerkmale sehr brauchbar. Personen, die z.b. stehfähig sind, benötigen nur gelegentlich einen Rollstuhl zur Fortbewegung. Die Mehrzahl der frühkindlich Hirngeschädigten sind gehfähig, auch wenn z.b. bei einem Hemispastiker das Gehen ein sehr ungewöhnliches Aussehen hat. Viele Personen sind fähig zu laufen, wobei das Laufbild eines Athetotikers selbstverständlich eine ganz besondere Qualität hat und bei vielen nicht vorbereiteten Beobachtern oft erschreckend wirkt.

Einige frühkindlich Hirngeschädigte sind Rollstuhlfahrer, d.h., da sie nicht gehfähig sind, müssen sie den Rollstuhl auf irgendeine Weise selbst bewegen. Oft tun sie das als Hemi- oder Tetraspastiker mit den Beinen und schieben dann den Rollstuhl rückwärts. Dies ist sehr schwierig, weil die normalen Rollstühle so konstruiert sind, dass sie beim Rückwärtsschieben sehr schnell drehen und nur beim Vorwärtsfahren eine stabile Geradeausrichtung einhalten. In der Regel ist es frühkindlich hirngeschädigten Rollstuhlfahrern nicht möglich, den Rollstuhl wie die Paraplegiker mit den Armen anzutreiben, so dass sie zu alternativen Bewegungslösungen kommen müssen[3].

Die am schwersten betroffene Gruppe sind die Elektrorollstuhlfahrer, d.h. Personen, bei denen die motorischen Funktionen extrem stark eingeschränkt sind, so dass die Nutzung eines Elektrorollstuhles mit spezifischen technischen Einstellungshilfen im Hinblick auf ihre überschießenden Bewegungen notwendig ist.

Welche Bewegungslösungen finden wir bei frühkindlich Hirngeschädigten?

Frühkindlich Hirngeschädigte mit ihren typischen motorischen Symptomen sind durchaus zu vielen Bewegungen fähig; ihre Bewegungen sind manchmal ver-

---

[3] Ausgehend von Beispielen, die wir in den 70-er Jahren im internationalen Sport der Cerebral Bewegungsgestörten gesehen hatten, versuchten wir schon mehrmals unsere technische Idee eines „Rückwärts-Rollstuhls", d.h. eines beim Rückwärtsschieben sauber geradeaus laufenden Rollstuhls, bei dem man mit dem Rücken zur Bewegungsrichtung sitzt, an die Rollstuhlhersteller weiterzugeben. Selbst der empirische Nachweis seiner Wirksamkeit, dokumentiert in einer Diplomarbeit (Neuser, 1992) konnte bis heute nicht beeindrucken: Es gibt anscheinend keinen Markt, weil die Ärzte diese Fortbewegung nicht kennen und die in den Rehabilitationszentren die Erstversorgung durchführenden Physiotherapeuten diese Idee noch nie kennengelernt haben!)

langsamt, manchmal überschießend und manchmal unsicher und ungenau. Immer aber finden sie Wege, um das Bewegungsziel zu erreichen und die Bewegungshandlung zu vollenden.

Im Alltag fällt uns z.B. der hinkende Gang des Hemispastikers auf, weil eine verminderte Stützfähigkeit auf dem spastischen Bein eine normale rhythmische Ausprägungsform nicht gestattet. Ganz besonders auffallend ist der „torkelnde" Gang, den Athetotiker oder Ataktiker praktizieren und bei dem sie häufig an der Grenze ihrer motorischen Leistungsfähigkeit sind.

Was frühkindlich Hirngeschädigte allerdings benötigen, sind eine ausreichende Zeit für den Vollzug ihrer motorischen Handlungen und Bewegungserleichterungen. Dann wirken sich die motorischen Störsymptome nicht auf den Stütz- und Bewegungsapparat aus; es kommt nicht zu Kontrakturen der Gelenke oder Einschränkungen der Beweglichkeit. Sportliche Bewegungsmöglichkeiten gibt es für cerebral Bewegungsgestörte in großer Fülle. Auf internationaler Ebene finden wir deshalb bei den Sportspielen z.B. das Fußballspiel (seven-a-side, d.h. mit sieben Spielern pro Mannschaft, vgl. Abb. 6), verschiedene Arten des Tischtennisspiels, das Bowls-Spiel und das Lawn-Bowling für Elektrorollstuhlfahrer. Sie absolvieren bis auf den Hochsprung alle leichtathletischen Disziplinen, teilweise unter Nutzung ihrer spezifischen technische Hilfsmittel. Selbstverständlich können sie alle schwimmerischen Disziplinen absolvieren.

Abb. 6: Ausschnitt aus einem Seven-A-Side-Fussballspiel der Cerebral Bewegungsgestörten bei den Weltspielen von CPISRA in Nottingham

Gibt es kontraindizierte Bewegungsaufgaben?

Es ist schon erwähnt worden, dass hohe Schnelligkeitsanforderungen, Zeitdruck, Erwartungsdruck und zu hohe Anforderungen an die Kraft sich bei cerebral Bewegungsgestörten besonders negativ auswirken können. Von Vorteil sind deshalb alle Disziplinen, bei denen es zu zyklischen Bewegungsabläufen kommt; azyklische Bewegungen wie z.b. das Werfen oder Stoßen sind wegen der hohen Konzentration und der schnellen Ausübung nicht so gut geeignet.

2.7 Hirngeschädigte

Hirngeschädigte Betroffene werden in zwei Gruppen eingeteilt: Die kreislaufbedingten und die traumatisch, d.h. durch äußere Gewalteinwirkung, bedingten Hirnschädigungen. Erworbene Hirnschädigungen können sich ähnlich wie die frühkindlichen sowohl auf eine halbe Körperseite (Hemiplegie oder Hemispastik) als auch auf den ganzen Körper auswirken (Tetraplegie oder Tetraspastik). Als Mobilitätsstörungen findet man Spastik, Ataxie und sehr selten dyskinetische Bewegungsstörungen, oft aber zentrale Lähmungen in inkompletter Form.

Zu beachten sind die motorischen, die sensorischen Folgen und die Wahrnehmungsveränderungen. Zusätzlich sind psychische Störungen oder zumindest zeitweise psychische Irritationen zu erwarten. Als Komplikationen können eine Anfallserkrankung bzw. epileptische Störungen, starke Kontrakturen der Gelenke als Folge der Bewegungsstörungen und – wenn die Schädigung sich auf eine kreislaufbedingte Ursache zurückführen lässt – weiter bestehende Probleme mit dem Blutdruck bzw. den Kreislaufleistungen zu erwarten sein.

Die Bewegungsprobleme bei Personen mit erworbenen Hirnschädigungen können sehr vielfältig sein. Es können viele Körperabschnitte betroffen sein, der Schweregrad kann aber mild bzw. geringgradig sein. In einer solchen milden Form und nach Restitution können sie sich manchmal nur in kleinen Bewegungsunsicherheiten bei kritischen Lebenssituationen auswirken.

Bewegungslösungen bei Personen mit erworbenen Hirnschädigungen

Diese Betroffenen versuchen nach Abheilung ihrer hirnpathologischen Prozesse alle die motorischen Funktionen zurückzugewinnen, die sie früher hatten; die Aufnahme beruflicher Aktivitäten, der motorischen Aufgaben der Freizeitgestaltung und selbstverständlich alle kommunikativen Tätigkeiten sollen wie früher wieder durchgeführt werden. Allerdings ist bekannt, dass die Regeneration und die Restitution der Hirnfunktionen nicht immer den Wünschen der Betroffenen folgt, so dass es oft zu paradoxen Störungen kommt. So kann sich eine Spastik verstärken und die Lähmung zunehmen, obwohl die Person sich intensiv um ein Trainingsprogramm bemüht.

Von ganz besonderem Wert ist für diese Betroffenen die Wiedererlangung der Steh- und Gehfähigkeit und das Zurückgewinnen der Hantierungsfunktion der Arme. Personen, bei denen eine Körperhälfte betroffen ist, erleben die Schwierigkeit, dass sie nach vielen frustrierenden Erlebnissen mit nicht rückgewinnbarer Funktion z.B. der betroffenen Hand sich nur noch auf die Verbesserung der Funktion der erhaltenen Hand konzentrieren und somit die hemispastische Hand völlig funktionslos wird.

Personen, bei denen das Kleinhirn in die Schädigung einbezogen ist oder die zu- und abführenden Bahnen zum Kleinhirn beeinträchtigt sind, haben große Schwierigkeiten, weil es zu ataktischen Störungen kommt. Eine Rumpfataxie wirkt sich im Stehen und im Sitzen deutlich aus; die Funktionsstörung des Kleinhirns ist auch mit vieler Konzentration nicht kompensatorisch auszugleichen. Solche Betroffene haben erhebliche Probleme, ihre motorischen Störungen zu beherrschen.

Bei den kreislaufbedingten Hirnschädigungen besteht die Behinderung in einer erhöhten gesundheitlichen Gefährdung durch kardiologische oder internistische Resterkrankungen und der Gefahr zusätzlicher Schädigungen und eines verstärkten oder beschleunigten Leistungsrückgangs im Bewegungsverhalten. Es kommt zu sozialen Problemen als Folge von mimischer Auffälligkeit, von gestischen Abweichungen, von einseitig orientierten Haltungs- und Bewegungsabweichungen, Bewegungsverlangsamung und Bewegungsanomalien. Die sprachliche Kommunikation ist gestört, so dass oft depressive Verstimmungen entstehen.

Bewegung, Spiel und Sport müssen somit so gestaltet werden, dass positive Verhaltensänderungen und eine Verbesserung der konditionellen Leistungen entstehen. Die Bewegungsäußerungen sollen darauf angelegt sein, ohne Verstärkung der Spastik zu erfolgen und vor allem nicht zu einer Ablehnung der gelähmten Seite zu führen. Ein Übertraining der intakten Seite muss vermieden werden. Die Befindlichkeit der Person sollte durch Erfolgserlebnisse in der sportlichen Gemeinschaft gesteigert werden, die sprachliche und allgemeine Kommunikation muss verbessert werden.

Orientiert man die Aufgaben an der Hierarchie der erhaltenen Funktionen bei diesen Betroffenen, dann muss man davon ausgehen, dass vordringlich der Wunsch vorhanden ist, möglichst viele Bewegungs- und Kommunikationsmöglichkeiten zurückzugewinnen und damit eine individuelle und soziale Mobilität zu erreichen. Die betroffene Seite hat auch immer motosensorische Restfunktionen, die nur zu trainieren sind. Die nicht betroffene Seite ist bei ausreichender Rumpfstabilität ohnehin frei verfügbar. Die Restwahrnehmung der betroffenen Seite kann durch eine verstärkte Nutzung multisensorischer Zugänge verbessert und der Wahrnehmung der intakten Seite angeglichen werden.

Fragt man entsprechend dem Konzept der Hierarchie der gestörten Funktionen nach den realen, individuellen Verhältnissen, muss man den Schweregrad der motorischen Funktionsstörung abprüfen. So kann es sein, dass man z.B. die motorisch-koordinativen Probleme vordringlich berücksichtigen muss: also den Kraftverlust, die Lähmungen, die Spastik und die muskuläre Dysbalance.

Die motosensorischen Probleme, die sich auf eine Störung des erlernten oder bereits entwickelten harmonischen Zusammenspiels von Haltung und Bewegung konzentrieren, können im Zusammenhang mit dem Problem der Körper- und der Raumwahrnehmung durch geeignete Übungen verbessert werden. Auch die Probleme der sprachlichen Kommunikation sind zu berücksichtigen, und letztlich muss auf die Leistung der inneren Organe eingegangen werden; das Bewegungs-, Spiel- und Sportprogramm muss unbedingt in Richtung Ausdauer und Kraftausdauer verstärkt ausgerichtet werden.

Bewegungshandlungen, mit denen die paretische oder die hemispastische Seite einbezogen werden soll, müssen so angelegt sein, dass für ihre Lösung entsprechende Anreize geschaffen werden. Dies kann erreicht werden durch die Größe eines Balles, durch das Gewicht des zu beherrschenden Gegenstandes und durch spezifische Aufgaben zum Erlernen des Handlings von Gegenständen. Insbesondere muss genügend Zeit zur Durchführung vorhanden sein.

Es ist zu beachten, dass vor allem Hirngeschädigte dazu neigen, das, was Nicht-Betroffene alltäglich auch tun, in übersteigerter Form zu praktizieren: Denn wer etwas rasch und leicht mit einer Seite leisten kann, wird dies auch so tun. Also wird die nichtbetroffenen Seite hauptsächlich, vielleicht sogar ausschließlich genutzt. Die Betroffenen werden zu einem Übertraining der intakten Seite dann verführt, wenn sie Aufgaben erfüllen sollen, zu denen sie lediglich diese Seite benötigen und bei denen sie keine Gelegenheit haben, beidseitig angemessen belastet zu werden.

Deshalb sollen funktionsgymnastische Übungen („Turnen") in alle anderen sportlichen Aktivitäten integriert sein. Viele Betroffene haben aber dabei Erinnerungen an frühe, oft mühsame krankengymnastische Maßnahmen, was ihre Begeisterung zur Gymnastik nicht besonders steigern wird. Deshalb müssen gymnastische Übungen zwar funktionell richtig durchgeführt werden, gleichzeitig aber in einer eher spielerischen Situation und mit fröhlichen und freundlichen Aufforderungen angeboten werden. Die individuelle Ausführung des Betroffenen ist in freundlicher Weise zu kommentieren. Keinesfalls darf nur korrigiert werden. Hilfreich ist es, auf die gute Ausführungsqualität zu achten und die Verbesserung der Wahrnehmung hervorzuheben bzw. von den Betroffenen zu erfragen. Die Betroffenen sollen die Übungswirkungen, ihre eigenen Verbesserungen bei der Übungsausführung, aber vor allem auch die zur optimalen Ausführung nötigen Haltungsänderungen, die kinästhetischen und taktilen Körper-gefühle durch sprachliche Kommentare verdeutlicht bekommen.

In einem besonderen Maße muss auch bei traumatisch bedingten Hirnschädigungen darauf geachtet werden, dass es zu psychoregulativen Fehlsteuerungen kommen kann, d.h., dass sich Probleme und Schwierigkeiten motorischer Art sehr schnell auswirken auf die psychische Situation der Betroffenen und in Verbindung mit einer vegetativen Labilität, die ohnehin bei solchen Personen gegeben ist, auch zu Missgefühlen und Beeinträchtigungen der gesamten Lebenssituation führen können.

2.8 Progrediente Schädigungen des Nervensystems

Am Beispiel der Multiplen Sklerose (Enzephalomyelitis disseminata) soll erläutert werden, welche Möglichkeiten solche Betroffenen in ihrem Alltag und im Sport haben. Von entscheidender Bedeutung für die Bewegungslösungen, die MS-Betroffene finden können, ist der Schweregrad der Läsion des Nervensystems und, damit im Zusammenhang stehend, der Schadenseintritt. Da die Ursachen und die kausalen Behandlungsmöglichkeiten bis heute nicht gesichert sind, wird in den nachfolgenden Ausführungen hauptsächlich darauf eingegangen, wie sich die Auswirkungen, die wegen des Befalls des Nervensystems sowohl in den motorischen, den sensorischen und auch in zentralnervösen und vegetativen Bereichen liegen können, auf die sportliche und alltägliche Situation der Betroffenen auswirken.

Die pathologischen Prozesse im Nervensystem betreffen nicht direkt die nervliche Substanz, sondern Zellen, die eigentlich eine isolierende und ernährende Funktion übernehmen. Die Gliazellen des Nervensystems erkranken, was zu einer Vielzahl von Störungen des Zusammenspiels sowohl der beiden Zellkomponenten (Neuron und Gliazelle) als auch des gesamten Nervensystems und seiner Unterabschnitte führen kann.

Bei MS findet man Schädigungen des sensorischen Systems, z.B. kann durch einen Befall der Sehnerven das Sehen so stark betroffen sein, dass Erblindung möglich ist. Sehr zahlreich sind die motorischen Störungen. Motosensorische Störungsmechanismen sind Lähmungen, Spastik oder Ataxie. Wenn das vegetative Nervensystem befallen ist, kann es zusätzlich zu Einschränkungen der vegetativen Funktionen kommen. Es kann auch möglich sein, dass die höheren Funktionen des Zentralnervensystems betroffen sind, so dass z.B. Konzentrationsmängel, psychische Erkrankungen und kognitive Leistungsmängel auftreten können.

Die Antworten auf die Frage nach den gefundenen Bewegungslösungen hängen davon ab, welche Befähigungen, Funktionen bzw. Fertigkeiten bei den Betroffenen erhalten sind.

Wir prüfen deshalb zunächst, ob noch Stehfähigkeit vorhanden ist und, damit einhergehend, ob aus dem Stand heraus freie oder gestützte Bewegungen möglich sind. Die Prüfung der freien oder eingeschränkten Gehfähigkeit (also unter Nutzung von technischen Hilfsmitteln bis zum Rollstuhl) ist eine weitere wichtige Grundprüfung. Betroffene, die nicht mehr frei und mit Hilfsmitteln gehfähig sind bzw. bei denen das Gehen zu einem so hohen Energieaufwand führen würde, dass sie noch früher ermüden, als es ohnehin bei dieser Erkrankung möglich ist, benutzen einen Rollstuhl. Diesen sollen sie so lange wie möglich aktiv nutzen, d.h. mit der Funktion ihrer Arme oder bei einer speziellen Konstruktion mit der Funktion ihrer Beine den Rollstuhl selbst bewegen und schieben. Erst spät sollten MS-Betroffene den Elektrorollstuhl einsetzen; allerdings gilt hier die Grundregel, dass der Elektrorollstuhl häufig als Möglichkeit der Fernmobilität genutzt werden kann.

Es wird unterschieden, ob die motorischen Störungen vorwiegend die Beine oder die Arme betreffen. Die Störungen der Spastik sind anders zu handhaben als die der Ataxie, der Parese oder der Störung der Körper- und Bewegungswahrnehmung. Welche Anpassungen muss ein MS-Betroffener im Hinblick auf motorische Tätigkeiten leisten?

Dies soll an vier Beispielen erläutert werden, wobei wir davon ausgehen, dass sich die Personen darum bemühen, sich mit ihrer vorhandenen Motorik im Alltag zurechtzufinden.

Betroffene, die vorwiegend durch eine Spastik eingeschränkt sind, müssen dagegen „ankämpfen", dass

- die Bewegungen verlangsamt sind
- die Antagonisten ständig mitinnerviert werden
- sich pathologische Reflexe einstellen, also Bewegungen zwanghaft ablaufen, und
- eine gestörte Entspannungsfähigkeit der Muskulatur vorliegt, also eine Daueranspannung auch letztlich zu einer Bewegungseinschränkung in den Gelenken und langfristig zu Kontrakturen führt.

Betroffene, bei denen vorwiegend ataktische Bewegungsstörungen vorliegen, müssen dagegen „ankämpfen", dass

- eine erwünschte Bewegungshandlung durch falsche und/oder unvollständige Bewegungsprogramme nicht sofort gelingt oder misslingt
- ihr Gleichgewichtsverhalten, d.h. ihre Balance, unsicher wird und sie bereits bei geringen Anforderungen, die höher als die alltäglichen Tätigkeiten sind, in Schwierigkeiten kommen
- alle willentlich kontrollierten Handlungen durch den Intentionstremor, d.h. ein Zittern in der Bewegungsaktivität, bei der Annäherung an das Bewegungsziel in der Präzision und im angestrebten Erfolg erheblich gestört werden
- Bewegungen häufig mit dem falschen Kraftmaß ausgeführt werden
- rasche Bewegungen in ihrer Richtung abweichen vom beabsichtigten Weg und
- die Steuerung der Beschleunigung der Bewegung, d.h. also die dynamischen Aktivitäten, oft gestört wird.

Betroffene, bei denen vorwiegend Paresen als Störungen vorliegen, müssen sich darum bemühen, dass

- sich der steigende Kraftverlust nicht zu sehr auswirkt und sie mit der erhaltenen Motorik kompensatorische Bewegungen entdecken
- sie einen effektiven Einsatz der kompensatorisch tätigen Muskelgruppen erlernen und dabei eine erheblich höhere Kraftausdauer erbringen müssen

- sie ihre Kraft vorwiegend in den erhaltenen und verfügbaren Muskelgruppen trainieren, damit diese leistungsfähig bleiben
- die „muskuläre Dysbalance" und die Haltungsveränderungen mit deutlichen Konsequenzen im Stütz- und Bewegungsapparat nicht zum Ausbruch kommen.

Betroffene, bei denen vorwiegend die Bewegungs- und Körperwahrnehmung beeinträchtigt ist, müssen dagegen „ankämpfen" bzw. sich daran gewöhnen, dass

- ausbleibende sensorische Kontrollinformationen nicht zur Verfügung stehen und mit den erhaltenen sensorischen Systemen letztlich eine völlig veränderte Wahrnehmung entsteht
- ihre sensomotorischen Regelkreise auf allen Ebenen des Systems gestört sein können, denn der Ausfall sensorischer Funktionen kann ähnliche Wirkungen haben wie der Ausfall effektorischer Nervenbahnen
- alte Wahrnehmungsbilder und Wahrnehmungserfahrungen sich immer wieder in den Vordergrund drängen, obwohl sie nicht mehr „gültig" sind. Diese Betroffenen müssen somit ein völlig neues Wahrnehmungsbild aufbauen.

Es ist ersichtlich, wie groß die Probleme sein können, wenn mehrere der o.g. Symptome und Störungen gleichzeitig auftreten. Wahrscheinlich kommt es dann nicht nur zu einer Summation, sondern zur Potenzierung und damit zu nahezu unüberwindlichen Ausfällen. Alles Ankämpfen kann dann vergeblich sein, ja sogar zusätzlich gefährdend, denn die besonderen Probleme dieser Erkrankung liegen in ihrem schubförmigen Verlauf. Ein Schub ist immer eine deutliche Verschlechterung der Erkrankungssituation, weil es offensichtlich dem Nervensystem nicht mehr gelingt, die kompensatorischen Leistungen so aufrechtzuerhalten, dass eine bisher gewohnte Aktivität weiter beibehalten werden kann. Gelingt es, die Auswirkungen des Schubs bzw. die zunehmende Erkrankung des Nervensystems angemessen medikamentös und ganzheitlich zu behandeln, bilden sich die akuten Erkrankungserscheinungen zurück, wobei nicht ausgeschlossen werden kann, dass Restschädigungen verbleiben, obwohl Remissionsprozesse einsetzen, sich das Nervensystem also wieder erholt.

Bei Bewegung, Spiel und Sport bildet das Herausfinden der jeweils aktuell richtigen Belastungsintensität und der Belastungsdauer die schwierigste Aufgabe, bei der die Betroffenen dem Sportlehrer oft nur wenig helfen können, weil sie einfach nicht rechtzeitig merken, wann sie an die Grenze kommen. Das Nervensystem hat offensichtlich kein wahrnehmbares „Frühwarnsystem".

Immer ist es unbedingt notwendig, Inaktivität zu vermeiden. Inaktivität ist, wie die Medizin schon seit vielen Jahren aufzeigt (vgl. Bauer, 1985), ein wesentliches Problem, das die Erkrankung verschlimmern kann. Alle Erkrankungsmöglichkeiten, die aus Inaktivität entstehen können, kommen bei MS-Betroffenen vor. Manchmal sind gerade sie lebensbedrohlich. Deshalb ist es notwendig, die Ausdauer der MS-Betroffenen zu verbessern, und zwar sowohl die koordinative Ausdauer, die aerobe Ausdauer, d.h. die Ausdauerleistung, welche primär von der Tätigkeit der inneren Organe abhängt, die Kraftausdauer, also die Ausdauer, die primär von den Funktionsleistungen der Muskulatur abhängt, als auch in ganz besonderem Maße die konzentrative Ausdauer, d.h. also die Befähigung, über einen längeren Zeitraum hinweg eine willentlich erwünschte Aktivität des Gehirns aufrechtzuerhalten.

In einer Untersuchung, die wir 1994 durchführten (vgl. Spula, 1994), ergab sich z.B., dass die Leistungen der MS-Betroffenen auf dem Fahrradergometer im besten Fall 82% und im schlechtesten Fall nur 27% der zu erwartenden Leistungen (Watt/kg) erreichten. Das zeigt, dass die Erkrankungssituation bzw. die verminderten Bewegungsmöglichkeiten zu einer erheblichen Einschränkung der Trainierbarkeit führen und es somit nicht nur zu atrophischen Prozessen der Muskulatur, sondern auch zu solchen der Leistungsorgane kommt.

Unsere Frage dieses Kapitels war immer: Was können MS-Betroffene, welche Bewegungsleistungen sind ihnen möglich?

Hierzu muss zunächst grundsätzlich gesagt werden, dass MS-Betroffene bei einem nicht allzu aggressiven Verlauf der Erkrankung und einem mittleren Erkrankungsstadium über viele Funktionen verfügen, d.h. oftmals frei bewegungsfähig sind, die Gehfähigkeit erhalten haben, die Greif- und Haltefähigkeit der Arme voll nutzen können und somit im Sport eine Vielzahl von Bewegungsleistungen noch erbringen können. So ist es ihnen durchaus möglich, an ausgewählten Sportspielen teilzunehmen, sie können viele der im Hallensport üblichen Hindernisparcours selbständig und ohne jegliche Hilfe absolvieren.

Ausgesprochen gute Leistungen können sie beim Schwimmen, d.h. der Anwendung von Schwimmtechniken zur Ausdauerverbesserung, erbringen, wobei hier eine Vielzahl von Lernprozessen möglich ist. MS-Betroffene können z.B. bei kluger Steuerung der Belastung viele Schwimmtechniken bis zu einer hohen Perfektion im Sinne der Bewegungsökonomie lernen. Ein langandauerndes Schwimmen, wie es für die Ausdauerschulung notwendig ist, wird somit möglich.

Welche Bewegungen können MS-Betroffene? Selbstverständlich orientiert sich das daran, welche ihrer Bewegungsorgane noch nicht befallen sind. Allerdings gibt es hier einen Aspekt, der Hauptgegenstand und Bestimmungsmerkmal des didaktischen Konzepts ist.

Wenn wir davon ausgehen, dass im Körper von MS-Betroffenen viele gegen die Gliazellen gerichteten Autoimmunprozesse ablaufen, dann können wir Folgendes annehmen: Einige der (Glia- und der Nerven-)Zellen haben ihre Funktion bereits verloren, andere Zellen befinden sich in abgestuften Abwehrprozessen. Ihre Leistungen liegen in Bereichen zwischen 10 bis 100%. Man weiß von Erkrankungsprozessen anderer Schädigungen des Nervensystems (z.B. von Parkinson-Kranken), dass motorische Störungen erst dann in Erscheinung treten, wenn die Mehrzahl (85-90%) der dafür verantwortlichen Nervenzellen bereits vernichtet sind. Das bedeutet, dass das sensomotorische System über einen langen Zeitraum hinweg in der Lage ist, sowohl die ausgefallenen Funktionen, d.h. die Störungen durch einen definitiv vorliegenden Leistungsverlust der Gliazellen (bzw. ein Fehlen der Zellen), als auch die latenten, geringergradigen Einschränkungen der Leistungen der Nervenzellen zu kompensieren. Der Person kann es somit möglich sein, Bewegungshandlungen auszuführen oder Leistungen in Teilbereichen zu erbringen, die vor Eintritt der Erkrankung noch üblich waren. Andererseits ist aber nicht sicher, ob die Beanspruchung durch diese Bewegungshandlungen, die bereits leicht geschwächten oder in ihrer Funktion eingeschränkten Nervenzellen weiter schädigt und somit durch die Beanspruchung der pathologische Prozess beschleunigt wird.

Genau diese Erfahrungen können Lösungen für eine sportliche Belastung von MS-Betroffenen bieten. Es muss die Möglichkeit geschaffen werden, die Belastungen auf einem Niveau zu regulieren, welches das physiologische System dazu bringt, aktiv zu werden, d.h. Stoffwechselprozesse zu entwickeln, die über der Ruheaktivität liegen und die den tätigen Zellen eine erhöhte Stoffwechselaktivität abverlangen. Diese darf allerdings nur so hoch sein, dass Grenzwerte weit außer Sichtweite bleiben und in aller Regel eine rasche Regeneration wieder möglich ist. Das bedeutet konkret, sowohl die Belastungen der Konzentration, der Koordination, der Kraftausdauer und der Ausdauer müssen in einem ausgewogenen Verhältnis zueinander stehen und dürfen sich allenfalls in Bereichen zwischen 25 und 45% der Leistungsmöglichkeiten der Systeme bewegen. Die Dauer dieser Belastungen sollte eher kurz sein, so dass Mechanismen der Schnellregeneration einsetzen, und nach einer länger dauernden Belastung muss eine längere Regenerationpause eingehalten werden. Unsere Empfehlung in den

Sportgruppen lautet daher: „Sie dürfen sich so belasten, dass Sie sich nachher angenehm müde fühlen. Nach einem Rehabilitationssport-Programm sollten Sie sich nach ca. einer Stunde Ruhens wieder wohl und fit fühlen".

Bewegung, Spiel und Sport haben bei MS-Betroffenen also nicht nur eine dienstleistende Funktion im Sinne der Schaffung geeigneter Bewegungsangebote und angemessener Belastungen. Es müssen Verhaltensänderungen erzielt werden. Die Verhaltensänderung muss so sein, dass die Betroffenen erkennen, welche Bewegungen und Belastungen sie sich zumuten können und wann sie rechtzeitig Pause machen müssen. Dieses Verhalten ist in unserer Gesellschaft völlig all-tagsunspezifisch. Nicht nur, dass es Erwartungshaltungen an die Tätigkeiten der Menschen in ihrem Beruf oder in ihrem Alltag, im Haushalt oder in der Kindererziehung gibt, oftmals ist es auch so, dass die Personen selbst ihr persönliches Befinden davon abhängig machen, ob sie diese Leistungen noch erreichen können oder nicht. Das Erzielen einer solchen Verhaltensänderung ist somit ein langwieriger und auch ein sehr schwieriger Prozess, der verlangt, dass Sportlehrer eine wirkliche Einsicht in das Erkrankungsgeschehen gewinnen und, wie in Abschnitt 5.3 noch gezeigt wird, ein ganz spezifisches Lehrerverhalten entwickeln müssen.

3   Die Inhalte von Bewegung, Spiel und Sport

Verwendet man das Wort Sport als umfassenden Oberbegriff, fühlen sich die Fachleute der Bewegungstherapie und des Rehabilitationssports unwohl, weil ihnen damit zu viele Assoziationen zu den von Regeln beherrschten Sportarten und zu dem im Fernsehen zu sehenden Show- und Berufssport geweckt werden. Mit den Begriffen Bewegung, Spiel und Sport treffen wir die wirklichen Inhalte dessen, was wir in der Rehabilitation und im Behindertensport meinen, wesentlich besser. Denn die Inhalte von Bewegung, Spiel und Sport bestehen aus sehr vielen, individuell verschiedenen, aber eben primär nicht durch Regelvorschriften gesteuerten Bewegungshandlungen.

Für viele körpergeschädigte Personen sind die Antworten auf die Frage, welche Sportart sie eigentlich wieder machen können, was und welche Übungen sie noch ausführen können und welche Bewegungshandlungen ihnen jetzt (nach Eintritt der Schädigung) Spaß machen würden, nicht leicht zu finden. Nicht selten zweifeln sie daran, liebgewordene Bewegungen trotz ihrer nun vorhandenen körperlichen Einschränkungen so ausführen zu können, dass sie nicht ständig an ihre Mängel und Verluste erinnert werden. Doch diese Zweifel können glücklicherweise bei Körpergeschädigten von den Sportlehrern mit der aktiven Hilfe der Betroffenen beseitigt werden. Bewegung, Spiel und Sport bestehen aus so vielen verschiedenen Aufgabengebieten, Bewegungshandlungen, Bewegungsaufgaben und Übungen, dass für jeden noch so schwer beeinträchtigten Menschen die richtigen zu finden sind.

Zu Bewegung, Spiel und Sport gehören die elementaren Bewegungshandlungen, die sich in der Kleinkindzeit entwickeln und die wir später als alltägliche Bewegungsfertigkeiten zur Fortbewegung oder zur Handhabung von Gegenständen nutzen. Zu Bewegung, Spiel und Sport gehören auch spielerische Bewegungshandlungen, das Spielen an sich oder das spielerische Bewegen mit Sportgeräten. Natürlich gehören dazu auch die Bewegungshandlungen, die in den Sportarten in sehr ausdifferenzierter Weise anzutreffen sind. Bewegungsfertigkeiten, mit denen man sportliche Wettspiele oder Wettkämpfe durchführen kann, fügen wir ebenfalls dem Katalog der Bewegungsinhalte an. Doch damit sind die lohnenden, empfehlenswerten Bewegungsaufgaben für rehabilitative Bemühungen nicht erschöpft. Die elementaren Bewegungshandlungen, welche wir für die Kommunikation verwenden, also unsere Körpersprache, d.h. Haltung, Bewegung, Mimik und Gestik, gehören genauso zu den Bewegungsaufgaben, die wir in unser Programm integrieren müssen. Denn mit der Körpersprache und der Mimik/Gestik stellen wir Kontakte her; wir fassen uns an, wir halten uns fest, wir können auf Distanz gehen und wir tauschen Signale aus. Sie sind also wesentliche Mittel der sozialen Kommunikation, wir bringen mit ihnen unsere Emotionen und unsere Motivation motorisch zum Ausdruck.

Es muss betont werden, dass die Sprache, d.h. die Art und Weise der Sprech-Kommunikation, und die Wahl der Sprachinhalte im Behinderten- und Rehabilitationsport eine besondere Aufgabe haben. Denn das alleinige Vormachen/ Nachmachen, wie wir das manchmal in einem „sprachlosen" Sportunterricht von Freizeitsportgruppen finden, kann es im Rehabilitationssport nicht geben. Vielmehr ist das Sprechen bzw. die Sprache ein führendes Element des Unterrichts mit körpergeschädigten Personen.

Zu den Inhalten von Bewegung, Spiel und Sport gehören auch die Aufgaben und Übungen, die wir zur Erweiterung unserer Wahrnehmung einsetzen und die bei speziellen Aufgaben zur Entspannung dienen können. In Bewegung, Spiel und Sport mit Behinderten werden Bewegen und Wahrnehmen miteinander verbunden und Anspannen und Entlasten/Entspannen dadurch erfahrbarer gemacht.

Denn die neue Wahrnehmung des Körpers bzw. der gesamten Person wird in der Entspannungsphase nach einer vorherigen motorischen Eigenaktivität leichter erkennbar. Es ist ersichtlich, dass die Bewegungsaufgaben der Psychomotorik die gleichen sein können wie die eines solchen, indikationsspezifischen Bewegungs-, Spiel- und Sportangebotes. Psychomotorische Handlungen sind deshalb schon seit vielen Jahrzehnten notwendige Bestandteile von Bewegung, Spiel und Sport der Behinderten. Oder: Es gibt keine psychomotorischen Übungen, die nicht auch gleichzeitig die Bewegung, das Spiel und einige sportliche Tätigkeiten nützen. Die „Psychomotorische Idee", wie sie von Regina Naschwitz-Moritz und ihren Mitautorinnen (2000) beschrieben wird, zeigt die unlösbare Verbindung von Bewegung, Spiel und Sport der Körperbehinderten und den Zielen und Inhalten der Motopädagogik und Mototherapie (Kiphard, 1990, 1998).

3.1 Eigenständige Sportarten der Körperbehinderten

Die Frage „Was machen wir jetzt in unserem Sport?" stellte sich aus historischer Sicht vor allem den vielen Kriegsversehrten, die nach 1945 wieder beginnen wollten, ihre Bewegungsbedürfnisse zu stillen. Die ehemaligen Turner wollten wieder in ihrem Turnverein an die Reckstange oder an den Barren bzw. auf den Schwebebalken. Wer früher Leichtathlet war, wollte trotz Amputation im Leichtathletikverein wieder aktiv werden, die ehemaligen Hand- oder Fußballer wollten sich trotz Versehrtheit wieder in Mannschaften integrieren (vgl. dazu Lorenzen, 1961; Kosel, 1981 bzw. Kosel & Fröböse, 1999).

Dies ist damals meistens nicht gelungen, so dass sich eigenständige Sportgemeinschaften entwickelt haben, in denen sich auch bald die eigenständigen Sportarten der Körperbehinderten entwickelten. Solche sind z.B. das Sitzballspiel, bei dem beingeschädigte Menschen mit einer speziellen Ausrüstung (Rutschhose, Ellbogenschützer, Knieschoner) auf dem Boden sitzend bzw. rutschend in einer Mannschaft mit fünf Personen versuchen, den Ball so zu spielen, dass die gegnerische Mannschaft ihn nicht regelgerecht über eine Trennungsleine zurückspielen kann.

International hat sich das Sitzballspiel in dieser Form nicht durchgesetzt, weil dort die Eigenständigkeit der Sportarten, welche die Körperbehinderten ausführen wollten, wenig ausgeprägt war. Die praktizierten Sportarten wurden viel mehr beeinflusst von den Kenntnissen ihrer nichtbehinderten Sportlehrer, welche eher das Volleyballspiel kennen gelernt hatten. So entstand das Sitzvolleyballspiel als eine Abwandlung des Volleyballspiels. Wesentlich ist, dass der Sitz- oder Rutsch-Kontakt zum Boden erhalten bleiben muss. Beingeschädigte Menschen können so ein sehr schnelles und interessantes Spiel im Sitzen und Rutschen durchführen.

Abb. 7: Szene aus dem Sitzvolleyball

Ebenfalls eine eigene Entwicklung ist das Spiel Fußballtennis, das vorwiegend von armgeschädigten Menschen entwickelt wurde. Dieses Parteiballspiel wird von zwei Mannschaften zu fünf Sportlern gespielt. Es kommt darauf an, sich den Ball mit dem Fuß oder dem Kopf so zuzuspielen und schließlich über eine Trennungsleine in das gegnerische Feld zu spielen, dass die gegnerische Mannschaft nicht in der Lage ist, den Ball regelgerecht zurückzuspielen. Die Anzahl der Ballkontakte pro Spieler und der Bodenkontakte des Balles im eigenen Feld ist vorgeschrieben.

Als weitere typisch eigenständige Sportart hat sich z.B. im Wintersport das Skilaufen mit Unterarmstützen, der Krückenskilauf, entwickelt, den einseitig Beinbehinderte ausüben und bei dem sie mit einem Ski am erhaltenen Bein und mit den mit zwei Kleinski ausgestatteten Unterarmstützen wieder die Hänge hinuntersausen können. Viele Jahre später wurde ein Form des alpinen Skifahrens für Doppelbeinamputierte und für Beingelähmte entwickelt, das Monoskifahren, das bis heute paralympische Disziplin geblieben ist.

Abb. 8: Monoskifahrer in der Schussfahrt kurz vor dem Ziel

Von besonderer Bedeutung für die Entwicklung eigenständiger Sportarten waren die Bemühungen, den Querschnitts- oder Poliogelähmten, die auf einen Rollstuhl angewiesen waren, sportliche Betätigungen zu ermöglichen. Als besonders aktive und begeisternde Sportart hat sich das Spiel Rollstuhlbasketball entwickelt.

Abb. 9: Szene aus einem Rollstuhl-Basketballspiel bei den Paralympics in Arnheim (Niederlande)

Recht neu ist das Rollstuhl-Rugby, das von Tetraplegikern gespielt wird und durch seine Rollstuhlkonstruktion das Spielen auch mit eingeschränkten Handfunktionen erlaubt.

Aber die Rollstuhlfahrer haben auch Rollstuhl-Badminton und selbstverständlich Rollstuhltennis so entwickelt, dass die Spieler dieses sowohl breitensportlich als auch bei den Paralympics unter leistungssportlichen Gesichtspunkten durchführen können.

Am Beispiel des Rollstuhlbasketballs soll erläutert werden, dass diese „eigenständige" Sportart selbstverständlich noch ihre Bezüge zum Basketballspiel an sich hat. Das heißt, es wird mit dem gleichen Ball, auf die gleichen Körbe, und es wird mit sehr ähnlichen Regeln gespielt. Dennoch ist die Praxis des Rollstuhlbasketballs so deutlich anders, dass man von einer eigenständigen Sportart sprechen kann. Klar wird dies auch am „Rollstuhlrugby", dem Sportspiel der Tetraplegiker, das eigentlich keine Entsprechung unter den Sportspielen der Nichtbehinderten hat, jedenfalls nicht sehr viel mit dem „Getümmel" und dem „Ringkampf um den Ball" beim Rugby auf dem Rasen gemein hat. Die speziell entwickelten und schützenden Rollstühle gestatten nämlich, dass Kontakte der Spieler/der Rollstühle möglich sind, ohne dass diese gefährdet werden. Dadurch können sie relativ schnell fahren und gleichzeitig mit ihren eingeschränkten (Hand-)Funktionen den zu spielenden Ball sicher beherrschen.

Es wird ersichtlich, dass die „Eigenständigkeit", welche in den Sportarten der Körperbehinderten steckt, nicht ganz streng gesehen werden kann. Nicht immer ist eine Sportart für die bzw. von den körpergeschädigten Menschen selbst und völlig neu erfunden worden. So ist selbst das „Lawn-Bowling" der schwerst cerebral bewegungsgestörten Sportler durchaus vergleichbar mit dem „Boccia-Spiel" oder dem „Boule-Spiel" der Italiener bzw. Franzosen.

In neuerer Zeit konnten sich vor allem durch die technischen Hilfen einige weitere eigenständige Sportarten entwickeln. Genannt werden soll das „Handbike-Fahren" der Rollstuhlfahrer, bei dem ein Handkurbelmechanismus, am Rollstuhl befestigt, die Möglichkeit bietet, über eine Mehrgangschaltung ein sehr viel höheres Tempo zu entwickeln, als wenn der konventionelle Antrieb des Rollstuhls genutzt wird. Solche Handbikes sind mittlerweile mit Hilfe der Hersteller zu eigenständigen Fahrgeräten mutiert, und dort entwickelt sich ein integrativer Sport, gekennzeichnet dadurch, dass die Handbikefahrer zusammen mit nichtbehinderten Radfahr-Athleten bei Straßenrennen starten.

Besonders von den nordischen Ländern wurden im Skisport spezifische Disziplinen entwickelt, wie z.b. das Ice-Sledge-Fahren (Eisschlitten mit schmalen
Kufen), das auf der Eisbahn durchgeführt wird und bei dem verschieden lange
Strecken gefahren werden können. Naheliegend war es auch, das Eishockey so
abzuwandeln, dass es von Beinbehinderten gespielt werden kann; daraus hat
sich das Ice-Sledge-Hockey entwickelt, das zumindest bei den Winter-
Paralympics durchgeführt wird und zur Zeit einen Aufschwung auch im deutschen Behindertensport erfährt.

3.2 Individuelle Abwandlungen allgemeiner Sportarten

Eigenständige Sportarten haben den großen Vorteil, dass sie voll auf die behinderten Menschen adaptiert sind, d.h. die Schädigungen berücksichtigt werden.
Dabei stehen nicht die funktionellen Einschränkungen im Vordergrund, sondern
die Lösungsmöglichkeiten mit den erhaltenen Funktionen. Allerdings sind diese
eigenständigen Sportarten teilweise so unterschiedlich von dem, was Nichtbehinderte sportlich unternehmen, dass diese kaum in der Lage sind zu beurteilen,
welche Leistung eigentlich hinter dieser Sportart steckt.

Daraus ist – propagiert durch berühmte Förderer des internationalen Sports – die
Idee entstanden, die traditionellen Sportarten mit Hilfe von Regeländerungen
oder durch spezielle Sportgeräte so abzuwandeln, dass sie für körpergeschädigte
Menschen durchführbar werden. Das Ziel liegt darin, die Idee der Sportart zu
erhalten. Möglichst viele der wesentlichen Elemente, einzelnen Fertigkeiten,
Grundübungen und regeltechnischen Teilbereiche sollten aus den allgemeinen
Sportarten weiter verwendet werden. Dennoch wollte und will man den Ideen
des Behindertensports/Rehabilitationssports und den Bedürfnissen der Behinderten weitgehend gerecht werden. Aber das allein kann aus sportpädagogischer
Sicht nicht ausreichen. Denn es muss zusätzlich noch gewährleistet sein, dass
die abgewandelten Sportarten in ihren Übungen und Tätigkeiten möglichst vielfältige Bewegungsanregungen und Ausbildungsmöglichkeiten gestatten.

Die individuellen Abwandlungen der allgemeinen Sportarten bedurften weit weniger der eigenständigen Initiative der körpergeschädigten Menschen. Hier
konnten somit auch Sportfachleute, Sportlehrer oder Betreuer ihre Ideen realisieren und den Behinderten Angebote machen, d.h. sie die Situation ausprobieren
und die ihnen eigenen Lösungen finden lassen. Ein typisches Beispiel für solche
individuellen Abwandlungen sind die leichtathletischen Disziplinen der Roll-

stuhlfahrer, bei denen eigentlich sämtliche Grundregeln der Leichtathletik übernommen werden, mit der Variation, dass die Läufe mit dem Rollstuhl ausgeführt werden und sämtliche Wurfdisziplinen aus dem Sitz vom Rollstuhl bzw. von einem spezifischen Wurfstuhl aus ausgeführt werden.

Abb. 10: Ausschnitt aus einem Rollstuhl-Schnellfahrwettbewerb von Paraplegikern

Die individuelle Abwandlung der allgemeinen Sportarten ist mittlerweile von körpergeschädigten Sportlern so vielfältig durchgeführt worden, dass eine Auflistung an dieser Stelle nahezu unmöglich erscheint. Nahezu keine Sportart ist ausgeschlossen worden. Ja selbst die Wasserfahrsportarten werden auf diese Weise zugänglich gemacht. Extreme Varianten findet man im Bergklettern oder beim „Trikefahren" der querschnittsgelähmten Motorsportler.

An dieser Stelle muss unbedingt erwähnt werden, dass die Fortbewegung im Wasser, d.h. das Schwimmen und die Anwendung der Schwimmtechniken, nur sehr geringfügige Abwandlungen der Regeln des Schwimmens erforderlich machen. Das heißt, im Wasser können sich die meisten körperbehinderten Menschen sehr ähnlich wie Nichtgeschädigte fortbewegen (vgl. Innenmoser, 1988). Das Schwimmen und die aktive Bewegung im Wasser sind eindeutig integrative Sportarten (vgl. Rheker, 1999).

4 Technische Hilfsmittel und sportliche Aktivitäten

Eine körperliche Schädigung führt zu Veränderungen der morphologischen Merkmale einer Person, also der Gestalt und der Gliedmaßen. Sie erfordert an-

dere motorische Lösungen, um die alltäglichen Bewegungsaufgaben leisten zu
können. Das Gehen kann erheblich eingeschränkt sein und unmöglich sein. Aber
das Gehen ist bereits dann erschwert, wenn eine leichte koordinative Unsicherheit auftritt. Sowohl im ersten Fall als auch bei geringen koordinativen Störungen kommen technische Hilfsmittel zum Einsatz.

Der Sport der Körperbehinderten ist geradezu charakterisiert durch immer wieder neu entwickelte technische Hilfsmittel, mit denen Behinderte versuchen, die
Einschränkungen ihrer motorischen Mobilität auszugleichen. Zwischen dem einen Extrem des durch Mund- und Zungenbewegungen gesteuerten Elektroroll-
stuhls und dem anderen, nämlich einem elegant beim Gehen geschwungenen
Spazierstock, gibt es eine Vielzahl von Varianten. Einige der technischen Hilfsmittel haben auch im Sport eine erhebliche Bedeutung.

1. Technische Hilfsmittel können aktiv mobilisierbar sein und führen nach Absolvierung von Lernprogrammen zur Verbesserung der motorischen Funktionen und zu einer erweiterten Handlungsfähigkeit. Das sind Fortbewegungs-
   hilfen und Greifhilfen (vgl. Innenmoser, 1987, S. 230 f.).

2. Daneben gibt es passive Hilfsmittel, wie z.B. Korsett, orthopädische Schuhe
   usw., die unabdinglich sind, um Bewegungen zu ermöglichen und Haltung zu
   stabilisieren, weil eigene aktive Funktionen (z.B. nach Lähmungen) nicht
   mehr möglich sind.

In Bewegung, Spiel und Sport müssen (a) Hilfsmittel, die obligatorisch sind, d.h.
ohne die Eigenbewegungen unmöglich wären, und (b) Hilfsmittel, die fakultativ
eingesetzt werden, unterschieden werden. Letztere sollten so angelegt sein, dass
sie – wenigstens – verbesserte Möglichkeiten zur Teilnahme erbringen. Ein (mo-
torisiertes) Go-Kart ist somit kein technisches Hilfsmittel, sondern ein neues
Sportgerät, während das gegenüber dem Rollstuhl fakultativ und alternativ nutz-
bare Hand-Bike ein technisches Hilfsmittel ist.

Allgemein müssen von technischen Hilfsmitteln folgende Anforderungen erfüllt
werden:

1. Technische Hilfsmittel müssen die verbliebenen motorischen Möglichkeiten
   der Betroffenen unterstützen und dazu beitragen, dass es zu einer Verbesserung dieser erhaltenen bzw. verfügbaren motorischen Möglichkeiten kommt.

2. Technische Hilfsmittel müssen einen definitiv gegebenen Ausfall motorischer Funktionen voll ausgleichen, d.h., sie müssen nach naturwissenschaftlichen bzw. technischen Kriterien optimal angepasst werden.

3. Technische Hilfsmittel müssen praktikabel, wenig kraftaufwendig, technisch unkompliziert und preiswert sein.

4. Technische Hilfsmittel sollen den Wünschen des Betroffenen hinsichtlich Design, Farbgestaltung, aber vor allem Nützlichkeit voll entsprechen.

5. Eine Gefährdung bei langandauerndem Einsatz oder/und hoher Belastungsintensität oder Zusatzschädigungen durch das technische Hilfsmittel müssen zuverlässig ausgeschlossen werden (vgl. zu dieser Auflistung auch Innenmoser, 1987).

Längst nicht alle technischen Hilfsmittel erfüllen diese Anforderungen. Vor einigen Jahren wurden bei vielen Konstruktionen noch nicht einmal die nötigsten funktionellen Bedingungen erfüllt. So war es üblich, einen Finanzrahmen vorzugeben und die Anpassungsfähigkeit des Körperbehinderten möglichst voll auszunützen, um die Unzulänglichkeiten auszugleichen. Die heute möglichen technischen Errungenschaften und Automatisierungs-/Ökonomisierungsmöglichkeiten der Industrie müssen besser genützt werden, um Spätschäden zu vermeiden.

Ein besonders kritisches und bis heute nicht befriedigend gelöstes Problem stellt die Antriebsart der heutigen Rollstühle dar. Während findige Techniker schon vor ca. 50 Jahren an Rollstühlen einen Handhebelantrieb anbrachten, der über eine (verstellbare) Antriebsscheibe an den Rädern die Möglichkeit gab, die verfügbare Kraft der Arme über einen Übersetzungsmechanismus in Weg und damit Geschwindigkeit umzusetzen, entwickelte sich mit den Jahren allein der an den Hinterrädern mit den Händen direkt angetriebene Rollstuhl. Vor allem als Faltfahrer wurden viele Varianten weiterentwickelt („Aktiv-Rollstuhl", vgl. z.B. Weege, 1989). Er dominierte bald den Markt, obwohl er biomechanisch gesehen einen viel schlechteren Wirkungsgrad hat. Das Lösen der Hände vom Treibreifen, um wieder in die Ausgangslage zum Schieben zu kommen, bedeutet zum Beispiel beim Befahren einer Steigung einen erheblichen Nachteil, der bei besonders steilen Anstiegen das aktive Fahren völlig verhindert, wenn die Rückrollneigung stärker ist als das bergwärtige Anschieben durch den Betroffenen.

Interessanterweise wurden diese Nachteile bald durch das Handy-Bike bzw. Hand-Bike abgelöst, bei dem ursprünglich ein fahrrad-ähnlicher Vorbau mit Mehrgang-Kettenschaltung am Rollstuhl angebracht wurde. Heute gibt es für das alltägliche Training und vor allem für den Wettkampfsport eigene Fahrmaschinen.

Abb. 11: Handy-Bike-Vorrichtung zur Anbringung am Rollstuhl

Die Hand-Bike-Fahrer versuchen mittlerweile nicht mehr bei leichathletischen Veranstaltungen zu starten, sondern fahren bei Straßenrennen mit. Das Hand-Bike könnte ein integratives Sportgerät werden, wie es der leichathletische Renn-Rollstuhl leider nicht werden konnte.

Die in der Öffentlichkeit wohl bekanntesten sportlichen Aktivitäten, die mit technischen Hilfsmitteln durchgeführt werden, sind die bereits angesprochenen sportlichen Aktivitäten der Rollstuhlfahrer, bei denen heute nur noch spezielle Sport-Rollstühle zum Einsatz kommen. Aus den Erkenntnissen und Erfahrungen, die sportlich aktive Rollstuhlfahrer sammelten, hat sich – anfänglich erst nach heftigen Überzeugungsgesprächen mit den Herstellern – der Aktiv-Rollstuhl (vgl. Weege, 1985, 1989) entwickelt, den die Rollstuhlhersteller heute allen sportlich aktiven Rollstuhlfahrern anbieten. Die Hersteller und deren Fachberater empfehlen heute – nicht selten gegen den Widerstand unwissender Ärzte – auch solchen Personen den Aktiv-Rollstuhl, die in ihrem Alltag gut zurecht kommen möchten und somit ihre noch vorhandenen Funktionen trainieren und benützen wollen.

Aus dieser Konstruktionsidee haben sich verschiedene, den Sportarten zugeordnete Rollstühle entwickelt. Heute werden Rollstuhl-Basketball, -Tennis, -Badminton und selbstverständlich die verschiedenen leichtathletischen Disziplinen mit jeweils speziellen Rollstühlen durchgeführt.

Abb. 12: Seitliche Ansichtungen der Rahmenkonstruktion und der Räderanordnung bei typischen Sportrollstühlen

Von einer besonderen Bedeutung sind technische Hilfsmittel auch für beinbehinderte bzw. -amputierte Menschen. Beginnend mit den vom Orthopädietechniker(-schuhmacher) angefertigten Schuhen, die z.B. eine verminderte Stehfähigkeit ausgleichen sollen, bis hin zur hochkomplizierten Funktionsprothese für den hüftexartikulierten Menschen. Eine beidseitige Beinamputation stellt z.B. an die Konstruktion und Funktionalität der Prothesen hohe Anforderungen. Hier hat sich die Technik in den letzten Jahren besonders auf die Funktionsweise des Kniegelenks konzentriert und – ausgehend von den sportlichen Erfahrungen – neue Kniegelenke zur Verfügung gestellt, die durch Pneumatik und Elektronik eine aktive Unterstützung in der Beugung und Streckung des Kniegelenks leisten können.

Aber auch die „Unterschenkel" wurden, ausgehend von einer typisch amerikanischen Idee[4], modifiziert (vgl. Abb. 13). Die heute im paralympischen Spit-

---

[4] Die US-amerikanischen Fachleute gehen oft unkonventionell an Probleme heran; in diesem Fall wollten sie nicht einen menschlichen Unterschenkel (schmückend) nachmodellieren, sondern lediglich Stehfähigkeit und Federung erzeugen, also funktionelle Vorteile erzielen.

zensport üblichen Kohlefaser-Federn genügen den Bedingungen, einen einigermaßen guten Stand zu ermöglichen sowie einen guten Abdruck vom Boden zu erlauben, und vor allem federn sie so stark, dass die Athleten zuerst vorsichtig lernen müssen, die erheblichen Reaktionskräfte der „Federn" als Folge ihrer eigenen Bewegungen in ein neues koordinatives Muster einzuordnen.

Abb. 13: Vorbereitungen einer Sportlerin, die mit zwei Unterschenkelprothesen des modernen Typs aktiv ist, zu einem Sprintwettbewerb

Mit technischen Hilfsmitteln können Beinbehinderte viele sportliche Disziplinen auch nach Eintritt der Schädigung weiterhin durchführen, angefangen von spezifischen Sportspielen, die weiterhin im Stehen durchgeführt werden können (z.B. Fußballtennis) bis hin zu leichtathletischem Sprint oder Mittelstreckendisziplinen und selbstverständlich den leichtathletischen Wurf- und Stoßdisziplinen.

Das Gehen mit einer Oberschenkel-Prothese erfordert ein völlig neues koordinatives Muster, das in den ersten Phasen der Rehabilitation erlernt werden muss und später immer wieder neu „auftrainiert" werden sollte, weil sich im Alltag viele kleine (Bequemlichkeits-)Fehler einstellen. Sportlehrer, die nie selbst mit einer solchen Prothese gegangen sind, die also noch nie den selbststabilisierenden Mechanismus des Kniegelenks erfahren haben, werden nie gute „Gehschullehrer" sein. Das bis heute beste Lehrbuch zur Gehschule wurde bezeichnenderweise von H. Kersten (1975), einem selbst einseitig Oberschenkelamputierten, verfasst. In meinem Institut an der Universität Leipzig lernen die zukünftigen Diplom-Sportlehrer das Gehen mit einer speziell für „Zweibeiner" konstruierten Prothese[5]. Es gehört zu ihrem praktischen Lernprogramm im Rahmen der „Mobilitätstherapie".

Sportlehrer und Übungsleiter müssen auch wissen, wie die Orthopädietechniker im Dialog mit dem Prothesenträger die Prothese einstellen, d.h. die gegebenen technischen Variablen ausnützen. In der Regel werden dazu die Nutzer befragt und zwar danach, ob die von ihnen vorgenommene Einstellung der Prothese bequem und passend ist? Dies ist so lange korrekt, wie Beinamputierte ein gutes Gangbild und keinerlei Ausweichhaltungen (Skoliose, Stumpfschwäche, Hüftkontraktur usw.) aufweisen. Bei bereits erworbenen Haltungsstörungen und schlechten Gehgewohnheiten („Sensengang", Hüpfschritte ...) muss die Prothese sowohl in der Konstruktion des Schafts als auch in der Einstellung der lastübernehmenden Elemente funktionell richtig (nicht „bequem" für den Betroffenen) eingestellt werden und anschließend muss ein Auffrischungs-Lernprogramm gestartet werden. Die Sanitätshäuser könnten in Zusammenarbeit mit Behinderten-Sport-vereinen ein wahrhaft hilfreiches Angebot machen, mit dem Spätschäden sicher vermieden werden!

Während beingeschädigte Menschen ihre Prothesen und Orthesen im Sport nützen müssen, um sich nicht zusätzliche Schädigungen zuzufügen, verzichtet man bei sportlichen Aktivitäten der Armamputierten oder Gelähmten in aller Regel auf die Benutzung einer Prothese oder Orthese, weil diese selbst z.B. im Gegnerkontakt oder auch beim Hinfallen eine Gefährdung des Betroffenen darstellen kann. Bei allen Aktivitäten, die an Land ausgeführt werden, sind selbstverständlich auch die passiven Stützhilfen wie z.B. das Korsett bei den Wirbelsäulengeschädigten oder die Orthese notwendige und nützliche Hilfen.

Abschließend muss allerdings erwähnt werden, dass spezielle Inhalte von Bewegung, Spiel und Sport, bei denen man ohne Hilfsmittel aktiv sein kann, von großer Bedeutung sind! Denn zum Beispiel das Schwimmen bietet allen denje-

---

[5] Die Prothese wurde dankenswerterweise in Köln von Herrn Schuch vom Sanitätshaus Dahleiden & Schuch zur Verfügung gestellt und funktioniert bis heute. Die Fachleute der Fa. Otto Bock (Duderstadt) haben zwischenzeitlich ein neues Verschiebe-Element zur Längenanpassung eingesetzt.

nigen Körperbehinderten, welche auf Hilfsmittel angewiesen sind, die Möglichkeit, sich völlig frei zu bewegen.

5 Sportpädagogische Lehrkonzepte

Die sportpädagogischen Aufgaben und Ziele sind mit behinderungsspezifischen Inhalten von Bewegung, Spiel und Sport bei Körperbehinderten relativ einfach zu erfüllen. Denn man hat es mit Menschen zu tun, deren kognitive Leistungen identisch variabel sind wie die der nichtbehinderten Sportler. Sie sind befähigt, ihre geistigen Leistungen und ihre emotionalen und motivationalen Fähigkeiten in völlig ungestörter Weise einzusetzen, um sportliche Aktivitäten durchzuführen.

Im Vergleich der verschiedenen Behinderungsgruppen ergeben sich dennoch ganz spezifische Anforderungen an den Sportpädagogen, denn hier stehen die Probleme der Mobilitätsstörungen und der individuellen – oft komplizierten – Bewegungslösungen im Vordergrund. Solche Sportlehrer müssen „Bewegungsfachleute" sein! Im Vergleich dazu muss sich die Sportpädagogik bei Sinnesbehinderten besonders auf die Kommunikationsproblematik und z.B. bei Geistigbehinderten auf die eingeschränkte Merk- und Lernfähigkeit konzentrieren.

Weil körpergeschädigte Menschen mit ihren uneingeschränkten kognitiven und emotionalen Funktionen tätig werden, ist es unbedingt notwendig, Übereinstimmungen zwischen dem herbeizuführen, was sie selbst möchten, und dem, was der Sportpädagoge als Aufgaben und Ziele für seine Lehre für das Klientel geplant hat.

Sportlehrer möchten Verhaltensänderungen erzielen, zum gesundheitsbewussten, sportlichen Leben anregen und erreichen, dass mit Hilfe der Bewegungserfahrungen und der erfolgreich abgeschlossenen Bewegungslernprozesse der Körperbehinderten auch eine große psychische Stabilität in sozialen Situationen entsteht.

Körperbehinderte Sportler dagegen werden diese pädagogischen Ziele nicht vordringlich sehen. Ihnen wird es, wenn sie sich schon einmal dazu entschlossen haben, sportlich aktiv zu werden, darum gehen, möglichst viele und effektive, ihnen persönlich angenehme sportliche Tätigkeiten auszuführen und dabei möglichst bald Erfolge zu erkennen. Bei den körperbehinderten Sportlern stehen nicht selten die erwünschten sportlichen Tätigkeiten im Vordergrund, wie z.B.

das Nacheifern der großen, im Fernsehen stets präsenten Fußballer, auch wenn die Spastik der Beine das Laufen nur schlecht und den einbeinigen Stand beim Fußballstoß nur mit großer Unsicherheit gestattet. Vielleicht ist die Erfüllung des Wunsches, mit dem Rollstuhl am Bergklettern und an großen Bergtouren teilzunehmen, für die Person besonders wichtig, obwohl jedem Fachmann klar ist, wie beschwerlich dies bereits für die Fußgänger ist!

Nicht selten gibt es also keine Übereinstimmung zwischen den Zielen des Sports, wie sie Körperbehinderte für sich selbst anstreben, und denen, die Sportlehrer aus ihrer Verantwortung für die Person des Köpergeschädigten und für ihren rehabilitativen Auftrag definieren. In solchen kritischen Situationen kommt dem pädagogischen Einfühlungsvermögen der Sportlehrer und Übungsleiter eine große Bedeutung zu. Denn häufig sind die Betroffenen selbst und ihre nächsten Angehörigen nicht in der Lage, emotionsfreie Sachdiskussionen in solchen Konfliktsituationen zu führen.

5.1 Bestimmungsfaktoren für die inhaltliche Auswahl

Wie wir in Kapitel 3 bereits dargestellt haben, gehören Körperbehinderte zu den kreativsten Menschen, wenn es darum geht, sportliche Aktivitäten für sich selbst nutzbar zu machen. Die Fragen nach den Inhalten, d.h. nach den Übungsaufgaben, den sportlichen Tätigkeiten und den Bewegungsfertigkeiten, werden in vielen Fällen durch die Mithilfe des Betroffenen selbst beantwortet. Nicht wenige Übungsleiter vertrauen auf diese selbst gefundenen Lösungen.

Charakteristisch für dieses Vertrauen ist die wohl am weitesten verbreitete – und selten sinnvolle, meistens jedoch das Nichtwissen des Sportlehrers beweisende – Anweisung: „Wenn Ihnen das zu viel wird, dann hören Sie einfach auf!" oder „Wenn Sie das nicht können, dann probieren wir es einfach anders!" Bevor man eine Bewegungsaufgabe stellt, muss man wissen, wie sie der Körperbehinderte lösen kann und welche Belastung auf ihn zukommt! Alle verantwortungsbewussten Sportlehrer und Übungsleiter müssen bei der Planung von Bewegungs-, Spiel- und Sportangeboten für Körperbehinderte, d.h. spätestens vor Aufnahme ihrer lehrenden Tätigkeit, die beabsichtigten sportlichen Aufgaben selbst erprobt haben.

Einige grundsätzliche Prüfverfahren gibt es heute schon. Dabei geht man so vor, dass man das Anforderungsprofil der sportlichen Bewegungsaufgaben ermittelt, denn die einzelnen Bewegungshandlungen bei Bewegung, Spiel und Sport erfordern sehr verschiedenartige Funktionen und Leistungen. Das (sportartspezifi-sche) Profil muss anschließend mit den in der Diagnostik ermittelten Leistungen der behinderten Personen verglichen werden (vgl. Innenmoser, Janko & Voegt-le, 1992). Natürlich ist dabei zu prüfen bzw. zu prognostizieren, welche Verbes-serungen durch Trainingsmaßnahmen möglich wären. Erste prüfende Maßnah-men dieser Art finden in der Eingangsdiagnostik statt. Sie müssen bei Fortgang der unterrichtlichen Maßnahmen in der „Verlaufsdiagnostik" kontinuierlich wei-ter ermittelt werden.

Prüfkatalog des Anforderungsprofils

• Zu prüfen sind vordringlich die Anforderungen an die Koordination, d.h. die Bewegungsleistungen von Rumpf und Gliedmaßen.

• Zusätzlich sind die Anforderungen an die energetisch konditionellen Fähig-keiten und Leistungen zu prüfen. Neben der Ermittlung der notwendigen Kraftleistungen der Muskulatur müssen die Anforderungen an die Ausdauer, insbesondere an die Mischformen Kraftausdauer, Schnelligkeitsausdauer und Koordinationsausdauer geprüft werden. Zusätzlich müssen die Anforderun-gen an die Beweglichkeit beachtet werden und – weil dies bei manchen Schadensarten kontraindiziert ist – und muss auch darauf geachtet werden, ob hohe Schnelligkeitsleistungen notwendig sind.

Die Feststellung des Anforderungsprofils ist regulärer Bestandteil der Leistungs-steuerung im Training (vgl. Grosser, Brüggemann & Zintl, 1986). Die allgemei-ne Trainingswissenschaft hat sich bei der Analyse der Belastungen durch sport-liche Tätigkeiten oft auf die beiden oben genannten Aspekte beschränkt. Heute wissen wir, dass die Ermittlung des Anforderungsprofils unbedingt auch die psychischen Belastungen und Leistungen einschließen muss. In vielen Sportar-ten, ja selbst im Fußballsport, sind spezielle soziale Kenntnisse und gute Leis-tungen in sozialen Kommunikationsprozessen von großer Bedeutung (vgl. Weineck, 1994, S. 138).

Bewegungen im Wasser beispielsweise stellen spezifische psychische Anforde-rungen – und zwar nicht nur an Kinder oder Anfänger! Schon als Kind erlebt man, dass das Wasser etwas besonderes ist und man einige Fertigkeiten erwer-ben muss, um das Spielen darin nicht unangenehm werden zu lassen. Nicht jede Aktivität kann man darin ausführen und nur, wenn man mit dem Wasser vertraut ist, fühlt man sich auch darin wohl. Ebenso ist es zum Beispiel leicht ersichtlich, dass schon die Teilnahme an einem Kleinen Spiel oder einem Staffelspiel soziale Kenntnisse erfordert. Wer mit körperbehinderten Kindern zum ersten Mal ein Staffelspiel durchführt, wundert sich häufig darüber, dass Kinder in einem bestimmten Alter keinerlei Verständnis für den „Mannschafts-Gedanken" haben. Es fällt ihnen schwer zu erkennen, welche Bedeutung ihre eigene Tätigkeit für die Staffel-Mannschaft hat. Gerade cerebral bewegungsgestörten, oft sozial unerfahrenen bzw. redardierten Kindern fällt es sehr schwer, solche spielerischen Aktivitäten schön zu finden bzw. mit zu gestalten.

Die Ermittlung der physischen und psychischen Belastungen, welche Bewegungs-, Spiel- und Sportprogramme für Körperbehinderte bewirken, muss sowohl vor Beginn des Programms als auch während ihrer Durchführung erfolgen. Die dazu gehörige Frage lautet stets: „Welche Belastungsintensität steckt in den Bewegungsaufgaben selbst?"

Es ist vorteilhaft, dazu diagnostische Verfahren zu verwenden, welche neben der somatischen Belastung auch die kognitive, die emotionale, ja sogar die soziale Belastung („Komplexdiagnostik", vgl. Innenmoser, 1998) abprüfen. Dabei gehen wir so vor, dass zunächst geprüft wird, ob die ausgewählte sportliche Maßnahme bzw. die Bewegungen und Bewegungsaufgaben der Sportart Belastungsintensitäten mit sich bringen, die unumgänglich bzw. typisch oder „immanent" sind.

Nehmen wir zur Erläuterung als Beispiel das Hindernisturnen als eine beliebte Form der vielseitigen Schulung motorischer und psychischer Funktionen. Wir nehmen an, der Hindernisturn-Parcours besteht aus mehreren Stationen zum Übersteigen (= Alltagssituation des Treppensteigens) und aus Stationen, an denen man schaukeln und hängen oder Bälle und andere Gegenstände transportieren kann. Vorteilhaft als Organisationsform ist das Konzept „Circuit-Training" (oder „Kreistraining" nach Scholich, 1979), mit dem ein regelmäßiger Wechsel von zeitlich begrenzter Aktivität an den Stationen und zeitlich gesteuerten Pausen gewährleistet ist.

Nun wäre – zunächst im Selbstversuch des Sportlehrers – zu prüfen, welche Belastungen für das Herz-Kreislauf-System entstehen können. Dazu verwendet man die Herzfrequenzkontrolle per Palpation oder mit Hilfe von Brustgurtsystemen (z.B. POLAR). Steuerbar wäre die Kreislaufbelastung über die gewählte Organisationsform und deren zeitliche Regelung von Belastungsphasen und Pausen. Zusätzlich müssen die ausgewählten Übungen auf eine angemessene, nicht zu hohe Kraftbelastung und zu hohe Kraftausdauerbelastungen überprüft werden. Neben den motorischen und den Herz-/Kreislauf-Belastungen sollte die Atmung bzw. Ventilation geprüft werden, da es enge Beziehungen zwischen der Höhe der Atemfrequenz und der Herzbelastung gibt. Die Ventilation kann man bei einer bestimmten Höhe gut abschätzen, ohne die Brustkorbbewegungen zu zählen. Um genau zu sein, muss gezählt werden. Man lernt dies genauso schnell wie die Prüfung der Pulsfrequenz.

Maßgeblich zur Abschätzung der Belastungsintensität ist bei Körperbehinderten die Prüfung der koordinativen Anforderungen. Viele Körper-/Bewegungsbehinderte bewegen sich bereits im Alltag an der Grenze ihrer koordinativen Leistungen. Es muss somit gewährleistet sein, dass die Teilnehmer die Übungen ausführen können und dafür weder ständige Fremdhilfe brauchen („über das Hindernis getragen werden" ...) noch erhebliche Anstrengungen erforderlich sind, denn bei Anwendung der Organisationsform des Kreistrainings sollen mehrere Übungswiederholungen erreicht werden können.

Selbstverständlich ist es auch notwendig zu prüfen, ob gesteigerte Gedächtnisleistungen zu erbringen sind (Hinweis: Kleine Kärtchen oder am Boden liegende Hinweisschilder mit der Beschreibung der Übungen gestatten die Konzentration auf die eigene Belastungsregulation und die Wahrnehmung der jeweiligen Belastungen und vermeiden die dauernde Konzentration auf die nachfolgenden Übungen) und in welcher Weise die emotionalen Funktionen gefordert sind. Bietet der Parcours in erster Linie spaß- und freudebringende Bewegungen, oder kann wegen seiner spezifischen Hindernisse auch Ängstlichkeit provoziert werden? Wenn die Personen tatsächlich ängstlich sind, dann müssen Helfer eingesetzt werden.

Klar ist, dass die zu überprüfende Belastungsintensität ein zusammengesetzter Wert aus allen o.g. Teilbelastungen ist! Wie im Kreistraining empfohlen, sollten die verschiedenen Teilbelastungen nicht nur im Hinblick auf die belasteten Muskelgruppen, sondern auch hinsichtlich der verschiedenen Funktionen von Station zu Station wechseln.

Prüfung der Belastungsintensität bedeutet also, dass Sportlehrer/Übungsleiter vorher an sich selbst bzw. mit einer Gruppe von nichtbehinderten Sportlern den Parcours oder die anderen ausgewählten sportlichen Aufgaben geprüft haben, d.h. selbst die Aufgaben in der Weise ausführten, wie es später vorgesehen ist. Dabei kommt es sehr darauf an, dass sie Kenntnisse der Leistungsmöglichkeiten der Teilnehmer haben und sich in deren Situation und deren Belastbarkeit hineinversetzen können. Die beim Sport mit Multiple-Sklerose-Betroffenen empfohlene Grundregel: Eher zu wenig als zu viel! kann auch hier verwendet werden.

Die Belastungssteuerung ist ohne Planung der pädagogischen Handlungsschritte, d.h. des Lehrerverhaltens, der Animationstechnik, der Sprachführung und der Motivationshilfen, weder sinnvoll noch möglich.

Nur selten ist – wie wir oben vereinfachend angenommen haben – durch die Sportart selbst die Belastungsintensität vorgegeben. So steckt zum Beispiel in den von vielen Sportlehrern/Übungsleitern so beliebten „Sportspielen" oder „Kleinen Spielen" ein erhebliches Potential an sozialen Belastungen, die sich natürlich in einer gesteigerten psychischen Belastung äußern können! Selbstverständlich hat auch jeder Körperbehinderte den Wunsch, in einer Mannschaft zu bestehen und gemeinsam mit den Mitspielern den Gegner zu besiegen. Ist dieser Wunsch besonders groß, werden Hemmungen und normale Bremsen zurückgenommen und es kann eine hohe Gesamt-Belastungsintensität entstehen.

Zu den zuletzt erwähnten Prüfungen des Anforderungsprofils gehört der Einsatz verschiedener Methoden und dabei auch die Prüfung der Möglichkeit einer Integration der indikationsspezifisch notwendigen „Ergänzenden Methoden". Bei Bewegungsbehinderten müssen z.B. die Prinzipien ausgewählter physiotherapeutischer Methoden (vor allem bei Rollstuhlfahrern) beachtet werden. Die Prinzipien der Bobath-Therapie sind im Sport von cerebral Bewegungsgestörten stets zu beachten. Auch können Methoden der Verhaltensregulation notwendig sein. Ziel ist es, die ergänzenden Methoden harmonisch in die sportlichen Aktivitäten zu integrieren, denn es wäre wenig sinnvoll, wenn die Durchführung der jeweiligen Methode in einer Unterrichtseinheit isoliert vorgenommen würde, einen besonderen Stellenwert bekäme und so den Fluss und die pädagogische Führung der Gruppe stören würde.

Das Prüfverfahren des Anforderungsprofils wäre nicht vollständig durchgeführt, wenn nicht auch die Attraktivität der ausgewählten sportlichen Tätigkeit für Betroffene bzw. die Beliebtheit der vorgesehenen sportlichen Übungen und die langfristige Bereitschaft zur Teilnahme ermittelt würden. Unter Umständen ist gerade dieser Punkt besonders wichtig, weil er garantieren kann, dass der Körperbehinderte selbst aktiv wird und bleibt.

5.2 Sportliche Diagnostik und Methodenintegration

Obwohl der von den Kostenträgern unterstützte ambulante Rehabilitationssport bisher keinerlei Möglichkeiten bietet, im Rahmen einer regulären Maßnahme auch diagnostische Verfahren einzusetzen, muss darauf hingewiesen werden, dass es für den Sportlehrer/Übungsleiter in vielen Fällen notwendig ist, zusätzlich zu den Informationen, die vom Arzt gegeben werden, auch eigene diagnostische Maßnahmen durchzuführen. Das übrigens ist vielen Verhandlungsführern bei Abschluss der Verträge zwischen den Kostenträgern und den Trägern des Rehabilitationssports (die Verbände stellvertretend für die Vereine und für die Übungsleiter/Sportlehrer) nicht einsichtig, weil sie nicht selbst unterrichten und einige von ihnen seit vielen Jahren keine Rehabilitationssportgruppe mehr gesehen bzw. begleitet haben! Sie verlassen sich – aus offensichtlichen finanziellen Gründen – darauf, dass die ärztliche Diagnostik ausreichend wäre! Aber im Allgemeinen erhält man vom Arzt nur die Diagnose bzw. die Schädigungsbezeichnung[6]. Wenn man Glück hat, erläutert er auch knapp die aktuellen therapeutischen und medikamentösen Maßnahmen.

Im Rahmen der Eingangsdiagnostik, d.h. zu Beginn einer Gruppenmaßnahme oder bei einem neu in die Gruppe aufgenommenen Sportler, sind einige Funktionsbereiche zu überprüfen. Das sind zum Beispiel unbedingt der Zustand der Haltungsorgane und die Beweglichkeit in den Gelenken (alles das gehört zur „Körperlichen Inspektion", die eigentlich der Arzt durchführt). Neben der Testung der erhaltenen koordinativen Leistungen und der Feststellung der motorischen Defizite oder Einschränkungen müssen der Stand der Rehabilitation und die sozialen Lebensbedingungen sowie die Schwankungen bzw. die Stabilität der Befindlichkeit geprüft werden.

Die koordinative Diagnostik kann bei Körperbehinderten im Prinzip leicht ermöglicht werden, wenn man die vorhandenen, bereits für Nichtbehinderte entwickelten koordinativen Prüfverfahren oder sportmotorischen Tests anwendet. Fast alle Gehfähigen können z.B. den KTK (Schilling & Kiphard, 1974) durchführen. Gelingt er nicht nach Vorschrift, kann er abgewandelt und z.B. das

---

[6] Der von uns seit vielen Jahren verwendete „Fragebogen an den Arzt", abgefasst mit allen Höflichkeitsbezeigungen und nur mit den nötigsten Fragen versehen, wird in der Regel nur unvollständig oder nicht beantwortet. Verständlicherweise, weil der Arzt dafür Zeit benötigt, die ihm bei der Behandlung seiner Patienten verloren gehen. Warum kann es nicht eine Abrechnungsziffer geben, die dem Arzt für diese dem Sportlehrer/Übungsleiter so hilfreiche Information wenigstens einen „Anerkennungsbetrag" sichert und so die Bereitschaft, seinen guten Willen zu zeigen, unterstützt?!

Rückwärts-Balancieren durch Vorwärts-Balancieren ersetzt werden. Auch im erstgenannten Fall würde man ohnehin die ermittelten Rohwerte nicht in den „Motorischen Quotienten" umrechnen, weil dies nur bei den Personen möglich ist, für welche die Normierung durchgeführt wurde. Im zweiten o.g. Fall würde man auch einen Rohwertvergleich unterlassen. Aber man kann die individuell erzielten Leistungen für einen späteren Evaluationsversuch bzw. die Enddiagnostik verwenden. Ebenfalls gut durchführbar ist der Trampolin-Koordinationstest (TKT), den Kiphard (1977) als Suchverfahren für cerebral bedingte Bewegungsstörungen bereits 1960 erprobte und 1977 auf seine Aussagefähigkeit hin überprüfte. Ob der zu prüfende Körperbehinderte eine bestimmte motorische Aufgabe leisten kann oder nicht, erkennt man schnell. Doch kann man dies – wenn man es falsch machen möchte – auch so prüfen, dass man den Betroffenen dabei nur mit seinen Mängeln konfrontiert und so psychische Störungen auslöst. Die gerade geweckte Lust, am Sport teilzunehmen, wird schnell wieder verschwinden.

> Der Test bzw. die Überprüfung der motorischen Funktionen muss also vordringlich so angelegt sein, dass die das motorische System provozierenden Aufgaben und die beobachteten Lösungsversuche zeigen, was der Betroffene noch kann. Es müssen immer mehr Aufgaben vorhanden sein, die gut bzw. mit Anstrengung zu bewältigen sind als solche, die nicht mehr gelingen!

Wir finden in der Literatur nur sehr wenige, auch für Körperbehinderte standardisierte Verfahren, denn sie wurden ja deshalb entwickelt, weil die Übereinstimmung bzw. die Abweichung von der Normleistung (bei Kindern oder Erwachsenen) ermittelt werden sollte. Sogar zum Beispiel die Entwicklung des MOT 4-6 für Körperbehinderte in Anlehnung an den MOT 4-6 von Zimmer & Volkamer (1984), den A. Linke (1994) im Rahmen ihrer Diplomarbeit durchgeführt hat, war ein sehr schwieriges Unternehmen. Es wurde im wissenschaftlichen Prüfverfahren nicht zu Ende geführt, weil die Überprüfung der testtheoretischen Grundlagen ein zu großer Aufwand in Anbetracht der relativ geringen Probandenzahl gewesen wäre.

Es kommt deshalb darauf an, das grundlegende Handwerkszeug des Sportlehrers/Übungsleiters, nämlich seine Befähigung zur Beobachtung, in möglichst hoher Perfektion als diagnostische Hilfe anzuwenden. Beobachtet werden gemäß der „morphologischen Betrachtungsweise" die sichtbaren Bewegungen der Gliedmaßen, des Rumpfes und des Kopfes. Zusätzlich wird die Mimik und Ges-

tik beobachtet; beide motorischen Akte im Hinblick auf die regelmäßig wieder-
kehrenden, wie auch die einmaligen motorischen Akte (vgl. Innenmoser, 1998).

Im Rehabilitationssport selten, im Breiten- und Freizeitsport wohl nie, dafür a-
ber in der Sporttherapie und im Leistungssport der Körperbehinderten kommen
die Verfahren der Motografie bzw. die biomechanische und sportmotorische
Leistungsdiagnostik zur Anwendung. Mit Hilfe der Dynamometrie, der Kine-
metrie/Kinematografie und der Oberflächen-Elektromyografie lassen sich die
wichtigsten (naturwissenschaftlichen) Teile der Komplexdiagnostik durchführen. Wir werden uns in Leipzig in den nächsten Jahren intensiv auf diese Verfahren konzentrieren, denn sie sind zur Evaluierung vieler Fragen notwendig.
Zusätzlich wird ein (senso-/psycho-)motorischer Prüfkatalog entwickelt werden.
Allerdings lässt die Vielzahl der körperlichen motorischen Störungen, bei angemessener Genauigkeit, niemals eine Normierung zu. Hilfreich ist es schon, wenn
bei der Anwendung vieler motorischer Testverfahren streng auf die standardisierte bzw. vorgeschriebene Durchführung und Auswertung des Testverfahrens
geachtet wird; ein Vergleich mit den vorhandenen Normwerten entfällt.

Testung psychischer Funktionen

Ebenfalls zur Eingangs- und Enddiagnostik können die aus dem Nichtbehinder-
tenbereich stammenden Verfahren zur Überprüfung der psychischen Funktionen
verwendet werden. Man kann davon ausgehen, dass bei Körperbehinderten
kaum Abweichungen pathologischer Art zu finden sind. Somit können alle stan-
dardisierten Testverfahren wie z.B. der FPI (Freiburger Persönlichkeitsinventar),
der TPF (Trierer Persönlichkeitsfragebogen), auch das STAI (State-Trait-Angst-
Inventar) und bei Kindern auch der FEW (Frostigs Test der visuellen Wahrnehmung), der FPSS (Fragebogen zur Erfassung praktischer und sozialer Selbständigkeit), die nicht für Körperbehinderte entwickelt wurden, auch hier angewen-
det werden.

Dies hat sich selbst bei der Durchführung ambulanter und stationärer Rehabilita-
tionssport-Programme als sehr lohnend gezeigt, wie J. Windisch und G. Hölig
am Beispiel der Myasthenie-Betroffenen (1998) aufzeigen konnten. Sie setzten
den FPI, die TSK und den Basler-Befindlichkeitsbogen sowohl in ambulanten
als auch in stationären Rehabilitationssportprogrammen ein. Gut eignen sich
diese Verfahren vor allem zur individuellen Verlaufskontrolle und Überprüfung
der Belastungstoleranz sportlicher Programme seitens der Probanden.

Zur Erfassung von Gruppenprozessen und zur Identifikation der Gruppenstruktur kann das Verfahren der Soziometrie von geübten Sportlehrern verwendet werden. Die Testergebnisse dürfen zwar nicht überinterpretiert werden, liefern aber doch gute Anhaltspunkte, um die pädagogische Einschätzung einer Integration oder Isolation einzelner Teilnehmer z.B. in einer Gruppe von körperbehinderten Kindern zu bestätigen.

Eingangs- und Enddiagnostik sind die üblichen Anwendungsbereiche diagnostischer Verfahren. Jede therapieähnliche Maßnahme – und als solche kann man den Rehabilitationssport bezeichnen – braucht aber auch eine Verlaufsdiagnostik. Darauf verwies van der Schoot bereits 1976. Ausgehend von Erfahrungen mit Asthmatikern entwickelten wir einen praxisgerechten, mit Symbolen und einer fünfstufigen Bewertungsskala arbeitenden Kurzfragebogen. Die Symbole fragen zusammen mit dem Text eindeutig ab, wie die Personen sich fühlen. Sie bieten Bewertungsmöglichkeiten des Eigenurteils und der Selbstbewertung z.B. der allgemeinen Befindlichkeit, der physischen Fitness, des sozialen Stimmungszustandes und der Konzentration.

Hauptaufgabe bei der Entwicklung dieses Fragebogens war es, die Beantwortung schnell, aber auch präzise zu ermöglichen. Der Sportlehrer/Übungsleiter sollte in einer höchstens 20 Sekunden pro Person dauernden Kontrolle (quasi auf einen Blick) erkennen können, ob ungewöhnliche (kritische) Vorgänge oder eine besonders positive Stimmung vorhanden sind. Zur Zeit verwenden wir diesen Bogen mit gutem Erfolg regelmäßig in der Aktiven Wassertherapie der Rheumatiker. Allerdings ist bekannt, dass der Fragebogen vor allem in den Rehabilitationskliniken nur von wenigen Sportlehrern verwendet wird. Wahrscheinlich wird sich dies ändern, wenn er erst einmal zur Vorschrift zwecks Evaluation der Sporttherapie werden wird!

In wissenschaftlichen Prüfstudien meiner Doktoranden mit Myasthenie-Betroffenen (Hölig) und Schlaganfall-Patienten (Schöley) werden zur Verlaufsdiagnostik außerdem die Herzfrequenz-Überwachung, die Spirometrie, die Blutdruck-Kontrolle, die Kontrolle der aktuellen koordinativen Leistungen zu Beginn einer UE mit Hilfe von Standard-(Gleichgewichts-)Aufgaben, die Prüfung der aktuellen Streckspastik des hemiplegischen Beins, die Ermüdbarkeit der Gliedmaßenmuskulatur und der Basler Befindlichkeitsbogen, die Video-Unterrichtsüberwachung sowie die regelmäßige Befragung über die Medikation verwendet.

In unseren Gruppen der Aktiven Wassertherapie für Rheumapatienten verwenden wir jetzt seit 3 Jahren den Symbol-Befindlichkeits-Fragebogen, der sich wegen seiner leichten Überschaubarkeit auch bei MS-Betroffenen, Schlaganfall-Betroffenen, bei Asthmatikern und in der Gehschule mit sehr verschiedenartig geschädigten Behinderten bewährt hat. Noch ist er nicht in allen Teilbereichen geprüft. Es scheint so zu sein, dass einige Betroffene dazu verführt werden, nach längerer Anwendung immer gleiche Antworten zu geben. Das allerdings stimmt nur dann, wenn man die Beantwortung des Fragebogens den Teilnehmern gegenüber als relativ unwichtige Nebensache vorstellt („... da liegt auch noch der Bogen ... wenn es Ihnen gefällt, können Sie ihn ja mal ausfüllen ...“!). Trotz mancher Kritik am Bogen liefert er – wenn man seine Möglichkeiten nicht überbewertet – immerhin von jedem Teilnehmer Antworten. Und diese wird man bei einer mündlichen Befragung immer nur von den erfahrenen und den „redseligen“ Sportlern bekommen! Zur Zeit wenden auch einige meiner ehemaligen Studierenden den Fragebogen in ihrer Lehrpraxis an. Er ist nach Ansicht des Autors auch dann unverzichtbar, wenn man sehr viel Erfahrung durch eine lange berufliche Praxis gesammelt hat. Jedenfalls gelingt es auch dem besten Sportlehrer nicht, seinen Teilnehmern an der Nase anzusehen, wie es ihnen geht ...!

Methodenintegration

Seit 1990 gehen wir davon aus, dass Sportlehrer/Übungsleiter die nachfolgenden Methoden als ihre eigenen beherrschen müssen. Es sind die Trainingsverfahren und -methoden, die Verfahren der Sensomotorik bzw. der Psychomotorik (oder Motopädagogik und Mototherapie nach Kiphard), die Verfahren der Spielerziehung und die Spielmethoden, die Methoden der Gymnastik, die Rhythmik-Methoden, die Tanzmethoden (incl. der Tanztherapie), die Techniken und Methoden der Sportarten und die Verfahren der psycho-physischen Regulation (vgl. van der Schoot & Seeck, 1990).

Von den ergänzenden Methoden (z.B. Atemtherapie, Entwicklungsneurologische Behandlung, Verhaltenstherapie, z.Zt. auch noch die „Medizinische Trainingstherapie“ ...) müssen mindestens die Prinzipien und die Grundkenntnisse ihrer Anwendung bekannt sein.

Unter „Methodenintegration“ verstehen wir den gleichzeitigen Einsatz verschiedener Methoden innerhalb einer Unterrichtseinheit unter Berücksichtigung der Gruppen- bzw. Persönlichkeitssituation und der jeweiligen Ziele des Unterrichtsabschnitts. Das Prinzip Methodenintegration ist ein durchgängiges Prinzip, ohne das heutzutage keine Unterrichtsdurchführung mehr möglich ist.

Man geht dabei so vor, dass man zunächst die Unterrichts- oder Trainingseinheit ordnet, z.B. nach Aufwärmen/Einstimmen, Erstem oder Zweitem Hauptteil und Ausklang/Cool Down. Für jeden dieser Abschnitte trifft man zuerst die Wahl der Inhalte, also der Bewegungsaufgaben, und ordnet sie den methodischen Prinzipien folgend als Übungs- oder Handlungsfolgen. Danach wählt man die „Hauptmethode" (z.B. die Ausdauermethode aus der Trainingswissenschaft). Je nach Ziel und Besonderheit der Teilnehmer (deren Schädigung und Behinderung) ordnet man dann die anderen Methoden zu (z.B. die Mototherapie zwecks Wahrnehmungsschulung oder/und die Psychophysische Regulation). Abschließend kontrolliert man, mit welchen Prinzipien aus den „Ergänzenden Methoden" das Programm noch besser gelingen kann.

Nehmen wir als erläuterndes Beispiel eine Trainingseinheit. Wenn man sie nur mit der Ausdauer-Intervallmethode durchführen würde und die Methode des dabei immer notwendigen Koordinationstrainings und u.U. die Verfahren der Entwicklung kompensatorischer motorischer Leistungen vergessen würde, könnte man großen Schaden anrichten. Zusätzlich müsste man Teilaspekte der Verhaltensregulation zur Steuerung der Motivation und Verfahren der Konzentrationsregulation anwenden, um Überbelastung zuverlässig zu vermeiden.

5.3 Unterrichtsprinzipien und Lehrerverhalten

Der Rehabilitationssport und auch die Freizeit- und Breitensportangebote der Körperbehinderten sollten aus pädagogischer Sicht nach ganz bestimmten Prinzipien durchgeführt werden.

Ein übergeordnetes Prinzip ist das der Ganzheit. Es besagt, dass der Sportlehrer/ Übungsleiter die Person in ihrer gesamten Funktionsweise und als ganze Persönlichkeit erfassen sollte. Geht man davon aus, dass „das Ganze mehr ist als die Summe seiner Teile" (vgl. auch die Prinzipien der „Gestalttherapie"), dann wird dieses Grundprinzip klarer. Allerdings haben wir – zumindest wenn wir prüfen und messen wollen – große Schwierigkeiten, diese Ganzheit sachgerecht und wissenschaftlich präzise zu erfassen (siehe oben das Prinzip der „Komplexdiagnostik"). Aber viele Sportlehrer und Übungsleiter besitzen die Begabung, die Ganzheit einer Person – wenn auch oft nur gefühlsmäßig, vage und ohne darüber präzise Auskunft geben zu können – zu erfassen. Sportliches Handeln ist körperbetont, aber es ist immer auch psychisch reguliert und ansprechend. Das gemeinsame sportliche Erlebnis verbindet Sportlehrer und Teilnehmer. Dabei tauschen sie sehr viele kommunikative Signale aus, und der begabte Sportlehrer kann daraus spontan seine Schlüsse ziehen, die Situation bewerten und die richtigen Übungsaufgaben und Handlungsempfehlungen weitergeben. Meistens sind die von solchen Sportlehrern betreuten Körperbehinderten mit den Angeboten sehr einverstanden. Personen, welche über diese Begabung nicht verfügen, müssen viele unterrichtstechnologischen Schritte lernen; manche lernen aber nie, ihre Teilnehmer als Ganzes anzunehmen!

Ein Sportangebot muss sich immer an den aktuellen Durchführungsbedingungen orientieren und somit versuchen, die gerade vorliegenden Lebensbedingungen der Teilnehmer zu erfassen, um sie angemessen fordern zu können, aber nicht zu überfordern. Zusätzlich muss es an der Hierarchie der erhaltenen Funktionen ausgerichtet sein. Denn die Betroffenen sollen sofort und von der ersten Minute an in das Sportprogramm integriert werden. Ihnen soll die Möglichkeit gegeben werden, sich möglichst selbständig aktiv zu betätigen. Dies ergibt rasch Erfolge und kann dazu helfen, die Entwicklung der kompensatorischen Funktionen entsprechend der Hierarchie der beeinträchtigten Funktionen zu fördern. So kann es bei Körperbehinderten durchaus vordringlich sein, zunächst die Mobilität zu verbessern und erst dann wegen der Schwierigkeiten der emotionalen Steuerung (z.B. bei häufiger vorkommenden aggressiven Handlungen) zu verhaltenstherapeutischen Methoden überzugehen.

Ein weiteres Beispiel für die Anwendung dieses Prinzips sind die sportpädagogischen Maßnahmen bei (paraplegischen) Querschnittsgelähmten. Sie besitzen vollständig intakte Bewegungsfunktionen der oberen Extremitäten, und natürlich werden sie durch die gestörten Bewegungsfunktionen ihrer unteren Extremitäten, die begleitenden vegetativen Störungen und die völlig ungewohnten Wahrnehmungen erheblich (in ihrer Befindlichkeit) gestört. Aber der sicher beherrschte Rollstuhl eröffnet ihnen die Möglichkeit, ihre erhaltenen Funktionen einzusetzen und schnell und perfekt sportlich aktiv zu werden.

Aus sportpädagogischer Sicht muss jede Unterrichtseinheit sowohl soziales als auch individuelles Wohlbefinden schaffen und gleichzeitig die Person dazu anleiten, in ihren Handlungen und in ihren Handlungsräumen eine zunehmende Freiheit zu gewinnen. Das bedeutet, dass wir eine variable und austauschbare Gestaltung der Inhalte vorsehen und eine optimale Relation von Belastung und Erholung finden müssen.

Im Einzelnen lassen sich folgende Unterrichtsprinzipien kurz skizzieren:

- Die Aufgaben sollten neben ihrer Vielfalt vor allem anschaulich sein. Das bedeutet gleichzeitig, dass die Personen viele verschiedene Bewegungsmöglichkeiten erhalten und sich erst spät auf anscheinend mit ihren Funktionen empfehlenswerte spezielle Aufgaben vorbereiten sollten. Auch die Fixierung auf spezifische Hilfsmittel sollte lange hinausgeschoben werden. Vielfältige Aufgaben für die vielen erhaltenen Funktionen garantieren die Befähigung, aktiv gegen die beeinträchtigten Funktionen anzugehen.

- Der Sportunterricht sollte lebensnah, sachbezogen, aber gleichzeitig emotional ansprechend gestaltet werden. Selbstverständlich müssen die Aufgaben und Übungen altersgemäß sein, wenn es sich um Kinder und Jugendliche handelt, schadens- und erkrankungsgemäß und vor allem funktionsgerecht oder funktionsspezifisch und damit auch behinderungsgerecht.

- Die Aufgabenstellungen sollten stets individuell sein, so wie auch die Hilfen individueller Art sein müssen.

- Trotz Sportunterrichts in der Gruppe sollten durch eine angemessene sprachliche Präsenz als Ermuntern, Auffordern, Um-Teilnahme-bitten und auch durch Loben und Anerkennen der Sportlehrer den Teilnehmern das Gefühl vermittelt werden, dass jeder Einzelne berücksichtigt und stets beobachtet wird. Solche und andere Verstärkungsmaßnahmen sollen die Person in ihrer Individualität bestärken.

- Selbstverständlich ist eine direkte Hilfe im Körperkontakt, etwa durch Anfassen und Stützen einer einzelnen Person, im Rahmen eines Gruppenunterrichts nicht möglich. Dagegen kann man darauf bauen, dass die köperbehinderten Teilnehmer mit ihrer normalen kognitiven Leistungsfähigkeit die sprachlichen Informationen des Lehrers aufnehmen und sie trotz differenzierender Angaben für ihre eigene Handlungsregulation verwenden. Kleine partnerschaftliche Handreichungen und ein Stützen des Partners sind gut möglich und als Maßnahme der sozialen Kontaktpflege sehr vorteilhaft.

- Ein Prinzip der Unterrichtsdurchführung bei Körperbehinderten empfiehlt, kleinschrittige Verbesserungen einzuplanen. Dazu ist es notwendig, dass die Personen zunächst handelnd erproben können, welche Aufgaben ihnen noch möglich sind. Dann müssen vom Sportlehrer die Lernwege erleichtert, positive Verhaltensweisen aufgebaut und gleichzeitig begrenzende therapeutische Hilfen, die für den Anfang notwendig sind, abgebaut werden.

- Die Setzung positiver Verstärker entwickelt Selbständigkeit und schafft eigene Lösungen und Lernerfolge.

- Für die Unterrichtsplanung ist es notwendig, nicht nur die Aktionen, d.h. die Bewegungshandlungen und deren Wiederholung, zu planen, sondern auch die Pausen. Damit sind sowohl Lern- als auch Konzentrationspausen gemeint. Neben der physischen Entlastung muss eine psychische Entspannung erreicht werden.

- Lernziele können nur langfristig geplant und realisiert werden. Besonders wichtig ist es, dass der Sportlehrer seine Lernziele nicht vorschnell reduziert und mit pädagogischem Optimismus aktiv bleibt.

- Die Nutzung der Wirkungen der Gruppe als Verstärkungs- und Kontrollinstanz ist auf allen Ebenen hilfreich. Gerade von den Sportspielen kennen wir diese Wirkungen, denn dort ist die Integration in eine Spielmannschaft ein so wichtiges Element, dass daraus eine große Kontinuität der sportlichen Teilnahme erwächst. Kaum jemand, der sich einer Mannschaft zugehörig fühlt, wagt es, aus nicht plausiblen Gründen dem Training oder dem Wettkampfspiel fernzubleiben. Genau dieses Prinzip sollte für alle sportlichen Aktivitäten von Körperbehinderten gelten.

Lehrerverhalten

Mit Hilfe des richtigen Lehrerverhaltens gelingt es Sportlehrern/Übungsleitern, die körperbehinderten Teilnehmer dazu zu motivieren, ihr Verhalten so zu gestalten, dass für sie Bewegungen, das Bewegungstraining und Bewegung, Spiel und Sport langfristig eine erhebliche Bedeutung gewinnen. Ähnlich wie wir uns an alltägliche Verhaltensweisen gewöhnt haben, sollen Bewegung, Spiel und Sport aus dem Leben nicht wegzudenken sein. Damit könnten sie konstant ihre positiven Wirkungen entfalten.

Warum soll dies gerade vom Sportlehrerverhalten abhängig sein? Kann dies der Körperbehinderte nicht aus Einsicht in die Wirkungen von Bewegung, Spiel und Sport selbst erlernen/erfahren? Natürlich kann das so sein.

Sicher soll man die Rolle des Sportlehrers gerade im Sport mit Körperbehinderten nicht überbewerten. Aber wir wollen ja gerade, dass der Sportlehrer nicht der Unterrichts- oder Trainingstechnologe ist, dem der körperbehinderte Teilnehmer an sich sonst völlig egal ist, weil er nur seinen „Job" erfüllt! Nach unseren Erfahrungen muss der Sportlehrer ebenso bereit sein, mit den ihm anvertrauten körperbehinderten Menschen in der Sportgruppe zu leben, wie er es mit den nichtbehinderten Menschen seiner eigenen Sportgruppe tun möchte. Damit wird der Sportlehrer zur „Vertrauensperson", die Zuwendung zeigt und Zuwendung erhält. Das richtige Lehrerverhalten muss auch dazu dienen, den Körperbehinderten behutsam zur Bewegung hinzuführen, wieder Vertrauen zu sich selbst zu schaffen und dabei mitzuhelfen, das Gefühl der Anstrengung in Bewegung, Spiel und Sport als angenehm zu empfinden.

Die Aufgaben des Lehrers bestehen darin,

• die Attraktivität der Bewegungsprogramme zu erhalten
• Lernprozesse anzubahnen, zu stabilisieren, zu sichern
• Lernleistungen zu erhöhen
• energetisch-konditionelle Leistungen zu steigern, um Probleme abzubauen
• eine soziale Gemeinschaft aufzubauen und zu sichern.

Sportlehrer sind zuständig für die Auswahl der Inhalte, der Methoden, der Verfahren, der Vermittlung von Kenntnissen und von Einstellungen. Dazu brauchen sie eine spezifische Befähigung. Um ihre Aufgaben erfüllen zu können, müssen Sportlehrerinnen und Sportlehrer, welche mit Körperbehinderten Sport treiben, Beziehungen zu ihnen aufbauen und Bindungen herstellen. In Anlehnung an ein Konzept, das van der Schoot und Innenmoser bereits 1991/1992 entwickelten, geschieht dieser Beziehungsaufbau in insgesamt vier Schritten, nämlich:

• Annähern (... der Sportlehrer lässt sich auf die Personen ein und ist bereit, mit ihnen zusammen sportliche Aktivitäten zu erleben). Daraus entsteht der nächste Schritt der
• Auseinandersetzung (... indem die Überzeugungen übertragen und Erlebtes und Ziele gemeinsam durchgearbeitet werden). Schließlich kommt es zur
• Übereinstimmung (... indem eine Identifizierung und eine Übernahme von Verantwortung stattfindet; es kommt zum gemeinsamen Handeln und zur gegenseitigen Motivation). Allerdings muss schließlich auch die
• Ablösung stattfinden, damit die Personen sich verselbständigen und das Erlernte in allgemeine Lebenssituationen transferieren können.

Das Verhalten von Sportlehrern in der Rehabilitation muss sich orientieren an den allgemeinen erziehungspsychologischen Prinzipien, wie sie von Tausch und Tausch (1991) erarbeitet worden sind. Das heißt, ihr Verhalten muss geprägt sein von Achtung, Wärme und Rücksichtnahme. Sie sollten sich um ein vollständiges einfühlendes Verstehen bemühen und in jedem Fall Echtheit, Übereinstimmung und Aufrichtigkeit zeigen. Ihre professionelle Perfektion muss ergänzt werden um diese mitmenschliche Zuwendung und die pädagogische Berufung. Es gelingt oft genug, dass der Sportlehrer oder die Sportlehrerin für ein körperbehindertes Kind zu einem bewunderten Freund wird. Sie werden zu einer Person, der sich das Kind auch mit seinen Problemen unkompliziert nähert. Manche unserer Sportstudenten sind überrascht, dass auch ihnen das passieren kann, obwohl sie ja nur eine relativ kurze Zeit in ihren Lehrübungsgruppen tätig sind.

Sportlehrer müssen ihre „Rollen", die sie in ihrem Leben zu spielen gewohnt sind, in den Dienst der Sache stellen (vgl. auch Schultz von Thun, 1998, S. 199). Nicht immer müssen sie gleichzeitig „kreativer Clown", „Diplomat", „lockerer Sunnyboy", „ewig freundlicher Smalltalker" sein. Aber sie sollten auch lernen, ihre unter Umständen vorhandene Traurigkeit, ihre Betroffenheit, ihren Wunsch, sich zurückzuziehen, oder ihre Ungeduld und ihr Genervt-Sein oder gar ihr Anlehnungsbedürfnis nicht in den Vordergrund ihres Verhaltens zu stellen. Nach Erfahrungen des Autors finden sich Sportlehrer im Sport mit Körperbehinderten besonders oft in solchen wechselnden Rollen. Denn der körperbehinderte Sportler und Mitmensch kann ein wirklicher, gleichberechtigter Partner für ihn sein und sich in vielen Fällen verbessernd und befruchtend auf die eigene psychische Situation auswirken.

Es müsste den Sportlehrerinnen und Sportlehrern leicht fallen, ihre Teilnehmer darum zu bitten, bestimmte Aufgaben zu erfüllen, d.h. einen von Höflichkeit geprägten Unterrichtstil zu pflegen. Der in vielen Sportgruppen übliche raue Ton und das schon in den ersten Stunden übliche gegenseitige „Du" als Anrede kann nicht empfohlen werden. Ein besonderes Zauberwort stellt das Signalwort „lächeln" dar. Denn oftmals sind die Bewegungsaufgaben konzentrativ anspruchsvoll und führen zu einer insgesamt verspannten Aktivität, die sich nicht zuletzt in einer viel höheren muskulären Aktivierung der Muskulatur ausdrückt. Versucht man es dann mit der Aufforderung: „Lächeln, meine Damen", „Sie dürfen mit sich lächeln" oder (bei Kindern) „wer lacht mit mir" bzw. mit einer Aufforderung zum rhythmisierenden Mitsprechen der Aufgaben oder zum Singen eines einfachen Liedes als Bewegungsbegleitung, dann ist eine stets sichtbare Spannungsabnahme und ein – in der Regel – wesentlich besseres Gelingen der Aufgabe erreicht. Natürlich gehört dazu auch der Versuch der Sportlehrerinnen und Sportlehrer, ihre Mimik freundlich zu gestalten und selbst zu lächeln. Wenn Betroffene zum „Arbeiten" oder „Mitarbeiten" aufgefordert werden müssen, haben wir unseren Beruf verfehlt!

6 Literatur

Badtke, G. (Hrsg.). (1999). *Lehrbuch der Sportmedizin* (4. Aufl.). Heidelberg, Leipzig.

Bauer, H. J. (1985). *MS-Ratgeber. Praktische Probleme der Multiplen Sklerose* (3. Aufl.). Stuttgart, New York.

Bundesarbeitsgemeinschaft Rehabilitation (1984). *Die Rehabilitation Behinderter. Wegweiser für Ärzte.* Köln.

Bundesarbeitsgemeinschaft Rehabilitation (1994). *Rehabilitation Behinderter. Schädigung – Diagnostik – Therapie – Nachsorge. Wegweiser für Ärzte und weitere Fachkräfte der Rehabilitation* (2. Aufl.). Köln.

Bröxkes, S. & Herzog, U. (1993). *Rollstuhlversorgung bei Kindern, Jugendlichen und Erwachsenen. Ein Leitfaden für Aktive.* DRS Duisburg.

Dordel, S. (1990). *Bewegungsförderung in der Schule. Handbuch des Schulsonderturnens/Sportförderunterrichtes.* Dortmund.

Grosser, M., Brüggemann, P. & Zintl, F. (1986). *Leistungssteuerung in Training und Wettkampf.* München, Wien, Zürich.

Hölig, G. (1998). Methodisches Vorgehen zur Überprüfung der Effektivität von spezifischen sporttherapeutischen Trainingsprogrammen zur Wiederherstellung, Erhaltung und Verbesserung der körperlichen Leistungsfähigkeit von Patienten mit Myasthenia gravis. *Leipziger Sportwissenschaftliche Beiträge, 2,* 47-67.

Innenmoser, J. (1987). Zum Problem des Einsatzes technischer Hilfsmittel, Prothesen und Orthesen im ambulanten Behindertensport aus sportpädagogischer Sicht. *Orthopädie Technik, 4,* 230-234.

Innenmoser, J. (1988). *Schwimmspaß für Behinderte. Ein Leitfaden für Behinderte, Eltern und Betreuer* (2. Aufl.). Bockenem.

Innenmoser, J. (1990). Behinderungen im Bereich des Stütz- und Bewegungsapparates. In P. van der Schoot & U. Seeck (Schriftleitung), *Bewegung, Spiel und Sport mit Behinderten und von Behinderung Bedrohten. Indikationskatalog und Methodenmanual.* Bundesminister für Arbeit und Sozialordnung (S. 342-383). Bonn.

Innenmoser, J. (1998). Konzeptionelle Ansätze einer „Behinderungsspezifischen Bewegungslehre" – der grundsätzliche Einfluss von Kurt Meinel. In Dekan der Sportwissenschaftlichen Fakultät (Hrsg.), *Festschrift zum wissenschaftlichen Symposium anlässlich des 5. Gründungstages der Sportwissenschaftlichen Fakultät und des 100. Geburtstages von Prof. Dr. Kurt Meinel. 1. bis 2. Dezember 1998.* St. Augustin. Heft 1/2, 107-143.

Innenmoser, J. (2001). *Results of motor behaviour oriented research projects in track and field and in swimming of athletes with a disability – do they give adequate answers to some of the problems in classification?* VISTA-Congress. Im Druck.

Innenmoser, J., Janko, W. & Vögtle, H.-J. (1992). *Judo als Rehasport: behindertenspezifische Aufarbeitung der Sportart Judo.* Idstein.

Jochheim, K.-A. & Matthesius, R.-G. (1995). Zum Konzept der ICIDH und zum Stand ihrer internationalen Diskussion. In R.-G. Matthesius, K.-A. Jochheim, G. S. Barolon & C. Heinz (Hrsg.), *ICIDH International Classification of Impairments, Disabilities and Handicaps. Teil I und II* (S. 5-12). Berlin, Wiesbaden.

Kersten, H. (1975). *Gehschule für Beinamputierte* (2. Aufl.). Stuttgart.

Kiphard, E. J. (1974). *Der Körperkoordinationstest für Kinder (KTK) in der Bearbeitung von F. Schilling* (Manual). Weinheim, Göttingen.

Kiphard, E. J. (1977). Testanalysen zum Trampolin-Körperkoordinationstest (TKT). *Psychomotorik, 2* (3), 111-114.

Kiphard, E. J. (1990). *Mototherapie I* (3. Aufl.). Dortmund.

Kiphard, E. J. (1998). *Motopädagogik* (8. Aufl.). Dortmund.

Kosel, H. (1981). *Behindertensport – Körper- und Sinnesbehinderte.* München.

Kosel, H. & Fröböse I. (1999). *Rehabilitations- und Behindertensport. Körper- und Sinnesbehinderte* (2. Aufl.). München.

Linke, A. (1994). *Die Anwendbarkeit des psychomotorischen Testverfahrens MOT 4-6 (Zimmer & Volkamer 1987) bei körperbehinderten Kindergartenkindern – Studie über eine Erweiterung psychomotorischer Testverfahren für die Altersgruppe der 4- bis 6-jährigen Vorschulkinder zur Planung und Kontrolle therapeutischer Maßnahmen bei körperbehinderten Kindern.* Diplomarbeit, Deutsche Sporthochschule Köln.

Lorenzen, H. (1961). *Lehrbuch des Versehrtensports.* Stuttgart.

Matthesius, R.-G., Jochheim, K.-A., Barolon, G. S. & Heinz, C. (Hrsg.). (1995). *ICIDH International Classification of Impairments, Disabilities and Handicaps, Teil I und II.* Berlin, Wiesbaden.

Martin, D., Carl, C. & Lehnertz, K. (1991). *Handbuch Trainingslehre.* Schorndorf.

Naschwitz-Moritz, R. (Hrsg.). (2000). *Die psychomotorische Idee. Grundlagen und Praxisanregungen.* Aachen.

Neuser, H. M. (1992). *Konstruktion und Bau eines Rollstuhls für den „Rückwärts-Betrieb" und die Überprüfung seiner Nutzbarkeit bei Gehbehinderten und cerebral Bewegungsgestörten – eine Pilotstudie.* Diplomarbeit, Deutsche Sporthochschule Köln.

Rheker, U. (1999). *Alle ins Wasser. Spielend schwimmen – schwimmend spielen. Band 1 Spiel und Spaß für Anfänger.* Aachen.

Schilling, F. (1974). *Körperkoordinationstest für Kinder – KTK* (Manual). Weinheim.

Schnabel, G., Harre, D. & Borde, A. (Hrsg.). (1994). *Trainingswissenschaft.* Berlin.

Scholich, M. (1979). *Kreistraining* (3. Aufl.). Berlin.

Schultz von Thun, F. (1989). *Miteinander reden 2. Stile, Werte und Persönlichkeitsentwicklung. Differentielle Psychologie der Kommunikation.* Reinbek bei Hamburg.

Schultz von Thun, F. (1990). *Miteinander reden 1. Störungen und Klärungen. Allgemeine Psychologie der Kommunikation.* Reinbek bei Hamburg.

Schulz von Thun, F. (1998). *Miteinander reden 3. Das „innere Team" und situationsgerechte Kommunikation. Kommunikation – Person – Situation.* Reinbek bei Hamburg.

Spula, S. (1994). *Zur Problematik der Erfassung von Daten beim erkrankungsspezifischen Unterricht mit Multiple-Sklerose-Betroffenen.* Diplomarbeit, Deutsche Sporthochschule Köln.

Strohkendl, H. (1989). *Rollstuhlsport für Anfänger* (2. Aufl.). Lübeck.

Tausch, R. & Tausch, A.-M. (1991). *Erziehungs-Psychologie* (10. Aufl.). Göttingen.

van der Schoot, P. (1990). Indikationsrelevante Aussagen zu „Bewegung, Spiel und Sport mit Behinderten und von Behinderung Bedrohten". In P. van der Schoot & U. Seeck (Schriftleitung), *Bewegung, Spiel und Sport mit Behinderten und von Behinderung Bedrohten. Indikationskatalog und Methodenmanual.* Bundesminister für Arbeit und Sozialordnung (S. 3-19). Bonn.

van der Schoot, P. & Seeck, U. (1990). Funktionsspezifische Interventionsbereiche. In P. van der Schoot & U. Seeck (Schriftleitung), *Bewegung, Spiel und Sport mit Behinderten und von Behinderung Bedrohten. Indikationskatalog und Methodenmanual.* Bundesminister für Arbeit und Sozialordnung (S. 33-76). Bonn.

Weege, R.-D. (1985). Technische Voraussetzungen für den Aktivsport im Rollstuhl. *Orthopädie Technik, 36* (6), 395-402.

Weege, R.-D. (1989). Aktiv-Rollstuhl – nicht nur für aktive Rollstuhlfahrer. *Medizinisch orthopädische Technik, 109* (5), 170-176.

Weineck, K. (1994). *Optimales Training* (8. Aufl.). Balingen.

Windisch, J. (1998). *Sporttherapeutische Intervention und Befindlichkeit – Eine Untersuchung von Myastheniepatienten in ambulanten und stationären Rehabilitationsprogrammen.* Diplomarbeit, Sportwissenschaftliche Fakultät der Universität Leipzig.

Zimmer, R. & Volkamer, M. (1984). *MOT 4 bis 6. Motoriktest für vier- bis sechsjährige Kinder* (Manual). Weinheim.

Ingo Froböse

Bewegung, Spiel und Sport mit Hörgeschädigten

1 Gehörlosigkeit – Schwerhörigkeit: Allgemeine Grundlagen

1.1 Definition, Beschreibung und Abgrenzung

Unter dem Begriff der Hörschädigung werden alle jene Behinderungen mit einer Beeinträchtigung der auditiven Wahrnehmungsleistung in unterschiedlichster Ausprägung zusammengefasst. Dabei geht diese Schädigung einher mit sprachlich-kommunikativen und psycho-sozialen Folgeerscheinungen, weshalb sich noch heute für diese Gruppe häufig der Begriff „taubstumm" hält.

Die Schwierigkeit einer exakten Definition und Abgrenzung der Begriffe „Gehörlosigkeit" und „Schwerhörigkeit" ergibt sich auch aus diesem engen Zusammenhang des primären Gehörschadens und seiner sprachlichen Folgezustände. Der Unterschied ist nur graduell zu sehen, wobei man sich bei der Abgrenzung der Schwerhörigkeit von der Gehörlosigkeit überwiegend an der Lautsprache orientiert.

Als „schwerhörig" gelten somit im erziehungswissenschaftlichen Sinne jene Personen, die durch eine zentrale und/oder periphere Schädigung ihres Gehörs erheblich in der Wahrnehmung akustischer Reize und speziell normallauter Umgangssprache beeinträchtigt sind. Die Auffassung von zusammenhängender Sprache einschließlich der Kontrolle des eigenen Sprechens auf auditivem Wege ist aber prinzipiell noch möglich, wobei allerdings optische Signale und kinästhetische Empfindungen eine Unterstützungsfunktion übernehmen (Krüger, 1982). Für das Verständnis der Schwerhörigkeit ist jedoch nicht nur die Bestimmung der quantitativen und qualitativen Leistungsminderung von Bedeutung, sondern ebenso der Entwicklungsstand der individuellen Sprache, des Sprechens bei Kindern und Jugendlichen sowie die sich als Folge der Hörschädigung einstellenden psychodynamischen Verhaltensstörungen (Kosel & Fröböse, 1999).

In Abgrenzung zur Schwerhörigkeit werden jene Personen als „gehörlos" im erziehungswissenschaftlichen Sinne bezeichnet, die infolge einer extremen Schädigung ihres Gehörs selbst bei bestmöglicher Schallverstärkung durch elektroakustische Hörgeräte keine oder nur ganz begrenzte auditive Wahrnehmungseindrücke haben, insbesondere Sprache nicht über das Ohr aufnehmen und diskriminieren können. Die Betroffenen sind beim Sprachverstehen und bei der Eigenkontrolle des Sprechens weitgehend auf optische bzw. kinästhetische Reize angewiesen (Krüger, 1982).

Da die Entwicklung und Ausprägung der Sprache als das wesentliche Kriterium herangezogen wird, unternimmt man eine weitere Unterteilung, die unmittelbar mit dem Zeitpunkt des Eintritts der Schädigung zusammenhängt. Die Auswirkung der Hörschädigung hängt unmittelbar davon ab, ob diese prälingual, d.h. vor Erwerb der Sprache, oder aber postlingual, d.h. nach Erwerb der Sprache, eingetreten ist. Prälinguale Störungen basieren in der Regel auf angeborenen Hörschädigungen, während postlinguale Störungen meist erworben sind. Der

Zeitpunkt des Erwerbs der Sprache wird dabei frühestens mit dem vierten Lebensjahr erreicht, kann jedoch später wieder verfallen oder verloren gehen. Im Erwachsenenalter geschädigte Gehörlose werden als „Spätertaubte" bezeichnet.

Neben den angeführten Definitionen gibt es weitere differenzierte Gliederungssysteme der Hörschädigung, die auf medizinischen Messwerten basieren und vor allem den prozentualen Hörverlust beschreiben (s. Kapitel 1.4). Diese geben jedoch nur eingeschränkt die eigentlichen Probleme dieser Gruppe, die man auch als „Kommunikationsbehinderte" bezeichnen kann, wieder, da sie die sekundären Folgeerscheinungen nicht berücksichtigen.

1.2   Ursachen einer Hörschädigung

Bei den Ursachen einer Hörschädigung wird zwischen erblichen (hereditären) und erworbenen Hörschädigungen unterschieden. Diese Aufteilung sagt allerdings nichts über den Eintritt der Schädigung aus, da sie einerseits vorgeburtlich (pränatal) entstehen und sich andererseits auch als erblich bedingte Störungen erst im Kinder- oder Erwachsenenalter manifestieren können (Kosel, 1990).

Zu den erblichen Hörstörungen zählen im Wesentlichen Hemmungsmissbildungen im Bau des äußeren und mittleren Ohres, ferner die degenerativen Erscheinungen am Cortischen Organ und an den Hörnerven oder auch eine konstitutionelle Empfänglichkeit für Entzündungen im Ohrbereich. Auch bei der in der Regel erst im Erwachsenenalter auftretenden Otosklerose wird angenommen, dass sie ebenfalls genetisch bedingt ist.

Die so genannten erworbenen Hörschädigungen werden wiederum nach dem Zeitpunkt des Eintritts der Störungen in pränatale (vor der Geburt), perinatale (während der Geburt) und postnatale (in früher Kindheit) unterteilt.

Ursachen pränataler Schädigung sind zum einen Viruserkrankungen der Mutter in der Schwangerschaft (Röteln, Mumps, Hepatitis, Grippe etc.), andere mütterliche Infektionen bzw. Erkrankungen (Diabetes, Nierenerkrankungen u.a.), Vergiftungsfolgen durch Nikotin, Alkohol, Medikamente, erhöhte Strahlendosen (z.B. Röntgen) und Ernährungsmangel. Allen gemeinsam ist, dass sie den Reifungs- und Entwicklungsprozess des peripheren und/oder zentralen Hörorgans beeinträchtigen.

Perinatale Hörschäden können sich durch mechanische Verletzungen, Blutungen im Kopfbereich, durch Sauerstoffmangel (Hypoxie) des Neugeborenen und durch die schwere Neugeborenen-Gelbsucht ergeben.

Die häufigsten Ursachen postnataler Hörschädigungen sind Mittelohr- und Gehirnhautentzündungen sowie die Auswirkungen von Kinderkrankheiten wie Mumps und Masern. Des Weiteren können traumatische Kopfverletzungen durch Stürze bzw. Unfälle und Verkehrsunfälle, Katarrhe, Nebenhöhlenentzündungen, Tumore und Vergiftungen Hörstörungen bedingen.

Besonders im Erwachsenenalter finden sich noch weitere Ursachen bzw. Symptome, die eine Hörschädigung verursachen können. Hierzu zählen der akute „Hörsturz" (Innenohrstörung unbekannten Ursprungs), die Lärmschwerhörigkeit als Folge von kurzzeitigen überstarken Schalleinwirkungen (Knall, Explosion) oder aber besonders von langwirkendem lauten Dauerlärm in Industriebetrieben oder in Diskotheken. Schließlich ist die im höheren Alter weit verbreitete „Altersschwerhörigkeit" zu nennen, die auf Abbau- bzw. Aufbraucherscheinungen zurückzuführen ist (Krüger, 1982; Kosel, 1990).

1.3   Erscheinungsformen einer Hörschädigung

Bei einer oberflächlichen Betrachtungsweise der Hörgeschädigten finden sich so gegensätzliche, meist auf einer Fehleinschätzung basierende Aussagen wie, der Hörgeschädigte sei ein gänzlich anderer Mensch, oder aber auf der anderen Seite auch, der Hörgeschädigte sei ein vollkommen normaler Mensch, dem nur das intakte Gehör fehlte. Beide Positionen und Aussagen werden den Betroffenen nicht gerecht. Vielmehr zeigt uns der Umgang mit den Hörgeschädigten, dass diese eine ebenso große Heterogenität aufweisen, wie wir sie auch in jeder anderen Gruppierung finden können. Die Erscheinungsformen der Hörschädigung sind zwar zunächst in engem Zusammenhang mit dem Ausmaß, dem Zeitpunkt des Eintritts sowie der Ursachen und Art der primären Störung zu sehen, dennoch ist besonders der Umgang mit dieser Schädigung entscheidend für die Ausprägung.

Wie bereits oben angedeutet, besteht die wichtigste unmittelbare Auswirkung eines Hörschadens darin, dass die Wahrnehmung der Sprachlaute – neben allen anderen akustischen Umwelteinflüssen – gestört ist (Krüger, 1982). Deshalb ist diese Schädigung auch am ehesten mit dem Begriff „Hörsprachbehinderung" umschrieben oder, wie oben, mit dem Begriff der „Kommunikationsbehinderung". Dies macht uneingeschränkt deutlich, dass die Beeinträchtigung des Hörvermögens mit einer Behinderung im sprachlichen Verstehen und Handeln einhergeht (Kosel, 1990).

Besonders bei frühkindlichen Störungen vor dem vierten Lebensjahr ist zudem der reguläre Prozess des Spracherwerbs gefährdet oder vermindert. Daraus entstehen große Schwierigkeiten in nahezu allen Kommunikationssituationen zwischen Hörgeschädigten und ihren hörenden Gesprächspartnern, die somit die wohl bedeutendste Erscheinungsform des Betroffenen charakterisieren. Die Folge davon ist häufig, dass Gehörlose eine Kommunikation mit Hörenden meiden, unter sich bleiben und sogar einer drohenden Gefährdung durch Selbstisolation unterliegen. Selbst Schwerhörige, die mit Hörgeräten versorgt worden sind, zeigen häufig Schwierigkeiten in der Anbahnung und Aufrechterhaltung sozialer Kontakte und Bezüge zu Hörenden.

1.4 Schweregrade und Klassifikation

Die Einteilung von Hörgeschädigten in unterschiedliche Schweregrade basiert im Wesentlichen auf Messverfahren der medizinischen Audiometrie. Die Angaben erfolgen in dB (Dezibel = Lautstärke) oder aber in Hinblick auf den prozentualen Hörverlust. Daneben werden auch Impedanzmessungen zur Registrierung der akustischen Impedanz des Außen- und des Mittelohres durchgeführt. Die audiometrische Diagnostik mündet in folgender Einteilung der Schweregrade:

Schweregrad der Hörschädigung	prozentualer Hörverlust
Normalhörigkeit oder annähernde Normalhörigkeit	0-20%
geringgradige Schwerhörigkeit	20-40%
mittelgradige Schwerhörigkeit	40-60%
hochgradige Schwerhörigkeit	60-80%
an Taubheit grenzende Schwerhörigkeit	80-95%
Gehörlosigkeit	95-100%

Diese Klassifikation liefert den Pädagogen zwar einen groben Anhalt zur Einstufung der Betroffenen, jedoch ist für den Umgang mit den Hörgeschädigten insbesondere der wichtige Aspekt der Sprache hierbei unberücksichtigt. Deswegen ist die Einteilung von Davis und Silverman (1970) für die tägliche Arbeit und die Kommunikation sehr viel geeigneter, da sie die funktionellen Ressourcen der Sprache und des Sprachverständnisses berücksichtigt:

Grad der Behinderung	Fähigkeit des Sprachverständnisses
leichte Hörstörung	Schwierigkeiten nur bei leisem Sprechen
geringe Hörstörung	regelmäßige Schwierigkeiten bei normalem Sprechen
schwere Hörstörung	regelmäßige Schwierigkeiten bei lautem Sprechen
ausgeprägte Hörstörung	kann nur Schreien oder elektronisch verstärkte Sprache wahrnehmen
extreme Hörstörung	auch verstärkte Sprache kann nicht wahrgenommen werden

Neben den rein audiometrisch ermittelten Differenzierungen ist darüber hinaus eine Zuordnung zu verschiedenen anatomisch-physiologischen oder funktionellen Störungstypen noch bedeutsam, da durch sie die Konzeption des kommunikativen bzw. therapeutischen Ansatzes bestimmt werden kann. Den eigentlichen peripheren Hörschaden werden dabei die so genannten zentralen Störungen der auditiven Wahrnehmung gegenübergestellt. Letztere basieren im Wesentlichen auf organischen Läsionen des Gehirns oder treten als funktionelle oder psychogene Hörstörungen in Erscheinung.

Der Bereich der zentralen und funktionellen Hörschäden ist wissenschaftlich noch weitgehend ungeklärt, während bei den peripheren Hörstörungen konduktive, sensorineurale und kombinierte Formen unterschieden werden (Krüger, 1982):

Konduktive Hörstörungen

Die konduktiven Hörstörungen, auch als Schallleitungsschwerhörigkeit bezeichnet, betreffen die mechanische Reizzuleitung zum eigentlichen Abschnitt des Hörorgans. Sie können lokalisiert sein im äußeren Ohr, Mittelohr oder auch im Innenohr. Die Folge ist eine Hörminderung (bis zu 60 dB) in Form einer Intensitätsdämpfung bzw. einer Verringerung der Hörweite. Die Höreindrücke bleiben unverzerrt, eine störende Entstellung der Sprachlaute tritt nicht ein.

Sensorineurale Hörstörungen

Die sensorineuralen Hörstörungen werden auch als Schallempfindungs- oder Schallwahrnehmungsschwerhörigkeit bezeichnet. Sie betreffen die Umwandlung der mechanischen Schallenergie in nervöse Reizimpulse durch die Sinneszellen des Cortischen Organs im Innenohr und/oder die Weiterleitung der Impulse in den Hörnerven zu den Hörzentren des Gehirns. Ihre Auswirkungen sind im Hinblick auf die bloße Hörschwellenerhöhung (bis hin zur Taubheit) als schwerwiegender als die konduktive Hörstörung anzusehen.

Kombinierte Hörstörungen

Zu den kombinierten Hörstörungen werden die zahlreichen Mischformen oder Kombinationen von konduktiven und sensorineutralen Schäden gezählt. Die medizinische Fragestellung richtet sich hierbei auf die Verursachung einer festgestellten Hörschädigung.

1.5 Einschränkungen, Störungen und Beeinträchtigungen

Einschränkungen, Störungen und Beeinträchtigungen der Hörgeschädigten sind nicht isoliert zu betrachten. Vielmehr stehen die Auffälligkeiten in vielfältigen Beziehungen und Wechselwirkungen zueinander und lassen sich somit kaum voneinander trennen bzw. selektiv behandeln. In der Literatur findet sich hierzu der treffende Begriff des „psychomotorischen Ausgangsniveaus", der von Meinel (1987) geprägt wurde und auf die Beschreibung motorischer, intellektueller/kognitiver, emotional-affektiver und sozialer Aspekte der Behinderung abzielt. Allerdings ist dabei zu beachten, dass entsprechend den vielfältigen Ursachen, Verläufen, Schweregraden und Reaktionen auf die primäre Erkrankung sowie deren Förderung davon auszugehen ist, dass das im Folgenden beschriebene psychomotorische Ausgangsniveau mit seinen Einschränkungen, Störungen und Beeinträchtigungen nicht bei jedem Hörgeschädigten in gleicher Art und Weise auftritt, sondern ein jeweils individuelles Bild zeigt. Eine umfassende diagnostische Einschränkung ist daher im Einzelfall unerlässlich.

Nach heutiger Auffassung besteht die elementarste negative Folge der Hörschädigung in der Verarmung und Verflachung der natürlichen und kulturgeprägten Wahrnehmungswelt, in der die akustischen Erlebniskomponenten fehlen oder reduziert sind. Die daraus sich ableitende sensorische Deprivation betrifft das akustische Milieu als allgegenwärtigen Erlebnishintergrund, das klangliche und rhythmisch-melodische Erleben, die vorsprachlichen auditiven Kontakte zur Mitwelt und die aufmerksamkeits-steuernde Funktion des Gehirns (Krüger, 1982). Aus dieser fehlenden Einbindung des für den Menschen für das soziale Leben wichtigsten Analysators resultiert eine weitere Vielzahl unterschiedlichster Auffälligkeiten, die allerdings eine klare Differenzierung von Gehörlosen und Schwerhörigen nur in Ansätzen ermöglichen. Je nach Schadensverhältnissen und je nach Umwelteinflüssen in der frühen Kindheit lassen sich bei beiden Behinderungsgruppen nahezu annähernd gleiche Verhaltensweisen erkennen. Grundsätzlich besteht bei allen Betroffenen eine Hörsprachbehinderung, wobei deutlich wird, dass eine Beeinträchtigung des Hörvermögens unmittelbar auch mit einer Behinderung im sprachlichen Verstehen und im Handeln einhergeht (Kosel & Froböse, 1999). Außerdem ist bei allen frühkindlichen Schädigungen bereits schon der reguläre Prozess des Spracherwerbs beeinträchtigt oder verhindert.

Daraus resultieren Schwierigkeiten in allen Kommunikations- und Interaktionssituationen zwischen Hörgeschädigten und ihren hörenden Gesprächspartnern. Die Folge davon ist, dass Gehörlose, aber auch Schwerhörige, eine Kommunikation mit Hörenden meiden und so meist unter sich bleiben oder der drohenden Selbstisolation unterliegen. Aus dieser Situation befreien kann auch nicht die den Hörgeschädigten eigene Sprache (Gebärdensprache, nonverbale Kommunikation), da die Hörenden dieser nicht folgen können, woraus wiederum auch eine Vermeidung dieser Kommunikationssituationen seitens der hörenden Umwelt resultiert. Gehörlose sind grundsätzlich nicht als „taubstumm" zu bezeichnen, auch wenn sie nur in geringem Maße über die Sprache verfügen. Schwerhörigen ist der Spracherwerb meist eher zu erschließen, wenngleich auch sie natürlich auf umfassende Schwierigkeiten dabei stoßen. Beide Gruppen besitzen aufgrund einer umfassenden Bildung in der Sonderschule ein fundamentales Sprachverständnis, wie auch die Fähigkeiten, sich artikulieren zu können. Eine Ausschöpfung dieser Ressourcen begünstigt nicht nur die Integration der Hörgeschädigten, sondern führt gleichzeitig auch zu einer Erweiterung des Sprachschatzes.

Der Mangel an Sprache und sprachlichen Ausdrucksmöglichkeiten sowie das eingeschränkte Verständnis bedingen überdies häufig eine Verzögerung der geistig-seelischen Entwicklung. Dies kann sich in allen Handlungen und vor allem in einem herabgesetzten Selbstvertrauen und in Anpassungsschwierigkeiten gegenüber Partnern und Gruppen auswirken. Beeinflussend wirkt in diesem Zusammenhang besonders die affektive Beziehung zur Mutter sowie anderen Familienmitgliedern.

In der Entwicklung ihrer motorischen Fertigkeiten und Fähigkeiten werden in der Literatur häufig größere Defizite beschrieben (Myklebust, 1964), jedoch basieren die Aussagen meist auf Studien mit nicht übertragbaren Probandengruppen. Neuere Untersuchungen kommen zu einer etwas anderen Sichtweise, obgleich auch hier z.T. Einschränkungen festgestellt wurden. In diesen wird grundsätzlich statuiert, dass die motorischen Fähigkeiten von Schwerhörigen und Gehörlosen sich statistisch nicht unterscheiden. Kotonski-Immig (1994) konnte lediglich geschlechtsspezifische Unterschiede aufzeigen, bei denen die gehörlosen Jungen besser abschnitten als die Mädchen. Bei einer Bestimmung der Gleichgewichtsfähigkeit dagegen zeigten die gehörlosen Schüler eine geringere Leistungsfähigkeit als eine Vergleichsgruppe hörender Schüler. Eigene Stichprobenuntersuchungen mit dem Körperkoordinationstest nach Schilling und Kiphard (1974) erbrachten so zum Beispiel ein Leistungsdefizit von ca. 25% im Vergleich zu vollsinnigen Schülern. Dabei fiel besonders auf, dass die gehörlosen Jungen kaum Differenzen aufzeigten, die Mädchen jedoch sowohl beim Gleichgewichtstest als auch bei den anderen motorischen Items deutlich schlechter abschnitten. Bei ihnen war eine Einschränkung in allen Bereichen der Kraft und Schnelligkeit zu verzeichnen. Wenn auch diese zitierten Untersuchungsergebnisse auf motorische Defizite im Vergleich zu vollsinnigen Kindern und Jugendlichen hinweisen, wissen wir, dass sich unter den Hörgeschädigten auch eine gar nicht kleine Gruppe von motorisch sehr leistungsstarken Schülern und Erwachsenen befindet, die in ihrem Bewegungsverhalten als vollkommen unauffällig zu bezeichnen sind. Anlass für diese Erkenntnis ist, dass wir nachweisen konnten, dass bei ausreichender Förderung der Betroffenen sich ein normales motorisches Verhalten entwickeln kann.

Dennoch sind natürlich aufgrund der verschiedenen Ursachen und Formen der Hörschädigung Auffälligkeiten im motorischen und sozialen Verhalten nicht selten vorhanden. Diese äußern sich vor allem in einer Beeinträchtigung der lokomotorischen Koordination sowie der Erhaltung des Körpergleichgewichtes. Im Allgemeinen ist bereits bei schwerhörigen wie auch bei gehörlosen Kindern ein Rückstand der psychomotorischen Entwicklung zu verzeichnen, der neben den behinderungsbedingten Einflüssen im Wesentlichen auf die Vernachlässigung einer systematischen Bewegungserziehung im frühen Kindesalter zurückzuführen ist. Bei regelmäßiger Ausübung von Bewegungs- und Sportaktivitäten in der Schule und in der Freizeit ist mit zunehmendem Alter der Hörgeschädigten eine Steigerung ihrer motorischen Leistungsfähigkeit zu verzeichnen, durch die vorhandene Defizite allmählich ausgeglichen werden. Deshalb erscheint es uns angebracht, bei den Hörgeschädigten nicht grundsätzlich von einer Einschränkung der motorischen Leistungsfähigkeit, sondern vielmehr nur von einer in Abhängigkeit von der Intensität und dem Umfang der Förderung festzustellenden Verzögerung der Leistungsentwicklung zu sprechen, die in der Regel im Erwachsenenalter vollständig kompensiert ist.

Die beschriebenen sprachlichen und kommunikativen Einschränkungen und Beeinträchtigungen haben nicht selten neben einer Verzögerung der motorischen Leistungsentwicklung eine Retardierung der Persönlichkeitsentwicklung und eine Einschränkung des Erfahrungsbereiches in der Auseinandersetzung mit der

Umwelt zur Folge. Der Beeinträchtigung der Sozialbezüge in ihrem Verhältnis zu Vollsinnigen steht allerdings nach unseren Beobachtungen eine sehr intensive Interaktion innerhalb der Hörgeschädigtengruppen mit einer auffallenden Bereitschaft, sich bei der Lösung von Problemen und Aufgaben gegenseitig zu helfen und zu unterstützen, entgegen.

Im Rahmen der Ausübung von sportlichen Aktivitäten lassen sich besonders bei Kindern und Jugendlichen noch einige Besonderheiten festhalten, die sich zwar meist, wie oben bereits beschrieben, mit zunehmendem Alter kompensieren lassen, die jedoch bei der Arbeit mit diesen Gruppen speziell beachtet und einer entsprechenden Förderung unterzogen werden sollten. So sind häufig die Bewegungen gehörloser Kinder oft unharmonisch und unrhythmisch, da ihnen die Fähigkeit, Rhythmen unmittelbar akustisch wahrnehmen zu können, fehlt. Aufgrund der fehlenden bzw. unvollständigen akustischen Rückmeldung von Eigen- und Fremdbewegungen sind die Bewegungssteuerung und -regulation beeinträchtigt. Dies äußert sich beispielsweise in einer unangemessenen Impulsdosierung, z.B. beim Laufen oder Ballprellen. Dadurch kann auch die räumliche Einordnung von Bewegungen erschwert sein. So können die Hörgeschädigten die eigene Bewegungsqualität nur bedingt akustisch kontrollieren und müssen dementsprechend Alternativen finden.

Aussagen in der älteren Literatur, wonach Gehörlosen und auch Schwerhörigen ein schwerfälliges, schlurfendes Gangbild zugeschrieben wird, dessen Ursache auf psychische Prozesse zurückzuführen sei, können nicht bestätigt werden. Vielmehr zeigte sich in eigenen Untersuchungen zum Gangmuster von gehörlosen Kindern und Jugendlichen mit Hilfe elektromyographischer und dynamometrischer Messverfahren (Bodenreaktionsmessplatte), dass kein Unterschied in zeitlich-räumlichen Parametern des Gangvorgangs zwischen gehörlosen und hörenden Schülern besteht. Jedoch lassen sich nicht selten Fuß- und Haltungsschwächen (starke kyphotische Haltung) bei gehörlosen Jugendlichen beobachten. Insgesamt lässt sich bei zahlreichen Hörgeschädigten ein erhöhter Muskeltonus in Haltung und Bewegung aufzeigen, der sich in einer allgemeinen muskulären Anspannung bis hin zur Verspannung äußert. Der Grund hierfür mag in der relativen starken Konzentration auf die Orientierung im Raum, insbesondere bei ungewohnten Bewegungen und im Spiel, liegen. Im Zusammenhang mit dem eingeschränkten Orientierungsvermögen und der damit verbundenen konzentrativen Anspannung ist auch die sog. motorische Unruhe von Hörgeschädigten zu sehen, die sich wiederum in einer frühzeitigen Ermüdung im Sport niederschlagen kann. Letzteres kann jedoch auch durch die nicht selten zu findende eingeschränkte Ausdauerleistungsfähigkeit der Betroffenen bedingt sein.

Probleme und Schwierigkeiten in der räumlichen Einordnung von Bewegungen in Verbindung mit Partnern und Geräten zeigen sich besonders im Spiel, da sich die Wahrnehmung des Bewegungsraumes im Wesentlichen auf das Gesichtsfeld beschränkt. Dadurch wird das Verhalten von Mit- und Gegenspielern, die sich außerhalb des Gesichtsfeldes befinden, nicht erfasst und die Anpassungsfähigkeit an die ständig wechselnden Situationen im Spiel erschwert.

Eng verknüpft mit einem eingeschränkten Orientierungsvermögen finden sich besonders bei Gehörlosen auffallend viele Koordinationsschwächen bzw. -störungen. Neben einer allgemeinen motorischen Entwicklungsverzögerung kann dies im Einzelfall auch auf eine mögliche Schädigung des Vestibularorgans im Innenohr hinweisen. Die Auswirkungen von derartigen Störungen äußern sich in wenig zielgerichteten, unökonomischen Bewegungsabläufen, die ein gewisser „Bewegungsluxus" auszeichnet. Die in der alten Literatur zu findenden Beschreibungen zu Einschränkungen der Reaktionsschnelligkeit und -sicherheit konnten von uns in empirischen Untersuchungen nicht bestätigt werden. Vielmehr belegen die Ergebnisse von Reaktionsversuchen, dass bei entsprechend angepasster Signalgebung für die Hörgeschädigten keine statistisch nachweisbaren Unterschiede zwischen gehörlosen und hörenden Kindern und Jugendlichen bestehen.

Diese Untersuchungen bestätigen letztlich die Aussage, dass vorhandene Einschränkungen, Beeinträchtigungen und Leistungsminderungen in den hier angeführten Bereichen nicht primär behinderungsbedingt sind, sondern die Ursachen hierfür vielmehr in einer unzureichenden Förderung und Bewegungserziehung liegen, was in Ängstlichkeit, Unsicherheit und große Angespanntheit mündet.

2   Sonderpädagogische Grundlagen

Das allgemeine Leitziel der Erziehung und Bildung gehörloser und schwerhöriger Kinder und Jugendlicher besteht nach Jussen (1982) in einer möglichst weitgehenden Selbstverwirklichung in der menschlichen Gemeinschaft sowie in ihrer Befähigung zu selbständiger Lebensführung in Familie, Freizeit, Schule und Beruf. Diesem Ziel wurde man jedoch erst in den letzten Jahrzehnten in Ansätzen gerecht, denn bis dahin wurde keine spezifische Ausbildung oder Förderung entwickelt oder gar umgesetzt. Dennoch ist es auch heute noch nicht zu übersehen, dass es bisher immer noch nicht umfassend gelungen ist, ein eindeutiges Theorie- und Praxiskonzept für die Hörgeschädigten unter pädagogischen Gesichtspunkten zu entwickeln. Probleme bereitet dabei die dominierende Position der funktionalen Sichtweise der Behinderung, in der die kommunikativ-sprachlichen Schwierigkeiten im Mittelpunkt des Interesses stehen und sich nur eingeschränkt der Komplexität des personalen Gesamtsystems zugewandt wird. Ohne ein ausreichendes Verständnis der häufig viel weiterreichenden Auswirkungen der primären Schädigung kann jedoch kein zufriedenstellendes Konzept entwickelt werden, in dem die personalen, enkulturativen und sozialen Aspekte in einem integrativen Erziehungsprozess zusammengeschlossen sind (Jussen, 1982).

Grundlegende Voraussetzung für eine erfolgreiche Realisierung eines an den individuellen Ressourcen der Betroffenen orientierten Konzepts ist eine Integration von erzieherischen Inhalten aus den Bereichen Sensomotorik, Emotionalität, Kommunikation und Kognition. Gehörlosenpädagogische und schwerhörigenpädagogische Aufgaben sind dabei vornehmlich in den beiden Sektoren „Frühförderung" und „Schule" zu leisten. Die weitgehende Heterogenität der Gruppen Gehörloser und Schwerhöriger erfordert dabei eine Differenzierung der Lern- und Erziehungsinhalte, um eine Individualisierung der Entwicklungsprozesse zu ermöglichen, ohne grundsätzlich den sozialen Verbund der Gesamtgruppe aufzulösen. Die Differenzierung leitet sich dabei im Wesentlichen von den Aspekten Niveau und Umfang der Anforderungen, Gestaltung des Unterrichts, Arbeitstempo, Lehr- und Lernhilfen und Formen der Unterrichtsarbeit ab.

2.1 Förderung im Vorschulalter

Im vorschulischen Bereich erfolgt die sonderpädagogische Betreuung der Hörgeschädigten in Frühfördereinrichtungen, die spezielle Aufgaben der Rehabilitation übernehmen. Zu diesen zählen die Früherkennung und Frühbehandlung einschließlich der Hörgeräteversorgung sowie die Beratung und Anleitung der Eltern. Besonders die Eltern von hörgeschädigten Kindern brauchen umfassende Aufklärung und Erörterung sowie Ermutigung und Motivierung, um dem Kind die bestmögliche Hilfestellung unter den veränderten Bedingungen zukommen zu lassen. Darüber hinaus werden in entsprechenden Einrichtungen die sensomotorische Wahrnehmung der Kinder eingeleitet sowie Erfahrungen im kognitiven, emotionalen und sozialen Bereich aufgebaut.

Die erste Betreuungsinstanz für Kinder mit vermuteten oder vorhandenen Hörschäden ist die pädoaudiologische Beratungsstelle, in der medizinische, psychologische, audiologische und pädagogische Untersuchungen zur Abklärung der Differentialdiagnose durchgeführt werden. In der Regel sind diese Einrichtungen an Kliniken bzw. Krankenhäuser und Sonderschulen angebunden. Neben der Feststellung der exakten Diagnose erfolgt dort eine Ausstattung und Anpassung von Hörgeräten und eine Erstellung von Behandlungs- und Förderplänen. Auch die Beratung, Information und Anleitung der Eltern und anderen engen Vertrauten des Kindes wird in diesen Zentren betrieben.

Zur Frühförderung zählt auch die so genannte Hauserziehung, im Rahmen derer das hörgeschädigte Kind frühzeitig im Elternhaus, primär durch die Eltern, einer relativ intensiven kommunikativ-sprachlichen und sensomotorischen Förderung unterzogen wird. Speziell geschulte Pädagogen unterstützen dabei die Eltern in ihren Bemühungen und leiten alle betreuenden Personen entsprechend an. Der Schwerpunkt der Förderung liegt dabei auf der Erarbeitung der Wahrnehmung als grundlegender Voraussetzung für alle später folgenden Lern- und Entwicklungsprozesse des Kindes. Zusätzlich wird durch diese intensive Zusammenarbeit zwischen Eltern und Kind zu Hause möglichen Beziehungsproblemen entgegnet.

Ergänzt werden kann die Hausfrüherziehung durch ambulante oder stationäre Fördergruppen für hörgeschädigte Kinder mit ihren Beziehungspersonen (Eltern). Dabei ergänzen sie die im Rahmen der häuslichen Erziehung erworbenen Erfahrungen und gewähren die Anwendung neuer/anderer Förderansätze, die erst in einer Gruppe zum Tragen kommen können. Speziell in stationären Gruppen kann darüber hinaus eine differenzierte Beobachtung des Kindes sehr effektiv unternommen werden.

Nach den ersten Lernerfahrungen in häuslicher Umgebung unter Einbeziehung der Eltern schließt sich meist der Besuch eines Sonderkindergartens/Sonderschulkindergartens an. Die Aufnahme in eine derartige Institution erfolgt in der Regel im dritten Lebensjahr. Die Förderung bezieht sich dabei besonders auf die Entwicklung der kommunikativ-sprachlichen Elemente und das Sozialverhalten. Sonderkindergärten sind meist für Gehörlose, Schwerhörige und Mehrfachbehinderte eingerichtet, wobei es keine gesetzlich geregelte Verpflichtung zum Besuch gibt. Die Inhalte der Arbeit mit den Kindern beziehen sich dabei auf die Schwerpunkte Spiel/Spielen und Sprache/Sprechen. Kinder im schulpflichtigen Alter finden Aufnahme in den Sonderschulkindergärten, wenn sie noch nicht die

Schule besuchen können. Deswegen liegt auch das Hauptaugenmerk der Förderung in diesen Institutionen auf der Entwicklung der Schulreife.

In den letzten Jahren hat sich eine Idee verstärkt und umsetzen lassen, dass hörgeschädigte Kinder zusammen mit vollsinnigen Kindern in öffentlichen Kindergärten betreut werden. Anlass für diese Entwicklung ist der sicher nicht unberechtigte Ansatz, dass natürliche Verhaltensmuster sich nur im Umgang mit Nichtbehinderten hundertprozentig entwickeln lassen. Dies sollte allerdings nicht ohne eine sehr differenzierte Einzelfallprüfung angegangen werden, um möglichen Problemen von Beginn an entgegentreten zu können. Langzeiterfahrungen hierzu liegen bisher nur begrenzt vor. Jedoch stellt sich der Eindruck ein, dass diese Lösung in einigen Fällen durchaus der geeignete Weg ist.

2.2 Förderung im Schulalter

Sowohl Gehörlose als auch Schwerhörige werden im schulpflichtigen Alter in eine spezielle Sonderschule aufgenommen, wenn trotz Fördermaßnahme und entsprechender Hilfsmittel eine Integration in eine Regelschule nicht möglich ist. Dabei nimmt die „Schule für Gehörlose" Kinder und Jugendliche auf, die kein Gehör besitzen oder deren Hörreste derart gering sind, dass sie die Lautsprache auch bei Verwendung von Hörgeräten/technischen Hilfsmitteln nicht erwerben können. „Schulen für Schwerhörige" werden in der Regel von jenen Kindern und Jugendlichen besucht, die aufgrund ihrer Hörschädigung dem Unterricht einer allgemeinen Schule nicht folgen können und somit dort nicht optimal gefördert werden. Sie benötigen spezielle sozial-kommunikative und sprachpädagogische Verfahren und Maßnahmen im Unterricht. Ferner finden sich in diesen Schulen alle jene Hörgeschädigten, die während des Spracherwerbs oder nach Erlernen der Sprache (postlingual) einen Hörverlust erfuhren (Jussen, 1982).

Die Schulen für Gehörlose und Schwerhörige verfügen über einen Strukturaufbau, der grundsätzlich die Bereiche Grund- und Hauptschule unterscheidet. Dabei finden sich völlig eigenständige Formen, aber auch kooperative Schulsysteme mit eigenständigen Abteilungen und Zentren für Hörsprachbehinderte, in denen teilweise gemeinsame Lehrveranstaltungen und Unterrichtsformen gepflegt werden. Besonders bedeutsam wird eine Einbeziehung der häufig zu findenden Mehrfachbehinderungen der Betroffenen bei einer Betrachtung der verschiedenen Schulformen und -modelle. Etwa 20% der Hörgeschädigten weisen eine zusätzliche Behinderung – meist eine Körperbehinderung – auf, die weitere pädagogische und therapeutische Maßnahmen benötigt (Kosel & Froböse, 1999). Aus diesen Gründen kann sich eine schulische Förderung der Hörgeschädigten nicht nur auf den primären Schaden beziehen, sondern muss gleichzeitig auch alle begleitenden Einschränkungen beachten, was so in eigenständigen Schulen meist nur bedingt gelingt. Dementsprechend findet sich heute bereits eine größere Anzahl kooperativer Schulsysteme, wobei die Entwicklung auch weiterhin in diese Richtung gehen wird.

Der gesamte Unterricht an Schulen für Gehörlose und Schwerhörige zielt darauf ab, den Schülern die Qualifikation für weitergehende Bildung zu eröffnen. Diese wird an berufsbildenden Schulen für Hörgeschädigte oder weiterführenden Klassen und Schulen (Realschule, Gymnasium, Kollegschule) für Hörgeschädigte durchgeführt, oder aber die Schüler treten unmittelbar nach erreichtem Hauptschulabschluss in bestimmte Berufsfelder (kaufmännisch-technisch, künstlerisch-gestalterisch) ein. Die Förderung begabter Schüler erfolgt in speziellen Leistungs- oder Förderklassen, in Realschulen oder in Schulen mit gymnasialer Oberstufe bzw. Kollegschulen, die bis zur Allgemeinen Hochschulreife führen können. Die berufsbezogene Ausbildung wird entweder, sofern es die Hörschädigung zulässt, an allgemeinen Berufsschulen oder an zentralen Berufsschulen und Berufsbildungswerken für Hörgeschädigte durchgeführt.

2.3 Außerschulische Förderung

Neben den beschriebenen vorschulischen und schulischen Fördermaßnahmen lassen sich noch einige Aspekte der außerschulischen Förderung festhalten. So finden sich in einigen Städten in Deutschland Zentren für Hörgeschädigte, die sowohl der Kommunikation als auch der Bildung dienen. In ihnen werden spezielle Angebote für Hörgeschädigte zur Erwachsenenbildung dargeboten, aber auch vermehrt integrative Bemühungen unternommen, die eine gemeinsame Freizeitgestaltung mit Hörenden anstreben.

Des Weiteren bieten sich in zahlreichen öffentlichen Institutionen und Bildungseinrichtungen zunehmend Möglichkeiten für Hörgeschädigte, aktiv am dortigen Angebot teilhaben zu können. So verfügen heute viele Theater, Konzert- und Vortragsräume, die Volkshochschulen, Kirchen und Kinos über geeignete Verstärkeranlagen mit speziellen Anschlüssen, um auch Hörgeschädigten die Teilnahme an den Angeboten zu ermöglichen. Ebenso bieten die meisten Fernseh-

und Rundfunkanstalten eine Übertragung ihrer Sendungen auf induktivem Wege. Dennoch wurde in einigen Untersuchungen und Studien deutlich, dass derartige Angebote von den Betroffenen nur eingeschränkt wahrgenommen werden.
Viele Hörgeschädigte haben Probleme, sich in die Welt der Hörenden zu bege-
ben und dort ihre kommunikativ-sprachlichen Grenzen als Barrieren zu erleben.

3 Bewegung und Sport mit Gehörlosen und Schwerhörigen

3.1 Zielsetzungen im Sport mit Hörgeschädigten

Bewegungs-, spiel- und sportspezifische Maßnahmen mit Hörgeschädigten beeinflussen die Behinderung nicht direkt, sondern führen vielmehr zu psychoso-
zialen Veränderungs- und Bewältigungsprozessen. Dabei tragen sie einerseits
dazu bei, unmittelbare Auswirkungen und Folgen der Behinderung zu stabilisieren bzw. auszugleichen oder zu kompensieren. Andererseits streben sie danach,
ein gesundheitsbewusstes Verhalten zu entwickeln und Folgeschäden zu vermeiden. Die Maßnahmen verfolgen dementsprechend neben rehabilitativen auch
immer präventive Zielsetzungen (Kosel, 1990). Im Einzelnen lassen sich daraus
resultierend folgende Schwerpunkte ableiten und hervorheben (Kosel & Froböse, 1999):

1. Schaffung günstiger Voraussetzungen für eine natürliche Entwicklung der
   psychophysischen Fähigkeiten und Anlagen des hörgeschädigten Kindes im
   Vorschulalter. Unterstützung des Entwicklungsprozesses durch Bereitstel-
   lung ausreichender Bewegungsräume und behindertengerechten Spielzeugs
   sowie eine gezielte Anleitung der Eltern mit Hilfe geschulten Fachpersonals.

2. Aufholen von Entwicklungsrückständen, Ausgleichen von Haltungs- und Or-
   ganschäden im Schulalter. Durch vielfältige Bewegungsreize, die vor allem
   auch außerhalb des Schulsports in der Freizeit zu aktiver Betätigung anregen,
   soll die psychomotorische Leistungsfähigkeit der Kinder auf einen ihrem Alter entsprechenden Stand gebracht werden. Fehlhaltungen sind durch eine
   gezielte Ausgleichsgymnastik zu korrigieren. Über ein systematisches Herz-
   Kreislauf-Training können Organschwächen behoben werden.

3. Beheben von Koordinationsschwächen durch Gleichgewichts-, Reaktions-
   und Anpassungsübungen.

4. Schulung der Gesamtmotorik im Sinne der Rhythmisierung und Ökonomisierung der Bewegungen mit Hilfe des „Vibrationssinnes" bzw. durch propriozeptive Prozesse. Durch ständiges Üben wird eine rhythmische, in ihrem Ablauf freie und schwingende Bewegungsausführung angestrebt. Im Vordergrund steht dabei die rhythmische Bewegungserziehung unter Berücksichtigung propriozeptiver Wahrnehmung durch Stimulation des Vibrationssinnes bei Zuhilfenahme von verschiedenen Hilfsmitteln (Tamburin, Pauke, Klavier, Luftballon etc.). Der unangemessene Krafteinsatz bei der Lösung von Bewegungsaufgaben soll von einer zielgerichteten und ökonomischen Bewegungsweise abgelöst werden.

5. Regulation des Muskeltonus mit den Mitteln gymnastischer Entspannungs- und Lockerungsübungen. Evtl. Einführung von gezielten Entspannungstechniken, durch die eine Verringerung der motorischen Anspannung bewirkt werden kann.

6. Schulung der Raumwahrnehmung, einschließlich der Einordnung des eigenen Bewegungsverhaltens in die raum-zeitlichen Gegebenheiten, vor allem durch eine planmäßige Wahrnehmungsförderung im Spiel mit Partnern und Handgeräten. Im Besonderen gilt es, die visuelle Wahrnehmung sich bewegender Objekte und Personen sowie ein situationsgerechtes Bewegungsverhalten zu verbessern.

7. Entwicklung sportmotorischer Fertigkeiten und Hinführen zu den verschiedenen Sportspielen als Grundlage zur Anbahnung kommunikativer Bezüge zu Sportgruppen Nichtbehinderter.

8. Erziehung zu einer aufgabenbewussten Haltung mit Hilfe ansprechender Bewegungsaufgaben, die die aufmerksame Zuwendung über einen längeren Zeitraum binden. Abbau psychischer Verhaltensauffälligkeiten bei Kindern wie Ängstlichkeit, Unselbständigkeit und Gehemmtheit durch Vermittlung von Erfolgserlebnissen bei der Bewältigung von Bewegungsaufgaben.

9. Erhalt bzw. Erweiterung des Sprachschatzes und Verbesserung des Sprachverständnisses durch den Erwerb von Begriffen aus der Sportsprache, die beim Bewegungslernen assoziativ mit der Ausführung der entsprechenden Bewegungen verknüpft werden. Vermittlung von Sachwissen und Regelverständnis für die verschiedenen Sportdisziplinen und Spiele.

10. Unterstützen von Sozialisierungsprozessen durch gezielte Aufgabenstellung, deren Lösung vom gemeinsamen Tun im Miteinander von Partnern und Gruppenmitgliedern bestimmt wird. Bewahrung hörgeschädigter Erwachsener vor Isolierung durch Hinführen zu Sportgemeinschaften. Herbeiführen sportlicher Begegnungen auch mit Nichtbehinderten und damit Förderung der Integration.

Insgesamt sollen über die handelnde Auseinandersetzung mit Aufgaben, Geräten, Gegenständen und Medien sowie über die Hinwendung zu inneren Bedingungen und Prozessen im Rahmen von Bewegung, Spiel und Sport mit Hörgeschädigten gezielt ganzheitliche, die individuelle Persönlichkeit des Einzelnen berücksichtigende, Erlebnisse und Erfahrungen angeregt und vermittelt werden. Dies geschieht im Hinblick auf körperliche Funktionen und Prozesse und den Umgang mit dem eigenen Körper, auf die Bewältigung der räumlichen und materiellen Umwelt, sowie der motorischen Anforderungen und Beanspruchungen auf das Erleben und Gestalten sozialer Beziehungen und Prozesse. Auf diesem Wege sollen motorische Handlungsvoraussetzungen und überdauernde Wahrnehmungs-, Erlebens- und Verarbeitungsprozesse und damit Dispositionen für weitere Handlungen beeinflusst und verändert werden (vgl. Kosel, 1990).

3.2 Spezielle Schwerpunkte und Inhalte im Sport mit Gehörlosen

Da sich grundsätzlich kaum Einschränkungen bei der Auswahl von Bewegungs- und Sportaktivitäten ergeben, wollen wir im Folgenden nur auf die Schwerpunkte möglicher Sportangebote eingehen, die von allen Gehörlosen/Schwerhörigen betrieben werden können. Grundsätzlich gilt, dass derartige Maßnahmen und Angebote die Hörgeschädigten ein Leben lang begleiten sollen, wobei sich im Zusammenhang mit dem Grad und der Qualität der Schädigung sowie dem Zeitpunkt des Eintritts unterschiedliche Schwerpunkte ergeben. Besonders im Kindesalter steht zunächst die psychomotorische Förderung im Vordergrund, die der Entwicklungsförderung dient und gleichzeitig Fehlentwicklungen im körperlichen und psychomotorischen Bereich verhindern soll. Den Schwerpunkt während der Schulzeit sowie im Jugendalter bilden primär eine systematische Förderung der konditionellen Fähigkeiten sowie die Schaffung einer Bewegungserfahrung aus vielfältigen Sportaktivitäten. Diese sollten dabei immer in enger Verbindung zu der Vermittlung von begrifflichen Inhalten aus der Sportsprache stehen. Darüber hinaus wird dort auch der Rahmen für soziale Kompetenzen über gezielte gruppenintensive Spiel- und Sportprogramme gelegt. Im Erwachsenenalter sollen dann den individuellen Neigungen entsprechende Angebote zur überdauernden Aktivität offeriert werden. Diese sollen eine Entfaltung der Persönlichkeit des Hörgeschädigten ermöglichen und dabei den individuellen sozialen Bezügen entsprechen (Kosel, 1990).

So können die Inhalte insgesamt in zwei große, übergeordnete Schwerpunkte aufgeteilt werden, die einerseits unmittelbar am Defizit des Schadens ansetzen, andererseits zu einer Förderung der Wahrnehmung sowie der Vermittlung von vielfältigen Kenntnissen aus den verschiedensten Sportarten und Spielen führen.

3.2.1 Förderung der Wahrnehmung

Ausgehend von der Tatsache, dass die eingeschränkte Wahrnehmung die Auseinandersetzung mit der Umwelt und die Kontaktaufnahme erschwert und der Hörgeschädigte dadurch zu einem „Kommunikationsbehinderten" wird, strebt die Förderung der Wahrnehmung an, dieses Defizit zu kompensieren. Die Förderung der Wahrnehmungsleistungen ist dabei immer im engen Zusammenhang zum Bewegungshandeln zu sehen und führt zu einer Verbesserung der Raumorientierung und der Erschließung der Umwelt sowie des Selbst (Kosel & Froböse, 1999).

Das gesamte Wahrnehmungssystem, die so genannte Integrierte Wahrnehmung, ist bei Hörgeschädigten zuvor um die fehlende bzw. eingeschränkte Leistung des Hörsinnes beeinträchtigt. Jedoch besteht die Möglichkeit, dass dieses Defizit bis zu einem gewissen Grad von den übrigen Sinnesorganen kompensiert werden kann. Man spricht in diesem Zusammenhang nicht selten von dem so genannten „Sinnesvikariat", in dem Teilfunktionen/Funktionen durch intakte sensorische Strukturen übernommen bzw. ausgeglichen werden. Dabei erfahren der Gesichtssinn und der taktil-kinästhetische Sinn bei Hörgeschädigten eine besondere Bedeutung.

Der Vibrationssinn nimmt eine gewisse Sonderstellung ein, indem Schwingungen zwischen 16 und 800 Hz differenziert werden können und er das integrierte Wahrnehmungsgefüge der Betroffenen ergänzen kann.

Bei Hörgeschädigten ist die akustische Wahrnehmung gestört, die normalerweise Hintergrundinformationen über Zustände und Gegebenheiten außerhalb des Gesichtsfeldes liefert (natürlich ist, wie bereits beschrieben, die Aufnahme sprachlicher Informationen ebenfalls beeinträchtigt). Aus diesem Grunde nimmt die Förderung der visuellen und der taktil-kinästhetischen Wahrnehmung einen besonderen Platz ein. Die visuelle Wahrnehmungsförderung strebt vor allem eine Verbesserung von Wahrnehmungsleistungen wie Diskrimination, Interpretation, Identifikation und Integration an (Kosel, 1990).

Als Distanzsinn ist das Auge der führende Sinn bei der Erfassung von Räumlichkeiten sowie Eigen- und Fremdbewegungen. Darüber hinaus gewinnt der optische Analysator und somit die Entwicklung des Gesichtssinnes auch an Bedeutung in der Aufnahme und Deutung von Gebärden, Lippenbewegungen, Schriften und Bildern, die an die Stelle der Lautsprache treten bzw. diese ergänzen. Das Zusammenwirken und Verwerten/Bearbeiten der optischen Informationen und Wahrnehmungsinhalte lässt somit das visuelle System zu einer Führungsgröße des Bewegungsvollzuges werden.

Übungsprogramme und Übungsformen zur visuellen Wahrnehmungsförderung beziehen sich auf die perzeptiv/kognitive sowie psychosomatische Ebene. Im Einzelnen beinhalten sie (Kosel, 1990; Kosel & Froböse, 1999):

- Bewegungs- und Funktionsspiele
- Initiationsaufgaben und -spiele
- Rate- und Suchspiele
- an einem optischen Ziel orientierte Aufgaben (z.B. Zielwerfen, -rollen, -laufen, -springen)
- Seheindrücke (z.B. Arbeitskarten) erkennen und in Bewegung umsetzen
- Verbesserung der Auge-Hand-Koordination
- während der Eigenbewegung: Fremdbewegung beobachten
- optische Signale reaktionsschnell in abgesprochene oder selbstgewählte Bewegung umsetzen
- sich bewegende Objekte (z.B. Spielgeräte) erkennen und benennen
- Hindernisse erkennen und bewältigen
- visuelle Gedächtnisübungen
- Rückschlagspiele in überschaubaren Spielfeldern (z.B. Ball über die Schnur, Volleyball, Badminton, Tischtennis, Tennis).

Durch die Bewältigung von Bewegungsaufgaben lernen die Hörgeschädigten, optische Signale zu erkennen und zu verarbeiten, Bewegungsräume zu strukturieren und ihr eigenes Bewegungsverhalten situationsangemessen einzuordnen. Dabei werden gleichzeitig umfassende kognitive Prozesse in Gang gesetzt, die Handlungsstrukturen insgesamt positiv beeinflussen lassen.

Eine Förderung der auditiven Wahrnehmung ist vor allem bei Schwerhörigen, jedoch auch bei Gehörlosen angezeigt, dies besonders auch deswegen, weil nur ein relativ geringer Anteil aller Hörgeschädigten ohne nachweisbares Restgehör, also absolut ohne Höreindrücke ist. Daraus folgt, dass der Großteil der Betroffenen einem Hörtraining bzw. einer auditiven Wahrnehmungsschulung unterzogen werden kann. Dadurch soll der Hörgeschädigte lernen, seine Restfunktionen zu gebrauchen. Eine enge Beziehung zum so genannten Sprechtraining besteht daher unmittelbar.

Insgesamt kann davon ausgegangen werden, dass der Hörsinn über eine Aktivierung der Motorik, z.B. durch Laufen, Klatschen und Sprechen, ausgebildet werden kann. Rückkopplungsprozesse ermöglichen eine Wahrnehmung der eigenen Bewegung, können aber auch als Steuerungs- und Regelungsmechanismen der Motorik herangezogen werden.

Darüber hinaus besitzt das Hörtraining auch unter bewegungs-, spiel- und sportspezifischem Aspekt als so genanntes „umweltbezogenes Training" eine besondere Relevanz. Dabei soll den Hörgeschädigten soweit wie möglich die Welt der Klänge und Geräusche erschlossen werden. Nach Breiner (1982) weist das Hörtraining folgende Entwicklungsstufen auf:

- Wahrnehmung der Existenz eines akustischen Ereignisses
- grobe Unterscheidung extrem verschiedener Schallquellen
- feinere Unterscheidung sprachlicher Vorgänge.

Im Rahmen der Ausführung verschiedener Bewegungsaufgaben, Spiele und Sportarten können diese angeführten Aspekte unterschiedliche Bedeutung haben. Dabei bleibt natürlich noch zu erwähnen, dass diese Schulung immer unter Berücksichtigung des Resthörvermögens unter Ausnutzung bestmöglicher elektronischer Unterstützung durchgeführt werden muss. Als Beispiele einer Umsetzung in Bewegungs- bzw. Spielaktivitäten können angeführt werden (Kosel & Froböse, 1999):

- Wahrnehmen von Geräuschen bei gleichzeitiger visueller Erfassung der Geräuschquelle
- Wahrnehmen von Geräuschen außerhalb des Gesichtsfeldes, Lokalisieren der Geräusche
- Erzeugen unterschiedlicher Geräusche mittels Instrumenten (z.B. Trillerpfeife, Becken, Rasseln) und Tonträgern (z.B. Radio, CD), grobe Unterschiede feststellen und benennen können

- auf intensive Geräusche Bewegungen ausführen (z.B. Startschuss! – Starten!)
- Reaktionsspiele: verschiedenen akustischen Signalen abgesprochene Bewegungen zuordnen
- Bewegungen nach einfacher verbaler Information ausführen.

Einen weiteren bedeutsamen Aspekt der Wahrnehmungsförderung stellt die Schulung der taktil-kinästhetischen Wahrnehmung dar. Da die taktile und kinästhetische Informationsaufnahme und -verarbeitung nur schwer voneinander zu trennen sind, werden wir diesen Schwerpunkt gemeinsam behandeln. In das Erfassen von Objekten und Räumen gehen sowohl taktile als auch kinästhetische Informationen ein. Für das taktile Erfassen ist Bewegung notwendig, durch die erst Tasteindrücke sukzessiv aufgenommen, zu einem Ganzen zusammengefügt und strukturiert werden. Umgekehrt vermittelt uns jede Ausführung von Bewegungen zugleich auch taktile Informationen.

Gemeinsam mit der visuellen Wahrnehmung besitzt die taktil-kinästhetische Wahrnehmung wesentlichen Anteil an der Rückinformation über die Bewegungsausführung und dient somit gleichzeitig der Bewegungskontrolle. Dies ist für Hörgeschädigte bei solchen Bewegungsabläufen von Bedeutung, bei denen eine Rückkopplung normalerweise über auditive Informationen erfolgt (z.B. beim Hüpfen, Springen). Fehlende akustische Rückmeldungen müssen bei ihnen vor allem durch taktil-kinästhetische Informationen ersetzt werden. Dies kann erfolgen bspw. durch das Aufsetzen der Füße beim Hüpfen, wodurch unmittelbar Tasteindrücke vermittelt werden, sowie durch den unterschiedlichen Krafteinsatz beim Abdruck vom Boden bzw. bei der Landung.

Auch im Rahmen des Sprechens lernen hörgeschädigte Kinder, sich auf den Sprechvorgang zu konzentrieren, wobei der Motorik und der kinästhetischen Rückinformation eine wichtige Stützfunktion zufällt. Die besondere Wirksamkeit des Prozesses erfährt wiederum eine Bereicherung durch die rhythmisch-musikalische Erziehung bzw. auch durch gezielte gymnastische Übungsformen. Somit kann die taktil-kinästhetische Wahrnehmungsförderung auch zur Unterstützung des Sprechenlernens beitragen (Kosel, 1990). Dabei helfen Übungsformen, bei denen besonders Bewegungsqualitäten wie Rhythmus, Tempo, Fluss, Umfang und Stärke im Vordergrund stehen.

Einen Sonderfall der taktil-kinästhetischen Wahrnehmung repräsentiert die sogenannte Vibrationsrezeption. Diese baut auf der Erkenntnis auf, dass Luftschwingungen, die durch einen sich bewegenden oder bewegten Körper hervorgerufen werden, wahrgenommen werden können. Der physiologische Mechanismus des Vibrationssinnes ist noch nicht vollständig geklärt. Einerseits wird er als eine Form der Schallwahrnehmung angesehen, andererseits als eine taktile Empfindung in der Entwicklung zur Vorstufe des Gehörs. Die Differenzierungsempfindlichkeit der Vibrationsrezeption ist relativ gering.

Während bei Hörenden die Vibrationsempfindungen keine größere selbständige Bedeutung besitzen, haben eigene Untersuchungen gezeigt, dass besonders von Gehörlosen eine hohe Sensibilität des Vibrationssinnes erlangt werden kann. Mit seiner Hilfe können vielfältige Geräusche, wie z.B. das Sichnähern eines Lastwagens, musikalische Rhythmen, das Pulsieren und Anschwellen der Musik, erfasst werden und für das Verhalten bestimmend sein.

In bewegungs-, spiel- und sportbezogenen Lernprozessen können zur Erzeugung und Verstärkung von Luftschwingungen Schlaginstrumente (z.B. Pauke, Trommel, Tamburin) sowie auditive Informationsträger (z.B. Lautsprecherboxen) eingesetzt werden. Auch kann das Handauflegen auf Musikinstrumente (z.B. Klavier, Geige) das Aufnehmen von Vibrationsempfindungen erleichtern. Als zusätzliche Hilfe bzw. Verstärker haben sich einfache Resonanzkörper wie Luftballon, Tamburin, Holzkästchen u.a. bewährt. Damit können Hörgeschädigte recht einfach Rhythmen aufnehmen und in Bewegungen umsetzen. Umgekehrt kann, ausgehend von der Bewegung, der Bewegungsrhythmus aufgenommen und mittels Klatschen oder Trommeln weitergegeben werden. Dieser Prozess wird komplettiert durch rhythmisches Sprechen, so dass Rhythmus, Bewegung und Sprechen zu einer Einheit verschmelzen, in der sich die einzelnen Bedingungen gegenseitig beeinflussen. Zusätzlich können unter bestimmten Voraussetzungen (z.B. Schwingboden in der Turnhalle) Schwingungen während des Bewegungsvollzuges, wie bspw. Lauf- und Sprungrhythmen, wahrgenommen werden.

Diese Ausführungen dokumentieren den relativ engen Zusammenhang zwischen taktil-kinästhetischer Wahrnehmung und Vibrationsrezeption. Daher werden im Folgenden die Aspekte und Ziele zur Förderung beider Wahrnehmungsbereiche zusammengefasst. Im Einzelnen sind hier zu nennen (Kosel & Froböse, 1999):

- Erfahren unterschiedlicher Tasteindrücke von Eigen- und Fremdbewegungen
- Erfassen der Eigenschaften von Objekten durch tätigen Umgang mit ihnen
- Entwicklung des Raum-Zeitgefüges mittels unterschiedlicher Bewegungsaufgaben
- Unterscheiden verschiedener Bewegungsimpulse und Bewegungstempi sowie ihrer Auswirkungen

- Wahrnehmen von musikalischen Rhythmen sowie ihre Bewusstmachung und Übertragung auf Eigenbewegungen (z.b. Dreier-Rhythmus beim Korbleger im Basketball) bzw. in anderen sportmotorischen Handlungen (z.b. Anlaufrhythmus zu Sprüngen)
- Erleben sozialer Bezüge im gemeinsamen Üben von Partner- und Gruppenrhythmen.

Im Rahmen der Ausführung von Bewegung, Spiel und Sport lassen sich diese dargestellten Schwerpunkte beispielhaft wie folgt verwirklichen:

- Rhythmisch-musische Bewegungserziehung unter Ausnutzung der Vibrationsrezeption
- Erfahren von Gruppenrhythmen in Tanz und Bewegung
- spiel- und sportspezifische Fertigkeiten, besonders im Umgang mit Geräten
- Bewegungsaufgaben unter Berücksichtigung verschiedener Bewegungsimpulse, Dynamik und Tempi.

3.2.2 Sportarten und Spiele

Die Ausübung von Sportarten und Spielen ist bei Hörgeschädigten in der Regel nicht eingeschränkt. Eine Ausnahme bilden evtl. sportliche Aktivitäten, die im Einzelfall vom jeweiligen Facharzt aufgrund einer spezifischen Indikation untersagt werden. Da sich demnach keine grundsätzlichen Einschränkungen im Sporttreiben finden, gibt es auch keine spezifischen Sportarten und Spiele. Den Hörgeschädigten steht vielmehr eine weite Palette des Angebotes zur Verfügung, die letztlich nur durch Neigungen, Interessen und Motive des Einzelnen bestimmt wird; wie überhaupt die persönlichen Bedürfnisse ein bedeutsamer Indikator für die Auswahl der Sport- und Spielangebote sein müssen, weil man den Hörgeschädigten zu einem lebenslangen Sporttreiben führen möchte.

Sämtliche Sportarten werden nach den Regeln für Hörende durchgeführt, so dass wir uns in den Ausführungen auf einige wenige Hinweise beschränken können. Problematisch ist meist nur, dass notwendige Anweisungen und Kommandos, die normalerweise akustisch abgegeben werden (z.B. Startkommandos, Anweisungen/Unterbrechungen des Schiedsrichters im Spiel, Hinweise von Trainern während des Spiels) in optische Signale transformiert werden müssen. Daraus können sich manchmal Spielverzögerungen ergeben, die aber bei einer abgestimmten Routine leicht vermieden werden können.

Da sich aus der Beschreibung des psychomotorischen Verhaltensprofils ergeben hat, dass sich bei nicht ausreichender Förderung koordinative Schwächen und Störungen ergeben können, wollen wir uns speziell dem Bereich der Gymnastik zuwenden. Dadurch lassen sich gezielt mögliche Defizite angehen und Entwicklungsrückstände, die sich sekundär aus der Hörschädigung ergeben können, vermeiden oder aufholen bzw. kompensieren.

Koordinative Fähigkeiten werden vordringlich in der Auseinandersetzung mit der materiellen, raum-zeitlichen und personalen Umwelt stabilisiert und gefördert. Hierbei kommen vorwiegend die Prinzipien der Variation und Kombination von Übungen zur Anwendung. Dementsprechend kann sich die Einflussnahme auf die koordinativen Fähigkeiten über vielfältige Bewegungsformen und Fertigkeiten vollziehen (Kosel & Froböse, 1999):

- Schulung einzelner Faktoren der Koordination, wie räumlicher Orientierungsfähigkeit, taktil-kinästhetischer sowie visueller Differenzierungsfähigkeit, Reaktionsfähigkeit, Rhythmisierungsfähigkeit und Gleichgewichtsfähigkeit
- Maßnahmen der Haltungsschulung
- Bewegungserziehung im Sinne einer Ökonomisierung von Bewegungsabläufen
- spiel- und sportspezifische Fertigkeiten, besonders aus den Bereichen der Rückschlagspiele, darstellenden Spielen sowie von Gymnastik und Tanz, Schwimmen, Leichtathletik, Geräteturnen, Winter- und Wassersport
- Umgang und Beherrschung von bzw. die Anpassung an verschiedene Materialien, Geräte, Medien (Wasser, Schnee), Schlaginstrumente, Musik u.a.
- Anpassung an bzw. Abstimmung, Kooperation mit einem Partner oder einer Gruppe.

Einen relativ breiten Raum sollte in diesem Zusammenhang die Rhythmikschulung und -erziehung einnehmen. Durch sie soll die Einheit von Sprechen, Sprachrhythmus und Bewegung erlangt werden. Entsprechend der unterschiedlichen Ansätze erstreckt sie sich über die Bereiche der

1. rhythmisch-musikalischen Erziehung: Rhythmik in der Bewegungserziehung
2. sprachlich-rhythmischen Erziehung: Rhythmik in der Sprach- und Sprecherziehung
3. rhythmisch-musikalischen Erziehung: Rhythmik im Musikunterricht.

Da insgesamt, wie einleitend beschrieben, keine spezifischen Sportarten oder Spiele für Hörgeschädigte zur Anwendung gelangen, wollen wir an dieser Stelle noch einige kurze Hinweise zu Besonderheiten bei der Ausübung von Sportarten und Spielen bei Hörgeschädigten anführen.

Im Schwimmen und Geräteturnen bestehen grundsätzlich keine besonderen Bedingungen für Hörgeschädigte. Gegenüber früheren Meinungen sind die Betroffenen durchweg gute Schwimmer, weshalb sie auch alle Schwimmtechniken schnell beherrschen lernen. Beim Geräteturnen sollte darauf geachtet werden, dass schnelle Abfolgen von Drehungen um die Längs- oder Breitenachse (z.B. Rollen oder Umschwünge) vermieden werden, da dadurch Störungen in der Orientierung auftreten können. Sofern keine zusätzliche Schädigung vorliegt und der Facharzt es nicht verbietet, können Hörgeschädigte somit schwimmen und turnen und es zu einem recht hohen Niveau bringen.

Vergleichbares gilt so auch für die leichtathletischen Disziplinen. Zu beachten ist dabei nur, dass die Durchführung von Läufen am besten mittels optischer Signalgebung erfolgt. Hierzu muss sich der Starter im Blickfeld der Sportler befinden und schräg vor ihnen stehen.

Durch Transformieren akustischer Zeichen in optische Signale kann im Spiel/in den Sportspielen eine Verständigung zwischen Trainer, Schiedsrichter und den Spielern erreicht werden. Wichtig ist daher auch, dass die Mannschaften eindeutig zu kennzeichnen sind. Bei der Einführung und Durchführung von Sportspielen sind vermehrt abgesprochene Zeichensymbole zu nutzen. Als besonders geeignet haben sich die sogenannten Rückschlagspiele (Badminton, Volleyball, Tennis, Tischtennis, Völkerball, Ball über die Schnur u.a.) erwiesen, da sich die Mannschaften in deutlich voneinander abgegrenzten Spielfeldern befinden. Eine solche Spielfeldaufteilung erleichtert dem Hörgeschädigten die räumliche Orientierung, die Spielübersicht und das Zusammenspiel mit den Mitspielern.

3.3   Sportdidaktische Maßnahmen

Aus der Beschreibung des psychomotorischen Verhaltensprofils Hörgeschädigter sowie aus der Darstellung bewegungs- und sportspezifischer Inhalte und Schwerpunkte resultieren unmittelbar spezielle sportdidaktische Maßnahmen. Dieses gilt es zu berücksichtigen, will man den individuellen Voraussetzungen, Anforderungen und Bedingungen der Hörgeschädigten gerecht werden. In diesem Zusammenhang ergeben sich spezielle Besonderheiten zum motorischen

Lernprozess der Gehörlosen und Schwerhörigen sowie zur Anwendung adäquater methodischer Verfahren und Maßnahmen. Die im Unterschied zu Vollsinnigen methodischen Charakteristika sollen in den folgenden Abschnitten besprochen werden.

3.3.1 Bewegungslernen mit Hörgeschädigten

Für das Bewegungslernen ist die Aufnahme von Informationen, ihre Verarbeitung und die Umsetzung in die Bewegungshandlung von grundlegender Bedeutung. Mit der Einschränkung des Gehörs bzw. mit seinem Ausfall können akustische Informationen nur sehr dürftig oder gar nicht aufgenommen werden. Dementsprechend ist der motorische Lernprozess auf diese Grundbedingung abzustimmen.

Nach Meinel (1987) vollzieht sich das Bewegungslernen in drei Phasen:

1. Lernphase: Entwicklung der Grobkoordination
2. Lernphase: Entwicklung der Feinkoordination
3. Lernphase: Stabilisierung der Feinkoordination und Entwicklung der variablen Verfügbarkeit.

Im Zuge der ersten Lernphase soll der Lernende das Lernziel erfassen und den Bewegungsablauf in der Grobkoordination ausführen können. Das Erfassen des Lernzieles geschieht zumeist optisch durch eine Bewegungsdemonstration in Verbindung mit der Formatierung erster wichtiger Begriffe (schriftlich und sprachlich). Dadurch wird dem Hörgeschädigten ein erster, aber meist noch recht diffuser Eindruck von dem zu erlernenden Bewegungsablauf vermittelt. Sofern dieser nicht zu komplex ist, sind die Hörgeschädigten in der Regel in der Lage, den demonstrierten Bewegungsablauf nachzuvollziehen. Eine Verbindung der Bewegungsaufgabe mit der dazugehörigen begrifflichen Beziehung zielt darauf ab, dass der Übende weiß, was für eine Übung er ausführt, und zum anderen soll dadurch das Bewegungsgedächtnis unterstützt werden. Besonders bei differenzierten Bewegungsabläufen, bei denen sich dazu noch die Lage des Körpers verändert (z.B. Rotationsbewegungen im Geräteturnen), sind anfangs Bewegungshilfen zur Unterstützung der Bewegungsausführung notwendig und sinnvoll. Dadurch wird den Hörgeschädigten die Orientierung erleichtert und zugleich werden ihnen erste kinästhetische Informationen der Zielbewegung vermittelt.

Da auch bei Vollsinnigen in der ersten Lernphase die optische Information überwiegt, gelingt es den Hörgeschädigten meist relativ schnell, den zu erlernenden Bewegungsablauf in der Grobform auszuführen. Wesentlich schwieriger gestaltet sich dagegen die Entwicklung der Feinkoordination im Verlauf der zweiten Lernphase. Aufgrund eines eingeschränkten Sprachverständnisses sind sowohl die differenzierte Erfassung einzelner Bewegungsteile/-segmente als auch die Ausbildung einer präzisen Bewegungsvorstellung erschwert. Daher muss in dieser Phase auf andere Kommunikationsmedien zurückgegriffen werden, die die Feinheiten der Bewegung deutlich machen und auch als wichtige Korrekturhilfen fungieren können. Hier haben sich vor allem differenzierende visuelle Informationen, wie z.B. Strichzeichnungen, bewährt, in denen die wichtigen Phasen eines Bewegungsablaufes pointiert dargestellt werden. Die Sprache unterstützt zwar hierbei die bildliche Darstellung, kann jedoch nur relativ unzureichend zur analytischen Bewegungsbeschreibung und Bewegungskorrektur herangezogen werden. Besondere Bedeutung fällt in diesem Lernabschnitt der kinästhetischen Wahrnehmungskomponente zu. Hohe Übungsfrequenzen führen zur Differenzierung und Ausprägung der kinästhetischen Empfindungen; der Hörgeschädigte bekommt allmählich das richtige „Gefühl" für die Bewegung. Deshalb empfiehlt sich auch in dieser Lernphase, sofern notwendig, die Anwendung von Bewegungshilfen. Aufgrund der angeführten Schwierigkeiten in der differenzierten Auseinandersetzung mit der Bewegung kann besonders die zweite Lernphase einer zeitlichen Verzögerung unterliegen. Dies bedeutet aber auch gleichzeitig, dass Hörgeschädigte durchaus in der Lage sind, diesen Abschnitt zu durchlaufen und sportmotorische Fertigkeiten im Sinne einer gut koordinierten Bewegungsausführung zu erlernen.

Häufiges Üben bei ständiger Bewegungskorrektur führt in der dritten Lernphase allmählich zur Stabilisierung der Feinkoordination. Dabei ist der Hörgeschädigte weiterhin zur Kontrolle und Regulierung des Bewegungsablaufes im Wesentlichen auf optische Informationen angewiesen. Daher ist die Ausbildung des Bewegungssehens eine wichtige Grundlage zur bewussten Erfassung des Bewegungsablaufes; dies um so mehr, da eine ausgeprägte Verbindung von Bewegungsempfinden und Sprache nur begrenzt möglich ist. In die Bewegungsvorstellung der Hörgeschädigten gehen vor allem optische Eindrücke ein. Wie groß letztlich der Anteil an Bewegungsempfindungen ist, lässt sich nur schwer bestimmen, da darüber nur relativ dürftige Aussagen zu erhalten sind. Es ist daher anzunehmen, dass der Entwurf eines Handlungsplanes und die Bewegungsantizipation wesentlich von bildhaften Vorstellungen bestimmt werden. Dennoch wird diese dritte Lernphase, wenn auch zeitlich verzögert, durchlaufen werden können, so dass die Hörgeschädigten den erlernten Bewegungsablauf auch in unterschiedlichen Situationen verfügbar haben. Eine Einschränkung erfährt die Verfügbarkeit nur in solchen Situationen, in denen die räumliche Ein- bzw. Zuordnung einer Bewegung an akustische Signale gebunden ist und nicht durch andere Sinne kompensiert werden kann.

3.3.2 Methodische Verfahren

Im Lernprozess von Bewegungs-, Spiel- und Sportaktivitäten werden planmäßige Lehrweisen zur Erlangung eines spezifischen Lernzieles eingesetzt. Es findet sich eine Reihe von Lehrverfahren (induktives, deduktives Verfahren; Ganzheitsmethode, Teillern-Methode u.a.), auf die an dieser Stelle nicht im Einzelnen eingegangen werden soll. Vielmehr muss der Frage nachgegangen werden, ob im Sport mit Hörgeschädigten eine der Methoden bevorzugt zur Anwendung gelangen sollte.

Die bisherigen Ausführungen zu den primären und sekundären Auswirkungen einer Hörschädigung haben gezeigt, welche Dominanz optische Informationen und somit die visuelle Wahrnehmung für das Bewegungsverhalten der Betroffenen haben. Das visuelle System ist daher als ganzheitliches Wahrnehmungsorgan zu verstehen, welches quasi „auf einen Blick" die Dimensionen eines Raumes und die sich in ihm befindlichen Objekte erfassen lässt. Auf die gleiche Art und Weise erhält der Übende im Sport einen ersten umfassenden Eindruck von einem gesehenen Bewegungsablauf, der zuvor noch relativ wenig strukturiert und differenziert ist, jedoch in seinen wesentlichen Merkmalen erkannt wird. Im vorausgegangenen Abschnitt werden jene Probleme und Schwierigkeiten aufgezeigt, die sich bei Hörgeschädigten im Rahmen der Vermittlung verbaler Informationen zur Erlangung der Feinkoordination einer Bewegung ergeben können. Vergleichbare Probleme stellen sich bei der Beschreibung einer Bewegungsaufgabe. Den Hörgeschädigten fällt es nicht nur schwer, eine verbal gestellte Aufgabe zu erfassen, sondern auch einen entsprechenden Bewegungsplan zur Lösung der Aufgabe zu entwerfen. Demgegenüber kann mit Hilfe der Bewegungsdemonstration relativ leicht ein Lernziel vorgegeben werden. Eine erste Vorstellung des zu erlernenden Bewegungsablaufes wird dann beispielsweise durch Zeichnungen/Bilder in Verbindung mit der jeweiligen sprachlichen Bezeichnung präzisiert und in der Realisation durch unterstützende Maßnahmen (z.B. Bewegungshilfen) zur Vermittlung kinästhetischer Empfindungen ausdifferenziert.

Aus diesem Gesagten und unter Berücksichtigung der Dominanz des visuellen Analysators kann gefolgert werden, dass die Auffassungsweise der Hörgeschädigten primär ganzheitlich angelegt ist. Dementsprechend empfiehlt es sich , das Lernziel in seiner Komplexität zu präsentieren, woraus sich ableiten lässt, dass die sogenannte Ganzheitsmethode zur Anwendung gelangt. Sollte es sich jedoch um sehr schwierige, komplexe Bewegungsabläufe handeln, dann sind diese in sogenannten „Teilganze" zu zergliedern. Diese sollten zunächst für sich geübt und dann in den gesamten Bewegungskomplex eingefügt werden (Kosel & Froböse, 1999).

3.3.3 Methodische Maßnahmen

Wie schon mehrfach beschrieben, steht im Mittelpunkt der methodischen Maßnahmen im Sport mit Hörgeschädigten die Bewegungsdemonstration, weil sie exakt den Ressourcen der Betroffenen entspricht. Durch sie wird zu Beginn eines Lernprozesses mit Hilfe optischer Informationen das Lernziel vermittelt. Im weiteren Verlauf des Lernprozesses können für die Verbesserung der Bewegungsausführung wichtige Phasen des Bewegungsablaufes in der Bewegungsdemonstration besonders hervorgehoben werden. Dabei sollte die Demonstration derart erfolgen, dass die Übenden sie auch nachvollziehen können. Die Hörgeschädigten müssen dabei erkennen können, worauf es bei der Ausführung ankommt. Dadurch empfiehlt es sich, besonders zu Beginn, wichtige Abschnitte pointiert zu präsentieren. Eine perfekte Bewegungsdemonstration lässt dies nicht immer deutlich genug erkennen. Ergänzend zur Demonstration einer Bewegung können weitere optische Informationsträger, wie z.B. Zeichnungen, Bildreihen, Videos etc., die Entwicklung einer Bewegungsvorstellung sinnvoll unterstützen.

Darüber hinaus ist besonders bei Hörgeschädigten eine frühzeitige Integration kinästhetischer Wahrnehmungsprozesse in den Lernablauf notwendig. Diese kann den Hörgeschädigten eine Informationsquelle zur Orientierung sein sowie das Fehlen sprachlicher Informationen teilweise ausgleichen. Hierzu empfiehlt sich die Auswertung von Bewegungshilfen im Sinne der Einführung in den Bewegungsablauf. Zusätzlich dient die Bewegungshilfe der Sicherung vor Unfällen.

Die verbale/sprachliche Information kann bei Hörgeschädigten meist zwar nur eingeschränkt angewandt werden, dennoch sollte sie in jedem Fall genutzt werden. Wenn auch im Rahmen von Bewegungsanweisung und -korrektur Sprachvermittlung und Sprachverständnis erschwert sind, so bilden sie dennoch in Kombination mit der Bewegungsdemonstration eine wertvolle Unterstützung des Lernprozesses, besonders der Bewusstmachung und Merkfähigkeit von Bewegungen.

Häufig ist zu beobachten, dass vollsinnige Gruppenleiter Hörgeschädigten gegenüber das Sprechen vernachlässigen. Dabei benehmen sie sich so, als ob sie selbst nicht im Vollbesitz der Sprache sind. Eine Sportstunde verläuft dann ausschließlich auf der Ebene des Vor- und Nachmachens, ohne dass der Übende erfährt, was er eigentlich für Tätigkeiten ausführt. Eine Bewusstseinsbildung (Bewegungsdenken) über Planung, Ausführung und Kontrolle von Bewegungen ist aber ohne ein Minimum an sprachlichem Verständnis kaum denkbar. Die Verbalinformation muss daher sinnvoll in die Gestaltung einer Sportstunde eingeplant werden und so das Sprachverständnis der Hörgeschädigten fördern und ihren Sprachschatz erweitern. Speziell die Verbindung von anschaulichen Tätigkeiten im Sport mit abstrakten Begriffen bietet hierzu eine hervorragende Möglichkeit. Hörgeschädigte, die zum bloßen Nachahmen angehalten werden, sind im Sport zu geistlosen Tätigkeiten verurteilt. Nicht zuletzt aus Respekt vor der Persönlichkeit der Hörgeschädigten sollten daher sprachliche Informationen zum allgegenwärtigen Bestandteil einer jeden Sportstunde gehören.

4   Literatur

Breiner, H. (1982). Erarbeitung der äußeren Seite der Sprache und kommunikative Hilfsmittel. In H. Jussen & O. Kröhnert (Hrsg.), *Handbuch der Sonderpädagogik, Bd. 3. Pädagogik der Gehörlosen und Schwerhörigen* (S. 141-163). Berlin.

Davis, E. & Silverman, S. R. (Eds). *Hearing and Deafness.* New York 1970.

Jussen, H. & Kröhnert, O. (Hrsg.). (1982). *Handbuch der Sonderpädagogik, Bd. 3. Pädagogik der Gehörlosen und Schwerhörigen.* Berlin.

Kosel, H. (1990). Hörschädigungen. In Bundesminister für Arbeit und Sozialordnung (Hrsg.), *Bewegung, Spiel und Sport mit Behinderten und von Behinderung Bedrohten. Indikationskatalog und Methodenmanual. Bd. 3.* (S. 861-889). Bonn.

Kosel, H. & Froböse, I. (1999). *Rehabilitations- und Behindertensport. Körper- und Sinnesbehinderte.* München.

Kotonski-Immig, M. (1994). *Sportbezogene Freizeitinteressen und sportmotorische Entwicklung hörgeschädigter Jungen und Mädchen. Eine Querschnittsstudie bei schwerhörigen und gehörlosen Schülern und Schülerinnen im Alter von 10-18 Jahren.* Dissertation, Deutsche Sporthochschule Köln.

Krüger, M. (1982a). Sonderpädagogische Grundfragen. Der Personenkreis. In H. Jussen & O. Kröhnert (Hrsg.), *Handbuch der Sonderpädagogik, Bd. 3. Pädagogik der Gehörlosen und Schwerhörigen* (S. 3-26). Berlin.

Krüger, M. (1982b). Erziehung und Unterricht mehrfachbehinderter Gehörloser und Schwerhöriger. In H. Jussen & O. Kröhnert (Hrsg.), *Handbuch der Sonderpädagogik, Bd. 3. Pädagogik der Gehörlosen und Schwerhörigen* (S. 473-482). Berlin.

Meinel, K. (1987). *Bewegungslehre. Abriss einer Theorie der sportlichen Motorik unter pädagogischem Aspekt.* Berlin (Ost).

Myklebust, H. R. (1964). *The Psychology of Deafness.* New York.

Schilling, F. & Kiphard, E. J. (1974). *Körperkoordinationstest für Kinder (KTK).* Weinheim.

Hans-Georg Scherer & Hermann Herwig

Wege zu Bewegung, Spiel und Sport für blinde und sehbehinderte Menschen

1 Anthropologische Perspektiven: Bilder vom Menschen und vom Sport

Die Betrachtung von Bewegung, Spiel und Sport für sehgeschädigte Menschen[1] aus anthropologischer Sicht legt einen leib- und bewegungsanthropologischen Angang des Problems nahe. Spielen doch Leiblichkeit und Bewegung nach allgemeiner Auffassung bei der Welterschließung blinder Menschen eine besondere, ja oft mystifizierte Rolle, denkt man etwa an besondere Wahrnehmungsfähigkeiten und Sensibilitäten, die Blinden landläufig unterstellt werden. Dass Bewegung und Wahrnehmung bei blinden und sehbehinderten Menschen in einem spezifischen Verhältnis stehen und von spezifischer Bedeutung für die Entwicklung Heranwachsender sind, ist geradezu evident und Gegenstand zahlreicher wissenschaftlicher Studien. Wenn wir trotz dieser hervorgehobenen Bedeutung die Problematik nicht über die leib- und bewegungsanthropologische Perspektive angehen wollen, so deshalb, weil uns zunächst eine anthropologische Beleuchtung der Behinderung geboten scheint. Es soll hier nicht um die Bedeutung von Leiblichkeit und Bewegung im Allgemeinen gehen, sondern im Vordergrund soll vielmehr die Spezifik des Zugangs sehgeschädigter Menschen zur sportlichen Bewegung stehen, welcher allgemeine Momente von Leiblichkeit und Bewegung immer auch enthält.

1.1 Verschränkte Sport- und Menschenbilder

Dieser sportbezogene Zugang ist geprägt von Bildern des blinden bzw. sehbehinderten Menschen und ist damit durchwirkt von anthropologischen Vorannahmen und Normen (vgl. Meinberg, 1988). Diese liegen längst nicht immer offen und sind den Betroffenen nur selten bewusst. Dies gilt generell für den Sport und ist keineswegs ein Spezifikum des Behindertensports. Dort erhalten aber solche implizit-anthropologischen Prämissen besondere Brisanz, weil man hier von einem besonderen Sport für besondere Menschen ausgeht. Die Beziehung von Mensch und Sport ist vom Aspekt des Besonderen geprägt und ist damit sehr sensibel für die jeweiligen Bilder vom behinderten Menschen und auch vom Sport. Dabei sind Menschen-(bzw. Behinderten-)Bild und Sport in komplementärer Weise betroffen. Hat man z.B. vom blinden Menschen das Bild eines Defizitwesens, so werden damit nicht nur dem blinden Menschen (Un-) Fähigkeiten, (Un-)Möglichkeiten und Rollen bzw. Rollenausschlüsse zugewiesen.

---

[1] „Sehgeschädigt" fungiert als Oberbegriff für blind und sehbehindert.

Vielmehr werden damit auch mögliche Funktionen des Sports ein- und ausgegrenzt; im gegebenen Fall könnte dem Sport eine Defizit kompensierende Funktion zugewiesen werden und manche Sportarten wären aus dem Möglichkeitsspektrum damit bereits ausgeschlossen. Menschenbilder sind ebenso wie Sportbegriffe immer historisch geprägt und sind Spiegelbilder gesellschaftlicher Werte, Einstellungen und Strömungen. Ihre Wurzeln sind verflochten und reichen oft weit in die Geschichte zurück.[2] Erst ihre Freilegung vermag auch den Blick für pädagogische und soziale Funktionen von Bewegung, Spiel und Sport zu schärfen, was im Folgenden anhand dreier authentischer Beispiele verdeutlicht werden soll.

(1) Im Alltag ist häufig eine große, dem jeweiligen Problem eher unangemessene Hilfsbereitschaft gegenüber sehgeschädigten Menschen zu beobachten. Gleiches gilt für Sport, der sich in der Öffentlichkeit abspielt, z.B. das Skifahren. Ist eine anfängliche Kontaktscheu beim Lifteinstieg erst überwunden, ist der sehende Skitourist meist so fürsorglich um den blinden Skifahrer bemüht, als würde er ihm kaum etwas zutrauen. Man könnte die bekannte Tendenz zur Überbehütung behinderter Menschen vermuten, wäre da nicht anschließend die anteilnehmende Bemerkung zu einem Betreuer, dass es einem gut tut, wenn man diesen armen behinderten Jugendlichen helfen kann und dass die Bewegungsfreude beim Skifahren diesen sicherlich ein wenig über ihr hartes Schicksal hinweghilft. Diese Bemerkung führt nun eher auf die Spur des ins Mittelalter zurückreichenden christlichen Mitleidsethos: Dort ist Mitleid Bestandteil praktizierter Nächstenliebe im Sinne von Barmherzigkeit und impliziert immer auch die gute Tat. Und diese gute Tat läutert auch den Helfenden selbst. So kann die Hilfe beim Lifteinstieg auch ein wenig das eigene Gewissen erleichtern und dumpfe Schuldgefühle gegenüber Behinderten reduzieren helfen.

(2) Schwerer schon sind die Verknüpfungen von Sport- und Menschenbild bei dem eigentlich aufgeschlossenen und interessierten Sportlehrer aus der Regelschule zu entflechten. Trotz seiner positiven Einstellung gegenüber dem Sehgeschädigtensport empfindet er beim Besuch eines Behindertensportfestes ein gewisses Befremden und Unbehagen. Kollidiert hier u.U. die Leistungsbezogenheit des Wettkampfsports mit der tendenziellen Leistungsneutralität des gesellschaftlich dominanten Behindertenstereotyps? Dieses klammert bekanntlich behinderte Menschen von leistungsnormierten Rollen aus und taxiert ihre Leistungen jenseits allgemein gültiger Normen (vgl. Thimm, 1971). Erfolg wie Misser-

---

[2] Zu einer ideengeschichtlichen Analyse solcher Traditionen vgl. Moser (1995).

folg, Positiv- wie Negativurteile kehren immer den Status der Behinderung hervor (vgl. Weinläder, 1976): Erfolg wird mit besonderer Begabung erklärt (z.b. beim Schifahren: „Die haben ein besonderes Gefühl …"), Misserfolg dagegen mit zu großer Aufgabenschwierigkeit für einen blinden Menschen. Beide Seiten des Behindertenstereotyps lassen eine „normale" Einschätzung der Leistung nicht zu. Vielleicht kollidiert bei diesem Sportlehrer aber auch das mit dem Sport verknüpfte Bild des perfektionierten Körpers mit dem sichtbaren Bild des Handicaps. Gerade der moderne Sport fungiert ja als medial geschickt inszenierte Metapher für Fitness, Gesundheit und Machbarkeit, für schöne schlank-starke Körper und für ein makelloses lächend-entschlossenes Antlitz. Wie soll mit dieser Ideologie überzeitlicher Jugendlichkeit, Schönheit und Unversehrtheit ein von Sehschädigung gezeichnetes Gesicht harmonieren, wird dieses doch als Zeichen bedrohlicher Nicht-Machbarkeit und als Störung der liebgewonnenen Schönheits-Fata Morgana wahrgenommen?!

(3) Subtil verflochten sind die Menschenbildspuren auch in professionellen Entwürfen der Beziehung von Sehschädigung und Sport. So etwa, wenn ein Rehabilitationstrainer den überflüssigen und nutzlosen Lustsportarten, die immer stärker Einzug an Sehgeschädigtenschulen halten, die Wirksamkeit und den Nutzen spezifischer Wahrnehmungs- und Bewegungsförderung entgegenhält; oder wenn sportdidaktische Entwürfe von einer „apriorischen" Machbarkeitsklausel ausgehen, die sich in dem gängigen Satz verkörpert: Sportarten, die für Blinde und Sehbehinderte geeignet sind, werden an deren Möglichkeiten angepasst. Sucht man in diesen Positionen implizite Wert- und Normmuster, so lassen sich in der Argumentation des Rehabilitationstrainers unschwer Spuren eines utilitaristischen Menschen- und Weltbildes finden, das in die Zeit der Aufklärung zurückreicht. In diesem Bild ist nur das Nützliche wertvoll, und der Mensch hat selbst für Staat und Gemeinschaft nützlich zu sein, was – in grausamer Konsequenz – letztlich auch die Frage nach dem Lebensrecht des Unnützen ermöglichte. Auch hinter dem wiederholt kritisch diskutierten Bemühen, behinderte Menschen möglichst in den Arbeitsmarkt zu integrieren, dürfte nicht nur das Ideal einer Sinnstiftung durch Arbeit stehen, sondern auch das Bestreben, Behinderte zu etwas gesellschaftlich Nützlichem zu befähigen. Vice versa müssen Beschäftigungen und Investitionen eines behinderten Menschen selbst im Sinne dieses übergeordneten Nutzens nützlich sein.

Anhand der „Machbarkeitsklausel" lässt sich eine weitere und weitverbreitete implizite Norm freilegen, die in Verschränkung mit der Nützlichkeitsnorm eine wichtige Säule pädagogischer Argumentation im Sehgeschädigtensport bildet. In sie geht zwingend der gesellschaftlich gegebene und institutionalisierte Sport als Norm und Normalitätsmaßstab ein. Die Differenz des Machbaren zu dieser Norm, das Nicht-Machbare, weist dann zugleich die Defizite des sehgeschädigten Adressaten und die Notwendigkeit besonderer Förderung aus. Dieses implizite Defizitbild des sehgeschädigten Menschen wurde seinerseits, wenn auch ungewollt, auf der Wissenschaftsebene in vielfältiger Weise durch Forschungen gestützt und gefördert. Zahllose Studien konzentrieren sich auf die differenzielle Analyse von Wahrnehmungs-, Bewegungs- und kognitiven Leistungen sowie deren Entwicklung im Vergleich sehender, sehbehinderter und blinder Populationen (vgl. zusammenfassend Warren, 1984). Die häufig mit unvaliden Methoden und Tests gefundenen Gruppendifferenzen werden in der Regel als Defizite Sehgeschädigter ausgewiesen, die es in pädagogischen und therapeutischen Maßnahmen abzubauen und zu kompensieren gilt. Damit erhalten Bewegung und Sport ihre Funktion im Rahmen von Erziehung und Förderung sehgeschädigter Menschen, und in dieser Funktionszuweisung verschränkt sich das Defizitbild mit der Nützlichkeitsnorm: Sport hat nützlich zu sein für eine Defizitkompensation.

Nicht von ungefähr nehmen rehabilitative und kompensatorische Aufgaben der Bewegungs- und Sporterziehung – z.B. Abbau von Koordinationsschwächen und Fehlhaltungen, Ausgleich psychomotorischer Entwicklungsrückstände und physischer Schwächen, Wahrnehmungs-, Orientierungs- und Mobilitätsschulung usw. – in den Zielkatalogen der einschlägigen Literatur zur Sehgeschädigten-Sportdidaktik eine zentrale Stellung ein (z.B. Kosel, 1981; Scherer, 1983). Auch soziale Defizite gilt es auszugleichen, indem der Sport die soziale Integration fördern soll. Angesichts so vielfältiger Aufgaben und Erwartungen bezeichnet Zimmer (1996) den Sport als pädagogisch-therapeutisches „Breitbandantibiotikum". Es dominiert ein funktionalistischer Sportbegriff, in dem Bewegung und Sport der Kompensation und Rehabilitation dienen. Ohne die Legitimität eines funktionalistischen Sports generell in Frage stellen zu wollen, greift er doch in der charakterisierten Form in pädagogischer Hinsicht sowohl vom Menschenbild als auch vom Sportbegriff her gesehen zu kurz.

1.2   Zum Bild des sehgeschädigten Menschen

Das Defizitbild der Behinderung ist eine Variante differenzierender (und letztlich desintegrierender) „Menschenbilder", die nicht vom Fokus Mensch und den Merkmalen des Mensch-Seins ausgehen, sondern vom Fokus Behinderung und den abweichenden Merkmalen vom „normalen" Mensch-Sein (vgl. Goll, 1995, S. 80 ff.). Dieses Defizitbild verfehlt die Subjektivität des sehgeschädigten Menschen gleich auf doppelte Weise. Zum Ersten generalisiert es, sobald es in einen sozialen bzw. pädagogischen Kontext eingebracht wird, einen partikular-analytischen Zugang zu spezifischen Aspekten des Menschen, in unserem Fall des Sehvermögens, auf den Menschen als Ganzen. Dabei abstrahiert es von anderen Aspekten des Menschlichen und von den bei weitem überwiegenden Gemeinsamkeiten behinderter und nicht-behinderter Menschen. Diese Generalisierung kommt ja auch in der Sprache zum Ausdruck („der Blinde"). Welcher Teufelskreis damit in Gang gesetzt wird, lässt eine Mahnung von Karl Jaspers erahnen: „Verabsolutierung eines immer partikularen Erkennens zum Ganzen einer Menschenkenntnis führt zur Verwahrlosung des Menschenbildes. Die Verwahrlosung des Menschenbildes aber führt zur Verwahrlosung des Menschen selber. Denn das Bild des Menschen, das wir für wahr halten, wird selbst ein Faktor unseres Lebens." (Jaspers, 1948, S. 50; zitiert nach Meinberg, 1988, S. 318). Diese Fähigkeit von Menschenbildern kommt in gesellschaftlichen Behindertenstereotypen deutlich zum Ausdruck. Konsequenz generalisierender Interaktion aufseiten des behinderten Menschen ist eine Selbstentfremdung von seiner personalen Identität, von seinem ihm eigenen „So-Sein" (vgl. auch Speck, 1987, S. 165 ff.). Er kann sein Selbst nicht in seiner Ganzheit und Originalität in den Interaktionsprozess einbringen.

Zum Zweiten kann dieses „So-Sein" des sehgeschädigten Menschen von einem partikularen und per Begriff ex negativo operierenden Defizitbild gar nicht erfasst werden. Denn es wird von dem ausgegangen, was fehlt und zu kompensieren ist, es wird nicht ausgegangen vom Vorhandenen, von Fähigkeiten und Möglichkeiten der Welterschließung. Blindheit und Sehbehinderung können von dieser Position aus nicht als in sich vollständige und sinnvolle Existenzformen, nicht als ganzheitliche und „eigen-artige" Formen des „Zur-Welt-Seins" verstanden werden. Es wird übersehen, dass sich mit der Änderung einer menschlichen Teilfunktion, hier der Wahrnehmung, das Ganze ändert. Bei Sehschädigung vollzieht sich ein systemischer Funktionswandel im Sinne der Erhaltung des Funktionsganzen, nämlich der Erhaltung von menschlicher Handlungsfähigkeit (vgl. Speck, 1987, S. 69 ff. und S. 170 ff.). Deshalb sind die Anpassungen in der psychischen Organisation bei Sehbehinderung und Blindheit nicht als Defizite und Behinderungen, sondern als spezifische Ermöglichung von Weltbezügen zu begreifen. Und diese gilt es pädagogisch zu unterstützen und zu optimieren.

Damit gelangt man zu einem positiv gefassten Bild des behinderten Menschen im Rahmen eines allgemeinen, egalitären Menschenbildes, in dem auch „Behinderung" ihren Platz findet (vgl. Goll, 1995, S. 84 f.; Speck, 1987, S. 189 ff.). Es ist das Bild des autonomen, handlungsfähigen, weltoffenen und in dieser Offenheit wirklichkeitskonstruierenden Menschen, dessen Dasein, Werden und Wirken ein sinnstiftendes Zur-Welt-Sein ist. Und dieses Bild besitzt ohne jede Einschränkung auch für blinde und sehbehinderte Menschen Gültigkeit. Unter pädagogischer Perspektive ist der Aspekt der Autonomie besonders zu beachten. Damit ist weder soziale Autonomie gemeint noch erkenntnismäßiger Solipsismus, sondern die Tatsache, dass der Mensch ein selbstreferentielles, autopoietisches System ist, das keinen direkten Zugang zur objektiven Welt hat, sondern diesen in Korrespondenz zur Realität über sein kognitives System konstruiert und damit Wirklichkeit aktiv erzeugt (vgl. Watzlawick, 1994). Schon aus diesem Grunde ist das Bild des behinderten und defizitären Handelns und Wahrnehmens bei Sehschädigung obsolet. Die auf Basis je gegebener leiblicher, psychischer und sozialer Erschließungsmöglichkeiten konstruierten Wirklichkeiten sind zwar unterschiedlich, aber alle gleich „wahr" und „objektiv". Letztlich sind alle, gemessen an der uns nicht zugänglichen objektiven Realität, „defizitär". Keine Sicht kann für sich objektive Welterfahrung und Wahrheit beanspruchen. Auch dies gehört zur Rede der Anthropologie vom Menschen als einem Mängelwesen.

Für Entwicklung und Lernen bedeutet Autopoiesis, dass sie sich immer in Rückbezug und Differenzierung vorhandener Strukturen (Selbstreferenz) vollziehen. Lernen und Entwicklung sind evolutive, systemdynamische Prozesse, bei denen das „System Mensch" ständig fortschreitet und sich weiter entfaltet. Aufgrund seiner Autonomie kann sich der Mensch in diesem Entfaltungsprozess nur selbst über sich selbst hinaus in „die Zone der nächsten Entwicklung" (Wygotzki, 1972) entwerfen.[3] Dieses Menschenbild ist von weitreichender pädagogischer und didaktisch-methodischer Bedeutung. Erziehung und Lehren haben die prinzipielle Autonomie und Selbstbestimmung zu respektieren und können lediglich die „Selbstentwicklung" (Speck, 1987, S. 210) und das Lernen helfend und assistierend unterstützen und fördern. Sie können aber nie direkt manipulierend eingreifen und die Autonomie des Lernenden und zu Erziehenden hintergehen. Es liegt daher nahe, Lern- und Entwicklungsprozesse über geeignete Inter-

---

[3] Man kann dies auch als „Selbsttranszendenz" bezeichnen, die auf der Fähigkeit basiert „ ... durch die Vorgänge des Lernens (...) kreativ über die eigenen physischen und geistigen Grenzen hinauszugreifen" (Capra, 1985, S. 298, zit. nach Speck, 1987, S. 210).

aktions-, Handlungs- und Lernfelder anzuregen, zu strukturieren und zu fördern, in denen der Lernende ein förderliches Milieu und Strukturierungshilfen für seine Lern- und Entwicklungsprozesse findet und ihm zugleich Gestaltungsräume für aktive und selbstbestimmte Auseinandersetzung bleiben. Solche Felder lassen sich in ganz unterschiedlichen Kontexten und auf unterschiedlichen Ebenen anlegen. In unserem Zusammenhang kommt diese Feldkonzeption hinsichtlich der Integrationsfrage in Form von Interaktionsfeldern und auf der didaktischen Vermittlungsebene in Form von Lern- und Erfahrungsfeldern zum Tragen.

1.3 Zur Integrationsfrage

In der Blinden- und Sehbehindertenpädagogik wird der Sport mit weit gehenden Integrationsaufgaben belegt. Es wird erwartet oder zumindest erhofft, dass der Sport etwas zur sozialen Integration der sehgeschädigten Klientel beitragen könne, wobei mit sozialer Integration in der Regel gemeint ist, dass die Eingliederung der sehgeschädigten Adressaten in die Gesellschaft der Sehenden, die ja auch meist die Urheber integrativer Maßnahmen ist, gefördert wird. Diese Erwartungen bleiben jedoch eher undifferenziert, und es bleibt offen, welcher Sport unter welchen Bedingungen zu welcher Art von Integration taugt.

Eine Prüfung von Normen und Fakten dürfte jedoch zu einer Relativierung des Integrationsanspruchs führen. Da ist zunächst die Tatsache in Rechnung zu stellen, dass selbst bei einer Verwirklichung von sozialer Integration in Ausschnitten des gesellschaftlichen Subsystems Sport dies kaum von hoher gesamtsystemischer Relevanz sein dürfte. Im Alltag wie im Beruf bleiben sehgeschädigte Menschen weiterhin mit den von Behindertenstereotypen geprägten, überwiegend isolierenden Strukturen, Einstellungen und Handlungen ihrer sehenden Mitwelt konfrontiert. Massiv auch sind die sozialisierenden Wirkungen des sog. „blindness-systems", in das ja gerade blinde Heranwachsende nahezu total involviert sind. Frühfördereinrichtungen, Schule, Internat, Mobilitätstraining, Training lebenspraktischer Fertigkeiten, Hilfsmitteltraining, Hörbibliotheken, Fahrdienste, Werkstätten und Betriebe und viele andere Dienste der Blindenselbsthilfeorganisationen binden den blinden Heranwachsenden permanent an eine Sonderwelt. Das gesamte Norm- und Wertgefüge sehgeschädigter Heranwachsender wird, wie gezeigt werden konnte (vgl. Thimm, 1985), in erheblicher Weise durch das „blindness-system" gefärbt. In Interaktion mit den Blindheitsstereotypien der sehenden Welt führt dies zu divergierenden Strukturierungen sozialer Situationen durch Sehende und Sehgeschädigte. Davon bleiben auch sportliche Interaktionsfelder nicht ausgenommen, diese jedoch bieten Möglichkeiten der Veränderung.

Sicherlich ließen sich weitere integrationslimitierende Faktoren anführen. Eine wesentliche Limitierung liegt im Anspruch eines Konzepts, das sich auf den Aspekt der sozialen Integration beschränkt, selbst, insbesondere dann, wenn es sich um sog. Integrationssport handelt. Denn Integrationssport ist per se eine Sonderinstitution, die Normalität verhindert und mit einem egalitären Menschenbild kollidiert. Er besondert sehgeschädigte wie sehende Teilnehmer gleichermaßen und grenzt sie vom „normalen" Sport aus. Nicht Bewegung, Spiel und Sport stehen im Vordergrund, sondern eine Integrationsnorm. Integrationssport als Sondereinrichtung schließt seinerseits diejenigen behinderten Sportinteressenten aus, die diese Form organisierter Integration nicht mögen. Ihnen bleibt dann nur die Alternative des klassischen Behindertensports, so dass sie letztlich nur die Wahl zwischen zwei Sondereinrichtungen haben. Hier sind Alternativen gefragt, die mehr Offenheit und Normalität gewährleisten und dem Autonomiepostulat des Menschenbildes ebenso gerecht werden können wie der Feststellung, dass ein egalitäres Menschenbild nur in einem offenen Sport für alle Platz finden kann.

Darüber hinaus ist die Norm der sozialen Integration grundsätzlich zu relativieren. Da ist zunächst festzustellen, dass soziale Integration immer zeitlich, räumlich und – selbstredend – auch sozial begrenzt ist und nie universal sein kann. Jeder Mensch ist in unterschiedlichen gesellschaftlichen Bereichen je unterschiedlich integriert. Insofern ist eine Universalisierung der Integrationsnorm für behinderte Menschen ideologisch und fern „normaler" Wirklichkeit. Auf der anderen Seite wird der Integrationsbegriff mit der Fokussierung nur in seiner sozialen Dimension verkürzt, denn diese ist nur ein Teil bzw. eine Konsequenz eines umfassenderen Wert- und Normgefüges. Integration muss aber auch letzteren Aspekt berücksichtigen: Es geht immer auch um die Integration in gesellschaftliche Wert- und Normgefüge und um Handlungsfähigkeit in Bezug auf diese.

Die Bedeutung dieser Integrationsdimension für sehgeschädigte Edukanden wird durch die erwähnten Forschungsresultate von Thimm (1985) nachhaltig unterstrichen. Auch aus dieser Sicht ist der Schaffung einer weiteren Sondereinrichtung des Integrationssports mit Skepsis zu begegnen. Und die Teilhabe am Sport ist auch unter diesem Aspekt zu bewerten. Ein blinder Wettkampfsportler z.B. integriert sich, auch wenn er seinen Sport segregiert betreibt, in das Wert-

und Normgefüge des Leistungssports und lernt den Umgang mit einer gesell-schaftlich hochgeschätzten Facette des Sports. Dort kann er auch, zumindest zeitweise, der erwähnten Leistungsneutralität des Behindertenstereotyps entge-hen und für sich und andere einen lebendigen Gegenentwurf zu diesem Stereo-typ etablieren. Dies ist eine für das Selbstkonzept wie für die gesellschaftliche Anerkennung nicht unerhebliche Erfahrung. So wie der Behindertenwett-kampfsport klassische, von der Aufklärung geprägte Werte der Leistungsgesell-schaft verkörpert, so atmen die Varianten des modernen Trendsports den Geist des postmodernen Wertewandels (vgl. Digel, 1986; Schwier, 1994). Rehabilita-tiv-kompensatorische ebenso wie sozialintegrative Ansätze des Sports greifen hier zu kurz und blenden die Breite des gesellschaftlichen Sportbegriffs, die sich in ganz unterschiedlichen „Sport- und Bewegungswelten" äußert (vgl. Heine-mann, 1986), ebenso aus wie die damit verknüpften Wertsysteme und Chancen der Selbstverwirklichung.

Die Integration in den, im und durch den Sport ist nach dem oben Gesagten un-ter den normativen Richtwert eines egalitären Menschenbildes zu stellen. Es sind Sportangebote zu schaffen, die auch sehgeschädigten und anderen be-hinderten Menschen offen stehen und gemeinsames Sporttreiben ermöglichen, es aber nicht vorschreiben. Auch die Integration im und durch Sport hat die Au-tonomie, Freiheit und Selbstverantwortlichkeit aller Beteiligten zu respektieren. Solche integrativen Sportangebote müssen nicht unbedingt neu geschaffen wer-den, sondern können durchaus durch Öffnung bereits vorhandener Institutionen und Angebote entstehen. Nach dem Gesagten ist Letzteres sogar zu favorisieren, weil hier der Status der Sondereinrichtung eher vermieden werden kann. Aus-gangs- und Zielgröße solcher Angebote sind Bewegung, Spiel und Sport, dem-zufolge führen sie diese auch in ihrem Titel und nicht die Integrationsabsicht, die sich mit dem Angebot verbindet. Über den Sport entstehen themenzentrierte Interaktionsfelder. Die Interaktionspartner werden über ihre gemeinsamen Sportinteressen zusammengeführt, und im Mittelpunkt ihrer Kontakte steht – zumindest zunächst – die Ausübung ihres Sports. Ob die Teilnehmer blind, se-hend oder sehbehindert sind, ist erst einmal sekundär, ebenso die Frage, ob die Sportausübung selbst integriert erfolgt oder teilintegriert mit einem speziell aus-gebildeten Partner im Rahmen einer Gruppe. Relevanz erhalten diese Faktoren erst mit den konkreten sportlichen Aufgaben, die sich dann je anders, aber im-mer als von allen Beteiligten gemeinsam zu lösende, stellen.

So steht die Gruppe, die eine Bergtour mit einem blinden Partner in Angriff nimmt, vor einer gemeinsam zu lösenden sportlichen Aufgabe, die für alle Teilnehmer eine andere darstellt als die gleiche Tour, bei der der blinde Partner mit einem eigenen Führer mitgeht. Ebenso sind sehbehinderte Skianfänger, die im Rahmen einer Gruppenfreizeit eine eigene kleine Lerngruppe unter Anleitung eines speziell ausgebildeten Skilehrers bilden, nicht weniger integriert als die fortgeschrittene blinde Teilnehmerin, die sich einer Skigruppe mit sehenden Partnern anschließt. Welche Konstellationen zustande kommen, welche Aufgaben sich stellen und wie Probleme gelöst werden, hängt allein von den Möglichkeiten und Bedürfnissen der Beteiligten und den gegebenen Rahmenbedingungen ab. Geeignet für solche offenen sportbezogenen Interaktionsfelder sind alle Sportbereiche, die entsprechende Interaktionsspielräume besitzen bzw. zulassen. Besonderes günstige Bedingungen bietet der Freizeit- und Urlaubssport, der zugleich Zugänge zu attraktiven Facetten der gesellschaftlichen Sportkultur öffnet, die sehgeschädigten Menschen bisher meist vorenthalten waren. Unsere langjährigen und vielgestaltigen Erfahrungen zeigen, dass sich in ganz unterschiedlichen Sportbereichen solche Strukturen entwickeln und dauerhaft stabilisieren lassen (vgl. Herwig, 1990; Scherer, 1997). Voraussetzung dafür ist allerdings eine Öffnung von Vereinen für diese Aufgaben und ihre gezielte Kooperation mit Einrichtungen und Vertretern des Blinden- und Sehbehinderten-Bildungswesens.

Sportbezogene Interaktionsfelder integrieren über gemeinsame Aufgaben und Lösungen im sportlichen Handeln, nicht auf dem Wege eines Integrationsverdikts. Der Integrationsprozess ist dabei kein einseitiger, nur auf den sehgeschädigten Teilnehmer bezogener, sondern schließt alle Beteiligten ein. Diese Form des integrativen Sports nimmt sowohl den Sport ernst als auch die Würde und Gleichberechtigung von sehgeschädigten wie sehenden Akteuren. In diesem Ansatz gibt es weder Instrumentalisierungsmuster – der Sport ist zentraler Gegenstand und nicht bloßes Integrationswerkzeug – noch Integrationsgefälle zwischen integrierten Sehenden und zu integrierenden Sehgeschädigten. Auf diesem Wege können – auch dies zeigen unsere praktischen Erfahrungen – für sehbehinderte und blinde Menschen vernetzte sportliche Interaktionsfelder entstehen, die die Basis von Normalisierung und Integration zu bilden vermögen (vgl. Bietz, Schmidt & Scherer, 1997).

2 Bewegungspädagogische Perspektiven: Entwicklungsförderung durch Bewegung und Orientierung im Handlungsfeld Sport

Der Vermittlung von Bewegung, Spiel und Sport im Rahmen von Bildung und Erziehung kommt eine doppelte Aufgabe zu: Es ist zum einen die Aufgabe, die lebenslange Entwicklung durch geeignete Bewegungsangebote zu fördern und zu begleiten, zum anderen die Aufgabe, sehgeschädigten Menschen eine Orientierung im Handlungsfeld Sport und Bewegung zu ermöglichen. Beiden Aufgaben kann eine Bewegungspädagogik durchaus in enger Verknüpfung nachkommen. Die traditionelle Dichotomisierung in Psychomotorik, in der dem Bewegen eher instrumentell-therapeutische Funktionen zukommen, auf der einen und Sporterziehung auf der anderen Seite ist bei entsprechender Fassung des Bewegungskonzepts zu überwinden.

2.1 Entwicklungsförderung

Für die Bewegungserziehung blinder und sehbehinderter Heranwachsender stellen sich sowohl allgemeine als auch spezifische Entwicklungsaufgaben. Die allgemeinen Aufgaben sind identisch mit denen, die auch bei Sehenden gegeben sind. Aufgrund der umfassenden Bedeutung von Körper und Bewegung für alle Entwicklungsdimensionen im Kindesalter bildet die Bewegungssozialisation die Grundlage nicht nur der Bewegungs- und Wahrnehmungsentwicklung, sondern auch der materialen Erfahrung, des emotionalen Grundvertrauens, der Intelligenz und der sozialen Kompetenz (vgl. Balz et al., 1997; Fischer, 1996). Einschlägige Studien zeigen, dass veränderte Bedingungen und Qualitäten der Bewegungssozialisation von Kindern und Jugendlichen in jüngerer Zeit ernst zu nehmende Folgen zeitigen. Auf der einen Seite ein Mangel an grundlegenden Bewegungserfahrungen, authentischen Bewegungserlebnissen und materialer Erfahrung, reduzierte Eroberung von Räumen, eingeschränkte Spielmöglichkeiten und Reduzierung direkter sozialer Kontakte, auf der anderen Seite Zunahme an Medienkonsum, technisierten Handlungen und virtueller Erfahrung führen offenbar zu einschneidenden Veränderungen in der Bewegungs- und Wahrnehmungsentwicklung, zu gesundheitlichen Problemen, aber auch zu Folgen hinsichtlich der kognitiven und sozialen Kompetenzen (vgl. Kahl, 1992; Kunz, 1993; Prohl, 1994; Schmidt, 1998). In Anbetracht der spezifischen Bedeutung der Bewegung für jegliche Welterfahrung bei blinden und sehbehinderten Heranwachsenden ist hier noch mit einer Verschärfung ohnehin bestehender Entwicklungsprobleme zu rechnen, und Blinden- und Sehbehindertenpädagogen berichten über die zunehmende Evidenz eines allgemeinen Bewegungs- und Erfahrungsmangels.

Wie Schwier (1995) in seinen eingehenden biographischen Untersuchungen von Spiel- und Bewegungskarrieren sehgeschädigter Kinder und Jugendlicher belegen konnte, spielen die Bedingungen der kindlichen Bewegungssozialisation eine wesentliche und prägende Rolle für die spätere Bewegungs- und Sportkarriere und die damit verbundene Möglichkeit des Aufbaus entsprechender Bewegungs- und Wahrnehmungs-, aber auch Denk- und Bewertungsschemata. Von fast ausschlaggebender Bedeutung ist dabei die Integration in nachbarschaftliche Spielgemeinschaften mit sehenden Kindern, die insbesondere durch sehende Geschwister und einen nicht überbehütenden Erziehungsstil der Eltern gefördert wird. Die Teilhabe am Spiel mit sehenden Nachbarskindern fördert das raumerschließende und -strukturierende Sich-Bewegen im Wohnumfeld und den Aufbau eigenständiger Bewegungsaktivitäten. Sie „ ...vermittelt einerseits unmittelbare körperbetonte Wirksamkeitserfahrungen, von denen positive Effekte auf das eigene Selbstbild ausgehen und stimuliert andererseits eine Erweiterung des Bewegungsrepertoires, den Aufbau einer sicheren Orientierung im öffentlichen Nahraum sowie eine Bereitschaft zum Vorstoßen in die Grenzbereiche der eigenen Handlungsfähigkeiten." (Schwier, 1995, S. 225). Das Spiel mit sehenden Gleichaltrigen provoziert vielfältige Bewegungs- und Erfahrungsanlässe durch deren Verhaltensweisen, die die Aufmerksamkeit der sehgeschädigten Kinder oft überhaupt erst auf unbekannte Handlungsgelegenheiten lenken. Diese Integration ist damit eine wichtige „Brücke zur Welt" (ebd., S. 225). Die frühen Erfahrungen bilden eine stabile Basis einer positiven Bewegungskarriere und späterer sportiver Praxen im Jugendalter sowohl im informellen Sport als auch im integrativen Freizeitsport und im Behinderten-Leistungssport. Im Jugendalter ist „Sportivität" ein wichtiges Kriterium von Identitätsbildung und sozialer Anerkennung in den Peer Groups, das seine hohe Wertschätzung bei den sehgeschädigten Jugendlichen auch daraus bezieht, dass es im offiziellen „Blindness-System" weitgehend ausgeblendet wird. Hohe Attraktivität besitzen für die sportaktiven Jugendlichen daher auch Freizeit- und Trendsportarten. Da diese im Trend gesellschaftlicher Körper- und Bewegungskultur liegen, bieten sie neben der Möglichkeit der Erweiterung des Bewegungsrepertoires und neben ihrem Erlebniswert auch Integrationschancen (s.o.). Aber auch die eher sportabstinenten Jugendlichen – deren reservierte Haltung gegenüber dem Sport sich, einem negativen Spiegelbild gleich, ebenfalls als Bewegungskarriere bis in die frühe Kindheit zurückverfolgen lässt und dort ihren Ausgang in einer Separierung

vom Spiel der Gleichaltrigen nimmt – werden durch solche Sportarten angesprochen. Im „Blindness-System" und im klassischen Schulsport wird dagegen
das Fehlen attraktiver Bewegungsangebote, werden unzureichende Anforderungen, Problemlosigkeit und Erlebnisarmut des defizitorientierten Sports kritisiert.
Auch der Leistungssport wird von den sportaktiven Jugendlichen als Möglichkeit der Selbstverwirklichung und als Lebensstilelement geschätzt. Im Leistungssport wird darüber hinaus ein Gegenbild zum gesellschaftlichen Stereotyp
des „leistungsschwachen" Blinden aufgebaut, und der sportive Körper fungiert
als Gegenentwurf zum „behinderten" Körper.

Der Zusammenhang, der in der Untersuchung von Schwier zwischen früher Bewegungssozialisation, späterer Sportaktivität und entsprechendem Bewegungs-
und Erfahrungsrepertoire sichtbar wird, ließ sich auch in unseren Studien zum
Bewegungslernen (vgl. Bietz & Scherer, 1996) und zur Raumwahrnehmung
(vgl. Scherer, 1996) rekonstruieren und bestätigte sich auch bei der Evaluation
von Sportangeboten (vgl. Herwig, 1990/91; Scherer, 1990). Personen mit bewe-
gungsintensiver Sozialisation zeigen signifikant bessere Leistungen beim Neu-
lernen und elaboriertere Strategien der Raumwahrnehmung. Bei der Evaluation
eines Schulskikurses inklusive einer vorbereitenden Skigymnastik ergaben sich
signifikante Verbesserungen der koordinativen und teilweise auch konditionellen Fähigkeiten. Auch psychische Variablen und Einstellungen zeigen eine positive Entwicklung (vgl. Scherer, 1990, S. 279 ff.).

Die vorliegenden Befunde sprechen dafür, dass sich die Bewegungs- und Wahrnehmungsentwicklung ebenso wie die emotionale und die Selbstkonzeptentwicklung durch Bewegung, Spiel und Sport nicht unwesentlich fördern lassen.
Dazu bedarf es offenbar nicht so sehr spezifischer, defizitkompensierender Re-
habilitationsmaßnahmen als vielmehr der möglichst frühen und vielseitigen Auseinandersetzung mit spielerischen und sportlichen Bewegungsaufgaben. Diese
sind Basis und Motor der Entwicklungsförderung auf sensomotorischer, kognitiver und emotionaler Ebene und können – bei entsprechend attraktivem Angebot – zugleich sportbezogene Interessen und Motive wecken. So können sie im
Rahmen von Erziehung und Bildung auch eine Orientierung im Handlungsfeld
Sport ermöglichen. Die Befunde stützen die These, dass Entwicklungsförderung
und spielerisch-sportliches Handeln eine dialektische Einheit bilden.

2.2 Orientierung im Handlungsfeld Sport und Bewegungskultur

Aufgrund der dynamischen Differenzierung und Pluralisierung von Sport und Bewegungskultur dürfte es gerade für sehgeschädigte Menschen schwierig sein, in diesem Handlungsfeld eine Orientierung zu gewinnen. Zu vielfältig sind die Sinnbezirke, zu unterschiedlich ihre kulturelle Herkunft und Tradition, zu differenziert die Bewegungsformen und gesellschaftlichen Inszenierungen, und zu dynamisch ist der Veränderungsprozess, das Kommen und Gehen von Bewegungstrends und -moden. Dieser Prozess stellt dem klassisch-leistungs-sportlichen Muster viele Alternativen zur Seite und relativiert dessen Bedeutung. Es konstituieren sich disperse Sport- und Bewegungswelten, die untereinander kaum noch in Kontakt stehen. Heinemann (1986) bündelt die Vielfalt neben dem klassischen Wettkampfsport in die Kategorien des instrumentellen, des expressiven, des meditativen und des Show-Sports. Können sich sehende Sportinteressenten durch das umfangreiche Angebot der visuellen Medien zumindest oberflächliche Eindrücke verschaffen – wenn auch keine Handlungsfähigkeit erlangen –, so sind sehgeschädigte Menschen verstärkt auf das eigene aktive Tun und die Handlungserfahrung verwiesen. Da sich damit nicht annähernd auch nur die zentralen Facetten der Bewegungskultur erschließen lassen, stellt sich für die Pädagogik des Sehgeschädigtensports die Aufgabe, repräsentative Erfahrungen und Könnensmuster zu vermitteln. Will man dabei weder in traditionalistischer Position verharren noch blindem Aktualismus anheim fallen, bedarf es der Verankerung von Tradition und Trends in einem umfassenderen Bewegungskonzept. Dazu muss auf didaktischer Ebene die Vielfalt sportiver Praxen zu kategorial-exemplarischen Themen gebündelt werden. Solche thematischen Zuschnitte, die in der Sportpädagogik in jüngerer Zeit wiederholt diskutiert worden sind (z.B. Kurz, 1998; Marburger Sportpädagogen, 1998), zeichnen sich durch zwei im gegebenen Zusammenhang relevante Merkmale aus:

- Erstens bilden sie nicht die Erscheinungsformen der bewegungskulturellen Oberfläche ab, sondern sind nach elementaren Sinnbezirken strukturiert, die diesen Sportformen zugrunde liegen. Solche können z.B. „Spielen", „Kämpfen", „Rollen und Gleiten", „Laufen, Springen, Werfen", „Balancieren und Klettern", „Bewegen im Wasser", „Bewegen auf Eis und Schnee" usw. sein. Solche Themen lassen sich über je spezifische Sinn- und Bedeutungszusammenhänge, Anforderungsprofile, Umweltbezüge und Erlebnis- und Erfahrungsgehalte der Bewegung charakterisieren und von anderen Themen abgrenzen.

• Zweitens zeichnen sich solche Themen durch eine gewisse Offenheit und durch Gestaltungsspielräume aus. Bewegungsthemen legen weder bestimmte Bewegungsaufgaben noch deren technische Lösungen fest. Vielmehr gilt es, diese im gegebenen thematischen Rahmen zu finden oder zu konstruieren. Themen gilt es zu bearbeiten, Sinn gilt es rekonstruierend zu erschließen bzw. über sinnverwirklichende Aufgaben konstruktiv zu setzen. Bewegungen als konkrete Lösungen erhalten ihre Bedeutung erst im gegebenen Sinnrahmen und sind auf diesen hin zu entwerfen. Bewegungsthemen gewährleisten somit eine große Flexibilität bzgl. konkreter Umsetzungen und lassen ein breites Spektrum individueller Möglichkeiten, so dass auch blinde und sehbehinderte Adressaten ihre Handlungspotentiale themengerecht einbringen und weiterentwickeln können.

Hinsichtlich der pädagogischen Aufgabe der Orientierung im Handlungsfeld Sport und Bewegungskultur eröffnet dieser (re)konstruktiv-genetische Charakter einer themenorientierten Vermittlung Einblicke in die Konstitution des Sports. Dessen soziale Konstruiertheit kann in der mehrschichtigen Verknüpfung von Norm-, Sinn-, Aufgaben- und Bewegungsebene transparent werden, und im Erwerb von Können und Wissen können somit die Konstruktionsregeln des Sports durchdrungen werden. Bewegungskulturelle Handlungskompetenz ist dann als Bildungsziel durch die Fähigkeit zu kennzeichnen, sich bewegungskulturelle Handlungsfelder mit unterschiedlichen Wertbasen und Sinnmustern immer wieder kritisch-konstruktiv erschließen zu können. Vor allem für blinde Menschen schließt eine solche Handlungskompetenz immer auch das Wissen um mögliche Zugänge zum gesellschaftlichen Sport ein, um sportliche Handlungsfelder gemeinsam mit anderen auftun zu können. Für den Schulsport bedeutet dies, dass er sich der außerschulischen Körper- und Bewegungskultur öffnen und in dieser verankern muss. Entsprechende Angebote außerhalb der Schule sollten zumindest exemplarisch aufgesucht werden. Keineswegs kann das Bildungsziel einer bewegungskulturellen Kompetenz mit der Forderung nach sportlicher „Autarkie" Blinder in Verbindung gebracht werden dergestalt, dass bevorzugt solcher Sport vermittelt werden sollte, der später selbständig ausgeübt werden kann. Dies würde, wie oben ausgeführt, Autonomie ebenso missverstehen wie den Sport mit seinen integrativen Möglichkeiten. Sollen die sportpädagogischen Aufgaben der Förderung und Orientierung eine dialektische Einheit bilden, bedarf es eines beide Seiten tragenden Sport- und Bewegungskonzepts.

2.3 Sportliches Sich-Bewegen im pädagogischen Kontext

Aus der Erörterung von Entwicklungsaufgaben schlossen wir, dass spezifische Entwicklungsreize nicht notwendig über je spezifische Funktionsübungen anzusteuern sind, z.b. ein Sinnes- und Orientierungstraining durch Übungen zur Tast- und Gehörschulung oder eine Verbesserung der Koordination durch Übungen zur Extremitäten- und Gesamtkörperkoordination (vgl. Scherer, 1985, S. 194 f.), sondern dass allgemein spielerisch-sportliches Sich-Bewegen, zumindest im Kindesalter, solche Förderzwecke erfüllen kann. Es soll nun in exemplarischer Analyse aufgespürt werden, was denn der Kern spielerischen und sportlichen Bewegens ist, der es für pädagogische Zwecke wertvoll macht.

Das Beispiel des Balancierens soll den Blick zunächst auf Wert- und Sinnperspektiven des Sich-Bewegens lenken. Für Kinder scheint jegliches Spiel mit dem Gleichgewicht eine faszinierende und aufregende Sache zu sein. Das Thema des Gleichgewichtgewinnens, -erhaltens und -verlierens wird ständig variiert und ausgebaut, und das Balancieren gehört zum Grundrepertoire des Bewegens von Kindern. Balancierend treten Kinder in den Dialog mit ihrer materialen und sozialen Umwelt, und die Weltbeziehungen nehmen unmittelbar im praktischen Tun Gestalt an (vgl. Tamboer, 1979). In dieser dialogischen Beziehung wird die Umwelt nach den ihr innewohnenden Bewegungsmöglichkeiten befragt, werden Aktionen an gegebene Bedingungen angepasst, Bewegungen wie Umwelt verändert und umgedeutet usw. Am Balancieren reizt auch die Dialektik des Spiels. Man gibt das Gleichgewicht auf, um es zugleich zu erhalten. Nur das, was man nicht sicher besitzt, was auf dem Spiel steht, kann man gewinnen. Im Bogen zwischen Verlust und Gewinn liegt die Spannung, die innere Dynamik und die Offenheit des Ausgangs. Verliert das Spiel mit dem Gleichgewicht an Spannung, weil kein Verlust mehr droht, so sind schnell neue Situationen und erschwerende Regeln gefunden, um den Reiz des Spiels wieder herzustellen. Bei all dem erfahren Kinder etwas über die Welt wie über sich selbst, ihre Möglichkeiten und Grenzen. Tamboer (1979) spricht von „Weltverstehen in Aktion".

All dies ereignet sich sozusagen „nebenher", ist nicht intendiert und eher Folge des Tuns denn Zweck desselben. Die produktiven Momente sind in der Freude an der gelingenden Bewegung aufgehoben, welche an sich wertbewusst erlebt wird. Das zwecklose Tun ist also keineswegs wert- und sinnlos, vielmehr findet es seinen Wert und Sinn in sich selbst, hat seinen „inneren Sinn" (Metzger, 1953). Das spielerische Balancieren von Kindern birgt zugleich konstitutive Momente des sportlichen Handelns (vgl. Volkamer, 1984). Dessen Sinn liegt in der willkürlichen, nicht-notwendigen Schaffung von Bewegungsaufgaben und Bewegungsproblemen mit unterschiedlichen thematischen Bezügen wie Gestaltung, Leistungsvergleich, Kampf, Spiel oder „einfach" Vollzugserleben. Gegenstand ist immer die unter solchen Perspektiven gestaltete Bewegung selbst, nicht die Erreichung instrumenteller Zwecke. Man spricht deshalb auch von autotelischem oder selbstbezüglichen Handeln. Die Bewegungen als Lösungen von Aufgaben können optimiert und standardisiert werden, sie müssen es aber nicht. Ebenso sind Leistungsvergleich und Wettkampf mögliche, aber per se keine konstituierenden Sinndimensionen.

Dass nun Kinder bei ihren Balancierversuchen ihren Gleichgewichtssinn trainieren, ihre Koordinationsfähigkeit verbessern und vielleicht mehr Mut und Selbstvertrauen gewinnen, kommt in ihrem eigenen Sinnhorizont gar nicht vor. Kinder balancieren, klettern und schwingen nicht um ihrer Bewegungsentwicklung willen. Dies sind Zwecke, die die Bewegungserziehung verfolgt und die dafür das Balancieren als entwicklungsfördernde Aufgabe einsetzen mag. Es ist in der Motorikforschung wie in der Entwicklungspsychologie unbestritten, dass das Gleichgewicht und speziell das Balancieren zu den Grundfunktionen jeglichen Bewegens und der psychomotorischen Entwicklung gehören. Nicht von ungefähr auch findet das Gleichgewicht mitsamt seinen Störungen eine hervorgehobene Beachtung in der Motodiagnostik und -therapie (z.B. Kiphard, 1973; Schilling, 1974).

Demnach gilt es in pädagogischen Kontexten die Bedeutungsebenen auseinander zu halten: Die subjektiven Bedeutungen des Handelnden sind meist andere als die erzieherischen Bedeutungen und diese wiederum können andere sein als die entwicklungsdiagnostischen in der Motopädagogik. Diese Bedeutungen sind nicht ohne weiteres von einem Kontext in einen anderen transferierbar. Die pädagogischen Zwecke können nicht einfach in Sinn des Bewegungshandelns verwandelt werden, sondern bedürfen der Transformation in die Sinnhorizonte des Adressaten. Gerade sehgeschädigte Kinder brauchen Bewegung auch ohne äußere Zweckbestimmungen, bei der sie im Tun aufgehen können und nicht Zweckaufgaben erledigen. Solches zeigen auch motopädagogische Studien (z.B. Volkamer & Zimmer, 1986). Kinder empfinden auch große Anstrengungen als freudvolles Tun, wenn das Tun Selbstzweck, wenn es autotelisch ist. Dafür muss auch zweckorientiertes sportpädagogisches Handeln Raum geben, denn der Schlüssel zu pädagogischer Wirksamkeit liegt zweifellos in den Wert- und Sinnperspektiven des Bewegens selbst.

Pädagogische Intentionen müssen an diesen Perspektiven ansetzen, auch wenn sie darüber hinaus noch anderes im Sinn haben. Pädagogische Zweckerreichungen dürften in Frage stehen, und der Zugang zur vielfältigen Welt von Bewegung, Spiel und Sport dürfte sehgeschädigten Adressaten letztlich verschlossen bleiben, wenn sie keine Freude an der Lösung von Bewegungsaufgaben, am Spiel mit und mittels Bewegung und an ungewohnten Umweltbezügen durch Bewegung gewinnen. Bewegung also, die vom Erzieher unter Maßgabe pädagogischer Überlegungen durchaus zweckrational begründet ist, sollte vom Adressaten als Wert an sich vollzogen und als unmittelbar sinnvoll erlebt werden können bzw. im Kontext des Lernens: als antizipierter Wert, für den es sich einzusetzen lohnt.

Letztlich berührt diese Forderung das alte pädagogische Postulat, dass die Edukanden auch im Lern- und Erziehungsprozess ein Recht auf sinnerfüllte Gegenwart haben und dass in der Erziehung Gegenwart und Zukunft zu versöhnen sind. Schleiermacher hat dies 1826 folgendermaßen formuliert: „Die Lebenstätigkeit, die ihre Beziehung auf die Zukunft hat, muss zugleich ihre Befriedigung in der Gegenwart haben; so muss auch jeder pädagogische Moment, der als solcher seine Beziehung auf die Zukunft hat, zugleich auch Befriedigung sein für den Menschen, wie er gerade ist." (1957, S. 48). Gelingt diese Verknüpfung von Gegenwart und Zukunft und die Transformation von Erziehungszwecken zu Handlungswerten oder, vice versa, von Handlungswerten zu Erziehungszwecken nicht, wird authentisches Handeln der Adressaten verunmöglicht. Dann stehen auch wichtige Bildungs- und Erziehungsziele in Frage, denn jegliche Erziehung und Bildung ist aufgrund der Autonomie des Menschen auf das mitvollziehende, aktive und letztlich selbsterziehende Handeln der Edukanden verwiesen.

Das Beispiel der Selbstkonzeptentwicklung, ein zentrales Bildungsziel in der Behindertenpädagogik, mag dies verdeutlichen. Die Entwicklung von Selbstkonzepten speist sich aus vielerlei Quellen: aus primären Körper-, Umwelt- und Materialerfahrungen, aus Zuschreibungen von Eigenschaften durch die soziale Umwelt, aus Leistungsvergleichen und anderen mehr. Grundlegend für alle Erfahrungsdimensionen ist jedoch die Erfahrung der Wirksamkeit eigenen Handelns. Schüler müssen sich selbst als Verursacher von Wirkungen und damit als Leistungsträger erleben können. Dies ist unabdingbare Voraussetzung einer Selbstzuschreibung. Schon der amerikanische Philosoph und Pädagoge John Dewey, Mitbegründer amerikanischer Reformpädagogik um die (vorletzte) Jahrhundertwende, betont, dass es bei solcher Erfahrung immer um den Wechselbezug des Einwirkens auf Dinge und Sachverhalte und die Rückwirkung der

Dinge und Sachverhalte auf den Handelnden geht. „Wenn eine Betätigung hineinverfolgt wird in ihre Folgen, wenn die durch unser Handeln hervorgebrachte Veränderung zurückwirkt auf uns selbst und in uns eine Veränderung bewirkt, dann gewinnt die bloße Abänderung Sinn und Bedeutung; dann lernen wir etwas." (Dewey, 1993, S. 187).

Das Bewegungshandeln spielt in solchem Zusammenhang im doppelten Sinne seiner Bezeichnung eine hervorgehobene Rolle: Zum einen ist Bewegung die einzige direkte Einwirkungsmöglichkeit des Menschen auf seine Umwelt und damit prädestiniert, Wirksamkeit unmittelbar zu erfahren. Zum anderen kommt im Handlungsmoment durch seine Spezifika der Selbstbestimmung, Sinnsetzung und Interpretation die Ursachenzuschreibung einer Leistung auf das Selbst zum Tragen. Selbstkonzeptentwicklung ist unlösbar an authentisches Handeln gebunden, und pädagogisches Handeln muss ein förderliches Milieu dafür bereitstellen. Denn wie sollen sehgeschädigte Schüler Selbstvertrauen und ein positives Selbstkonzept entwickeln, wenn sie nicht die Wirksamkeit eigenen Handelns in für sie sinnvollen Aufgabenkontexten erfahren können, wenn sie sich nicht selbst als Verursacher von Leistungen erleben können, sondern sich immer am Gängelband pädagogischer Zwecke und Maßnahmen sehen? Dass Selbstkonzeptprobleme gerade bei behinderten Menschen, die sich ja permanent mit Selbstkonzeptbedrohungen durch Vorurteile ihrer sozialen Umwelt oder durch eine Lebensperspektive ohne Arbeitsplatz auseinander setzen müssen, nicht ohne Folgen für ihre Handlungs- und Integrationsfähigkeit bleiben dürften, sei hier nur am Rande erwähnt.

Aus dem Gesagten ergeben sich auch didaktische Konsequenzen. Der Blick auf die Selbstbezüglichkeit des Sportsinns und die damit zu verknüpfenden pädagogischen Momente stellt nicht nur einen bloß funktionsrationalen Bewegungsbegriff in Frage, sondern auch ein ausschließliches Lernen von Sport für die Zukunft in dem Sinne, dass den sehgeschädigten Schülern nur der Sport vermittelt wird, den sie mit hoher Wahrscheinlichkeit auch später ausüben können. Dieser rationale Zukunftsbezug steht in Widerspruch zum Moment der Sinnstiftung eines sich-bewegenden Subjekts im Hier-und-Jetzt ebenso wie zum autotelischen Moment sportlichen Handelns und zur pädagogisch gebotenen Verknüpfung von Gegenwart und Zukunft ebenso wie zu einer Orientierung im Handlungsfeld Sport. Auch eine Didaktik des Sehgeschädigtensports sollte sich auf das scheinbar Sinn- und Zwecklose einlassen und ihren Schülern spannende Bewegungserlebnisse und die daran geknüpften Lernabenteuer eröffnen. Bewegungs- und Lernerlebnisse erweitern nicht nur den Bildungshorizont, sondern behalten ihren

Wert auch dann, wenn sie einmalig bleiben. Warum sonst schwärmen wir so gerne von einmaligen Erlebnissen?

3 Praktisch-methodische Perspektiven

Planvoller Bewegungsunterricht ist stets auch exemplarischer Unterricht, da Lehr-Lernprozesse nie alle Bewegungssituationen umfassen können und keine Bewegungssituation exakt einer anderen gleicht. Aus diesem Grund entscheiden über die Handlungsfähigkeit eines Menschen seine Möglichkeiten, vorhandene Fähigkeiten und Fertigkeiten auf die jeweilige Situation angemessen zu transferieren. Auch die methodische Gestaltung von Lernprozessen muss Transferannahmen systematisch einbeziehen (vgl. Leist, 1978). An einigen Beispielen werden im Folgenden praktische Aspekte solchen Transfers dargestellt. Gerade bei blinden Menschen, die in Lehr-Lernprozessen weit häufiger ohne jegliche Vororientierung (z.B. vermittelt durch visuelle Anschauung) der Bewegungsaufgaben auskommen müssen, ist die Frage, wie Lehr-Lernprozesse zu gestalten sind, besonders sorgfältig zu erörtern.

3.1 Fertigkeitserwerb und Fähigkeitsentwicklung

Handlungsfähigkeit in verschiedenen Bewegungssituationen, wie sie der Sport erfordert, stellt nicht nur hohe Anforderungen an bestimmte Bewegungsfertigkeiten, sondern vor allem auch an allgemeine Bewegungsfähigkeiten. Unter Fähigkeiten sollen allgemeinere, überdauerndere motorische Dispositionen verstanden werden, die vielfältig und variabel der Ausführung mehrerer Fertigkeiten zugrunde liegen können (vgl. Hirtz, Kirchner & Pöhlmann, 1994). Die Fähigkeit „Balancieren in dynamischen Gleichgewichtssituationen" etwa ist bei ganz verschiedenen Fertigkeiten gefordert, z.B. beim Stelzenlaufen, beim Pedalo-Fahren, Skateboard-Fahren oder beim Turnen auf dem Schwebebalken. Die Aktualisierung motorischer Fertigkeiten setzt umgekehrt stets den situationsspezifischen Einsatz mehrerer Fähigkeiten voraus. Für Lehr-Lernsituationen bedeutet dies, dass Individuen immer spezifische und qualitativ unterschiedliche Fähigkeitsprofile einbringen. Andererseits kann man Fähigkeiten nicht isoliert, ohne konkrete und damit fertigkeitsbezogene Handlungssituationen erwerben. Fähigkeiten und Fertigkeiten stehen beim Bewegungshandeln also in einer Wechselbeziehung. Fähigkeiten werden um so wirksamer erweitert, je variabler die Lernsituationen sind, die die gleiche Fähigkeit entwickeln. Die Fähigkeitsentwicklung und mit dieser die Schaffung günstiger Transferbedingungen müssen beim Unterricht mit Blinden stets mitbedacht und durch vielfältige Erfahrungs- und Handlungsmöglichkeiten gefördert werden.

So dürfte sich die Balancierfähigkeit durch Beschäftigung mit Geräten wie Schwedenbank, Büchsen und Dosen, Wackelbrett, Pedalo, Stelzen, Skateboards, Rollschuhen, Schlittschuhen etc. verbessern, ohne dass die Balancierfähigkeit explizit Lerngegenstand sein muss. Thema ist die Auseinandersetzung mit dem jeweiligen Gegenstand selbst, darauf richtet sich die Motivation und daraus entsteht der Wert für das Subjekt im Hier-und-Jetzt, nicht in einer abstrakten Verbesserung einer Fähigkeit. Gleiches gilt für blindenspezifische Fähigkeiten wie die akustische Orientierungsfähigkeit. Als Basis jeglicher Lokomotion ist sie nicht Ergebnis isolierten Trainings im Labor (im Sinne von „Lernen auf Vorrat"), sondern muss Bestandteil einer auf breiter Erfahrung in verschiedensten Zusammenhängen beruhenden Einordnung von Wahrnehmungen und Handlungszusammenhängen sein. Für den Bewegungsunterricht mit Sehgeschädigten lässt sich folgern: Es ist immer zu reflektieren, welche Fähigkeiten eine bestimmte Lehr-Lernsituation bei den Lernenden notwendig voraussetzt und ob diese aufgrund ihrer speziellen Dispositionen zur Bewältigung der gestellten Aufgabe überhaupt in der Lage sind. Ferner ist der Frage nachzugehen, wie Lehr-Lernsituationen so aufeinander bezogen sein können, dass sich Fähigkeiten auf breiter Basis ausbilden können und eine einseitige Entwicklung von Fertigkeiten vermieden werden kann.

3.2 Bewegungslernen als Wahrnehmungslernen

Wahrnehmen und Bewegen sind untrennbar miteinander verbunden. Beim Bewegungslernen findet immer auch Wahrnehmungslernen statt. Gewöhnlich wird die visuelle Wahrnehmung als wesentlich angesehen und die nicht-visuellen Wahrnehmungsanteile werden eher unterschätzt. Dass Bewegungssteuerung und Bewegungslernen auch ohne visuelle Wahrnehmung auskommen, ist evident, denn Blinde sind dazu in der Lage. Für die Methodik stellt sich allerdings die Frage, wie die Verschränkung von Wahrnehmung und Bewegung in den Lehr-Lernprozess einzubeziehen ist. Dazu sollen im Folgenden einige Aspekte ausdifferenziert werden.

3.2.1 Die Bedeutung adäquater Vorstellungen

Ein besonderes Problem im Bewegungsunterricht mit Blinden ist der Aufbau adäquater Vorstellungen von der zu lernenden Sache (vgl. Scherer, 1991; Bietz & Scherer, 1996). Eine Beschreibung der sichtbaren Bewegung liefert dabei keineswegs die dafür adäquate Information. Vielmehr ist es notwendig, „ ... die Erlebnisvorgänge bei sportlichen Bewegungshandlungen genau zu untersuchen. Die Kenntnis dieser Vorgänge ist nicht nur unabdingbare Voraussetzung für das Verständnis sportlicher Bewegungshandlungen, sondern auch Voraussetzung für die optimale Vermittlung sportlicher Fertigkeiten. Hierbei kommt es ja weniger darauf an, einem Lernenden mitzuteilen, wie sich der physikalische Organismus in der physikalischen Welt bewegen muss, damit eine sportliche Übung aus biomechanischer Sicht optimal ausgeführt wird; sondern es kommt in erster Linie darauf an, dem Lernenden zu vermitteln, was er mit seinem wahrgenommenen Körper in der wahrgenommenen Welt tun muss, um eine Übung optimal zu bewältigen." (Tholey, 1980, S. 28).

Ein Beispiel mag verdeutlichen, was dies für blinde Lerner bedeutet: Stelzenlaufen sieht aus der unbedarften Betrachterperspektive aus wie „Gehen mit verlängerten Beinen und Festhalten an den Stelzen". Dieser Eindruck legt für einen Anfänger nahe, das Gehmuster auf die neue Aufgabe zu übertragen. Dies hat nahezu zwangsläufig zur Folge, dass man schnell den Kontakt zum Stelzenbrett verliert und herunterfällt, weil man wie beim Gehen den vorsetzenden Fuß anhebt. Betrachtet man jedoch die Funktionsweise des Stelzenlaufens, so kann man eine adäquate Bewegungsvorstellung gewinnen und den Lernenden darauf orientieren: Im Unterschied zum normalen Gehen wird beim Stelzenlaufen nämlich der Schritt nicht durch das Anheben eines Beines eingeleitet, sondern durch das Hochziehen der Stelze mit dem Arm, wodurch das Stelzenbrett auch während der entlasteten Phase des Vorwärtsschritts von unten an die Fußsohle angepresst und das Bein passiv angehoben wird. Beim Stelzenlaufen bestimmen also im Wesentlichen die Armbewegungen die Fortbewegung. Für den Lernenden ist es vorteilhaft, sich auf den Zug der Hände an der Stelze und auf den Druck des Stelzenbretts gegen die Fußsohle in der Entlastungsphase des Schritts zu zentrieren. Eine Information über diese Aktion-Effekt-Beziehung kann den Lernprozess des blinden Adressaten erheblich beschleunigen. Die Funktionsweise sollte gleich zu Beginn eines Lernprozesses im Mittelpunkt stehen, damit eine Vorstellung davon entstehen kann, was zu tun ist, um etwas Bestimmtes zu erreichen. Hat sich der Lernende mit der Funktionsweise einer Bewegung beschäftigt, so gleichen seine Lernversuche einer Hypothesenprüfung mittels Bewegungsaktionen. Wissen und Können werden in einem integrierten Prozess entwickelt.

3.2.2 Bewegungskontrolle ohne Visus

Blinde Sportler sind verstärkt auf die kinästhetisch-vestibuläre Kontrolle (vgl. Gabel, 1984) von Bewegungen angewiesen, und Bewegungsunterricht muss sich um eine effektive Einbindung dieser Kontrolle bemühen. Wiederum am Beispiel des Stelzenlaufens soll die Regulation des dynamischen Gleichgewichts erläutert werden. Vollzieht man das Stelzenlaufen als Gewichtsverlagerung von einem auf das andere Bein mit abwechselndem Balancieren auf einem Bein, so stört dieses Schema die kinästhetisch-vestibuläre Regulation. Diese ist als selbstregulierendes System auf permanente Oszillation angewiesen. Begreift man jedoch den Gleichgewichtszustand als dynamischen, der sich aus einer leichten Pendelbewegung selbstregelnd einstellt, so ermöglicht man dem kinästhetisch-vestibulären Regulationssystem eine schnelle und adäquate Lösung der gestellten Aufgabe. Initiieren kann man diese Lösung durch die Aufgabe, mit den Stelzen einen Cha-Cha-Cha zu takten. Der Rhythmus des Cha-Cha-Cha lässt keine Gewichtsverlagerung mehr zu, realisieren lässt er sich nur durch das Hochziehen der Stelzen mit den Armen, und es ergibt sich ein dynamisches, gleichgewichtserhaltendes Pendeln.

Weitere Beispiele sollen diesen Aspekt noch etwas vertiefen: Beim Erlernen des Skatens auf Inlinern, Schlittschuhen oder Langlaufski ist die Fortbewegung ebenso als Ergebnis eines rhythmischen Pendelns nach links und rechts anzustreben. Bei auswärts gedrehten Füßen ergibt sich die Vorwärtsbewegung aus diesem Wechsel von alleine. Das Pendeln aber erzeugt durch sein Oszillieren seinerseits kontinuierliche Wahrnehmungsangebote für das kinästhetisch-vestibuläre System und ermöglicht damit eine stabile Gleichgewichtsregulation. Gleichmäßig-lineare Bewegungen dagegen erzeugen aufgrund ihrer Informationsarmut für die kinästhetisch-vestibuläre Wahrnehmung eher Gleichgewichtsprobleme, wie sie sehende Skifahrer vom Fahren in dichtem Nebel kennen. Der Erhalt des Wahrnehmungsflusses ist auch für sehgeschädigte Skifahrer besonders wichtig. Da die Wahrnehmungssysteme nur Veränderungen wahrnehmen, bietet hier ein Schwung-auf-Schwung-Fahren ohne Unterbrechungen durch Schrägfahrten zwischen zwei Kurven den Vorteil fortgesetzter Information für das vestibuläre und das taktil-kinästhetische System. Schrägfahrten und unbeschleunigte Schussfahrten dagegen sind diesbezüglich informationsarm.

Bewegungslernen Blinder ist immer als Wahrnehmungslernen anzulegen. Da aber kinästhetisch-vestibuläre Wahrnehmungen oft nicht bewusst sind, kommt es bei der Gestaltung von Lehr- und Lernprozessen wesentlich darauf an, dass die Beziehungen zwischen Aktion, Funktion und Wahrnehmung bzw. Kontrolle zum Thema gemacht werden. Eine wesentliche Rolle dabei spielt die Wahrnehmungszentrierung.

3.2.3 Die Rolle der Wahrnehmungszentrierung

Maßnahmen der Wahrnehmungszentrierung gehen davon aus, dass bei Bewegungshandlungen verschiedener Menschen gleiche oder ähnliche Wahrnehmungen auftreten und bei der Bewegungssteuerung nutzbar sind. Bezogen auf das Beispiel „Stelzenlaufen" heißt das, dass ein blinder Schüler ebenso wie ein sehender oder der Lehrer den Druck des Stelzenbretts auf die Fußsohle während des Stelzenlaufens wahrnehmen kann und diese Wahrnehmung die entsprechenden Aktionen regulieren hilft. Ob diese Vergleichbarkeit gegeben ist, kann man nur über Kommunikation herausfinden, und dazu muss man annehmen, dass Wahrnehmungsqualitäten überhaupt vermittelbar sind, d.h., dass man Wahrnehmungen sprachlich oder auch situativ codieren und ein blinder Schüler diese Codierung verstehen kann (siehe auch Kap. 3.3.4).

Eine wesentliche Determinante der Bewusstheit und Einsetzbarkeit von Bewegungswahrnehmungen ist der aufgabenbezogene Könnensstand der Lernenden. Anfänger im Windsurfen z.B. konzentrieren sich sehr stark auf die Erhaltung ihres eigenen Gleichgewichts auf dem wackeligen Surfbrett. Sie sehen sich meist nicht als Teil eines Systemgleichgewichts mit den Zugkräften des Segels und können daher nur geringe Windstärken ausbalancieren. Eine Wahrnehmungszentrierung auf die Hände, die über das Segel den Winddruck spüren könnten, hat demzufolge auf dieser Könnensstufe wenig Sinn. Fortgeschrittene Windsurfer dagegen, die ihr Gleichgewicht als Systemgleichgewicht von Wind, Segel und Mensch regulieren, vermögen den Winddruck in den Händen zu spüren und ihre Aktionen und insbesondere die Segel- und Körperstellung danach regulieren. Stellt man ein komplettes Surfrigg an Land in den Wind und lässt den Lernenden vielfältige Erfahrungen mit dem Zug des Segels machen, so wird er adäquate Vorstellungen nicht nur zur korrekten Segelführung, sondern insbesondere auch eine bezüglich der Regulation des Systemgleichgewichts aufbauen (vgl. Herwig, 1988).

Bewegungsregulierende Wahrnehmungen sind multimodal und vernetzt. Allerdings sind bei Ungeübten oft einige Informationsquellen stumm und es bedarf einer Wahrnehmungssensibilisierung. Das Aufschlüsseln verschiedener Wahrnehmungsmodalitäten vermag den Handlungskonzepten des Lernenden einen höheren Strukturierungsgrad zu verleihen. Die Zentrierung von Lernenden auf die für das jeweilige Lernstadium wichtigsten Wahrnehmungsresultate ihres Tuns und die Vermittlung phänomenaler Beziehungen von Funktion, Aktion und Effekt können im Lehr-Lernprozess wesentliche Hilfe leisten. Allerdings setzen Einsatz und Erfolg solcher Maßnahmen voraus, dass der Lehrende selbst über eine umfangreiche eigenmotorische Anschauung der zu vermittelnden Bewegungen verfügt und bewegungsbegleitende Wahrnehmungen dem Lernstadium des Schülers zuordnen kann.

3.2.4 Das Problem der Raumwahrnehmung und Orientierung

Die Wahrnehmung des Bewegungsraums und die Orientierung darin ist integraler Bestandteil jeglichen Sich-Bewegens und für sehgeschädigte Sportler das wohl offenkundigste Problem (vgl. Scherer, 1996). Auch beim Bewegungslernen müssen umgebungsräumliche Wahrnehmungs- und Orientierungsmöglichkeiten durch spezielle Arrangements in den Lernprozess eingewoben werden.

Auch dies sei exemplarisch dargestellt. Will ein blinder Weitspringer einen Sprung mit möglichst geradlinigem Anlauf und Absprung in der Zone realisieren und sicher landen, so stellen sich für ihn viele Aufgaben gleichzeitig: Wo muss ich hin? Laufe ich geradeaus? Wo ist die Absprungzone? Wann muss ich die letzten drei Schritte mit Absprung einleiten? Werde ich auch sicher im Sand landen usw.? Klassische Orientierungshilfen oder Zurufe wie „Jetzt!" stellen oft zusätzliche Aufgaben und bieten wenig Hilfe. Läuft man beispielsweise blind auf eine einzelne Schallquelle hinter der Sprunggrube zu, so reagiert man immer auf Abweichungen und pendelt um die Geradeausrichtung. Darüber hinaus stellt sich bei Annäherung an die Schallquelle eine unbewusste Hinderniswahrnehmung ein, der Oberkörper wird zurückgenommen, die Amortisation des Absprungs gelingt nicht optimal. Folgende Organisationsform hat sich zur Lösung dieser Probleme bewährt: Links und rechts der Absprungzone stellen sich zwei Helfer auf und rufen in Richtung auf den Anlaufenden permanent etwas gut zu Unterscheidendes (wie „Hier-hier-hier ..." oder „Lauf-Lauf-Lauf ..."). Dadurch entsteht ein „akustisches Tor", in das der Springer hineinläuft. Die Torschwelle markiert die Absprungzone. Während des Anlaufens öffnet sich der Winkel zu den zwei Schallquellen: Beim Start ist der Winkel (je nach Abstand zum Tor) zunächst sehr spitz, beim Überqueren der „Schwelle" beträgt er 180°. Diese an die Laufgeschwindigkeit gekoppelte kontinuierliche Öffnung des Winkels ist ein akustisch wahrnehmbarer Gradient, er orientiert über die gelaufene Geschwindigkeit, den verbleibenden Abstand bis zur Türschwelle und damit zur Absprungzone, ermöglicht das Timing der letzten drei Schritte mit Amortisationsphase für den Absprung und informiert über die Laufbahnmitte. Weitere Lösungen finden sich bei Hildebrandt & Scherer (1995).

Zentrale Frage beim Aufbau räumlicher Orientierungen ist immer, welche orientierungsrelevanten Daten sich blinde Akteure im konkreten Bewegungsvollzug selbst verschaffen können und wie man dies unterstützen kann. Zu berücksichtigen ist dabei auch, dass Bewegungsräume relative Maße besitzen und nicht als euklidische Räume mit festen Maßen zu sehen sind. Daher kann die gleiche Turnhalle beim Herumgehen in ihr groß und weitläufig, beim Laufen oder Inline-Skating hingegen sehr klein sein. Entsprechend ist auch das Koordinatensystem für die räumliche Orientierung stets neu und aufgabenspezifisch zu entwickeln.

3.3   Bewegungslernen als Aufgabenlösen

Sportliche Bewegungen lösen Aufgaben, die sich im Sport stellen. Methodische Arrangements müssen methodische Aufgaben, Aufgabenordnungen und Informationen anbieten, die den Lernenden die Kompetenz zur Lösung dieser Aufgaben vermitteln. Methodische Aufgaben und Informationen können spezielle Situationen präparieren, Entdeckungen initiieren, Lösungsversuche anregen und neue Erfahrungen ermöglichen. Stets sollten sie so gestellt werden, dass sie dem Lernenden lösungsrelevante Informationen und Erfahrungen erschließen. Da Lernen nicht linear-additiv verläuft, sondern in mehrdimensionalen und vernetzten Strukturen, ist die lineare Ordnung (i.S.v. Übungsreihen) als Gestaltungsprinzip methodischer Gliederungen weniger geeignet. Aus lerntheoretischen Erwägungen sinnvoller ist die Ordnung von Aufgaben in sinn- und funktionsbezogenen Lern- und Erfahrungsfeldern, in denen Erfahrung sowohl Ziel als auch Mittel des Lernens sein kann (vgl. Scherer, 1998)[4].

---

[4] Eine Darstellung der lerntheoretischen Hintergründe und des Erfahrungsfeldkonzepts ist hier nicht möglich und ist der angegebenen Literatur zu entnehmen.

3.3.1 Erfahrungsorientiertes Lernen

Gibt man blinden Kindern verschiedene schwimmfähige Gegenstände und fordert sie auf, damit ein Wasserfahrzeug zu bauen und mit diesem einen Mitschüler ein Stück zu transportieren, so werden sie grundlegende Erfahrungen mit Auftrieb machen. Legt man ein Ruderboot ins Schwimmbecken und lässt blinde Schüler die Wirkung von Bewegungen am Innenhebel auf den Außenhebel der Skulls und die Reaktionen des Bootes erkunden, so verhilft man ihnen zu Einsichten in die Hebelgesetze, deren effektive Nutzung und zur Erfahrung entsprechender Bewegungseffekte. Lässt man Schüler an Trapezen oder Tauen schaukeln, so können sie Bewegungen zum Aufschaukeln der Pendelbewegung entdecken. Dürfen sie aus Judomatten einen Berg bauen, auf den sie hochklettern können, so werden sie die Bedeutung von Tritten und die Bedeutung der Balance über den Füßen im Unterschied zur Bedeutung von Griffen und des Hängens an den Händen erfahren und auf diesem Wege Grundfunktionen des Kletterns kennen lernen.

Situationen so zu präparieren, dass Lernende Erfahrungen machen können, die ihnen ihrerseits helfen, schwierigere Aufgaben zu lösen, ist die Kunst der Methodik. Daher ist ein Perspektivenwechsel erforderlich: Entscheidend die Analyse des Lernens und der Systematik im Aufbau von Erfahrung, nicht allein die Analyse des Lehrstoffs mit einer darauf bezogenen Ordnung. So benötigen blinde Skischüler, die Grundtechniken des Skilanglaufs beherrschen und das Kurvenfahren auf Langlauf- oder Alpinski lernen wollen, zunächst Rutsch- und Drifterfahrungen als Basis des Skidrehens. Die Erfahrung, dass Skier auf den Kanten auch seitlich rutschen können, konnten sie beim Geradeausgleiten oder beim Aufsteigen im Langlauf nicht machen und so fehlt auch oft jegliche Vorstellung davon. Solche Erfahrungen vermittelnden Aufgaben gründen in einer Analyse des Lernens und lassen sich aus einer Bewegungsanalyse nicht gewinnen.

Erfahrungen sind stets an Eigenaktivität gekoppelt. Die für Blinde häufig empfohlenen Maßnahme des „Führens von Bewegungen" (vgl. Kosel, 1981) birgt daher gewisse Gefahren. Das Führen von Bewegungen kann adäquate Informationen liefern, es kann den Lernprozess aber auch erschweren. Denn beim passiven Bewegtwerden können bei der zu erlernenden Bewegung entgegengesetzte neuro-muskuläre Prozesse initiiert und das intendierte Bewegungsgefühl kann damit erheblich verfälscht werden. Es kann damit auch keine Erfahrung für die Bewältigung der Aufgabe beitragen.

Ein Beispiel soll den Unterschied zwischen erfahrungsverhindernder und erfahrungsvermittelnder Bewegungsführung verdeutlichen: Ein aktives Führen der Beine beim Beinschlag des Brustschwimmens durch den Lehrer kann zwar eine ungefähre Vorstellung von Struktur und Symmetrie der Beinbewegungen vermitteln, gleichzeitig werden aber die für den aktiven Brustbeinschlag charakteristischen Aktionen und Wahrnehmungen weitreichend verändert. Die Innervationsmuster dürften sich sogar auf die eigentlich antagonistische Seite verlagern, da der äußeren Einwirkung des Führens ein schwacher Widerstand entgegengesetzt wird. Die Beine werden dann eher in die Streckung gezogen denn gedrückt. Das Führen der Bewegung lässt sich jedoch auch so gestalten, dass ein aktives Bewegen des Schülers erhalten bleibt und nicht ins Gegenteil verkehrt wird. Beschreibt der Lehrer nämlich mit den Händen nur den Weg, den die Fußsohlen des Schülers beim Brustbeinschlag ebenfalls beschreiben sollen, und drückt der Schüler dabei seine Füße aktiv gegen die Handflächen, so muss er den vorgegebenen Weg durch eigene Muskelaktivität nachfahren und die adäquaten Muskelschleifen sind in Aktion. Zugleich erfährt der Schüler dabei etwas über die Vortriebsfunktion des Brustbeinschlages durch die Druckempfindung auf den Fußsohlen, die ebenfalls dem „Original" gleicht.

3.3.2 Erfahrungsaufbau durch Aufgabentransformation

Es klang bereits an, dass Lernen auf einem systematischen Aufbau von Erfahrungen beruht und dass methodische Aufgaben diese Perspektive im Blick haben und die Bewegungsperspektive überschreiten müssen, wollen sie etwas zum Erfahrungsaufbau beitragen. Dies ist um so dringender geboten, als Bewegungsperspektiven sich überwiegend auf Bewegungstechniken richten. Diese haben sich in der Regel im Leistungssport als Optimallösungen gestellter Aufgaben entwickelt und schließen viele andere Lösungen und wichtige Erfahrungen aus. So wird der Hochsprung zur Technik „Fosbury-Flop", obwohl das Hochspringen zunächst die Aufgabe ist, mit oder ohne Anlauf über etwas oder auf etwas hinauf zu springen, die gar keine eindeutige Techniklösung vorgibt. Viele andere Lösungen dieser Aufgabe sind denkbar, das Abspringen mit beiden Beinen ebenso wie mit einem Bein, geradliniger Anlauf ebenso wie ein Sprung aus dem Stand, die Landung auf den Füßen ebenso wie die auf der Seite oder dem Rücken. Die Optimallösungen des Leistungssports sind für Lernende, zumal für sehgeschädigte, in der Regel keine geeigneten Lösungen einer Aufgabe, da sie hohes konditionelles und koordinatives Vermögen voraussetzen. Dieses Problem lässt sich auch nicht mit methodischen Kniffen entschärfen.

Jeder Mensch verfügt über Entwicklungszonen, die man sich in Form konzentrischer Kugelschalen vorstellen kann. Lernprozesse erschließen jeweils nächste Zonen von innen nach außen, wobei man keine Zone einfach überspringen kann. Lehrmethoden sollten auf diese Zonen zielen und dem Lernenden helfen, in die jeweils nächste Zone vorzustoßen. Dazu ist fast immer eine ganze Reihe erfahrungs- und kompetenzvermittelnder Aufgaben nötig, die aufeinander abzustimmen und zu transformieren sind. Das Prinzip der Aufgabentransformation versucht die Weiterentwicklung, Variation und Einbettung von Aufgaben so zu organisieren, dass die Erfahrungen aus einer Aufgabe bei der Lösung weiterer Aufgaben nutzbar sind und/oder dabei die vorhergehende Aufgabe mitgelöst wird. Lehren über Aufgabentransformation bedeutet weiterhin, dass

- der methodische Weg ein Stück weit offen ist
- eine angemessene Einstiegsaufgabe von großer Bedeutung ist
- sich weitere Aufgaben primär an der Auseinandersetzung der Schüler und ihren Erfahrungen orientieren
- und dass Lernprozesse dabei immer verschiedene Erfahrungsfelder tangieren können und sollen,

was nun an einem Beispiel zu erläutern ist.

Im Judo gibt es viele und genau definierte Haltetechniken (sog. Judogriffe). Das Lehren und Lernen könnte nun darin bestehen, 5, 10 oder 20 solcher Griffe einzeln zu lernen und zu üben, bis die Griffe „sitzen". Für eine flexible Anwendung dieser Techniken im Kampf müssten dann zusätzlich „Übergänge" ebenfalls in Form definierter Techniken gelernt werden – insgesamt ein aufwendiges und für den Lernenden recht trockenes Unterfangen. Denkt und analysiert man jedoch von den Aufgaben her, die mit solchen Judogriffen gelöst werden, so stellt sich der methodische Zugang völlig anders und viel einfacher dar: Im Judo gibt es Tori, den Aktiven, und Uke, den Erduldenden. Die Rollen der beiden wechseln ständig, und es ist nicht festgelegt, wer von beiden gewinnt. Als Einstiegsaufgabe legt sich Uke auf den Rücken, die Arme sind am Körper angelegt. Tori soll sich nun auf mehrere verschiedene Weisen so über Uke legen (ohne irgend etwas von ihm anzufassen), dass sich Uke nicht aufrichten kann. In der Auseinandersetzung mit dieser Aufgabe werden beide nicht nur praktikable Lösungen entwickeln, sondern auch viel über Hebel, Körperschwerpunkt und Last-Kraft-Verhältnisse erfahren. Zudem machen sie sofort dem Sinn nach „richtiges" Judo, ohne langatmige Belehrungen, viele Vorübungen und Fehlerkorrekturen! Falsch kann man bei dieser Sache nichts machen, nur Erfahrungen. Hiermit wird exploratives Verhalten initiiert, es werden keine Meistertechniken kopiert. Außerdem ist die Situation symmetrisch, weil die Rollen oft gewechselt werden können.

Nachdem herausgefunden wurde, dass die für Tori optimale Position in etwa „Herz-auf-Herz" ist, ganz egal, ob im Reitsitz, von der Seite, vom Kopf her, bäuchlings, rücklings oder mit der Körperseite, von Uke ab- oder ihm zugewendet, stellt sich für Uke die Aufgabe, sich aus der Rückenlage zu befreien; als befreit gilt er, wenn er sich auf den Bauch drehen oder unter Tori herauswinden kann. Für Tori gilt es, dies zu verhindern. Nun wird die Frage aufkommen, ob man seine Hände dazu benutzen darf. Tori wird also Ukes Kimono oder auch Arme und Beine anfassen, um das Drehen und Herauswinden zu verhindern. Erst jetzt wird es notwendig, erste Judoregeln zur Verletzungsprophylaxe einzuführen: Der Kimono darf überall angefasst werden, man darf nur nicht mit den Fingern oder der Hand in die Ärmel oder Hosenbeine greifen. Arme und Beine dürfen angefasst oder eingeklemmt werden, der Kopf auch, aber nie alleine, sondern immer mit Arm oder Schulter gemeinsam. Hände und Finger, Füße und Zehen dürfen nicht angefasst werden. Nachdem das klar ist, kann's losgehen, und es wird sich ein munteres Ringen um Niederhalten mit Körpergewicht, Festhalten und -klemmen mit Händen und Armen sowie ums Herauswinden entwickeln. Damit ist die Basis der „richtigen" Judotechniken geschaffen, inklusive der im Kampf so wichtigen schnellen Übergänge, Varianten und sogar Täuschungen. Auf der Basis der in diesen beiden Aufgaben gefundenen Lösungen lassen sich definierte Techniken herausschälen und mit „richtigem" Namen versehen. Diese kann man dann auch einzeln üben und perfektionieren.

3.3.3 Information durch Bilder und Metaphern

Bildhafte und metaphorische Sprache vermag über komplexe Bewegungssachverhalte, Aufgaben und zu erwartende Effekte oft besser zu informieren als dies detaillierte und exakte Beschreibungen von Bewegungsabläufen können. Ob Bilder, Metaphern und Geschichten die gefragten Informationen in die Lernsituation transportieren, hängt zum einen davon ab, ob sie den Sachverhalt auch wirklich treffen und nicht verfälschen, zum anderen, ob sie für die Adressaten verstehbar sind. Das Zusammenspiel beider Seiten macht den pragmatischen Gehalt metaphorischer Sprache aus.

Ein im Sehgeschädigtensport erprobtes Beispiel mag der Veranschaulichung dienen: Beim Inline-Skaten wird der Körper durch das Abdrücken periodisch beschleunigt. Der Läufer muss deshalb eine angemessene Vorlage einnehmen, um nicht durch die Beschleunigung in Sturzgefahr nach hinten zu kommen (bei Anfängern ist das Problem oft deutlich zu sehen). Ferner ist es für die vestibuläre Regulation Blinder wichtig, den „Blick" nach vorn in Laufrichtung auszurichten und nicht nach unten zu den Schuhen zu „schauen", da sonst der Kopf die „Eichlage" des Vestibulärsystems verlässt. Weiterhin sollten die Knie-, Sprung- und Hüftgelenke etwa im gleichen Winkel gebeugt sein, um die Bewegung optimal ausführen zu können. Wie kann man diese komplexe Information verpacken? Folgende „Aufgabenstellung" hat sich bei Kindern und bei blinden Schülern bewährt: „Stelle dir vor, die gesamte Halle steht unter Wasser, und das Wasser steht dir bis zum Hals. Es ist Winter und die Oberfläche ist einen Zentimeter dick gefroren. Über dein Nasenbein bekommst du aus Eisenblech eine scharfe Kante gestülpt, die die Form eines Schiffbugs hat und bis zu den Ohren reicht. Du bist nun ein Eisbrecher, der mit dem Schiffsbug eine Fahrrinne durchs Eis furchen muss! Kämpfe aktiv gegen den Widerstand des Eises an, schiebe deinen Bug hindurch und achte auch auf die Pinguine, die auf der Eisfläche sitzen, damit du keinen überfährst!" Nach anfänglichem Lachen über diese „verrückte" Aufgabe machen Schüler schnell die Erfahrung, dass der „Eisbrecher" keine Gleichgewichtsprobleme hat. Die Neutrallage über den Inlinern wird besser reguliert, weil sich die Fahrer antizipierend in die Beschleunigungen hineinbewegen und das Gleichgewicht nicht reaktiv nachregulieren. Weiterhin stabilisiert der Blick den Kopf, was die vestibuläre Regulation gewährleistet. Auch Korrekturen sind leicht einzubauen, z.B. „Schau nicht zu den Fischen, schau zu den Pinguinen, die auf dem Eis sitzen und von dir nicht überfahren werden wollen!" oder „Brech das Eis nicht mit der Brust, sondern mit dem Schiffsbug!"

„Du bist ein ...", „Tue so, als ob ...", „Stell dir vor, du würdest ...", „Bewege dich so wie ein ..." – so beginnen Sätze, die Lernsituationen präparieren und komplexe Informationen oft besser transportieren können als komplizierte Bewegungsbeschreibungen.[5] „Beuge das Sprung-, Knie- und Hüftgelenk im gleichen Winkel, führe dein bogenäußeres Bein vorwärts-einwärts und drehe gleichzeitig den Oberkörper gegen die Drehung der Beine über das bogenäußere Bein" – wer kann sich schon so verbiegen!

---

[5] Zum Nachweis der Wirksamkeit vgl. Maurus (1996).

4   Die Sicherheitsperspektive

Will man bei Bewegung und Sport mit Sehgeschädigten für bestmögliche Sicherheit sorgen, so ist man mit der Frage konfrontiert, welchen besonderen Gefährdungen diese auf Grund ihrer jeweiligen Sehschädigung ausgesetzt sind und welche Gefährdungen für einen vorhandenen Sehrests bestehen. Es bedarf stets der genauen Abklärung des medizinischen Sachstands, denn „die Frage nach der sportlichen Belastbarkeit setzt eine grundlegende sportophthalmologische Beurteilung voraus." (Bolsinger, 1997, S. 18). Die Arbeitsgruppe *Sport-Ophthalmologie* des Berufsverbandes der Augenärzte Deutschlands e.V. strebt eine flächendeckende Betreuung aller Einrichtungen für Sehgeschädigte in der Bundesrepublik Deutschland mit Sportophthalmologen an, die für Einzelbegutachtungen und regelmäßige Betreuung zur Verfügung stehen.[6] Sicherheit beim Bewegungsunterricht mit sehgeschädigten Kindern und Jugendlichen lebt aber nicht nur von der genauen Klärung der Aktenlage und der strikten Einhaltung von Geboten und Verboten. Sicherheit lebt vielmehr vom verantwortungsbewussten Handeln – auch und gerade der Sehgeschädigten selbst.

4.1   Passive und aktive Sicherheit

Staatliche Träger und Versicherungen befassen sich bezüglich der Risiken des Bewegungs- und Sportunterrichts naturgemäß nahezu ausschließlich mit Normen und Vorschriften zur passiven Sicherheit. Pädagogen hingegen mühen sich im Rahmen dieser Vorschriften um verantwortbares Verhalten, denn sie sind in ihrem konkreten Handeln stets mit Risiken konfrontiert. Kinder und Jugendliche erfahren und lernen Sicherheit bzw. Risiko in ihrer jeweiligen direkten Auseinandersetzung mit den sportlichen Aufgaben. Erzieherischer Auftrag ist es, neben Normen und Vorschriften auch sicheres Verhalten zu vermitteln.

4.1.1 Passive Sicherheit

Zur passiven Sicherheit gehören sehr viele Maßnahmen. Beispielhaft seien einige Aspekte erwähnt:

- Sind die eingesetzten Geräte sicher bzw. sicher aufgebaut? Ist z.B. das Trampolingestell eingerastet und der Barrenholm festgestellt? Ist der Karabiner in

---

[6] Interessenten können sich an Dr. C.A. Bolsinger, Hauptstr. 136, 56170 Bendorf, wenden.

der richtigen Schlaufe eingehängt und verriegelt? Liegen genügend Matten aus und ist der Bewegungsraum hindernisfrei? Ist die Skibindung richtig eingestellt? Ist die Sportbrille mit Kunststoffgläsern und Prallschutz versehen? Ist die Schwimmweste richtig angelegt usw.?

- Sind die sehgeschädigten Sportler über Risiken ihrer momentanen Bewegungsumwelt ausreichend orientiert? Wissen sie z.B., wo man sich stoßen kann und ob es Hindernisse in Kopfhöhe gibt, wo im Kraftraum Gewichte bewegt werden und welche Wege von Gerät zu Gerät sicher sind? Gibt es beim Abfahren mit Skiern einen Auslauf, kommt man von alleine zum Stehen? Wo ist der Mattenrand beim Judo?

- Kann die Sicherheit durch Zusatzausrüstungen erhöht werden, z.B. durch Schwimmwesten beim Wassersport, durch Hand-, Ellenbogen – und Knieschützer beim Inline-Skaten, durch Helme beim Klettern, Fahrradfahren oder Skifahren, durch eine Deckenlonge beim Trampolinturnen, durch kontrasterhöhende Zusatzbeleuchtung in Sportanlagen für Sehbehinderte oder durch spezielle kontrastreiche oder taktile Markierungen?

Für die angesprochenen Bereiche ist die jeweilige Lehrkraft auf Basis ihrer Ausbildung und Kompetenz zuständig, sie muss entscheiden und verantwortlich handeln. Einige besondere Bewegungswelten (z.B. Schwimmen, Klettern, Wassersport, Skilaufen, Trampolinturnen) erfordern in der Regel sogar nachweisbare Zusatzqualifikationen, die letztlich auch deshalb verlangt werden, damit Lehrpersonen oder Trainer von der Sache her kompetent und sicher handeln können.

4.1.2 Aktive Sicherheit

Aktive Sicherheit betrifft zum einen das Handeln der Lehrkräfte bzgl. von Situationsarrangements, Orientierungshilfen, Vorwegnahme möglicher Fehler seitens der Schüler, Hilfestellung usw. Zum anderen aber müssen die Schüler durch ihr eigenes Verhalten zur Sicherheit beitragen und mit möglichen Gefahren vertraut gemacht werden. Letzteres ist integrierter Auftrag des Bewegungs- und Sportunterrichts, der oft eigene methodische Maßnahmen erfordert. Beim Skateboard-Fahren z.B. ist zunächst das Absteigen zu lernen. Wer mit Skiern eine Loipe befährt, muss bremsen und anhalten können. Gerade im Sportunterricht mit sehgeschädigten Kindern und Jugendlichen ist es besonders wichtig, schwierige Situationen im Bewegungs- und Sportunterricht nicht einfach zu vermeiden, sondern sie methodisch aufzubereiten, um Reaktions- und Handlungsfähigkeit und Vertrauen auszubilden.

Ein Beispiel mag die Tragweite illustrieren, die dieser Aspekt auch für das Lernen haben kann: Beim Windsurfen-Lernen ist es nicht vermeidbar, dass ein Schüler einmal während der Fahrt sein Gleichgewicht nach hinten verliert und vom Board fällt. Sollte er dabei die Erwartung haben, dass ihm das Segel dabei auf den Kopf fällt und ihn zu ertränken droht, so wird dieser Sturz nach hinten eventuell völlig unangemessene Panikreaktionen auslösen, die wiederum tatsächliche Gefahren heraufbeschwören können. Bevor ein Lernender in eine solche, von ihm subjektiv als gefährlich erlebte Situation kommen kann, muss er sich also selbst davon überzeugen, dass ein Surfsegel ihn nicht am Luftholen hindern kann. Hierzu sollte er im flachen Wasser einmal unter ein Segel kriechen und es nur mit dem Kopf hochdrücken, um festzustellen, dass er damit auch unter dem Segel genügend Atemraum schaffen kann. Danach kann er sich im tiefen Wasser davon überzeugen, dass der Auftrieb der Schwimmweste und bloßes Wassertreten genügen, um das Segel mit dem Kopf anzuheben. Ferner sollte er im flachen Wasser ausprobieren dürfen, dass ein Surfrigg, das man beim Fallen nach hinten am Gabelbaum festhält, einen kleinen „Fallschirmeffekt" erzeugt und man dadurch langsamer und sehr kontrolliert fällt und dabei immer weiß, wo der Gabelbaum ist. So können weder Gabelbaum noch Mast beim Stürzen an den Kopf schlagen.

Ein wichtiger Zugang für Lehrer zum Problem der aktiven Sicherheit ist der Eigenversuch unter Blindheitsbedingungen: Wer selbst als Skilehrer unter einer lichtdichten Augenbinde einmal Skilift und eine Piste gefahren ist, der Betreuung eines Kollegen „ausgeliefert", wird sehr sensibel für die angesprochenen Probleme.

Jeder Sportlehrer ist für die meisten der angesprochenen Sicherheitsaspekte zunächst allein zuständig. Nur er allein kann die Passung von Aufgabe und Schülervoraussetzungen einschätzen und das Risiko kalkulieren. So hängt das Risiko bei einer Langlaufabfahrt von einer Reihe von Faktoren ab: vom Fahrkönnen des Sehgeschädigten, der Schnee- und Loipenqualität, dem Spurverlauf der Loipe, ob sich diese im freien Gelände oder in einer Waldschneise befindet usw. Im Zweifelsfall sollte er selbst hinunterzufahren, um Tempo, Kurvenlage und Loipenzustand aktiv zu erkunden und die Passung von Anforderung und Leistungsfähigkeit seines Schülers zu überprüfen und ggf. umzukehren. Solche Abwägungen gehören permanent zu den Aufgaben von Sportlehrern. Überbehütung und Verbote stehen ihrem originären Auftrag entgegen, Sicherheit entsteht erst durch ihr kompetentes Handeln und ihr fundiertes Hintergrundwissen.

4.2 Augen- und Sehrestschutz

Sport und Bewegung dürfen keine Gefahr für einen vorhandenen Sehrest heraufbeschwören. Daher ist es bei bestimmten Augenerkrankungen oder -defekten nötig, sportliche Betätigungen nach immanenten Gefahrenquellen abzusuchen und – ggf. nach Beratung mit einem Ophthalmologen – sportliche Belastungen einzuschränken oder ganz zu unterlassen. Insbesondere bei Menschen mit dem Risiko

- der Netzhautablösung (Ablatio)
- der Glaskörperblutung
- der Ausrenkung der Linse (Linsenluxation)
- des Schleudertraumas bei Linsenlosigkeit (Aphakie)
- eines akuten Grünen Stars (Winkelblockglaukom)
- eines Hornhautdurchbruchs (Keratokonus)
- von Durchblutungsstörungen oder Gefäßneubildungen (Diabetes Mellitus)
- sowie bei entzündlichen Vorgängen am und im Auge (Konjunktivitis, Keratitis, Uveitis)

ist besondere Vorsicht geboten und ärztlicher Rat unhintergehbar. Weitere Spezifika sind der einschlägigen Literatur zu entnehmen (z.B. Bolsinger, 1996, 1997; Bolsinger & Herwig, 1999; Draeger & Rossmann, 1983).

5 Literatur[7]

Balz, E. et al (1997). Schulsport – wohin? Sportpädagogische Grundfragen. *Sportpädagogik, 22* (1), 14-28.

Bietz, J. & Scherer, H.-G. (1996). Instruktion, Konzeptbildung und Bewegungsrealisierung bei Blindheit. In R. Daugs, K. Blischke, F. Marschall & H. Müller (Hrsg.), *Kognition und Motorik* (S. 141-146). Hamburg.

---

[7] In die Literaturliste wurden nur zitierte Titel aufgenommen. Eine Publikationsliste aus dem Marburger Projekt „Sport mit Sehgeschädigten" mit ca. 70 Beiträgen ist auf Anfrage zu erhalten.

Bietz, J., Schmidt, D. & Scherer, H.-G. (1997). Sport mit Sehgeschädigten – adressatenorientierte Sportpädagogik in Forschung und Anwendung. In E. Hildebrandt & G. Friedrich (Hrsg.), *Sportlehrer/in heute – Ausbildung und Beruf* (S. 267-273). Hamburg.

Boldt, W. (1993). *Fortschritt und Hinschritt. Beiträge zur Sehgeschädigtenpädagogik.* Würzburg.

Bolsinger, C. A. (1996, 1997). Ophthalmologische und sportmedizinische Aspekte beim Sport mit Blinden und Sehbehinderten. Teil 1: Die Bedeutung des Sports für Sehgeschädigte. Teil 2: Die sportliche Belastbarkeit Sehgeschädigter. *blind – sehbehindert. Zeitschrift für das Sehgeschädigten-Bildungswesen, 116* (2), 110-117 und *117* (1), 18-27.

Bolsinger, C. A. & Herwig, H. (1999). Augenschäden und ihre Auswirkungen auf Belastbarkeit im Sport. In Verband der Blinden- und Sehbehindertenpädagogen e.V. VBS (Hrsg.), *Bericht zum XXXII. Kongress in Nürnberg.* Hannover-Kirchrode.

Breul, P. & Herwig, H. (1994). Judo mit Sehgeschädigten – Unterrichtserfahrung seit 1979. In Verband der Blinden- und Sehbehindertenpädagogen VBS (Hrsg.), *Ganzheitlich bilden – Zukunft gestalten. 31. Kongress der Blinden- und Sehbindertenpädagogen* (S. 559-568). Hannover.

Dewey, J. (1993). *Demokratie und Erziehung.* Weinheim.

Digel, H. (1986). Über den Wandel der Werte in Gesellschaft, Freizeit und Sport. In Deutscher Sportbund (Hrsg.), *Die Zukunft des Sports. Materialien zum Kongress „Menschen im Sport 2000"* (S. 14-43). Schorndorf.

Draeger, J. & Rossmann, H. (1983). Welche Rücksichten sind bei der Sportausübung durch Blinde oder Sehbehinderte zu nehmen? In Verband der Blinden- und Sehbehindertenpädagogen e.V. (Hrsg.), *Standortbestimmung und Neuorientierung. Kongressbericht zum XXIX. Kongress für Sehgeschädigtenpädagogik* (S. 143-152). Hannover-Kirchrode.

Fischer, K. (1996). *Entwicklungstheoretische Perspektiven der Motologie des Kindesalters.* Schorndorf.

Gabel, H. (1984). Der Beitrag der wichtigsten sensorischen Analysatoren zur Gleichgewichtserhaltung. *Motorik, 7,* 129-137.

Goll, H. (1995). *Heilpädagogische Musiktherapie.* Frankfurt/Main.

Heinemann, K. (1986). Zum Problem der Einheit des Sports und des Verlusts seiner Autonomie. In Deutscher Sportbund (Hrsg.), *Die Zukunft des Sports* (S. 112-128). Schorndorf.

Herwig, H. (1988). Windsurfen mit Blinden – eine Herausforderung für die Methodenkonstruktion. *Motorik, 11,* 129-142.

Herwig, H. (1990). Sehbehinderte Kinder und Jugendliche im Sport aus der Sicht des Sportvereins. In Deutscher Behinderten-Sportverband (Hrsg.), *Behinderte Kinder und Jugendliche im Sport. Schriftenreihe des Deutschen Behinderten-Sportverbands e.V., Bd. 5.* (S. 38-45). Duisburg.

Herwig, H. (1990, 1991). Rollen, Gleiten, Balancieren. Didaktisch-methodische Aspekte für den Sportunterricht mit Blinden und Sehbehinderten. *blind – sehbehindert. Zeitschrift für das Sehgeschädigten-Bildungswesen. Teil 1: 110* (4), 201-208; *Teil 2: 111* (1), 10-17.

Herwig, H. (1994). Strategien zum Aufbau adäquater Gleichgewichtsregulationskompetenz im Sportunterricht mit Sehgeschädigten. In Verband der Blinden- und Sehbehindertenpädagogen VBS (Hrsg.), *Ganzheitlich bilden – Zukunft gestalten. 31. Kongress der Blinden- und Sehbehindertenpädagogen* (S. 426-434). Hannover.

Herwig, H. (1996). Fahrradfahren-Lernen und das Gleichgewicht – ein Problem? In J. M. Becker & H. Probst (Hrsg.), *Ansichten vom Fahrrad* (S. 149-178). Marburg.

Hildebrandt, E. & Scherer, H.-G. (1995). Wie Blinde zur Leichtathletik finden, was das für Sehende bedeutet. *Sportpädagogik, 19* (5), 47-53.

Hirtz, P., Kirchner, B. & Pöhlmann, R. (1994). *Sportmotorik. Grundlagen, Anwendungen und Grenzgebiete.* Kassel.

Kahl, R. (NDR). (1992). *Kindheit heute – Das Schwinden der Sinne* [Dokumentationsfilm].

Kiphard, E. J. (1973). *Bewegungs- und Koordinationsschwächen im Grundschulalter.* Schorndorf.

Kosel, H. (1981). *Behindertensport.* München.

Kunz, F. (1993). *Weniger Unfälle durch Bewegung.* Schorndorf.

Kurz, D. (1998). Schulsport in Nordrhein-Westfalen. *Sportunterricht, 47,* 141-147.

Leist, K.-H. (1978). *Transfer im Sport.* Schorndorf.

Marburger Sportpädagogen (1998). Grundthemen des Bewegens. *Sportunterricht, 47,* 318-323.

Maurus, P. (1996). *Vergleichende Untersuchungen zu metaphorischen Instruktionen beim Bewegungslernen.* St. Augustin.

Meinberg, E. (1988). *Das Menschenbild der modernen Erziehungswissenschaft.* Darmstadt.

Metzger, W. (1953). *Psychologie.* Darmstadt.

Moser, V. (1995). *Die Ordnung des Schicksals. Zur ideengeschichtlichen Tradition der Sonderpädagogik.* Butzbach-Griedel.

Prohl, R. (1994). Gestaltungsspielräume und Bildungspotentiale des Sportunterrichts. *Sportunterricht, 43,* 275-285.

Scherer, F. (Hrsg.). (1983). *Sport mit blinden und sehbehinderten Kindern und Jugendlichen.* Schorndorf.

Scherer, F. (1985). Förderung motorischer Fähigkeiten und Sport mit Blinden. In W. Rath (Hrsg.), *Handbuch der Sonderpädagogik, Bd. 2. Pädagogik der Blinden und Sehbehinderten* (S. 190-201). Berlin.

Scherer, H.-G. (1990). *Schilauf mit blinden Schülern. Konstruktion und Evaluation eines Lernangebots.* Beiträge zur Sportwissenschaft, Bd. 15. Frankfurt/Main, Thun.

Scherer, H.-G. (1991). Zum Problem der Bewegungsvorstellung blinder Menschen beim motorischen Lernen. In R. Daugs, H. Mechling, K. Blischke & N. Olivier (Hrsg.), *Sportmotorisches Lernen und Techniktraining* (Bd. 2, S. 182-186). Schorndorf.

Scherer, H.-G. (1996). Zum Problem der räumlichen Orientierung beim sportlichen Bewegungshandeln bei Blindheit. *Motorik, 19,* 75-82.

Scherer, H.-G. (1997). Skilauf als Sport- und Freizeitangebot für blinde Menschen. *REHA & Sport, 1,* 20-27.

Scherer, H.-G. (1998). Ein situationsorientiertes Lernmodell für eine situative Sportart. In G. Schoder (Red.), *Skilauf und Snowboard in Lehre und Forschung. Schriftenreihe der ASH* (Bd. 12, S. 9-33). Hamburg.

Schilling, F. (1974). *Körperkoordinationstest für Kinder. KTK-Beltz-Test.* Weinheim.

Schleiermacher, F. (1957). *Pädagogische Schriften. Die Vorlesungen aus dem Jahr 1826.* Düsseldorf, München.

Schmidt, W. (1998). *Sportpädagogik des Kindesalters.* Hamburg.

Schwier, J. (1994). Sport in den 90er Jahren. *Sportunterricht, 43,* 294-297.

Schwier, J. (1995). *Spiel- und Bewegungskarrieren sehgeschädigter Kinder und Jugendlicher.* Hamburg.

Speck, O. (1987). *System Heilpädagogik.* München, Basel.

Tamboer, J. (1979). Sich-Bewegen – ein Dialog zwischen Mensch und Welt. *Sportpädagogik, 3* (2), 14-19.

Thimm, W. (1971). *Blinde in der Gesellschaft von heute. Untersuchungen zu einer Soziologie der Blindheit.* Berlin.

Thimm, W. (1985). Soziologische Aspekte. In W. Rath & D. Hudelmayer (Hrsg.), *Handbuch der Sonderpädagogik. Bd. 2, Pädagogik der Blinden und Sehbehinderten* (S. 535-568). Berlin.

Tholey, P. (1980). Erkenntnistheoretische und systemtheoretische Grundlagen der Sensumotorik aus gestalttheoretischer Sicht. *Sportwissenschaft, 10,* 7-35.

Volkamer, M. (1984). Zur Definition des Begriffs „Sport". *Sportwissenschaft, 14,* 195-203.

Volkamer, M. & Zimmer. R. (1986). Kindzentrierte Mototherapie. *Motorik, 9* (2), 49-58.

Warren, D. H. (1984). *Blindness and early childhood development. American Foundation for the Blind* (2. Ed.). New York.

Watzlawick, P. (1994). *Die erfundene Wirklichkeit* (8. Aufl.). München, Zürich.

Weinläder, H. (1976). *Leistungen Behinderter im Urteil Nichtbehinderter.* Rheinstätten.

Wygotzki, L. S. (1972). *Denken und Sprechen.* Stuttgart.

Zimmer, R. (1996). *Die Rolle der Psychomotorik in der Erziehung.* Vortrag beim Europäischen Kongress „Psychomotorik in der Entwicklung". Marburg, 19.-21.09.1996.

Peter Kapustin

„Ich will auch!" – Kinder, Jugendliche und Erwachsene mit geistiger Behinderung im Hindernislauf auf dem Weg in die Sport-Gemeinschaft

1   Einleitung

„Über uns ist inzwischen geforscht, geschrieben und bestimmt worden. Eigentlich erfreulich, denn noch bis Mitte der 60er Jahre hatten wir kaum Erlebnis- und Bildungschancen. Das Leben war – oftmals gut behütet – einer einsamen Insel gleich und nur mit Hilfen möglich. Im Zuge der Emanzipations- und Integrationswellen, die auch uns überschwappten, haben sich viele von uns weitgehend freischwimmen können, Selbstbewusstsein und Selbständigkeit entwickelt; viele, allzu viele sind jedoch verunsichert, in Orientierungsschwierigkeiten und brauchen Auftriebshilfen, oftmals einen Rettungsring". So oder ähnlich würden sinngemäß einer unserer älteren Mitarbeiter der Mainfränkischen Werkstätten für Behinderte oder unsere Heimbewoher antworten, wenn nach der Lebenserfahrung gefragt werden würde.

Der Weg zur gesellschaftlichen Integration von Menschen mit Behinderungen ist auf vielfältigen Fährten gesucht und in Ansätzen auch gefunden worden.

Doch manches Bemühen endete in Sackgassen oder wurde durch Hindernisse privater und gesellschaftlicher Art erheblich erschwert. Jüngste Gerichtsurteile, die in Richtung Ausgrenzung, Isolierung oder gar Disziplinierung weisen, sind skandalös und stimmen traurig. In der Sportentwicklung lassen lokale, regionale, bundesweite und internationale Ansätze zur Einbeziehung Behinderter, vor allem auch geistig behinderter Menschen hoffen.

In den folgenden Betrachtungen stehen weniger wissenschaftlich belegte Analysen und pädagogisch-didaktische Fingerzeige im Mittelpunkt, vielmehr sind Interviewaussagen von geistig behinderten Sportlerinnen und Sportlern des Familiensportclubs Lebenshilfe Würzburg Grundlage weiterführender pädagogisch-didaktischer Anregungen.

2   Wer bin ich?

„Ich bin der Wolfgang. Ich bin 34 Jahre alt. Meine Hobbies sind Sport, Malen, Musikhören und Theaterspielen. Ich mag gerne feiern – meinen Geburtstag, meinen Namenstag, Fasching, Weihnachten ... Ich freue mich, wenn ich zu einem Fest eingeladen bin. Ich gehe gerne mit Studenten zum Pizza-Essen.

Ich arbeite in der Sportuni. Hier gefällt es mir besser als in der Werkstatt (für Behinderte). Ich möchte auch Sportlehrer sein ... Meine Behinderung – nein, ich bin nicht traurig, weil ich behindert bin. Nein, es stört mich nicht, weil ich Freunde habe. Wenn ich keine Freunde hätte, dann wäre ich traurig.

Ich kann auch schreiben, lesen, rechnen, ich arbeite oft an meinem Schreibtisch zu Hause ... Nein, so gut wie meine Schwester kann ich nicht schreiben, lesen und rechnen, auch nicht so gut wie mein Bruder ... Ich bin nicht traurig, nein – ich freue mich über meine Arbeit in der Sportuni, der Rainer (Gärtner), der Horst (Hausmeister) und die Studenten ... Nein, immer habe ich nicht Lust zur Arbeit, wenn ich nicht gut drauf bin, Kopfweh, Misch-Masch ... In der Werkstatt (für Behinderte) hat es mir nicht so gut gefallen, viel Streit, die ärgern mich, die lachen über mich.

Nein, warum ich behindert bin, das weiß ich nicht; ich habe noch nicht nachgedacht ... ich bin nicht schwerbehindert, ich denke viel nach über Schwerbehinderte. Ich möchte helfen. Manchmal tue ich mich schwer mit der Wahrheit ... Ich bin nicht traurig ... Ich bin FC Bayern-Fan, ich war im Olympia-Stadion – Toll!"

Wolfgang arbeitet auf einem von den Mainfränkischen Werkstätten Würzburg ausgerichteten Arbeitsplatz am Sportinstitut der Universität Würzburg u.a. als Helfer des Gärtners und des Hausmeisters. Er ist einer von etwa 0,6% eines Jahrganges, die als geistig behindert gelten, und gehört zur Gruppe der Menschen mit Down-Syndrom, die etwa 25% des Personenkreises mit geistiger Behinderung ausmachen und deren Behinderung chromosomal verursacht ist. Weitere Ursachen einer geistigen Behinderung sind u.a. Eiweiß-, Kohlehydrat-, Fett-, Lipoidstoffwechselstörungen, Sauerstoffmangel und mechanische Schädigungen vor, während und nach der Geburt, infolge Krankheiten wie Enzephalitis und Meningitis.

„Als geistig behindert gelten Personen, deren Lernverhalten wesentlich hinter der auf das Lebensalter bezogenen Erwartung zurückbleibt und durch ein dauerndes Vorherrschen des anschauend-vollziehbaren Aufnehmens, Verarbeitens und Speicherns von Lerninhalten und eine Konzentration des Lernfeldes auf direkte Bedürfnisbefriedigung gekennzeichnet ist, was sich in der Regel bei einem Intelligenzquotienten von unter 55/60 findet. Geistigbehinderte sind zugleich im sprachlichen, emotionalen und motorischen Bereich beeinträchtigt und bedürfen dauernd umfänglicher pädagogischer Maßnahmen. Auch extrem Behinderte gehören – ohne untere Grenze – zum Personenkreis" (Bach, 1976, S. 92). Der Deutsche Bildungsrat (1974) gibt eine vorsichtige Orientierung am Intelligenzquotienten und nennt eine Obergrenze von 60 + 5.

Bei aller Diskussion und Festlegung des Begriffes „geistige Behinderung" sind zwei Sichtweisen und Blickrichtungen wichtig:

- Die gesellschaftliche Perspektive, von „Fachleuten" repräsentiert – im sozialen Umfeld praktiziert (Etikettierung: Es ist eben doch ein Unterschied, ob von Menschen mit geistiger Behinderung oder von geistig Behinderten gesprochen wird!)
- In Richtung Defizite oder (auch) in Richtung Entwicklungsmöglichkeiten, Fähigkeiten und Stärken.

Geistige Behinderung definiert sich in unserer Gesellschaft an intellektuellen Normen und Ansprüchen. Die Grenzen wären wohl variabler, tiefer gesetzt in Gesellschaften mit stärkeren lebenspraktischen Bezügen, in denen die Leiblichkeit, ehrliche emotionale Ausdrucksstärke, das Be-Greifen, die Handlung stärker gefordert sind als abstraktes Denken, von Taktik bestimmtes, verdecktes oder imaginäres Handeln.

Es ist erstaunlich, wie optimistisch Wolfgang mit der Erkenntnis umgeht, dass er behindert ist. Heimliche Wünsche, wohl auch Enttäuschungen könnten aber auch hinter der bemerkenswerten Aussage versteckt sein, dass er manchmal Schwierigkeiten mit der Wahrheit habe.

„Ich heiße Manuela und bin 28 Jahre alt. Ich weiß, dass ich behindert bin, ich komme ganz gut zurecht ... Ich denke darüber hinweg ... Ich habe Down-Syndrom. Deswegen habe ich Knieprobleme und manchmal Schwierigkeiten

beim Sprechen. Ich habe Operationen hinter mir. Ich kann nicht gut rechnen und schreiben. – Nein, ich bin nicht traurig, ich bin zufrieden, es gibt viel schlimmere Behinderungen. Ich mache Gymnastik und Sport, damit ich fit bin. Mich stört es nicht, dass ich keinen Führerschein machen kann und keine Kinder kriegen werde. Ich freue mich, dass ich Arbeit habe. Andere behinderte Menschen sind oft traurig, weil sie behindert sind ...

Ich fühle mich noch jung. Ich bin froh, dass ich da bin! Die Seele ist wichtig, auch wenn ich behindert bin. Jeder Mensch hat eine Seele, auch wenn er anders ist als andere. Sogar Schwerbehinderte können sich ausdrücken, manchmal sind sie traurig, manchmal haben Sie ein freundliches Gesicht."

„Ich bin froh, dass ich da bin!" Eine starke Aussage, die glaubhaft ist, die angesichts eines weit verbreiteten Pessimismus in unserer Gesellschaft der so genannten Nichtbehinderten Mut macht und zugleich zu denken gibt. Oftmals überraschen Kinder, Jugendliche und Erwachsene mit geistiger Behinderung durch ihre unverstellte Emotionalität, ihre Ausdrucksstärke, wenn sie ihre Stimmungslage, ihre Gefühle, ihre Ängste, aber vor allem auch ihre Freude zeigen.

Menschen mit geistiger Behinderung lernen „durchgängig vorwiegend anschauend-vollziehend" (vgl. Deutscher Bildungsrat, 1974, S. 21), d.h., sie begreifen, was sie begreifen. Ihr Handeln ist an einen unmittelbaren (er)fassbaren Erfolg gebunden. Es ist zu vermuten, dass der weitaus größere Anteil der Menschen mit geistiger und mehrfacher Behinderung (geschätzt ca. 75%) sich ihrer Behinderung bewusst sind, aber sehr unterschiedlich mit sich und ihrem sozialen Umfeld zurechtkommen. Der kleinere Anteil von Menschen mit einer geistigen Schwerstbehinderung und einhergehender Mehrfachbeeinträchtigung wird wohl intellektuell die eigene Behinderung nicht erfassen, ist aber um so mehr von emotionaler Zuwendung und dem Weg vom Bewegtwerden über das Bewegt-sein zur Eigenbewegung im doppelten Sinn angewiesen (vgl. Kapustin, Kuckuck & Scheid, 2002). Ähnlich zu beurteilen ist die Fähigkeit, Regeln zu verstehen, Wetteifer zu empfinden, den Wettbewerbsgedanken zu verstehen, den Wettbewerb zu wollen und zu beurteilen. Vom Verständnis zum Beispiel der Abseitsregel im Fußball über die Leistungsbeurteilung im unmittelbar sichtbaren Leistungsvergleich bis hin zum individuellen Könnenserlebnis und schließlich zu unmittelbar im Körper wirkenden Empfindungen (z.B. vom Wohlgefühl bis zu Durst, Hunger und Schmerz, von der Bewegungslust bis zur Ermüdung) reicht der Bogen kognitiver, psycho-sozialer und emotionaler Aktionen und Reaktionen in Bewegungs-, Spiel- und Sportsituationen.

„Wenn auch nicht alle geistig Behinderten zum selbständigen Handeln durch Sport geführt werden können, so sollte die Möglichkeit, im Lebensbereich Freizeit durch Bewegung, Spiel und Sport Selbsterfahrung und eine anregungsreiche Erfüllung in sozialer Integration zu finden, jedem Menschen gegeben werden.

Neben der lebenspraktischen und gesundheitsfördernden Bedeutung von Bewegung, Spiel und Sport für geistig Behinderte sind vor allem der Erlebnisgehalt und die Gemeinschaftsgebundenheit hervorzuheben. Die bisher sehr begrenzten Möglichkeiten zur gesellschaftlichen Integration geistig behinderter Menschen über das Familienleben, das Leben in Schulen und sonstigen Einrichtungen hinaus können durch die Begegnung mit nicht behinderten Kindern, Jugendlichen und Erwachsenen bei Spiel-, Tanz- und Sportveranstaltungen, seien sie nun informeller oder öffentlicher Art, erweitert werden. Aus der Partnerschaft mit Gleichaltrigen, mit Eltern, Geschwistern, Lehrern, Erziehern, Übungsleitern usw. können Spiel- und Sportgemeinschaften entstehen.

Ein Angebot für Bewegung, Spiel und Sport geistig Behinderter kann nicht als Alternative zu therapeutischen Fördermaßnahmen gesehen werden; vielmehr sind diese – und das gilt besonders unter medizinischen Aspekten, z.B. bei Epilepsie – in vielen Fällen eine unverzichtbare Voraussetzung und in Einzelfällen lebensbegleitend zu fordern. Bewegungserziehung und Sport sind in ihren Zielsetzungen eng aufeinander bezogen; anzustreben ist Kontinuität von der entwicklungsorientierten Förderung zu den handlungsorientierten Lern- und Erfahrungsfeldern in den Bereichen Bewegung, Spiel und Sport in der Freizeit" (Kapustin, 1986)

3 Wo und mit wem lebe ich?

Wolfgang:

„Ich bin nicht so traurig, weil ich viele Freunde habe ... Lieber wohne ich in meiner Familie, in einem Heim weniger gern, schon eher mit Studenten. Ich mag besonders gern die Ulrike, die Monika, den Andi, die Manuela ... Ja, die sind auch behindert. Ich habe auch Freunde, die nicht behindert sind. Besonders mag ich meine Familie, die Eltern, meine Schwester, meinen Bruder auch ... Gut die Familie. Ich habe noch nie geweint, weil ich viele Freunde habe. Ja, ich kann auch mal traurig sein, wenn ich einen Fehler gemacht habe ... in der Arbeit. Ich arbeite gerne in der Sportuni mit wichtigen Leuten, vielleicht auch mal im Büro, die Studenten sind meine Freunde. In der Werkstatt sind keine wichtigen Leute für mich. Mir ist es lieber, wenn nicht so viele Behinderte um mich sind. Ich darf da manches nicht. Ich möchte hier gute Arbeit machen. Manchmal kann es schon ein bisschen sein, dass ich keine Lust zur Arbeit habe ... Dann bin ich nicht so gut drauf. Manchmal will ich auch daheim allein sein: Ich denke nach, was ich gut und verkehrt gemacht habe.

Ich bin in einer Theatergruppe, ich spiele lieber mit Maske ... ich bin nicht sichtbar ... oder hinter der Leinwand – Schattenspiel. "

Kommentar fast überflüssig! Wolfgang genießt das Familienleben und sucht offensiv die Begegnung, das Miteinander mit nicht behinderten Menschen. Nur von behinderten Menschen umgeben, da wird es ihm zu eng. Sein Wunsch nach Integration stärkt bei Erfüllung sein Selbstbewusstsein; nur im Kreis von gleichartig Betroffenen, das verunsichert ihn. Bei Arbeit und Freizeit möchte er unter „wichtigen" Leuten sein (gemeint sind Vorbilder für ihn, die nicht behindert sind), trotzdem empfindet er eine emotionale Nähe zu einigen ausgewählten Freundinnen und Freunden mit einer ähnlichen Behinderung.

Manuela:

„Ich bin gerne für andere da, z.B. für meine Arbeitsgruppe in der Werkstatt, für den Kleingärtnerverein, für meine Familie und für die Familiensportgruppe. Ich lebe gerne in meiner Familie. Im Wohnheim? Ich habe noch nicht nachgedacht,

ich müsste mich erst daran gewöhnen. Ich mag meine Mutter, meine Schwester und meine beiden Brüder sehr. Wichtig für mich sind die Freunde im Herzen: Andi, Wolfi, Angelika ... jedoch, die sind auch behindert.

Ich bin schon lange in Stift Haug Ministrantin, da habe ich auch Freunde. Menschen sind wichtig, wir sind füreinander da. Im Familiensport gibt es viele Kontakte. Auch in der Werkstatt bin ich in einer Sportgruppe. Ich bin für unseren Herrgott da – Kommunion, Firmung und das Ministrieren sind wichtig für mich ... Gott liebt die Kinder und die Erwachsenen, so wie sie sind!"

„Freunde im Herzen" – emotionale Beziehungen und ein tiefer Glaube sind ihr offensichtlich wichtiger als materielle Werte. Harmonische zwischenmenschliche Beziehungen sind, wie wohl bei den meisten Menschen, Voraussetzung für Zufriedenheit in den Lebensbereichen Wohnen, Arbeit und Freizeit. Erfahrungen in Wohnheimen mit „familiärer" Atmosphäre, in einem freundlichen Umfeld bestätigen, dass behinderte Menschen sich auch wohl fühlen, wenn die ständige Einbeziehung in die eigene Familie nicht möglich oder vom Betroffenen selbst nicht mehr gewünscht wird. Die Gruppenbetreuer in den Werkstätten und Wohnheimen sind weniger als Vorgesetzte und Arbeitskoordinatoren, sondern vielmehr als Partner mit einer starken Zuwendungs- und Integrationskraft gefordert.

Im Sport wird die Gemeinschaft gesucht, sie ist sicher nicht konfliktfrei, aber tragfähiger als die einsame Einzelleistung.

4 „Mein Olympia" – Ich kann und ich will auch ...

Wolfgang:

„Basketball, Volleyball, Tischtennis, Tanzen, Gymnastik mit Musik und Partner, das kann ich, das macht mir Spaß! Vielleicht kann ich Tennis lernen? Joggen, langes Laufen mag ich nicht so ... Ganz fest anstrengen, das kann ich nicht so. Ja, ich mag im Sport was können. Ich freue mich, weil ich dazugehöre. Sport mit Nichtbehinderten, mit Studenten – das gefällt mir. Ich kann mir eine Mannschaft im Basketball mit behinderten und nicht behinderten Spielern gut vorstellen, weil ich in so einer Mannschaft dabei bin. Familiensport – mag ich gern. Ich habe dort viele Freunde. Familiensport und -urlaub – da war ich dabei, das ist toll!

Mein Olympia – das große Sportfest, viele Behinderte, viele Schüler und Studenten, ich bin Helfer beim Aufbau, auch beim Abbau. Die Spielstraße ist gut für Schwerbehinderte. Hier helfe ich mit, ich möchte gerne Übungsleiter sein, habe schon probieren dürfen. "

Manuela:

„Ich mag Sport in der Behindertengruppe in der Werkstatt, aber auch den Sport in der Familiengruppe. Ich habe am Tanzkurs teilgenommen. Ich freue mich besonders auf den Walzer ... Mit meinem Heimtrainer bin ich fit. Ich kann auch Tischtennis spielen. Im Familiensporturlaub in Italien freue ich mich besonders über das Boccia-Turnier.

Mein Olympia – das Sportfest, es freut mich sehr ... Jeder Teilnehmer kann eine Medaille gewinnen. Ich kann wegen meiner Knie nicht laufen, ich schwimme und werfe den Ball. Ich mag Wettkämpfe dann gerne, wo ich auch mitmachen kann.

Ich hoffe für die Zukunft, dass ich noch lange Sport treiben kann – Tanzen, Fallschirmspiele, Trampolin, Tischtennis, Federball, Boccia, vielleicht auch Skilanglaufen. "

Harald, auch ein Mitglied im Familiensportklub und Mitarbeiter in der Werkstatt, hat schon zweimal mit Erfolg und Begeisterung an Kajakkursen für Jugendliche mit geistiger Behinderung teilgenommen. Andreas ist ein rhythmisch begabter akrobatischer Tänzer; er liebt die Show und genießt den Applaus. Ulrike und Lieselotte haben 1983 bereits an den International Special Olympics-Sommerspielen in USA im Schwimmen mit Erfolg teilgenommen. In fast allen Behindertenwerkstätten und -wohnheimen ist auch Fußball sehr beliebt; Training, Turniere und Freundschaftsspiele gehören zum Wochen- und Jahresprogramm. Zunehmend beliebter werden dabei Mixed-Turniere, d.h. behinderte und nicht behinderte Spieler bilden bei Klein- und Großfeldspielen eine Mannschaft.

In der Gründungszeit der Sonderschulen für Geistigbehinderte wurde den Schülerinnen und Schülern „echter" Sport kaum zugetraut. Entsprechend wurden die Bewegungsräume geplant und gestaltet – kleine Gruppen, kleine Räume, geringe Gerätevielfalt und sehr begrenzte Möglichkeiten. Nach der Erarbeitung mutiger, auf Lebenssituationen abgestimmter Lehrpläne, der Qualifizierung der Lehrkräfte und der Umgestaltung der Sportfeste verbreitete sich der „Sport"-Gedanke gegen Widerstände im pädagogischen Feld (vor allem Bedenken gegenüber Leistung und Wettkampf). Das Lehrplankonzept für den Lern- und Erlebnisbereich „Bewegungserziehung und Sport" an Bayerischen Förderschulen zur individuellen Lebensbewältigung und Lebensförderung verbindet die sehr unterschiedlichen Voraussetzungen der Schülerinnen und Schüler mit realen bewegungs-, spiel- und sportbezogenen Lebenssituationen in, außerhalb und nach der Schulzeit. Ich-Stärkung, Gemeinschaftsfähigkeit und sportliche Handlungsfähigkeit stehen in einer dynamischen Wechselbeziehung. Fischer (1981, S. 137) – ein profilierter Sonderpädagoge – stellt an den Lern- und Erlebnisbereich folgende Erwartungen:

- Der Sportunterricht beansprucht Geistigbehinderte ganzkörperlich. Er vermittelt Eindrücke, Erlebnisse und Erfahrungen bezüglich des eigenen Körpers und der eigenen Person.

- Der Sportunterricht stellt Aufgaben, die, wenn sie überschaubar, verstehbar und motivierend vermittelt werden können, zur Sinnfindung und damit auch zu einer anzustrebenden Handlungsfähigkeit beitragen.

- Der Sportunterricht stellt Beziehungen her und schafft Bindungen an die Welt bzw. an Dinge aus der Welt, wie das Klettergerüst, die Halle, das Schwimmbad, aber auch an sogenannte Kleingeräte, wie den Ball, das Seil, die Treppe.

- Der Sportunterricht vermittelt basale, aber auch weiterführende Fähigkeiten und Fertigkeiten, die zur „funktionalen Grundausstattung" beitragen und gleichzeitig das Selbstwertgefühl zu heben vermögen.

- Der Sportunterricht ermöglicht vielfältige Gruppenkontakte, besonders dann, wenn die Heterogenität nicht als störender Faktor, sondern als zu bewältigende Herausforderung gesehen wird. Er trägt bei zur realistischen Einschätzung des eigenen Vermögens und Mögens und macht sensibel für die Bedürfnisse und Leistungen des anderen.

- Der Sportunterricht trägt bei zum „Aufbau der Wirklichkeit", wenn es nicht nur um sportliche Leistungen geht, sondern auch um das Erleben und Erfassen sportlicher Lebenssituationen:
  Wir schauen zusammen ein Eishockeyspiel an.
  Wir besuchen das Olympia-Stadion.
  Wir helfen bei der Gestaltung, beim Aufbau des Sportfestes mit.
  Wir lernen die Sportvereine unserer Stadt kennen.

Für die vorschulische, schulische und nachschulische Bewegungs- und Sporterziehung, die über bewegungstherapeutische Ziele hinausreicht, lassen sich entwicklungs- und handlungsorientierte Lernfelder tendenziell voneinander unterscheiden.

Die **BEWEGUNGSERZIEHUNG** ist stärker entwicklungsorientiert angelegt.

1. Richtziel: Bewegungen an und mit dem eigenen Körper bewusst steuern und koordinieren

Bewegungshandlungen und Erlernen von sportbezogenen motorischen Fertigkeiten sind in ihrer Vielfalt und Qualität von der Fähigkeit des Menschen abhängig, über den eigenen Körper zu verfügen; Funktionstüchtigkeit des Bewegungsapparates, Bewusstheit in der Bewegungssteuerung und Bereitschaft zur Bewegung müssen zunächst auf einem basalen Bewegungsniveau entwickelt sein.

Lernziele/Lerninhalte

* Bewegungsvorbilder aus dem Bereich der Gymnastik wahrnehmen, erkennen und nachahmen
* Bewegungsaufgaben aus dem Bereich der Gymnastik verstehen und nach einer Lösung suchen

2. Richtziel: Raum und Gelände überschauen, sich darin orientieren und vielfältig bewegen

Die Erschließung des Raumes, die Fortbewegung in verschiedenen Geländeformen, das Überwinden von Hindernissen sind alltägliche Anforderungen für den Schüler. Mit wachsender Orientierungsfähigkeit und Bewegungssicherheit kann der Schüler zunehmend aufgeschlossen für Bewegungsspiele und sportliches Handeln auch außerhalb der Schonräume in Wohnung, Heim und Schule werden.

Lernziele/Lerninhalte

* Sich in einen geschlossenen oder eingegrenzten Raum auf ebenem Boden fortbewegen
* Sich aufgaben- und situationsgerecht in verschiedenen Geländearten bewegen

3. Richtziel: Spiel- und Sportgeräte in ihren Eigenschaften kennen und einsetzen

Spiel und Sport bieten den Schülern vielfältige Handlungs- und Erlebnisgelegenheiten. Geeignete Spiel- und Sportgeräte können durch ihren Aufforderungscharakter zum Erproben und Lernen von notwendigen Grundfertigkeiten anregen.

Lernziele/Lerninhalte

* Spiel- und Sportgeräte in ihrem Aufforderungscharakter wahrnehmen und erproben
* Bewegungsvorbilder, -anweisungen und -anregungen zum Umgang mit Spiel- und Sportgeräten aufnehmen und im eigenen Handeln umsetzen

4. Richtziel: Rhythmen aufnehmen, erkennen und in Eigenbewegungen umsetzen

Die rhythmische Ansprechbarkeit ist in allen Altersstufen gegeben. Rhythmen und Musik wirken anregend auf die Stimmungslage der Schüler, können spontane Bewegungsäußerungen auslösen und ordnend die Motorik steuern.

Lernziele/Lerninhalte

* Einfache Rhythmen und Taktformen wahrnehmen, kennen und wiedergeben
* Sich von Rhythmen in der Bewegung führen lassen
* Sich von Rhythmen zur Bewegung anregen lassen

5. Richtziel: Eigenbewegungen der Gruppe oder dem Partner anpassen und bei Bewegungsaufgaben mit Partnern kooperieren

Bewegungserziehung und Sport sind in besonderer Weise zum Aufbau von Partner- und Gruppenbeziehungen geeignet. Für die gesamte Schulzeit gilt das Bemühen, die Schüler vom Nebeneinander zum Miteinander und Füreinander in ihrem Handeln zu führen.

Lernziele/Lerninhalte

* Gruppe und Partner in der Bewegung folgen und in der Bewegung führen
* Gruppen- und Partnerübungen bzw. -aufgaben gemeinsam lösen".

Die **SPORTERZIEHUNG** baut auf den in Wechselbeziehungen stehenden Richtzielen der Bewegungserziehung auf und ist stärker handlungsorientiert auf aktuelle und zukünftige Sport- und Lebenssituationen ausgerichtet.

1. Richtziel: Sich an einfachen Kinder- und Freizeitspielen beteiligen

Zielsituation: Spielgruppe, Familie, Spieltreff, Spielfest – Spielwiese, Spielhof, Spielraum, Spielhalle ...

Lernziele/Lerninhalte

* Lauf-, Sprung-, Fang- und Versteckspiele kennen und spielen
* Einfache Ballspiele kennen und spielen
* Freizeitspiele und Sportspiele kennen und spielen

2. Richtziel: Auf öffentlichen Spielplätzen turnen und spielen

Zielsituation: Öffentlichkeit, Spielgruppe – Kinderspielplatz

Lernziele/Lerninhalte

* Statische Spielplatzgeräte (z.B. Balancierbalken, Tunnelröhre, Klettergerüst, Rutschbahn) annehmen und an ihnen sicherheitsgerecht turnen
* Mit beweglichen Spielplatzgeräten (z.B. Schaukel, Tau, Wippe, Karussell, Tret- oder Elektrofahrzeug) funktions- und sicherheitsgerecht turnen, spielen oder fahren
* Mit beweglichen Holz- oder Kunststoffelementen spielen und bauen

3. Richtziel: Sich um Leistungssteigerung bemühen und an Wettkämpfen teilnehmen

Zielsituation: Übungsgruppe, Wettkampf, Sportfest – Sportplatz, Sporthalle ...

Lernziel/Lerninhalte

* Sich um Leistungssteigerung in den leichtathletischen Grunddisziplinen (Lauf, Sprung, Wurf) bemühen
* Turnerische Grundformen an einigen Geräten (z.B. Boden, Ringe, Bock, Kasten, Trampolin) in Grobform können
* Sportveranstaltungen beobachten und an Wettkämpfen teilnehmen

4. *Richtziel: Sich in öffentlichen Bädern orientieren, im Wasser spielen und schwimmen*

Zielsituation: Öffentlichkeit, Familie – Hallen-, Frei- und Seebäder

Lernziele/Lerninhalte

- Mit den Einrichtungen und Baderegeln eines öffentlichen Schwimmbades vertraut sein und sich selbst versorgen
- Angstfrei im Nichtschwimmerbereich baden und spielen
- Mit und ohne Auftriebsmittel gleiten und schwimmen

5. *Richtziel: Sich in offener Landschaft orientieren und Sport treiben (Frühjahr bis Herbst)*

Zielsituation: Öffentlichkeit, Familie, Spielgruppe – Wiesen, Wälder, Hügel, Berge, wechselnde klimatische Bedingungen ...

Lernziele/Lerninhalte

- In wohnnaher offener Landschaft wandern, laufen oder mit dem Rad fahren
- Sich an Ausflügen in entferntere Wandergebiete beteiligen
- Einfache Geländespiele verstehen und mitspielen

6. *Richtziel: Sich in winterlicher Landschaft orientieren und Wintersport treiben*

Zielsituation: Öffentlichkeit, Familie, Spielgruppe – Schnee, Eis, wechselnde Geländeformen, Loipe, Piste, Eisbahn

Lernziele/Lerninhalte

- Sich im Schnee tummeln und am Spielen beteiligen
- Sich auf Schlitten, Gleithilfen und Skiern in der Ebene und im hügeligen Gelände bewegen
- Auf Eis ohne und mit Gleithilfen rutschen und laufen

7. *Richtziel: Mit Freude tanzen und an Tanzveranstaltungen teilnehmen*

Zielsituation: Öffentlichkeit, Familie, Tanzgruppe – Tanzveranstaltung, Tanzlokal, Fasching

Lernziel/Lerninhalte

- Sich ohne Partner mit einfachen Tanzschritten zur Musik bewegen
- Sich an einfachen folkloristischen Gruppentänzen beteiligen
- Mit einem Partner tanzen

In konkreten Lern- und Erlebnissituationen müssen Einsichten und geeignete Verhaltensweisen zur Gesundheitspflege, zum Natur- und Umweltschutz vermittelt werden. Dem Miteinander und Füreinander kommt eine stärkere Bedeutung zu als dem Gegeneinander im Wetteifer.

Das Spektrum möglicher Sportarten, die Menschen mit geistiger Behinderung erschlossen werden können, hat sich stark erweitert. Wenn der Sport bzw. die Sportarten in ihren Regeln und Normen auf die jeweilige Zielgruppe hin modifiziert werden, dann erweitert sich der aktivierbare Personenkreis erheblich. Hohes Verantwortungsbewusstsein, Geduld, viel Geduld, das Erkennen kleinster Lern- und Leistungsfortschritte sind pädagogische Schlüssel auf dem Weg zum Erfolg. Neben Behindertensportgruppen in Schulen, Werkstätten, Vereinen und Erwachsenenbildungseinrichtungen bewähren sich zunehmend auch integrative Sportgruppen, in denen Menschen mit und ohne Behinderung gemeinsam Sport treiben. Stellvertretend seien genannt:

- Das *Göttinger Modell* (gemeinsames Kinder- und Jugendturnen)
- Das *Würzburger Familiensportmodell* (Familien treiben gemeinsam Sport und gestalten ihre Freizeit integrativ)
- Das Hamburger Modell *„Sport Omnibus City Nord"* (ein offener Sportmarkt für Menschen mit und ohne Behinderungen).

5 Ich gehöre dazu ...

Während beim Göttinger Modell etwa gleichaltrige Kinder und Jugendliche mit und ohne Behinderung gemeinsam turnen und sportlich aktiv sind, zielt das Würzburger Modell auf Familien mit und ohne behinderte Kinder ab. Der integrative Ansatz im Familiensport bestimmt nicht nur die Organisationsform (Eltern und Kinder, z.T. auch im Erwachsenenalter, kommen gemeinsam zum Sport), sondern auch die Auswahl der Sportarten bzw. der Arten, Sport zu treiben, das akzentuierte Miteinander in den Sportstunden bei Festen und Feiern, bei Showvorführungen (z.B. Deutsches Turnfest in Berlin 1987, Olympiatag

München 1990, evangelischer Kirchentag München 1993) und während der gemeinsamen Sommer- und Wintersportferien (vgl. Kapustin, 1991).

Integration ist ein Bewegungsprozess, vor allem auf emotionaler Ebene, bei dem die Integrationspartner sich gegenseitig auf den Weg zum Miteinander machen. Integration kann von außen angebahnt, gefördert, aber kaum in ihrer Qualität beurteilt werden. Integrationsbereitschaft und -fähigkeit wurzeln in der allerdings beeinflussbaren Emotionswelt des Einzelnen.

Der von außen erwünschte, initiierte und beobachtbare Prozess der Integration in einer Institution (Kindergarten, Schule, Arbeitsplatz u.Ä.) oder informell in offenen, privaten Situationen kann partiell zu einem unterschiedlichen Maß an sozialer Integration – oft nur zur bloßen Eingliederung – führen.

Integration ist zu allererst eine subjektive Erlebnisqualität. Jeder muss für sich bestimmen, ob und wie er sich integriert fühlt und in welche sozialen Gruppen er integriert sein möchte. „Jeder hat ganz eigene soziale Integrationsbedürfnisse. Der eine fühlt sich überall zu Hause, bekommt nicht genug an sozialen Kontakten, der andere fühlt sich am wohlsten in seiner kleinen Welt" (Speck, 1998, S. 293).

Das Integrationsbedürfnis eines Kindes, Jugendlichen oder Erwachsenen mit Behinderung ist für Außenstehende oft verborgen. Die Integrationsfähigkeit, die auch an Ausdrucksfähigkeit, Körpersprache, Mimik, Gestik und an die verbale Sprache gebunden ist, kann – behinderungsbedingt – erheblich eingeschränkt sein. Eine Schlüsselaufgabe – den „Schlüssel" bspw. zum behinderten Kind – kommt der Mutter, dem Vater oder einer emotional nahestehenden Bezugsperson zu , da sie dort, wo die Sprache versagt, sogar Nuancen der Körpersignale verstehen und in ihrer Bedeutung vermitteln können.

Die Integration eines Menschen, besonders eines behinderten Menschen, beginnt mit einer stabilisierenden Persönlichkeitsentwicklung in engstem Zusammenhang mit der emotionalen Nähe der Familie, der unmittelbaren Bezugsperson. Somit beginnt für die meisten der Integrationsprozess mit der emotionalen Akzeptanz in der Familie. Die Qualität des Familienlebens entscheidet maßgeblich über die Entwicklungschancen der Kinder, eben auch und besonders der behinderten Kinder. Bewegung, Spiel und Sport können die Qualität des Familienlebens heben, frei nach dem amerikanischen Motto „The familiy that plays together stays together".

Familien mit behinderten Kindern sind oftmals selbst in einer „behinderten" Situation. Der Erlebnis- und Erfahrungsaustausch von betroffenen Familien, aber auch das Miteinander mit Familien ohne behinderte Kinder können als ein weiterer Integrationsschritt hinein in das gesellschaftliche Leben hilfreich sein.

Das spielerisch-sportliche Miteinander innerhalb der Familie erweitert sich erheblich in der Begegnung mit anderen Familien, den anderen Kindern, Müttern und Vätern, gelegentlich auch Tanten, Onkeln oder Großeltern. Als Familiengemeinschaft – auch in organisierter Form als Verein – ist eine Integration in größere soziale Ganzheiten (z.B. Stadtteil, Kommune, Sportorganisation, Kirchengemeinde) möglich.

Die Familiensportgruppe ist eine Brücke von dem engeren Familienkreis zu offenen sozialen Begegnungssituationen vor allem im Freizeitbereich. Die behinderten Kinder und Jugendlichen – in Einzelfällen auch die Erwachsenen – lösen sich gewissermaßen an der „langen Leine" von den eigenen Eltern und auch von den Geschwistern, um das Netz interfamiliärer Bindungen mit zu knüpfen. Die vor- oder halbstrukturierte Situation in der Familiengruppe ist vor allem für geistig behinderte Menschen wie ein Geländer, das Halt gewährt auf dem Weg zur Integration in noch offenere Situationen. A. Vermeer (1982, S. 9) ist somit zuzustimmen, wenn er betont: Wer geistig behinderten Menschen „nicht etwas gibt, dem sie Sinn zuschreiben können, begeht einen ebenso großen Fehler wie jemand, der ihnen Raum gewährt, der durch sie nicht zu strukturieren ist".

Erlebnishöhepunkte im Sport für und mit geistig Behinderte(n), Kinder(n), Jugendliche(n) und Erwachsene(n) sind Sportferien, aber auch Spiel- und Sportfeste auf lokaler, regionaler, landes- und bundesweiter Ebene. „Mein Olympia" – ein Spiel- und Sportfest im Sinn der weltweiten *Special Olympics Bewegung* ist in Unterfranken seit 1984 der jährliche Versuch, möglichst allen Schülerinnen, Schülern und Erwachsenen mit geistiger und mehrfacher Behinderung im Einzugsgebiet ein besonderes Erlebnis zu vermitteln. Inzwischen beteiligen sich an den Leichtathletik- und Schwimmwettbewerben, an den Ballspiel- und Geschicklichkeitsturnieren, an der Spielstraße mit über 40 wettkampffreien Einzel-, Partner-, Gruppenspielen sowie an einer Erlebniswanderung ca. 2.500 behinderte Sportlerinnen und Sportler aus Schulen, Werkstätten und Wohnheimen. Weitere 2.000 Betreuer(innen), Haupt- und Realschüler(innen) Gymnasiasten(innen) und Studierende, Eltern und Vereinsübungsleiter(innen), Lehrer- und Gruppenleiter(innen), Bundeswehrsoldaten und ein weiterer Helferkreis lassen das Fest zu einer für alle unvergesslichen Begegnungsveranstaltung werden. Wissen-

schaftlich begleitete Untersuchungen bestätigen den nachhaltigen Begegnungs-
eindruck auch der nicht behinderten Organisations- und Betreuungshelfer (vgl.
Kapustin, Ebert & Scheid, 1992; Scheid, 1995).

Die Idee von „*Special Olympics*" ist die Anpassung des Sport- und Spielpro-
gramms an die besonderen Voraussetzungen und Interessen der Teilnehmerin-
nen und Teilnehmer: Wahlmöglichkeiten und ein möglichst gerechtes, überschaubares Klassifizierungssystem. Wer den Wettbewerb nicht oder noch nicht
versteht bzw. nicht will, kann an den wettkampffreien Spielen teilnehmen und
seine/ihre Medaille erspielen. Die Wettkampffreudigen können aus verschiedenen Sportarten oder Sportdisziplinen auswählen. Die Einteilung erfolgt in über-
schaubare Wettkampfgruppen (4-8 Teilnehmer), getrennt nach Geschlecht, Altersgruppe und entsprechend der Leistungsfähigkeit. Mit der Meldung für eine
Sportdisziplin muss die Trainings- bzw. Wettkampfleistung mitgeteilt werden.
Bei mehrtägigen Veranstaltungen können auch Klassifizierungstests im Vorfeld
der Wettkämpfe durchgeführt werden[1].

Wettkämpfe mit Meisterschaftscharakter und Rekordlisten im Sport geistig behinderter Menschen sind problematisch, da dann viel weniger die persönlichen,
unmittelbar wahrnehmbaren und relativen Leistungen im Mittelpunkt stehen,
sondern verstärkt die an Normen orientierten absoluten Spitzenleistungen maßgeblich sind. Der Personenkreis, der den abstrakten Leistungsvergleich (u.a.
Normenvergleich, Ausscheidungswettkampf) versteht, ist stark eingegrenzt. Die
Hauptschwierigkeit liegt zudem in der deutlichen Abgrenzung der Zielgruppe.
Außerdem ist zu befürchten, dass ein in mehrfacher Hinsicht ungesunder Ehr-
geiz bei den Sportlerinnen und Sportlern, bei den Eltern und Betreuern aufkommen könnte. Bekannte negative Entwicklungen wie im Spitzensport müssen
ausgeschlossen bleiben.

6   Ich wünsche mir ...

„... *Frieden, Glück und Gesundheit, damit ich auch zukünftig noch Sport treiben
kann ... dass mir auch im Sport etwas gelingt. Ich will nicht nur fernsehen, ich
will etwas können, darauf will ich stolz sein.*" *(Manuela)*

---

[1] Nähere Informationen bieten Special Olympics Deutschland, der Deutsche Behinderten-
Sportverband oder seine Landesverbände sowie die Bundesvereinigung Lebenshilfe.

„... viel Sport: Tänze, Fallschirmspiele, Trampolin, kleine Wettkämpfe, Tisch-tennis, Federball, Boccia, Skilanglauf ... Ich mag Wettkämpfe, wenn ich auch mitmachen kann. " (Manuela)

„... dass ich etwas kann, dass ich dazugehöre zur Sportgruppe, zur Mannschaft ... mit Nichtbehinderten. Übungsleiter zu sein, ja das macht mir Spaß ... schade, dass ich nicht Sport studieren kann. Toll – manchmal darf ich Übungsleiter sein – im Familiensport. " (Wolfgang)

Die Wünsche der Interviewpartner – auf Sport bezogen – bewegen sich zwischen Bewahren, Erreichbarem und Früchten jenseits des (noch) Nichterreichbarem. „In Kettentanzen" – eine symbolische Beschreibung der Erfahrungen, denen Menschen mit Behinderung auch im Sport oftmals begegnen, Ketten, die sie behindern und die sie abwerfen wollen, Ketten, mit denen sie zu leben lernen müssen und zu leben gelernt haben – Ketten, die auf dem Weg zum Miteinander, zum sozialen „Internet" gelockert, gelöst oder gar gesprengt werden müssen. Bewegung, Spiel und Sport bieten Chancen zum Tanzen ohne oder zumindest mit gelösten Ketten, wenn Regeln und Normen dem Menschen angepasst werden und nicht umgekehrt die Anpassung des Menschen an Regeln und Normen im Sport erzwungen wird.

7   Literatur

Bach, M. (Hrsg.). (1976). *Sonderpädagogik im Grundriss*. Berlin.

Deutscher Bildungsrat (1974). *Sonderpädagogik 3 – Geistigbehinderte u.a.* Stuttgart.

Fischer, D. (1981). Aspekte der Erziehung und Bildung geistigbehinderter Kinder und Jugendlicher. In S. Größing (Hrsg.), *Bewegungserziehung und Sportunterricht mit geistig behinderten Kindern und Jugendlichen* (S. 113-139). Bad Homburg.

Kapustin, P. (1981). Lebenssituation als Zielorientierung für Lehrplangestaltung und Unterricht im Fachbereich „Bewegungserziehung und Sport" an der Sonderschule für Geistigbehinderte. In S. Größing (Hrsg.), *Bewegungserziehung und Sportunterricht mit geistig behinderten Kindern und Jugendlichen* (S. 181-215). Bad Homburg.

Kapustin, P. (1986). Sport mit geistig behinderten Kindern, Jugendlichen und Erwachsenen. In Bundesvereinigung Lebenshilfe für Geistig Behinderte e.V. (Hrsg.), *Sport geistig Behinderter* (A 4, S. 1-12). Marburg.

Kapustin, P. (1991). *Familie und Sport*. Aachen.

Kapustin, P., Ebert, N. & Scheid, V. (1992). *Sport für Erwachsene mit geistiger Behinderung*. Aachen.

Kapustin, P., Kuckuck, R. & Scheid, V. (Hrsg.). (2002*). Bewegung und Sport bei schwer- und mehrfachbehinderten Menschen*. Aachen.

Scheid, V. (1995). *Chancen der Integration durch Sport*. Aachen.

Speck, O. (1998). *System Heilpädagogik. Eine ökologisch reflexive Grundlegung* (4. Aufl.). München.

Vermeer, A. (1982). Die Bedeutung der Bewegungserziehung für die Entwicklung geistig Behinderter und für ihre Integration in unsere Gesellschaft. In *Loccumer Protokolle*, 28, 4-17.

Ralf Kuckuck & Lutz Worms

Menschen mit schwerer Behinderung im Sport

1 Einleitung

Bewegung und Sport, das freundschaftliche Sich-miteinander-Betätigen und -Messen, gehören entwicklungsgeschichtlich zu uns Menschen. Sie sind und waren also auch schon immer Anteile unseres Lebens, die in uns stecken und denen wir uns gerne widmen. Wir suchen und finden in der Bewegung und im Sport u.a. einen Ausgleich zu unserer alltäglichen Belastung und eine Steigerung unseres Wohlbefindens. Unter Umständen dient die lustvolle und angenehme Gestaltung der körperlichen Aktivität aber auch präventiven und/oder rehabilitativen Zwecken. Bewegung und Sport halten uns also fit und gesund oder führen uns gar aus einem Zustand von Krankheit, Behinderung und Unwohlsein zurück auf den Weg von Gesundheit und Wohlbefinden.

Dieser doch eher allgemein formulierte Sinngehalt menschlicher, bewegungsorientierter und sportlicher Betätigung ist bei allen Zielgruppen und Altersschichten unserer humanen Gesellschaft anzutreffen. Egal ob jung oder alt, klein oder groß, nicht-behindert oder behindert und gesund oder krank, der Sport und die Bewegung offerieren uns Inhalte, die ein jeder von uns auf seine individuelle Weise nutzen kann.

Betrachten wir unsere Gesellschaft und das Spektrum der menschlichen Erscheinungsformen, so fällt insbesondere die beeindruckende Heterogenität auf. Wir Menschen sind nicht „über einen Kamm zu scheren" oder auch nicht „in eine Schublade zu stecken". Einerseits bilden wir kleinere oder größere Gruppen mit mehr oder weniger vielen Gemeinsamkeiten, andererseits besitzen wir aber auch ein so hohes Maß an Individualität, dass es uns einzigartig erscheinen lässt.

Vor dem Hintergrund dieser Gemeinsamkeiten und Unterschiede unseres menschlichen Daseins sollen auch unsere Bewegung und unser Sport betrachtet werden. Selbstverständlich existieren unzählige Forschungsergebnisse und Publikationen, die u.a. über Zugangsweisen zur Bewegung und zum Sport, über Motivstrukturen unserer sportlichen Aktivitäten etc. berichten. Doch bei all diesen Gemeinsamkeiten, den statistisch nachweisbaren Merkmalen, die große und kleine Gruppen unserer Gesellschaft betreffen, besitzen Sport und menschliche Bewegung Aspekte und sinnhafte Betätigungsmöglichkeiten, die von einem jeden Menschen individuell und einzigartig betrachtet und umgesetzt werden. Nachfolgend soll auf Gemeinsamkeiten und Besonderheiten der Bewegung und des Sports von Menschen mit schwerer Behinderung eingegangen werden.

2   Menschen mit schwerer Behinderung in unserer Gesellschaft

„Nicht-behindert" oder „behindert" sind seit langem gebräuchliche Ausdrucksformen, mit denen die Menschen in unserer Gesellschaft grob kategorisiert und beschrieben wurden. „Gesundheit", „Krankheit" und „Behinderung" sind ebenfalls Termini bekannter Kategorisierungsversuche. Mittels Definitionen und Beschreibungen werden Gruppen von Menschen gebildet, in denen vordergründig ihre allgemeinen Merkmale und Besonderheiten adäquat erfasst und berücksichtigt werden können.

Gesundheit ist uns in der Regel als ein Zustand „der Abwesenheit von Krankheit oder Behinderung" bekannt oder wird von der World Health Organization (WHO) als Zustand „körperlichen, psychischen, und sozialen Wohlbefindens" definiert. Es zieht sich wie ein roter Faden durch viele Erklärungsversuche, dass nicht das Besondere und Einzigartige des Individuums herausgestellt werden, sondern das Defizit, das nicht einer gesetzten Norm entspricht. Die WHO benutzt zur Darstellung einer Behinderung das bekannte 3-Stufen-Modell und definiert Behinderung und deren Auswirkungen wie nachfolgend dargestellt.

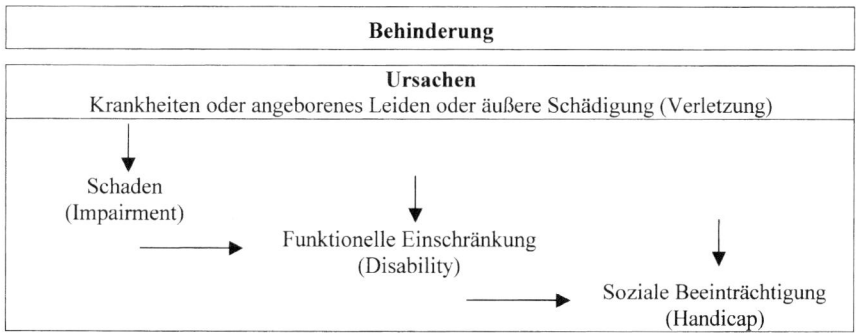

Abb. 1: WHO-Definition „Behinderung", 1981

Im Einzelnen wird je nach Sichtweise, sei es aus pädagogischem, medizinischem, beruflichem oder gesellschaftlichem Blickwinkel, eine spezifische Beschreibung des Begriffs „Behinderung" gewählt. Der Begriff „Behinderung" erfährt so auf Grund der vielen unterschiedlichen Behinderungsarten, -formen, -grade sowie deren Beschreibungsansätzen viele zusätzliche Aspekte.

Bekannt sind uns Beschreibungsformen wie z.b.
*   Körperbehinderungen
*   Geistige Behinderungen
*   Psychische Behinderungen.

Sinnvoll erscheinen so auch weitere Unterteilungen die u.a. „mehr
*   im pädagogisch-psychologischen,
*   im medizinischen,
*   im methodisch-praktischen oder
*   im anthropologischen Sinn- und Wertbereich
liegen" (Rieder, 1996, S. 28).

Beschreibungen allgemeiner Art erlauben aus therapeutischer Sicht u.a. die Festschreibung eines allgemeinen Entwicklungsplanes, in dem Bewegung und Sport ein Aspekt und Element sein können. Wer in unserer Gesellschaft behindert ist (oder auch wird), wird in seinem „Behindert-Sein" auf den Grad der Behinderung hin untersucht und definiert. Dies ist die Basis für Hilfen und Leistungen unseres sozialmedizinischen und solidargemeinschaftlichen Systems.

Neben den zuvor genannten Einteilungsformen wird also per Gesetz festgelegt, ob es sich um eine Behinderung i.S. des Gesetzgebers handelt und u.U. sogar um eine „schwere Behinderung". Der „Grad der Behinderung" hat seit 1986 den zuvor gebräuchlichen einseitigen Begriff „Minderung der Erwerbsfähigkeit", der den beruflichen Aspekt widerspiegelt, abgelöst. Der „Grad der Behinderung" wird in Zehnergraden ausgedrückt, wobei die Werte zwischen 10 und 100 liegen können. Eine Behinderung liegt dann vor, wenn der Grad der Behinderung mindestens bei 20 liegt. „Behinderte, deren „Grad der Behinderung" wenigstens 50 beträgt und die in der Bundesrepublik wohnen, ihren gewöhnlichen Aufenthalt haben oder hier beschäftigt sind, sind Schwerbehinderte" (Bundesministerium für Arbeit und Sozialordnung, 1997, S. 10).

Wenn der Grad einer Behinderung dann attestiert ist, stellt das Versorgungsamt einen Behindertenausweis aus. Dieser ist neben spezifischen Gutachten u.a. die Basis für Maßnahmen zur Unterstützung und Förderung eines Menschen mit

Behinderung, wobei im Schwerbehindertengesetz noch besondere Hilfen und Assistenzen festgelegt sind. Der Kündigungsschutz und der Zusatzurlaub sind zwei besonders hervorzuhebende Bestandteile dieses Gesetzes.

Aber was sagt eigentlich ein Behindertenausweis über den Menschen aus?

Das Statistische Bundesamt hat für das Berichtsjahr 1997 folgende Angaben veröffentlicht:

Tab. 1: Altersspezifische Angaben zur Schwerbehindertenstatistik

Alter	Gesamt	Männlich	Weiblich
unter 4 Jahre	15.257	7.975	7.282
4 - 6 Jahre	16.248	8.589	6.659
7 - 15 Jahre	95.842	55.558	40.284
16 - 18 Jahre	35.599	20.567	15.032
19 - 25 Jahre	92.587	53.486	39.101
26 - 35 Jahre	268.036	150.972	117.064
36 - 45 Jahre	415.801	226.343	187.458
46 - 55 Jahre	661.851	382.370	299.481
56 - 60 Jahre	755.101	445.408	309.693
61 - 62 Jahre	356.207	218.350	137.857
63 - 65 Jahre	520.809	321.331	199.478
über 66 Jahre	3 388.819	1 628.183	1 760.636
	6 621.157	**3 501.132**	**3 120.025**

Im Berichtsjahr 1997 waren in Deutschland weit über 6,5 Millionen Menschen schwerbehindert, wobei anhand einer geschlechtsspezifischen Analyse ein leichter Überhang zugunsten der Männern nachgewiesen werden kann. Mit zunehmendem Alter steigt dabei die Anzahl schwerbehinderter Menschen in diesen jeweiligen Altersgruppen an. Bedacht werden muss in diesem Zusammenhang aber die Entwicklung unserer Gesellschaft, deren Alterspyramide eine deutliche Zunahme älterer Menschen aufweist.

Tab. 2: Angaben zur Verteilung „Schwerer Behinderung" im Berichtsjahr 1997

Grad der Behinderung	Gesamt	Männlich	Weiblich
50 Prozent	1 910.156	1 089.806	820.350
60 Prozent	1 067.679	587.598	500.081
70 Prozent	789.160	416.550	372.610
80 Prozent	882.647	443.834	438.813
90 Prozent	365.383	182.290	183.093
100 Prozent	1 606.132	801.054	805.078

Die Tabelle 2 verdeutlicht, dass mehr als 2,8 Millionen Menschen in der Bundesrepublik Deutschland einen Grad der Behinderung aufweisen, der bei 80 Prozent und höher liegt.

Anhand der Tabelle 3 werden die Angaben des Statistischen Bundesamtes zur Art der schweren Behinderung für das Berichtsjahr 1997 dargestellt.

Tab. 3: Angaben zur Art der „Schweren Behinderung"

Art der Behinderung	Gesamt	Männlich	Weiblich
Verlust oder Teilverlust von Gliedmaßen	107.013	86.441	20.572
Funktionseinschränkung der Gliedmaßen	1 005.616	537.443	468.173
Funktionseinschränkung der Wirbelsäule	1 009.873	509.709	500.164
Blindheit oder Sehbehinderung	343.192	143.075	200.117
Sprach- oder Sprechstörungen	260.409	146.360	114.049
Verlust einer Brust oder Entstellungen	172.177	5.465	166.712
Beeinträchtigung der inneren Organe	1 982.302	1 128.095	854.207
Querschnittslähmung	972.946	522.483	450.463
Sonstige	767.629	422.061	345.568

Mit über 2 Millionen Menschen sind die Personengruppen, die von Beeinträchtigungen und Behinderungen der Gliedmaßen und der Wirbelsäule bzw. von Beeinträchtigungen der inneren Organe betroffen sind, in etwa gleich groß. Annähernd 1 Million Menschen sind behindert auf Grund einer Querschnittslähmung und bilden die nachfolgend größte Gruppe schwerer Behinderungen. Die Ursachen dieser „Schweren Behinderungen" sind vielfach begründet.

Tab. 4: Angaben zur Ursache der „Schweren Behinderung"

Ursache der Behinderung	Gesamt	Männlich	Weiblich
Angeborene Behinderung	309.590	168.078	141.512
Arbeitsunfall, Berufskrankheit	90.547	78.709	11.838
Verkehrsunfall	45.028	32.203	12.825
Häuslicher Unfall	10.131	6.145	3.986
Sonstiger Unfall	32.694	22.396	10.298
Kriegsbeschädigung	212.286	202.367	8.919
Allgemeine Krankheit	5 616.475	2 826.451	2 790.024
Sonstige ... mehrere Ursachen	304.406	163.783	140.623

Nicht die Unfälle am Arbeitsplatz, im Verkehr oder im Haushalt bilden den Schwerpunkt der Ursachen ‚schwerer Behinderung‘. Mehr als 300.000 Menschen haben angeborene schwere Behinderungen, und allgemeine Krankheiten bilden mit mehr als 5,6 Millionen Fällen die Hauptursache einer Beeinträchtigung, deren Folgen die Feststellung einer „schweren Behinderung" nach sich ziehen.

3 „Schwere Behinderung" – Betrachtung der Mehr(-fach)dimensionalität eines Begriffes

3.1 Allgemeine Anmerkungen

„Normal", „Nicht-normal", „Behindert", „Nicht-behindert", „Schwerbehindert", „Schwerstbehindert", „Mehrfachbehindert", „Schwerstmehrfachbehindert" etc.

Wer hat nicht schon alle oder zumindest einen Teil dieser Begriffe und Beschreibungsformen gehört? Wer sieht sich in der Lage, genaue Abgrenzungen und Unterschiede aufzuzeigen? Wer wird nicht unsicher dabei, wenn er die Begriffe selbst benutzen möchte oder soll?

Publikationen und wissenschaftliche Beiträge beginnen immer wieder mit definitorischen Begriffsbestimmungen oder unternehmen den Versuch, Personengruppen soweit zusammenzufassen, dass diese mit allgemeinen Beschreibungen treffend und möglichst objektiv charakterisiert werden können. Steckt der Wunsch hinter diesen Versuchen, sich Klarheit zu verschaffen, Objektivität zu erlangen im Bewusstsein der eigenen Unsicherheit? Ist es uns wirklich gegeben, nach Begriffen und Ausdrucksformen zu suchen oder diese zu gestalten, um uns auf verständliche und nachvollziehbare Art und Weise einen Handlungsraum und -rahmen zu ermöglichen? Und kann denn das Ergebnis eigentlich unser wirkliches Ziel, einander zu verstehen, mit sich bringen?

Regeln, Werte und Normen menschlichen Seins lassen sich vordergründig anhand von Begriffen, Termini und Gesten festmachen. Diese Regeln und Normen sind in vielen Bereichen unseres alltäglichen Lebens feste und notwendige Bestandteile. Begriffe, Definitionen etc. haben unumstritten einen positiven Beitrag im Hinblick auf unsere Lebensgestaltung geleistet.

Worte und Begriffe besitzen in unserem Leben nicht nur die Funktion einer komplizierten Regelungs- und Steuerungsschaltung wie z.B. im Bereich der

Elektronik. Befehle und Handlungsanweisungen in Form knapper, präziser Wortgebilde verursachen Handlungsprozesse unterschiedlicher einfacher und komplexer Art. Worte und Definitionen als Ausdrucksform besitzen aber auch auslösende und lenkende Kraft in einem Prozess, der Leben heißt.

Im Bereich der Medizin vermag der dramatische Ausdruck „Herzinfarkt" ein komplexes, strukturiertes Handlungs- und Arbeitsschema vieler Beteiligter auszulösen, in der Hoffnung, ein Menschenleben zu retten. Ebenso gibt es Worte, die sowohl Hilfegefühle und Mitleid als auch negative Assoziationen, Vorbehalte, Stigmata erzeugen; behindert zu sein, heißt eben gleichermaßen, außerhalb der Normalität zu verbleiben, sich in einer Randgruppe zu befinden, das „Hoffentlich-trifft-es-mich-nicht-Gefühl" zu provozieren. Es scheint ein Ausdruck des schnelllebigen Zeitgeistes zu sein, unser Leben in all seinen Ausprägungsformen auf wenige, treffende Worte zu reduzieren. „Einfach und klar!" – das ist durchaus positiv und im Grundsatz zu unterstützen. Aber hält es der individuellen Vielfalt menschlichen Daseins, dem Vorwurf von „Schubladendenken" stand?

3.2 Überdenken eines Betrachtungsansatzes – „Was nützt uns eine Begrifflichkeit?"

Leicht unterliegen wir dem Irrglauben, die Beurteilung eines schwerbehinderten Menschen unter Zuhilfenahme von Begriffen und Fachausdrücken vornehmen zu können, ohne zuvor eine genaue Betrachtung unseres Gegenübers geleistet zu haben. Gibt es denn den „Schwerbehinderten" bzw. den „schwerbehinderten Menschen" überhaupt? Ist das nicht Ausdruck einer reduktionistischen Denkweise, und lässt diese Begrifflichkeit überhaupt eine Sichtweise zu, die den ganzen Menschen, seine Qualitäten, sein Können hervorhebt?

Es stellt sich doch die Frage, inwieweit die individuelle Betrachtung und Einschätzung nicht deutlichen Vorrang vor einer allgemeinen Beschreibung mittels Definitionen und allgemeingültiger Termini besitzen muss. „Schwerbehindert" als gesetzlich geregelter und damit inhaltlich abgesicherter Begriff (Grad der Behinderung ab 50 – GdB) kann nicht das Maß der Dinge sein und als einzige Grundlage angesehen werden. Die Daseinsformen menschlicher Individualität und ihre zwischenmenschlichen Auswirkungen sind so gewaltig, dass der Beobachter doch immer aufgefordert sein muss, neben einer äußerst groben Orientierung mit Hilfe der Einschätzung „Grad der Behinderung" sein Gegenüber als Teil des eigenen Lebens zu sehen und anzunehmen.

Die Bildung von terminologischen Subsummerierungen ist zwar eine gebräuchliche Vorgehensweise:

- schwerkörperbehinderte Menschen
- schwerstkörperbehinderte Menschen
- schwergeistigbehinderte Menschen
- schwerstgeistigbehinderte Menschen
- schwermehrfachbehinderte Menschen
- schwerstmehrfachbehinderte Menschen etc.

Aber was sagen sie aus? Diese Wortbildungen basieren auf dem Bestreben und der Vorstellung, menschliche Erscheinungs- und Behinderungsformen und deren Schweregrade mittels allgemeingültiger und möglichst aussagekräftiger Termini beschreiben zu können.

Die distanzierte Betrachtung von „schwerer Behinderung" lässt wohl eine oberflächliche, grobe Charakterisierung von unserer Seite aus zu, die möglicherweise in der Form erfolgen kann, dass es sich um

- sichtbare und/oder
- nicht sichtbare Formen schwerer Behinderungen handelt.

Aber was nützt uns das? Es erleichtert das „Sich-und-den-anderen-Einordnen", denn wenn wir in der Lage sind, größere oder sehr große Personengruppen über typische Charakteristika beschreiben zu können, sieht sich auch die Wissenschaft in der günstigen Ausgangsposition, u.U. statistisch nachweisbare, allgemeingültige und -relevante Aussagen und Ergebnisse über diese Gruppen vorlegen zu können.

Nun wird aber die Wissenschaft gerade im Bereich „Menschen mit schweren Behinderungen" mit erheblichen Problemen konfrontiert. So ist es kaum möglich, homogene Personengruppen für Test- und Kontrollgruppen zusammenzustellen, um eine wissenschaftliche, statistisch relevante Ausgangsbasis zu bilden. Die wissenschaftliche Betrachtungsweise beinhaltet vielmehr in der Regel die Ausgangssituation, Informationsgewinnung mittels Einzelfalluntersuchung und -analyse zu akzeptieren. Inwieweit dies zur Bildung und Absicherung wissenschaftlich relevanter und aussagekräftiger Ergebnisse beitragen kann, ist fraglich.

Existierende Definitionsansätze und Beschreibungsversuche von Menschen mit schweren Behinderungen sollten aus diesen Gründen aber nicht grundsätzlich in Frage gestellt werden. Vielmehr dienen sie unter Einbeziehung intra- und interindividueller Daten als Orientierungshilfe einer

- ganzheitlich ausgerichteten,
- aber individuell ansetzenden Betrachtung und Wertschätzung schwerbehinderten Menschen und
- der Beurteilung und Einschätzung ihrer Fähig- und Fertigkeiten.

Verwiesen sei an dieser Stelle nochmals auf den hohen Anteil von mehr als 5,5 Millionen Menschen, die als „Schwerbehinderte" vor dem Gesetz gelten. Einem sehr großen Teil dieser Personen sehen wir die Behinderungen gar nicht an, wir nehmen sie folglich als behinderte Menschen in unserer Gesellschaft kaum oder nicht direkt wahr, so z.B. Menschen mit Diabetes, Herzkreislauferkrankungen, Epilepsie oder psychischen Erkrankungen. Wie deutlich heben sich davon die Menschen ab, die von körperlich sichtbaren Behinderungsformen betroffen sind, z.B. Menschen mit Querschnittsymptomen, Gliedmaßenverlusten, Sehbehinderungen oder Parkinsonerkrankung!

Wer von den oben Genannten aber ist denn nun schwer, schwerst- oder nicht behindert? Was denken die behinderten Menschen selbst darüber? Wie fühlen sie sich, u.U. abhängig davon, ob es sich bei dem Handicap um eine angeborene oder erworbene Form der Behinderung handelt? Wie sehen sie uns, die wir meinen oder hoffen, nicht behindert zu sein?

All diesen möglichen Aspekten nachzugehen und sie im Kontext zu betrachten, scheint eine unlösbare Aufgabe zu sein. In jedem Fall halten wir es für sinnvoll, uns der Frage nach dem Sinngehalt von Begrifflichkeiten zu stellen. Spätestens dort, wo lebenspraktische Konzepte Anwendung finden, müssen Beschreibungen, Grenzen, Einschränkungen und Einteilungen zur Kenntnis genommen werden, weil nur sie einen individuellen Schutz ermöglichen. Sie müssen dem Anspruch gerecht werden, fördernd und unterstützend, kommunikativ und bereichernd, aufklärend und klärend zu sein. Immer dann aber, wenn das Ergebnis segregierend und abgrenzend ist, fehlt den Beschreibungen ihre Legitimation, sie dienen nicht der Gesellschaft, sie zerstören sie.

Im Grunde aber ist es nötig, die Individualität eines behinderten Menschen als einzigartige Aspekte zu sehen und zu schützen – dann hilft kein Begriff weiter, dann müssen eben ganz neue Beschreibungen für Ansätze der Unterstützung, der Assistenz und des Zusammenlebens gefunden werden. Wir werden unsere Betrachtung zum Thema „Schwerbehinderte Menschen im Sport" nachfolgend insoweit eingrenzen, als wir ausgehen von einem

- Grad der Behinderung von 100 und
- mehreren voneinander unabhängigen Behinderungen, oftmals durch Kombinationen von körperlichen und geistigen Einschränkungen.

Des Weiteren unterstellen wir, dass zu einem großen Teil diese Menschen mit schweren Behinderungen vornehmlich in besonderen Einrichtungen wie z.B. Schulen für Behinderte und/oder Werkstätten für Behinderte lernen und arbeiten, unabhängig davon, ob sie in heimischer Umgebung leben. Sie bedürfen also definitionsgemäß einer erhöhten personellen und zeitlich umfassenden Hilfe, Unterstützung und Assistenz.

Die schweren Behinderungen in ihren individuellen Ausprägungen
- einer u.U. veränderten äußeren Gestalt
- einer uns oftmals unbekannten Kommunikationsform und -art
- uns unbekannte Verhaltensweisen;
- ihre Besonderheit an sich, mit uns manchmal ängstigenden Ausprägungen,
lassen eine eindeutige Zu- oder Einordnung in bestehende „Behinderungsklassen" oder „Behinderungsgruppen" nicht zu (vgl. Kuckuck & Kapustin, 1996, S. 9).

4 Unterschiedliche Sichtweisen – unterschiedliche Ansätze

4.1 Einleitung

Nachfolgend werden verschiedene Ansätze erläutert, die eine Grundlage für eine gesellschaftlich relevante Erziehung, Förderung und Unterstützung (schwer-) behinderter Menschen liefern sollen. Des Weiteren gewährleisten die dargestellten Ansätze eine erleichterte Nachvollziehbarkeit notwendiger und zu beachtender Elemente und Inhalte im Umgang mit (schwer-)behinderten Menschen allgemein sowie in deren Entwicklungsprozess im Speziellen. Aktuell relevante Betrachtungsansätze sind u.a.

- der medizinische Ansatz
- der anthropologisch-pädagogische Ansatz
- der systemische Ansatz und
- die Salutogenese.

Die vorliegende Reihenfolge entspricht keiner zuzuweisenden Rangfolge hinsichtlich der unterschiedlichen Bedeutung der verschiedenen Ansätze.

4.2 Medizinischer Ansatz

4.2.1 Der Auftrag der Medizin zu heilen

Jeder Mensch wünscht sich, unabhängig von seiner kulturellen Zugehörigkeit, gesund und unversehrt zu leben. Soweit möglich, nehmen wir bewusst oder unbewusst Einfluss darauf, dass uns ein langes und zufriedenes Leben bevorsteht. So gilt Gesundheit als normal und als ein hohes Gut, es scheint fast selbstverständlich. Krankheiten und Behinderungen, d.h. Abweichungen von der Norm, werden als Last empfunden, beeinträchtigen die gesellschaftliche Position.

Ist uns bewusst, dass auch Krankheit und Behinderung selbstverständliche Anteile menschlichen Daseins sind? Es ist uns bewusst, aber wir nehmen es nur widerwillig zur Kenntnis, solange wir nicht selbst betroffen sind. Seit Menschengedenken implizieren Krankheit und Behinderung den Wunsch, ihre Ursachen zu erforschen, sie zu bekämpfen, menschliches Leid zu lindern. In allen Kulturen haben Weise und Ärzte Wissen entwickelt und weitergegeben, um mit unterschiedlichsten Methoden dem Wunsch nach Heilung nachzukommen.

Um heilen oder lindern zu können, muss zunächst das, was die Krankheit oder Behinderung ausmacht, genau beschrieben werden. Diese Beschreibung heißt Diagnostik, sie ordnet ein und zu, vergleicht und schafft die Grundlage für die weiteren Schritte. Aus der Diagnostik lässt sich nun zweierlei ableiten:

• Einerseits kann eine Aussage zur weiteren Entwicklung der Krankheit oder Behinderung gemacht werden
• andererseits ermöglicht sie eine angemessene Therapie.

Problematisch wird die Diagnostik immer dann, wenn sie nicht selbstverständlich das Positive und Mögliche impliziert, was ein kranker oder behinderter Mensch zu leisten vermag, sondern in der Beschreibung des Mangels verharrt. Leider zeichnet unsere heutige Gesellschaft ein extremes Bedürfnis nach Vollkommenheit aus, der Mangel wird beklagt und Gesundheit eingefordert. Wir suchen nach dem Ideal, nicht nach dem, was eigentlich Individualität und menschliches Zusammenleben ausmacht.

Welchen Anteil hat daran die Medizin? Es ist die Aufgabe der Medizin, für die Gesundheit der Bürger Sorge zu tragen; dazu gibt es einen gesetzlichen Auftrag. Darüber hinaus leistet sie für Kranken-, Sozial- und Rentenversicherungen Gutachtertätigkeit, die nach dem Stand der Wissenschaft Krankheiten und Behinderungen beurteilt mit dem Ziel, Bedürftigen Leistungen der Solidargemeinschaft zukommen zu lassen. Die Medizin ist verpflichtet, Forschung und Entwicklung aufzunehmen und damit der Gesellschaft Möglichkeiten der Therapie aufzuzeigen.

Die Bedeutung und der Ruf der Medizin werden in der Gesellschaft durch die Menschen selbst, die sie nutzen, beschrieben. Die Terminologie zeigt, wie die Menschen mit Krankheiten und Behinderungen, insbesondere schweren Behinderungen, umgehen, welche Rolle ihnen zukommt. „Der Körperbehinderte", „der Diabetiker", „der Neurotiker" und „der Schwerbehinderte" sind Begriffe, die wir selbst schaffen. Es handelt sich aber doch eigentlich um *Menschen* mit einer Körperbehinderung, einer Blutzuckererkrankung, einer neurotischen Störung bzw. einer schweren Behinderung.

Ist es Ausdruck unserer heutigen Gesellschaft, Menschen auf eine Diagnose zu reduzieren? Wir sollten uns klarmachen, dass wir selbst in unserer Wortwahl widerspiegeln, wie wir Ausdrücke der Medizin zum allgemeinen Sprachgebrauch machen.

4.2.2 Der Auftrag der Medizin, Prävention und Rehabilitation zu sichern

Wir haben ein hochentwickeltes Präventiv-System in Deutschland, das darauf angelegt ist,

- Informationen zu Gesundheitsgefährdungen und Möglichkeiten der Vorbeugung über Beratungsstellen, Gesundheitsämter u.a. zu geben
- vorbeugende Maßnahmen über die Krankenversicherer anzubieten
- betriebliche Gesundheitsvorsorge durch Betriebsärzte, Sicherheitsberater u.a. zu leisten
- in den Medien auf mögliche Gefahren hinzuweisen.

Darüber hinaus wird jeder Mensch von Geburt an in einem medizinischen System auf gesundheitliche Fragen hin untersucht und bei Bedarf behandelt, und zwar

- bei den Erstuntersuchungen der Kinderärzte
- in sozialpädiatrischen Zentren
- in Akutkliniken oder
- bei Haus- oder Fachärzten.

Wenn eine Erkrankung mit der Folge einer schweren Behinderung festgestellt worden ist, steht ein umfangreiches Rehabilitationssystem zur Verfügung mit

- Rehabilitationskliniken
- Hilfsmittelherstellern
- ambulanten Hilfsdiensten
- Assistenzdiensten.

An all diesen Punkten hat die Medizin den Auftrag, weiteren Schaden abzuwenden und das Mögliche zu tun, um eine gesellschaftliche Wiedereingliederung im Sinne der WHO zu gewährleisten.

4.2.3 Der ganzheitliche Auftrag der Sportmedizin

Die Sportmedizin hat in den vergangenen Jahrzehnten zunehmend Themen der Rehabilitation aufgenommen und wissenschaftlich fundiert neue Wege geebnet. Dazu zählen insbesondere Herzkreislauferkrankungen, Stoffwechselerkrankungen, immunologische Fragen, Krebserkrankungen und orthopädische Problemstellungen. Die Sportmedizin hat dabei einen sehr offensiven Weg beschritten: Frühmobilisierung und -rehabilitation sind heute selbstverständlich und insbesondere auch unter dem gesellschaftlich relevanten Aspekt der Arbeitsfähigkeit von großer Bedeutung. Dies ist ein Verdienst, der auch der Kostensenkung dient.

Der entscheidende Ansatz war, entsprechend dem ganzheitlichen Ansatz, Mobilität und Eigenständigkeit als zentrales Moment individueller Freiheit zu sehen. Je eher und je umfassender ein Mensch seine Selbstverantwortung übernehmen kann, um so eher ist er ein tragendes Mitglied der Gesellschaft. Dies ist die Grundlage, auf der Behinderten-Sportverbände und Sportärzte-Vereinigungen auch Menschen mit schweren Behinderungen unter den Aspekten Sport, Bewegung und Mobilität wahrnehmen. Jeden Menschen, auch Menschen mit schweren Behinderungen, bei der Entwicklung seiner Möglichkeiten zu unterstützen und bei der Umsetzung zu begleiten, ist eine zentrale sportmedizinische Aufgabe: „*Weg von der Pflege und Betreuung, hin zu Eigenständigkeit und Selbstbestimmung, Freiheit, Freude und Entwicklung geht der Weg.*"

Dass gerade Menschen mit schweren Behinderungen ihre Möglichkeiten ausschöpfen können, muss weiter gefördert werden durch

- die Erweiterung der spezifischen sportmedizinischen Kompetenz
- die Aufklärung über Möglichkeiten und Ziele des Sports
- den Ausbau des ärztlich verordneten ambulanten Rehabilitationssportes und
- den Ausbau des ärztlich begleiteten Freizeit-, Breiten- und Leistungssportes.

Moralisierende Vorbehalte gegenüber Sport und Bewegung von Menschen mit schweren und schwersten Behinderungen sind wohl eher auf die Ebene des verunsicherten Betrachters zurückzuführen. Aus der Sicht der Sportmedizin und des Individuums selbst ist jede Aktivität im Rahmen eines eigenen Entscheidungsprozesses positiv und bereichernd. Die Sportmedizin hat die wichtige Aufgabe, den Blick über den Hochleistungssport hinaus zu schärfen für das, was in jedem Menschen steckt – die Lust an Bewegung und Spiel.

4.3 Anthropologisch-pädagogischer Ansatz

„*Da kein Mensch vollkommen ist, gehört das Schwache und Nichtvollkommene zum Menschen dazu*" (Rheker, 1989, S. 132). Unsere Gesellschaft hat sich schon immer aus verschiedenen Gruppen zusammengesetzt: dick und dünn, jung und alt, klein und groß etc. Sowohl jede dieser Gruppen als auch jedes Mitglied innerhalb dieser Gruppen ist durch individuelle Möglichkeiten, Fähig- und Fertigkeiten gekennzeichnet.

„Wollen wir nicht das Menschsein im Ganzen zur Disposition stellen, müssen wir neben vielen anderen Erscheinungen humaner Existenz auch die Behinderung als eine Form menschlichen Daseins betrachten" (Saal, 1994, S. 22 f.). Saal spricht des Weiteren von der „Normalität des Behinderten" und formuliert damit zutreffend die Auffassung, die individuelle Behinderung neben die gebräuchlichen Eigenschaften zu stellen, wie z.B. die körperlichen Merkmale (Haarfarbe, Größe etc.) als „unverwechselbares Merkmal einer Persönlichkeit". Rheker (1993, S. 21) unterstützt diese Aussage, indem er darauf verweist, dass es *den Behinderten* nicht gibt. Behinderte Menschen unterliegen, wie jeder nichtbehinderte Mensch auch, einem individuellen Betrachtungsansatz und bieten somit unterschiedlichste Möglichkeiten der Beurteilung und Beschreibung.

> **Normal**
> Lisa ist zu groß.
> Anna ist zu klein.
> Daniel ist zu dick.
> Emil ist zu dünn.
> Fritz ist zu verschlossen.
> Flora ist zu offen.
> Cornelia ist zu schön.
> Erwin ist zu hässlich.
> Hans ist zu dumm.
> Sabine ist zu clever.
> Traudel ist zu alt.
> Theo ist zu jung.
> Jeder ist irgendetwas zuviel.
> Jeder ist irgendetwas zu wenig.
> Jeder ist nicht normal.
> Ist hier jemand, der ganz normal ist?
> Nein, hier ist niemand, der ganz normal ist.
> Das ist normal. (BSNW)

Krebs (1997, S. 26) nimmt in diesem Zusammenhang ein Goethe-Zitat auf, das u.a. die Schwierigkeiten der menschlichen Gesellschaft im Umgang mit behinderten Menschen stilisiert: *„Man sieht nur, was man kennt."*

„Behinderte Menschen stellen sich uns weitgehend unbekannt dar, ja man kennt sie gegebenenfalls nur als Diagnose" (Krebs, 1997, S. 26). Der Oberschenkelamputierte, der querschnittgelähmte Mensch, der Schwerst-Mehrfachbehinderte, der sich u.U. nur aus einer Kombination vielfältigster Einschränkungen und Behinderungsformen beschreiben lässt. Dies spiegelt unsere Schwierigkeiten und Probleme wider, die wir bei einer individuellen und objektiven Annäherung haben.

Die „Unfassbarkeit und grundsätzliche Offenheit des Menschen" (Siegenthaler, 1983, S. 20) ist es, die es in jeder Situation zu respektieren gilt. Das Reden vom Menschen bedeutet auch zu akzeptieren, dass unser Denken nie zur Erkenntnis führt, den Menschen in ein sich allmählich vervollkommnendes Bild einzuordnen zu können, sondern immer nur irgendwo am Anfang zu stehen (vgl. Siegenthaler, 1983, S. 20 f.).

Neben der „diagnosebesetzten Sprache" (Krebs, 1997, S. 26) wird aber auch unser mögliches Verständnis von „Panne und Defizit" im Schöpfungsprozess zu einem weiteren Hemmnis im gesellschaftlichen Zusammenleben. *„Wenn es in der Bibel heißt, Gott sah, dass seine Schöpfung gut war, so schließt das die Vollwertigkeit des Behinderten ein. (...) so wundert es aber doch, dass viele*

Gläubige so tun, als handele es sich beim Behinderten um eine Schöpfungspan-
ne, die korrigiert werden muss" (Saal, 1994, 26).

Behinderte Menschen, egal ob von Geburt an behindert oder „Opfer" einer erworbenen Behinderung, gehören unabdingbar zu unseren Gesellschaft dazu.
Somit ist diese Gesellschaft auch verpflichtet, behinderten oder von Behinderung bedrohten Menschen eine adäquate und qualitativ notwendige Hilfe und
Unterstützung zukommen zu lassen. Die Erziehung, Förderung, Unterstützung
etc. von jungen und alten Menschen kann und darf aber nicht allein auf formalen
oder gar gesetzlichen Regelungen der menschlichen Gesellschaft (Sozialgesetz-
buch, Sozialleistungen) basieren.

Umgang mit (schwer-)behinderten Menschen heißt auch

• das Sich-Lösen von dem vorrangigen Betrachten der Behinderungsart und
  -form sowie ihrem Schweregrad (Diagnostisches Denken) und
• das Einbeziehen eines gesellschaftlich verantwortbaren Menschenbildes, der
  verbliebenen Fähigkeiten und Fertigkeiten des behinderten Menschen und
  seiner Lebensfreude und seinen Lebensperspektiven (vgl. Krebs, 1997,
  S. 26).

Pfeffer (1988, S. 6 ff.), der sich intensiv mit der Erziehung und Förderung
schwer geistig behinderter Menschen befasst hat, verweist auf die Intentionalität
menschlichen Lebens (unabhängig von der Behinderung; die Verf.): *„Menschli-*
ches Leben ist Zuwendung zur Welt der Menschen und Dinge. Dabei erlebt sich
der Mensch als Subjekt dieser Zuwendung (...)" (Pfeffer, 1988, S. 6).

Der menschliche Körper ist somit zugleich Handlungs- und Kommunikationsob-
jekt und -instrument, mit dem sich nichtbehinderte und behinderte Menschen
den weltlichen Dingen gegenüber offenbaren und mit ihnen in Kommunikation
treten. Abhängig von dem Maß an Fähigkeiten und Fertigkeiten des nichtbehinderten oder behinderten Menschen, gestaltet sich „dieser Kontakt und diese Zuwendung bzw. Kommunikation zu unserer Welt". In der alltäglichen Realität
kennt ein jeder von uns diese Schwierigkeiten insbesondere dann, wenn die
Kommunikation – „als Basis jeder menschlichen Beziehung (...)" (Dank, 1996,
S. 9) – irritiert und gestört ist.

Fröhlich (1996, S. 10) formuliert u.a. eine Reihe von Grundbedürfnissen, die
sowohl bei nichtbehinderten als auch bei behinderten Menschen (unabhängig
von der Form, der Ausprägung und dem Schweregrad der Behinderung) anzutreffen und zu befriedigen sind. Diese Grundbedürfnisse können u.a. über Ele-

mente und Inhalte aus dem Bereich Bewegung und Sport eine Bereicherung und Erweiterung der Handlungs- und Kommunikationskompetenz des Menschen erfahren.

Hahn (1983, S. 133 f.) beschreibt „Freiheit" als einen wesentlichen Bestandteil des Menschseins. Verbunden mit der Respektierung der Abhängigkeit zu anderen Menschen, ist es das individuelle Streben nach Freiheit, was uns als Menschen befähigt,

- Erfolgserlebnisse zu erzielen, die der menschlichen Aktivität zugrunde liegen und uns positiv stimulieren
- Lernprozesse zu bewirken, die zum Optimum an Unabhängigkeit im Erwachsenenalter führen
- den Grundstein zur Entwicklung der Persönlichkeit zu legen.

Sie ist notwendiger Bestandteil menschlicher Sozialisation und sie führt u.a. zum Erleben eigener Verantwortung. Handlungen, insbesondere aber die Konsequenz der eigenen Handlungen werden als selbstverursacht wahrgenommen. Selbstverantwortung kann sich damit entwickeln.

Die menschliche Entwicklung ist untrennbar mit „Bewegung" verknüpft, sie ist Ausdruck seiner Existenz und gleichzeitig lebensnotwendiges Bedürfnis für seine Humanität. Vom ersten Tag an entfalten sich die personellen Fähigkeiten in den zahlreichen Situationen des Bewegungshandelns. Von dessen materiellen und sozialen Gegebenheiten ist es abhängig, zu welchen Zielsetzungen die Menschwerdung gelangt (vgl. Größing, 1993, S. 83).

Die Wirklichkeit, in der sowohl unser eigenes als auch das Bewegungshandeln von Menschen mit schwerer Behinderung vonstatten gehen, wird in der Regel als kommunikative Wirklichkeit und als Prozess betrachtet. Die Analyse dieser Wirklichkeit beinhaltet u.a. die Suche nach Kommunikationselementen und -inhalten sowie deren umgehende Interpretation und Deutung. Der Kommunikationsprozess erfährt auf diese Weise eine psychische Entlastung seines Inhaltes (vgl. Kuckuck & Kapustin, 1996, S. 38). Thalhammer (1980, S. 549) spricht in diesem Zusammenhang von „Informationssplittern" und „Mitteilungsfragmenten". Hahn (1983) verweist auf die Problematik der Artikulations- und Ausdrucksmöglichkeiten, mit denen Menschen mit schweren Behinderungen oftmals konfrontiert sind.

Nur ein ständiges Reflektieren und Überprüfen unserer Handlungen und Absichten kann die Gefahren und Folgen solcher Probleme minimieren. Kommunizieren (aber auch das Bewegen, Sporttreiben, ja das Leben an sich) mit Menschen mit schwerer Behinderung setzt voraus, die Sprache des behinderten Menschen zu erlernen, sich in seine „Lebensweise und -form" hineinzufinden. *„Nicht die behinderten Menschen müssen unsere Sprache lernen, sondern wir müssen die Sprache der Behinderten lernen"* (Friedrich v. Bodelschwingh).

Die „Lebenswirklichkeit", in der sich Menschen mit schwerer Behinderung sehr häufig befinden, ist zumeist durch ein hohes Maß an Abhängigkeit von ihren Mitmenschen und der Umwelt geprägt. „Behinderung stellt ein andauerndes quantitatives und qualitatives Mehr an sozialer Abhängigkeit dar, das die Identitätsbalance gefährdet" (Hahn, 1983, S. 133). Dieses „Mehr" an Abhängigkeit führt gleichzeitig zur Abnahme der Unabhängigkeit, d.h., der Raum für die individuelle Handlungsfähigkeit und Entscheidungsfähigkeit schrumpft oftmals in Abhängigkeit zum Schweregrad der Behinderung.

Basis eines ganzheitlichen Verständnisses von Bewegung und Sport muss es daher sein, Menschen mit schwerer Behinderung, Bewegungsmöglichkeiten und Sportangebote aufzuzeigen, die ihre persönlichen Abhängigkeiten zu anderen Menschen nicht aufrechterhalten oder gar verstärken, sondern dem Anspruch gerecht werden, Inhalte und Ziele

- auf ein möglichst niedriges, individuelles Maß herabzusetzen (Reduktionsprozesse) und
- einen Zugewinn an Unabhängigkeit zu ermöglichen (Gestaltungsprozesse).

Ansätze einer adäquaten Entwicklung schwerbehinderter Menschen sind u.a. die von Fröhlich (1996, S. 10) formulierten Grundbedürfnisse des nichtbehinderten und behinderten Menschen, deren Befriedigung für unsere Entwicklung lebensnotwendig ist (siehe Tab. 5).

Tab. 5: Menschliche Grundbedürfnisse (vgl. Fröhlich, 1983)

Unabhängigkeit	Sicherheit	Selbstbestimmung
Stabilität	Anerkennung	Selbstachtung
Anregung	Prestige	Abwechslung
Bindung	Bewegung	Angenommen-sein
Zärtlichkeit	Verlässlichkeit der Beziehung	Vermeidung von Durst, Hunger und Schmerzen

Zu bedenken ist dabei u.a., dass Menschen mit schwerer Behinderung nicht einzig nur funktionsisolierende Kompensationstechniken erfahren sollten. Fischer

(1983) skizziert die Bedeutung des Körpers, indem er ihm nicht nur eine physiologische und motorische Intentionalität zuweist, sondern auch die Fähigkeit beschreibt, Beziehungen haben zu können bzw. Beziehung sein zu können. Unabhängig davon, ob die personelle oder materielle Beziehungsfähigkeit gemeint ist: Der menschliche Körper ist ein in vielerlei Hinsicht nutzbarer Zugang zum Wesen eines Menschen und zu seiner Persönlichkeit.

4.4 Systemischer Ansatz

Um Behinderung aus dem Blickwinkel der Systemtheoretiker zu verstehen, sollen zuvor einige Grundlagen dargestellt werden. Wichtige Begriffe aus dem Bereich der Systemtheorien sind u.a. „Soziales System", „Personales System", „Wirklichkeit" und „Beobachter".

„Wirklichkeit" muss als eine vom Menschen geschaffene, damit subjektive Konstruktion angesehen werden. Um diese individuelle Wirklichkeit zu schaffen oder zu erfinden, nutzt jedes Individuum seine Sinnesorgane unabhängig und abhängig von seinem bereits vorhandenen Wissen. Die personifizierte Wirklichkeit bleibt u.U. aber dem außenstehenden Beobachter verschlossen, da es nicht in jedem Fall zu einer gemeinsamen, einheitlichen Betrachtung kommen muss. Die Betrachtung der Wirklichkeit und die Aussage und Beurteilung dieser Wirklichkeit sind u.a. auch durch gesellschaftliche Übereinkünfte, Gemeinsamkeiten und Normen bestimmt, an denen wir uns orientieren.

Die Wirklichkeiten, die entstehen, sind abhängig von den Unterscheidungen, die wir machen. Diese sind einerseits durch das Wissen und die Möglichkeiten unseres Organismus und andererseits durch Wissen und Erfahrung bedingt (vgl. Maturana, 1985).

Die Berücksichtigung ethischer Gesichtspunkte, die eine menschliche Gesellschaft mitbestimmen, zieht v. Schlippe (1996) ein seine Sichtweisen mit ein. Wir Menschen sind „in einem hohen Ausmaß persönlich für das verantwortlich, was wir als „wirklich" oder „wahr" ansehen. Die Entscheidung für ein Modell kann nämlich nicht aufgrund von „richtig" oder „falsch" fallen, höchstens aufgrund einer Vorstellung von „richtig" oder „falsch". Angemessener ist es daher, sich aufgrund von Kriterien der Angemessenheit und ethischer Sicht von Wirklichkeit zu entscheiden" (v. Schlippe, 1996, S. 88).

Walthes et al. (1994, S. 44) verweisen auf die Bedeutung von „Erfahrung und Wissen, die gleichzeitig Produkt und Voraussetzung unserer Wahrnehmung sind. (...) Der Mensch ist somit nur imstande zu erkennen, was uns das Zusammenspiel von Wissen, Erfahrung und Wahrnehmung erkennen lässt. Die subjektive Wirklichkeit eines jeden Menschen kann somit nur im Kontext der subjektiv geschaffenen Wirklichkeit des Beobachters betrachtet werden. Der Beobachter und der Beobachtungsgegenstand hängen wechselseitig voneinander ab; sie bilden ein 'soziales System'".

Ein „soziales System" ist gekennzeichnet durch „ein Bündel" sozialer Werte, sozialer Rollen und Normen, die eine soziale Struktur bilden und eine Regelmäßigkeit und Kontinuität der Interaktionen und damit die Bewältigung systemeigener Probleme sichern. „Voraussetzung für ein solches soziales System ist u.a. ein gewisses Maß an Integration und Geschlossenheit, damit das Verhalten der Mitglieder wechselseitig aufeinander und auf die Lösung von Problemen des Systems bezogen ist" (Heinemann, 1992, S. 644). Ein soziales System ist somit als ein „strukturiertes Beziehungsgefüge zu verstehen, das bestimmte Möglichkeiten festlegt und andere ausschließt. Das besondere an einem sozialen System ist, dass es aus sozialen Handlungen gebildet wird, denen ein Sinnbezug auf das Handeln anderer Menschen immanent ist" (Luhmann, 1992, S. 392).

Im Umgang mit behinderten Menschen ist somit nicht nur die Wirklichkeit des behinderten Gegenübers in Betracht zu ziehen, sondern auch, oder gar insbesondere, die eigene Wirklichkeit. Der Umgang mit behinderten Menschen ist somit immer ein dynamischer Prozess, der durch Kontinuität und Intensität sowohl positiv als auch negativ geprägt sein kann. Diskontinuität, fehlender oder eingeschränkter Umgang und Kontakt können aber ebenfalls Folgen für die situative Wirklichkeit des Beobachters haben.

Menschen mit schweren Behinderungen sind in ihrer Wirklichkeit zumeist auf die Erlebnisebene ihres eigenen Körpers und ihres direkten Umfeldes eingeschränkt. Ihre Welt erschließt sich ihnen zumeist aufgrund ihrer (reduzierten und stark eingeschränkten) Fähig- und Fertigkeiten im unmittelbaren und direkten, leiblichen Kontakt zu Menschen und Dingen, der sensorisch erfassbaren materiellen Umwelt. Entwicklungsprozesse müssen z.B. somit oftmals auf einem sehr niedrigen Basisniveau beginnen. Fröhlich (1992) zeigt mögliche Elemente und Inhalte eines solchen Förderkonzeptes in seinem Buch „Basale Stimulation" auf.

4.5 Der Ansatz der Salutogenese

Antonowsky (1997) formuliert: „Wichtige Fortschritte werden mit der Formulierung neuer Fragen erzielt." Er zweifelt die Sinnhaftigkeit des polarisierenden „Wer nicht gesund ist, ist krank" an und hat diesem pathogenetischen (d.h. auf Krankheit basierenden) Paradigma ein salutogenetisches (d.h. auf Gesundheit basierendes) entgegengestellt.

In unserem derzeitigen Denken ist Gesundheit der Normalzustand; äußere und innere Faktoren bedrohen den Organismus in seiner Integrität. Die Klassifikation von Symptomen führt zur Diagnose von Krankheiten. In der Salutogenese liegen Gesundheit und Krankheit auf einem gemeinsamen Kontinuum. Je nachdem, ob ein Faktor gesundheitsfördernd oder krankheitsfördernd einwirkt, verschiebt sich der Organismus auf dem Kontinuum in die eine oder andere Richtung.

Der Mensch, in diesem Fall der schwerbehinderte Mensch, wird als Person mit einer Geschichte und objektiven wie subjektiven Symptomen gesehen. Es geht nicht darum, Störungen zu beseitigen, sondern darum, Gesundheit aufzubauen. Damit das funktioniert, sind alle am Prozess beteiligten Personen aufgefordert, auf dem gemeinsamen Weg Ziele zu formulieren und Verstärkungspläne abzustimmen. Subjektive, objektive, psychische, physische und soziale Aspekte bestimmen den Weg.

Damit bekommt Gesundheitsförderung entgegen der Prävention, die nur zu verhindern sucht, eine konstruktive soziale und politische Dimension. Unter diesem Aspekt befinden sich Menschen mit schweren Behinderungen im Sport auf einem Weg, der sich in einem ganzheitlichen, autopoietischen (vgl. Maturana, 1985) und akkomodierenden Kontinuum bewegt.

5 Menschen mit schwerer Behinderung – Vorstellungen und Überlegungen zu Bewegung und Sport

5.1 Allgemeine Grundlagen

Fischer (1991, S. 271) fordert u.a. die Neuformulierung der Aufgaben der Erziehungs- und Bildungseinrichtungen für schwerbehinderte Menschen und die erneute Anregung der Bildungs- und Erziehungsprozesse, wobei der Bildungs- und Erziehungsertrag, immer an die individuelle Persönlichkeit gebunden, neu gewertet werden muss. Pfeffer (1982) geht auf die Befriedigung primärer Bedürfnisse schwerbehinderter Menschen ein, indem er von einem „Bedarf" an Hautkontakt und Liebkosungen sowie ihre „Bevorzugung" von Oralem spricht.

In zahlreichen bewegungsorientierten Förderansätzen und -konzepten ist die Einheit des Körpers/Leibes des schwerbehinderten Menschen in das Zentrum der praxisrelevanten Arbeit gerückt (vgl. Fröhlich, 1978; Thalhammer, 1980; Pfeffer, 1982; Fischer, 1983; Fischer & Weinert, 1988). Die Charakterisierung eines leibnahen, körperhaften Lernens beinhaltet einen Denkansatz in drei verschiedenen Richtungen:

- Leibliche Entwicklung in Form eines direkten, unmittelbaren Kontaktes
- eine Unterstützung im Prozess des Eigenleib-Erlebens durch die Anwendung und Nutzung verschiedener Materialien und
- durch geführte Bewegungen, die es dem schwerbehinderten Menschen ermöglichen sollen, die Welt seines Selbst und seiner Umwelt zu erfahren und kennen zu lernen (vgl. Kuckuck & Kapustin, 1996, S. 55).

Besonders hervorzuheben ist die Ablösung von funktionsorientierten Konzepten zugunsten ganzheitlich orientierter Handlungs- und Arbeitsansätze. Auch die von Scheid & Mayr (1992) angesprochene Notwendigkeit einer teamorientierten Arbeit konnte durch einen langandauernden Prozess auf den Weg gebracht werden. Dieser Zustand von gewünschter – oder notwendiger? – „Offenheit" und „Ehrlichkeit" in der gemeinsamen Arbeit kann auch heute noch als ein andauernder Prozess bezeichnet werden, der von Erfolg und Misserfolg begleitet ist. Des Weiteren setzt das Bestreben nach einer teamorientierten Arbeit auch das gemeinsame Verlangen und den Wunsch nach verbesserten diagnostischen Möglichkeiten frei, mit denen Erziehungs- und Förderungsresultate beurteilt werden sollen.

Kuckuck & Scheid (1997) haben mit der Konstruktion und Erprobung eines Beobachtungsverfahrens für das Bewegungsverhalten von Menschen mit schwerer und schwerster Behinderung ein anwendbares, diagnostisches Instrumentarium für die Arbeit mit diesen Personengruppen vorgelegt. Basierend auf der Bedarfslage u.a. nach einem gemeinsamen „Sprachgebrauch" und „Blickwinkel in der Beurteilung der alltäglichen Arbeit" wurde dieses Beobachtungsmanual entworfen und auf seine Anwendbarkeit in der Praxis untersucht.

Die Lebenswirklichkeit und der Alltag von Menschen mit schwerer Behinderung werden auch in Zukunft Bereiche sein, die durch eine hohes Engagement und einen hohen Anspruch an die beteiligten Fachkräfte und Helfer gekennzeichnet sind. Viele Besonderheiten in der alltäglichen Arbeit, begründet durch die eingeschränkten Kommunikationsmöglichkeiten schwerbehinderter Menschen und die Wahrnehmung einer für uns oft so unverständlichen Welt etc., werden auch weiterhin bewegungs- und sportorientierte Prozesse kennzeichnen.

Dass diese Wirklichkeit aber in Zukunft durch Beiträge und Arbeiten eine allgemein und individuell wahrgenommene Bereicherung erfahren wird, erscheint den Autoren sicher. Um diese „Tür" zum schwerbehinderten Menschen zu öffnen, der dann mittels Bewegung und Sport Zugang zu sich selbst und zu anderen Menschen erfahren und erlangen kann, bieten sich im Grundsatz die klassischen drei Aspekte der Psychomotorik (nach Kiphard) an:

- Körpererfahrung
- Materialerfahrung und
- Sozialerfahrung.

Ein weiterer Ansatz verbindet die Aspekte Körpererfahrung, Körperkontakt und Kommunikation, die essentielle (siehe auch Abb. 1) und zueinander in Beziehung stehende Bestandteile unserer Leiblichkeit darstellen. Die konzeptionelle Umsetzung in die Praxis erfolgt danach u.a. über die Berücksichtigung der Arbeitsfelder

- der Körperanregung
- des passiven Bewegungserlebens
- des aktiven Bewegungserlebens

(vgl. Kuckuck, 2002; Scheid & Mayr, 1992).

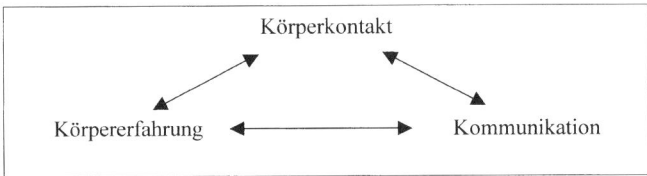

Abb. 2: In Beziehung stehende Bestandteile unserer Leiblichkeit

Die nachfolgende Tabelle zeigt die drei Hauptaspekte der Bewegung und des Sports von Menschen mit schwerer Behinderung auf die daraus abzuleitenden Grob- und Feinziele.

Tab. 6: Grob- und Feinziele (vgl. Kuckuck, 2002, S. 51)

Aktivitäts-bereich	Grobziele	Feinziele
Körper-anregung	Vermittlung von vielfältigen Körper- und Materialerfahrungen; damit u.a. Aufbau eines Körperbildes und Körperschemas; Aufbau von Kommunikation; Vermittlung von Sicherheit und Vertrautheit; Sensorik; Musik; Handwahrnehmung	Körperkontakt zulassen lernen; Anregung des ganzen Körpers; Anregung einzelner Körperteile; Beziehung und Nähe aufbauen; Sensorik schulen und differenzieren
Passives Bewegungs-erleben	Vermittlung von Bewegungserlebnissen, die durch ein „Bewegtwerden" charakterisiert werden (vgl. Pfeffer, 1988, S. 283)	Unterschied von Ruhe und Bewegung; verschiedene Körperlagen vermitteln; Raumwege aufzeichnen und vermitteln; Raum-Zeit-Verhältnisse vermitteln (ruhig-langsam-schnell); Bewegungsmöglichkeiten um die verschiedenen Körperachsen aufzeigen; Bewegungsrichtungen unter Beachtung von Bewegungsdynamik (Spannung, Entspannung, Halten, Verzögern, Beschleunigen etc.)
Aktives Bewegungs-erleben	Aufzeigen von Bewegungsmöglichkeiten und -handlungen, die u.a. anfangs in geführter, dann aber mit reduzierender Hilfe erfolgen sollen; Eigenbewegungen sollen angebahnt und ermöglicht werden; eine eigenständige Kontrolle anbahnen; Körperkoordination entwickeln	Eigenaktivität zeigen (Veränderung von Ruhe zu Bewegung und umgekehrt); Eigenständige Körperkontrolle, insbesondere Kopfsteuerung aufbauen; Bewegungsereignisse herbeiführen (z.B. Lageveränderungen); sich an Bewegungsereignissen aktiv beteiligen; auf Bewegungsereignisse reagieren; emotionale Bewegungsausdrücke anbahnen (z.B. Ablehnung, Freude etc.)

5.2 Wo leben und arbeiten eigentlich die Menschen mit schwerer Behinderung und welchen Zugang haben sie zu Bewegung und Sport?

Menschen mit schwerer Behinderung leben je nach ihren Möglichkeiten (z.B. Alter, Schweregrad der Behinderung, Hilfsmitteleinsatz) selbständig, in den Familien, Wohngruppen oder in spezialisierten Einrichtungen.

Tab. 7: Systeme zur Unterstützung von Menschen mit schweren Behinderungen in Abhängigkeit vom Alter

Altersgruppe	Ort der Aktivität	Inhalt/Intention
Kleinkinder/ Kinder	Frühförderstellen, Kindergarten, Sozialpädiatrische Zentren, Integrative Kindergärten und Schulklassen, Schulen für Behinderte	Integration, Orientierung
Jugendliche	Schulen für Behinderte, Integrative Schulklassen der Regelschulen, Möglichkeit der Vorbereitung der Berufsausbildung in Werksstufen	Schulische Ausbildung, Berufliche Vorbereitung
Erwachsene	Berufsbildungswerke, Werkstätten für Behinderte, Werktherapien, Normale Arbeitsverhältnisse	Berufliche Ausrichtung, Berufliche Ausbildung, Werktherapie, Berufsleben
Senioren	Altentagesstätte, Seniorenheime	Tagesstrukturierende Maßnahmen, Kommunikation

Während ihrer Entwicklung erleben Menschen mit (schwerer) Behinderung sowohl während ihrer Kindheit als auch während der schulischen und beruflichen Ausbildung Bewegungs- und Sportinhalte. Diese sind u.a. Bestandteil der in Abbildung 1 angezeigten Systeme

• der persönlichen Prävention und Rehabilitation
• des Kindergartens
• des Schulsports
• der Bewegungsaktivitäten am Arbeitsplatz
• des Rehabilitations-, Breiten- und Freizeitsports
• des Vereinssports oder
• des Leistungssports etc.

Die Entwicklung der letzten Jahre zeigt, dass eine fortschreitende Akzeptanz von Bewegungs- und Sportangeboten für Menschen mit schwerer Behinderung festzustellen ist. Es zeigt sich auch eine gewisse Normalität darin, dass schwerbehinderte Menschen mittels Bewegung und Sport, der Auswahl ihres Sportangebots und der inhaltlichen Ausrichtung eine hohe Motivation erleben, die von zunehmender gesellschaftlicher Akzeptanz getragen wird. Hier gilt auch der Wunsch, eigene Möglichkeiten und Grenzen zu erfahren.

Des Weiteren hat sich das „System Behindertensport" erheblich verändert. In vielen Sportarten ist es in der heutigen Zeit möglich, dass auch schwerbehinderte Menschen ihre persönlichen Ziele auf das Niveau des Leistungssports ausrichten. Die Entwicklungen im Bereich Schwimmen, Leichtathletik oder im Rollstuhlsport zeigen deutlich auf, dass es Menschen mit schwerer Behinderung durchaus möglich ist, Wettkampfsport zu betreiben.

Natürlich darf man nicht glauben, dass in allen Bereichen (z.B. Schule, Verein, Beruf) eine positive Grundeinstellung dem Bewegungs- und Sportbedürfnis schwerbehinderter Menschen gegenüber anzutreffen ist. Die Verfasser verweisen auf ihren persönlichen Einblick und ihre Erfahrung, die sie im Verlauf praktischer und theoretischer Auseinandersetzung gewinnen konnten.

6 Menschen mit schwerer Behinderung – Wie sieht der sportliche Alltag aus?

6.1 Mögliche Rahmenbedingungen eines sportlichen Alltags

Zu den Rahmenbedingungen und konzeptionellen Grundlagen bewegungs- und sportrelevanter Arbeitsansätze zählt die Eingebundenheit in den normalen Alltag des schwerbehinderten Menschen (vgl. Fröhlich & Haupt, 1983). Nachfolgend soll eine von unzähligen Möglichkeiten aufgezeigt werden, diesen Prozess optimal zu gestalten. Dazu werden die Elemente und Inhalte dieses Prozesses mit ihrer Intentionalität im Rahmen eines mehrschrittigen Konzeptes umgesetzt:

1. Die schwerbehinderten Menschen sind auf die kommenden Aktivitäten einzustimmen und auf mögliche Ortsveränderungen vorzubereiten.
2. Die aktuelle Ausgangssituation wird berücksichtigt.
3. Ein (begreifbarer) Übergang aus der Alltagssituation in die neue Situation eines bevorstehenden Bewegungsangebots ist zu schaffen.
4. Notwendige, räumlich bedingte Veränderungen am Ort der Angebotsgestaltung (Halle, Schwimmbad, Gruppenraum etc.) sind vorzubereiten.
5. Materielle Bedingungen und deren Veränderung (Gerät- oder Stationswechsel etc.) sind angemessen zu gestalten.
6. Ein (begreifbarer) Übergang aus der Bewegungssituation in das nachfolgende Alltagsgeschehen, d.h. der Transfer, ist ein Teil der Aktivität.
7. Gesichtspunkte eines angemessenen Betreuungsverhältnisses sind zu berücksichtigen, auch im Sinne von gemeinsamer Sicherheit.

Die Berücksichtigung dieses mehrschrittigen Konzeptes wird nachfolgend mit der Zuweisung eines Ortes nur eine von unzähligen Möglichkeiten aufgezeigt (siehe Tab. 8).

Tab. 8: Mehrschrittiges Umsetzungskonzept von Bewegungsangeboten

Ort	Inhalt
Wohn-/Arbeitsraum	1. Aktivitäten vorbereiten
Wohn-/Arbeitsraum	2. Individuelle Situation der Teilnehmer berücksichtigen
Vom Wohn-/Arbeitsraum (o.Ä.) zum Bewegungsraum, Schwimmbad, Turnhalle o.Ä.	3. Übergang von dem Alltagsgeschehen in die Situationen des Bewegungsangebotes gewährleisten
Bewegungsraum, Schwimmbad, Turnhalle o.Ä.	4. Räumliche Veränderungen vorbereiten und begleiten
Bewegungsraum, Schwimmbad, Turnhalle o.Ä.	5. Materielle und gegenständliche Veränderungen vorbereiten und begleiten
Von dem Bewegungsraum, Schwimmbad, der Turnhalle o.Ä. zum Wohn-/Arbeitsraum (o.Ä.)	6. Übergang von Bewegungsangebot zu Alltagsgeschehen vorbereiten und begleiten (beinhaltet wiederum Aspekte der Punkte 2., 3. und 4.)
Wohn-/Arbeitsraum	7. Nachbereitung der Aktivitäten (beinhaltet Aspekte und Gesichtspunkte von 1., 2., 3., 4., 5. und 6.)

Als weiteres Hilfsmittel soll ein mögliches, differenziertes Modell dienen, wobei zu bedenken ist, dass Menschen mit schweren Behinderungen nicht immer allgemeingültige Modelle zulassen (vgl. Kuckuck, 2002):

1. Vorbereitungsphase
2. Einstimmungsphase
3. Beginn (gemeinsam, ritualisiert)
4. individuelle Angebote
5. gemeinsame Angebote
6. Ausklang (gemeinsam, ritualisiert)
7. Nachbereitung

Die bisherigen Ausführungen zeigen, dass ein körper- und bewegungsorientiertes Konzept für schwerbehinderte Menschen mehr ist als eine Reduzierung auf „Üben und/oder Lernen mit Materialien und Geräten an einem Ort des Bewegungs- und Sportangebots".

Es zeigt sich auch, dass in einem teamorientierten Arbeiten nicht nur die Grundlage eines ökonomischen Arbeitens und Förderns gelegt werden kann, sondern dass man auch – vielleicht auch gerade dann – möglichen Missverständnissen und Fragen rechtzeitig entgegnen kann (vgl. Kuckuck & Kapustin, 1996, S. 125 f.). „Es ist eine intensive, teamorientierte Vorbereitung (plus Durchführung und Nachbereitung; die Verf.) notwendig, die viel Zusammenarbeit, Offenheit unter den Mitarbeitern erfordert und damit auch eine größere Belastung mit sich bringt" (Scheid & Mayr, 1992, S. 63).

Die Akzeptanz und der Einsatz körper- und bewegungsorientierter Angebote in der alltäglichen Arbeit sowie die Beschäftigung und die Tätigkeit von Fachkräften unterschiedlicher Ausbildungsrichtungen (Sporttherapeuten, Sportlehrer, Sonderpädagogen, Krankengymnasten, Heilpädagogen etc.) erweisen sich als sinnvolle – und auch notwendige – Ergänzung der Alltags- und Lebenswirklichkeit von Menschen mit schwer Behinderung. Lamers, Lenz & Tarneden (1996) haben mit ihrem Werk „Spielräume – Raum für Spiel – Spiel und Erlebnismöglichkeiten für Menschen mit schweren Behinderungen" aufgezeigt, dass Themen und Aspekte in das Blickfeld geraten, die man insbesondere in einem so „erziehungs-, förderungs- oder gar therapielastigen" Bereich wie der Arbeit mit schwerbehinderten Menschen nicht vermutet oder vielleicht zugegeben hätte.

Der zwischenmenschliche Umgang mit Menschen mit schwerer Behinderung ist oft geprägt von persönlichen Erfolgen und eindrucksvollen Situationen. Sport und Bewegung mit schwerbehinderten Menschen heißt aber auch, Misserfolge, Unverständnis und Ratlosigkeit zu erleben: Insbesondere wir selbst müssen uns oft auf ein einseitiges Deuten und Beurteilen einstellen. Dieses bedeutet einen besonderen Anspruch im Umgang mit schwerbehinderten Menschen und erweist sich oft als große Schwierigkeit und Ursache möglicher Fehlentwicklungen.

Diesen Schwierigkeiten durch kooperatives, teamorientiertes Arbeiten zu begegnen, ist ein nötiger und praktikabler Ansatz. Oftmals ist es trotzdem schwierig, eine „gemeinsame Sprache" anzutreffen und/oder zu schaffen. Erst durch eine intensive Kommunikation gelangen wir zu einer gemeinsamen Sprache und Kommunikation, die sich dann zu einer funktionierenden Basis der weiteren Aktivitäten entwickeln kann.

6.2 Beispiele aus der praktischen Wirklichkeit von Bewegung und Sport

Im Folgenden soll am Beispiel mehrerer großer Einrichtungen (Zentrum für Körperbehinderte, Würzburg; Schule für Sehgeschädigte und Blinde, Würzburg;

von Bodelschwinghsche Anstalten, Bethel etc.) aufgezeigt werden, inwieweit eine Umsetzung in praktische Arbeit möglich und gelungen ist.

Wolfgang Doering – Ich habe mehrere z.T. schwere Behinderungen und bin Sportler

Abb. 3: Wolfgang Doering, Theologe (links), mit Begleiter

„Mein Name ist Wolfgang Döring. Ich bin Jahrgang 1956 und lebe in Bielefeld. Von Geburt an habe ich mich mit den Folgen einer schweren Cerebralparese auseinander zu setzen. Zu mir gehört eine heftige Unruhe des gesamten Bewegungsapparates. Zusätzlich muss ich sowohl sehr leistungsfähige Hörgeräte als auch eine Brille tragen. Ich bin Rollstuhlfahrer mit permanenter Assistenz, da die athetoide Bewegungsunruhe eine gezielte Motorik kaum und nur mit intensiver Konzentration ermöglicht. Den rechten Arm und erst recht die rechte Hand kann ich überhaupt nicht einsetzen. Auch meine Sprachbildung ist betroffen, da das Aussprechen mancher Laut- bzw. Buchstabenkombinationen äußerst mühsam für mich ist. Darüber hinaus bin ich u.a. wegen einer starken Kontraktur im rechten Bein sowie fast ständiger Muskelschmerzen im Kreuzbeinbereich aufgrund meiner Fehlhaltung in dauernder physiotherapeutischer Behandlung. Mit all diesen Einschränkungen ein erfülltes Leben zu führen, ist Hochleistungssport.

Mein Leben gestalte ich dennoch selbst und wohne mit 24-stündiger Unterstützung durch acht sich abwechselnde Assistenten außerhalb der v. Bodelschwinghschen Anstalten Bethel in meiner eigenen Wohnung. Außerdem bin ich berufstätig. Ich arbeite als Pastor im Seelsorgerlichen Dienst der Teilanstalt Bethel in den v. Bodelschwinghschen Anstalten Bethel sowie als Religionslehrer an der Fachschule für Sozial- und Heilpädagogik. Nebenbei bin ich z.z. als Gastreferent an der Kirchlichen Hochschule Bethel im Fach Praktische Theologie tätig.

Die Arbeit mit Menschen mit Behinderungen ist für mich nicht so ganz einfach, weil es unter diesen eine ungeschriebene Rangordnung gibt, die sich nach dem augenfälligen Schweregrad der Behinderung richtet. Jede und jeder klammert sich an den letzten Rest „Normalität" – was auch immer das sein mag – und versucht, sich über Menschen ohne Behinderungen zu identifizieren. Da ich aufgrund der Schwere meiner Behinderungen in der Rangfolge ziemlich weit unten stehe, habe ich es in der Arbeit mit z.B. epilepsiekranken Menschen recht schwer, zumal diese auch oft kein Behinderungsbewusstsein haben. Sie sind eben krank und ansonsten „normal", nicht aber behindert – so wie ich, ihr Pastor! Ich arbeite gern in Teams, und das Miteinander gilt für mich auch im Sport. Glauben Sie, dass ich gern Sport mache? Ja, seit meiner Jugendzeit liebe ich das aktive Reiten und habe seit vielen Jahren einen Segelschein. Im Sport versuche ich, meine Grenzen immer weiter hinauszuschieben, die Leistungsimmanenz immer weiter auszudehnen. Ich spreche deshalb von dem philosophischen Begriff der Immanenz, weil ich durch die zusätzlich Leistung den Horizont meiner Körper- und Leistungserfahrung immer mehr hinausschiebe. Der Bereich der nicht erfahrbaren Leistung, der Leistungstranszendenz, wird rein objektiv immer größer sein als bei einem Menschen ohne Behinderung. Wie das subjektiv aussieht, ist eine andere Sache.

Amtlicherseits wird mir eine hundertprozentige Minderung der Erwerbsfähigkeit bescheinigt. Mit dieser defizitären Einstufung, die heute leider immer noch Standard ist, habe ich meine Probleme. Ich weiß zwar, dass ich rein quantitativ nicht so viel leiste wie meine Kolleginnen und Kollegen ohne Behinderungen, qualitativ aber ebenso gut arbeite. Dazu ist eine permanente Leistung erforderlich, die der eines Hochleistungssportlers entspricht. Das ist einerseits sehr anstrengend, aber andererseits wäre ich unglücklich, wenn ich nur zu Hause sitzen oder im günstigen Fall in einer „Werkstatt für Behinderte" Schrauben sortieren würde.

Als Kind lernte ich „Versehrtensport" kennen. Der war für mich so abschreckend, dass es mich bis heute geprägt hat. Ehrlich gesagt – ich fühle mich nicht

„versehrt". Außerdem finde ich z.B. Ballspiele furchtbar langweilig, so dass ich mich von jeher für etwas Besonderes interessierte. Durch meine Liebe zu Pferden bin ich zum Reiten gekommen, und das Segeln mag ich, weil ich das Spiel und manchmal auch die harte Auseinandersetzung mit den Kräften der Natur liebe. Auch ich mag das Gefühl von Freiheit und Abenteuer. Hinzu kommt, dass ich eine Aversion gegen alles habe, was im Entferntesten nach Therapie „riecht".

Den Satz einer Physiotherapeutin, die wohl eher eine echte „Krankengymnastin" war, werde ich wohl nie vergessen: *„Herr Döring, Sie werden sich wohl daran gewöhnen müssen, dass Sie niemals werden frei reiten können."*

Ich habe mich nicht damit abgefunden, wusste ich doch, dass ich frei reiten kann. Genauso gebe ich mich nicht damit zufrieden, beim Segeln einfach nur mitsamt Rollstuhl auf einem gemütlichen Plattbodenschiff spazierengefahren zu werden. Nein, am liebsten bin ich Rudergänger auf einer seegehenden Sportyacht. Dabei kenne ich sehr wohl meine Grenzen. Beim Reiten könnte ich niemals traben oder galoppieren. Da würde ich unweigerlich den Halt verlieren und „praktische Erdkunde betreiben". Was das Segeln angeht, so kann ich nicht auf dem Vorschiff herumturnen, um die Segel zu setzen oder zu bergen. Das machen halt andere, und so ergänzen wir uns.

Ich frage Sie: Muss alles, was einen Menschen trotz seiner schweren Behinderung „bewegt", einem therapeutischen Anspruch genügen oder zumindest einen entsprechenden Touch haben?! Lässt es unser Selbstwertgefühl nicht zu, jede und jeden so zu lassen, wie sie oder er ist? Ich jedenfalls möchte, dass es reines und ganz privates Freizeitvergnügen ist, wenn ich Sport treibe – nicht mehr und nicht weniger.

Fest steht für mich – auch aus theologischer Sicht – dass es zum Wesen des Menschen gehört zu versuchen, über sich hinauszugreifen, Freude an Bewegung und Leistung zu erleben und sich – auch an sich selbst, den eigenen Fähigkeiten und Grenzen – zu messen. Auch wir Menschen mit Behinderungen sind so. Weil ich glaube, dass alle Menschen vor Gott gleich sind, möchte auch ich die Möglichkeit zu ehrlichem und nicht geheucheltem Sport haben."

Trampolinprojekt mit schwerbehinderten Kindern

In dem Zeitraum Sommer 1995 bis Herbst 1998 fand unter der Leitung von Dr. Lutz Worms (Bewegungs- und Sporttherapeutischer Dienst) in Zusammenarbeit mit Frau Heike Fuhrmann (Universität Bielefeld) in den v. Bodelschwinghschen Anstalten Bethel ein Trampolinprojekt zur „Aufmerksamkeitserhöhung und Kommunikationserweiterung bei schwerstmehrfachbehinderten Kindern" statt.

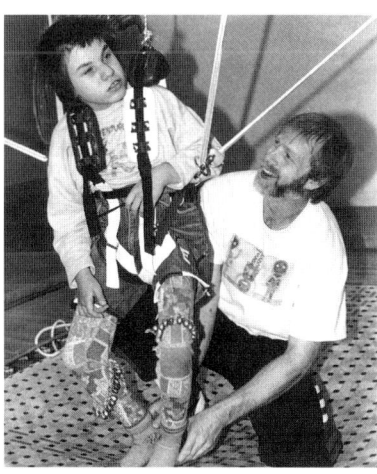

Abb. 4: Probandin in elastischer Longe (mit Begleiter)

Der Ansatz des Projektes war, motorische Lernprozesse über die Stimulierung der Oberflächen- und Tiefensensibilität sowie der Stimulierung des Gleichgewichtsorgans günstig zu beeinflussen. Da die in das Projekt einbezogenen schwerbehinderten Menschen nicht in der Lage sind, sich eigenständig aufrecht zu halten, wurde eine spezielle Vorrichtung (Elastische Longe) konstruiert, die den Probanden die aufrechte Haltung ohne allzu große fremde personelle Hilfe ermöglichte. Dies ermöglichte es, die schwerbehinderten Menschen mit zwei für sie unbekannten Situationen zu konfrontieren, nämlich der aufrechten Haltung in Kombination mit einer vertikalen Bewegung.

Neben den Effekten und Auswirkungen des Auf- und Abschwingens auf das Gleichgewichtsorgan sollten

- die Aufmerksamkeit als Grundlage einer konstruktiven Kommunikation
- das kommunikative Verhalten bzw. andere Ausdrucksformen der Kommunikation
- das motorische Verhalten, insbesondere zielgerichtete motorische Handlungen und/oder Variationen von Automatismen, und
- die Haltung des Körpers/bestimmter Körperteile im Raum
untersucht werden.

In einer Eingewöhnungsphase konnten sich die Probanden ohne Stimulierung von außen frei nach ihren Möglichkeiten und Wünschen bewegen. In der Hauptphase wurden sowohl das Trampolin als auch die schwerbehinderten Menschen mit passiven und geführten Bewegungen stimuliert und zu eigenständigen Bewegungen angeregt. Die Entspannungsphase wurde nach den Wünschen der Teilnehmer entweder in der Hängevorrichtung verbleibend oder auf dem Trampolin liegend durchgeführt.

Die Reaktionen und Bewegungen der Probanden wurden u.a. mit einem Beobachtungsinstrumentarium (vgl. Kuckuck & Scheid, 1997) und einer Videoaufzeichnung protokolliert. Auswertungskriterien waren:

- der Grad der Kopfhaltung
- die Länge des Blickkontaktes
- Messungen von Knie- und Hüftwinkeln und
- die Intensität der Aufnahme und Wiedergabe induzierter Bewegungen.

Eine erste Auswertung ermöglicht folgende Rückschlüsse:

- Phasen eines aufgeweckten Zustandes sind in den Stundeneinheiten zunehmend zu beobachten
- Aufmerksamkeitshaltungen sind auch in Zeiträumen außerhalb des Projektes häufiger wahrzunehmen
- zielgerichtete Aktivitäten der Beine scheinen zuzunehmen
- ungewollte Bewegungsaktivitäten/Stereotypien nehmen zumindest in den Stundeneinheiten ab und
- es kommt über längere Zeiträume zu einer Verbesserung der emotionalen Grundhaltung.

Leistungssport einer schwerbehinderten Schwimmerin

Dass schwerbehinderte Menschen auch im Leistungssportbereich aktiv sind und sein können, zeigt das Beispiel einer schwerbehinderten jungen Frau, die an einer schweren Athetose leidet. Obwohl sie in ihren Bewegungshandlungen extrem eingeschränkt ist, hat diese Athletin im Schwimmsport die Möglichkeiten entdeckt, ihre leistungssportlich ausgerichteten Interessen umzusetzen und zu befriedigen. Auf Grund ihrer Behinderung ist sie nur in der Lage, im Rückenschwimmstil zu schwimmen und kann folglich auch nur an Wettbewerben über die Rücken- und Freistilstrecken teilnehmen.

Des Weiteren behindern sie die Folgen der athetotischen Bewegungsstörungen so sehr, dass der Aufwand für die Vor- und Nachbereitung des Trainings (Aus-/ Anziehen, Zurücklegen des Weges zum und vom Trainingsort etc.) um ein Vielfaches höher, als dieses bei weniger oder nicht behinderten Aktiven der Fall ist. Ebenso absolviert sie ihre Trainingseinheiten nur im Neoprenanzug, um Auskühlungserscheinungen, Erkrankungen der Blase und Nieren etc. vorzubeugen. Ihre Trainingseinheiten sind in Zeit und Umfang reduziert, so dass die Vor- und Nachbereitung ein Vielfaches länger dauert als die eigentliche Trainingszeit im Wasser.

Damit sie in der Lage ist, ihre internationale Spitzenposition zu verteidigen (mehrfache Gold- und Silbermedaillengewinnerin bei Paralympics und Welt-/ Europameisterschaften), versucht sie wie ihre internationale Konkurrenz auch, wenn möglich täglich zu trainieren.

Die Athletin hat neben ihrer beruflichen Tätigkeit somit akzeptiert, unter der Berücksichtigung der deutlich verlängerten Erholungszeiträume für ihren Organismus, ihr Leben ganz auf den Leistungssport auszurichten. Sport ist für sie ein Bereich, der ohne Verdienstmöglichkeiten (Medaillenprämien, Werbeverträge oder Sponsorengelder) zwar Hobby ist, aber den gesamten Tagesablauf bestimmt.

Ihr Beispiel zeigt, dass auch schwerbehinderte Menschen Leistungssport betreiben können. Dieser Leistungssport unterscheidet sich aber in der Regel *nicht* von dem der nichtbehinderten Athleten.

6.3 Welche Aspekte ... gute Kommunikation/gute inhaltliche Entwicklung?

Die Berücksichtigung und Einbeziehung der nachfolgend genannten Punkte in den alltäglichen Arbeits-, Erziehungs-, Förderungs- und Gestaltungsprozess bilden eine gute Ausgangsbasis für einen Erfolg versprechenden Dialog beider Seiten.

- Eingehen auf die gegenseitigen Bedürfnisse
- Alle an dem Prozess/dem Sportangebot beteiligten Personen nehmen Einfluss
- Eigene Zielvorstellungen relativieren und jeweils an den momentanen Bedürfnissen und Möglichkeiten der Teilnehmer orientieren
- Sicherheit im Umgang kommt aus der Routine
- Wer sich wirklich auf die Situation einlässt, kann nichts falsch machen

- Basis einer jeden Stunde sollte ein vorhandenes Konzept sein, aber zeitgleich muss ein hohes Maß an Flexibilität vorhanden sein
- Ruhephasen einbauen, sie dienen der gemeinsamen Sensibilisierung
- Das hedonische Prinzip, der Lustgewinn aus der Bewegung/Aktivität ist das Ziel
- Ausdauer, Flexibilität, Geduld und ein bisschen Mut zu Unbekanntem und Neuem
- Die Berücksichtigung von „schlechten" Tagen (oder auch längeren Phasen), ohne dabei die möglichen Gründe und Ursachen jederzeit nachvollziehen zu können, auch bei sich selbst
- Intimität und Individualität der Situation annehmen und wahren können und
- Akzeptanz des Unbekannten.

7   Menschen mit schwerer Behinderung – Was kann der Behindertensport bieten?

Innenmoser (1998) hat in seinem Beitrag „Behindertensport als Mittel der gesellschaftlichen Integration" u.a. die Zielorientierungen des Behindertensports (= Sport von behinderten Personen) formuliert. Nachfolgend sind diese Zielorientierungen aufgelistet, anhand derer auch eine bewegungsorientierte Betätigung schwerbehinderter Menschen ausgerichtet werden kann (Innenmoser, 1998, S. 134):

- Wohlbefinden und Gesundheit
- sinnvolle Gestaltung ihrer Freizeit
- Steigerungen/Verbesserungen
    - der (Selbst-)Wahrnehmungen
    - der Erlebnisse und der Erlebnisfähigkeit
    - der Bewegungskoordination
    - der Begegnungsgestaltung und
    - der Ausdrucksmöglichkeiten

- Eine Verbesserung der Möglichkeiten der
    - Rehabilitation und
    - Sozialisation

- Möglichkeiten zur Demonstration und zum Selbstbeweis ihrer hohen individuellen Leistungen; dazu dienen Wettkämpfe und möglichst Siege i.d.R. über behinderte Athleten.

- Therapeutischen/heilenden Nutzen durch Sport, weil andere Therapien die bisher nicht erreicht haben.

Der Behindertensport bietet natürlich eine Vielzahl weiterer Zielorientierungen. Die hier genannten Punkte bieten aber adäquate Ansätze, die dem Fähig- und Fertigkeitsniveau schwerbehinderter Menschen entsprechen und diese aufgreifen können.

Folgt man der gesetzlichen Definition „Schwere Behinderung", so muss man sagen, dass im organisierten Behindertensport fast nur „Schwerbehinderte" aktiv sind. Auch hier muss zur weiteren, objektiven Betrachtung der Chancen, Aufgaben und Möglichkeiten eine Eingrenzung erfolgen, die „Schwerbehinderte" als eine Personengruppe charakterisiert, die einerseits durch einen sehr hohen Betreuungs- und Pflegebedarf gekennzeichnet ist und andererseits durch ein häufig sehr niedriges Fähig- und Fertigkeitsniveau zu beschreiben ist.

„Schwere Behinderung" im Behindertensport bedeutet u.a.

- die Integration schwer- und mehrfachbehinderter Menschen in Gruppen unterschiedlichster, zumeist deutlich „leichterer" Behinderungen
- die bewegungsorientierte Betätigung in nichtinstitutionellen Sportangeboten und
- die Anleitung durch spezifisch ausgebildete Übungsleiter.

8   Literatur

Antonovsky, A. (1997). *Salutogenese – Zur Entmystifizierung der Gesundheit. Deutsche Gesellschaft für Verhaltentherapie* (deutsche erweiterte Herausgabe von A. Franke). Tübingen.

Begemann, E. (1978). Schwerstkörperbehinderte als Herausforderung. In A. Fröhlich, *Dokumentation zur Situation Schwerstbehinderter. Sonderheft der Zeitschrift für Heilerziehung und Rehabilitationshilfen* (S. 9-32). Staufen/Breisgau.

Bundesministerium für Arbeit und Sozialordnung (1997). *Ratgeber für Behinderte.* Bonn.

Dank, S. (1996). *Individuelle Förderung Schwerstbehinderter. Konkrete Beispiele, Programme, Übertragungsmöglichkeiten* (5. Aufl.). Dortmund.

Fischer, D. (1983). Körpernahes Lernen. In G. Feuser (Hrsg.), *Förderung und schulische Erziehung schwerstbehinderter Kinder und Jugendlicher.* Stuttgart.

Fischer, D. (1991). Die schulische Förderung schwerstbehinderter Kinder und Jugendlicher. In A. Fröhlich (Hrsg.), *Handbuch der Sonderpädagogik – Pädagogik bei schwerster Behinderung* (S. 270-280). Berlin.

Fischer, D. & Weinert, C. (1988). Der Körper – eine Herausforderung in der pädago-gisch-therapeutischen Arbeit mit schwerstbehinderten Kindern. *Behindertenpä-dagogik, 27* (3), 265-285.

Fröhlich, A. (1978). *Dokumentation zur Situation Schwerstbehinderter.* Staufen/Breis-gau.

Fröhlich A. (1983). Probleme der Förderung von Schwerst- und Mehrfachbehinderten. In N. Hartmann (Hrsg.), *Beiträge zur Pädagogik der Schwerstbehinderten.* Hei-delberg.

Fröhlich, A. (1992). *Basale Stimulation* (3. Aufl.). Düsseldorf.

Fröhlich, A. (1996). Zum Geleit. In S. Dank, *Individuelle Förderung Schwerstbehin-derter* (5. Aufl.). Dortmund.

Fröhlich, A. & Haupt, U. (1983). *Integriertes Lernen mit schwerstbehinderten Kin-dern. Bericht über einen Schulversuch, Teil 2.* Mainz.

Größing, St. (1993). *Bewegungskultur und Bewegungserziehung – Grundlagen einer sinnorientierten Bewegungspädagogik.* Schorndorf.

Hahn, M. (1983). Von der Freiheit schwerbehinderter Menschen – anthropologische Fragmente. In N. Hartmann (Hrsg.), *Beiträge zur Pädagogik der Schwerstbe-hinderten.* Heidelberg.

Heinemann, K. (1992). System, soziales. In E. Beyer (Red.), *Wörterbuch der Sport-wissenschaft* (S. 644-645) (2. Aufl.). Schorndorf.

Innenmoser, J. (1998). Behindertensport als Mittel der gesellschaftlichen Integration. *Behinderte machen Sport. Zeitschrift des Behinderten-Sportverbandes Nord-rhein-Westfalen.* Heft 9-12.

Krebs, H. (1997). Vom Gesundsein des mehrfachbehinderten Menschen – Möglichkei-ten – Grenzen – gesunde Lebensgestaltung. In M. Weiss & H. Liesen (Hrsg.), *Rehabilitation durch Sport – 1. Internationaler Kongress des Deutschen Behin-derten-Sportverbandes* (S. 19-28). Marburg.

Kuckuck, R. (2002). Praxiskonzepte der Körpererziehung und -förderung bei schwerstbehinderten Menschen. In P. Kapustin, R. Kuckuck & V. Scheid (Hrsg.), *Bewegung und Sport bei schwer- und mehrfachbehinderten Menschen* (S. 17-66). Aachen.

Kuckuck, R. & Kapustin, P. (1996). *Forschungsbericht – Bewegungserziehung und -förderung mit schwer- und schwerstbehinderten Menschen.* Unveröffentlichter Projektbericht des Bayerischen Staatsministeriums für Familie, Arbeit und So-zialordnung. München.

Kuckuck, R. & Scheid, V. (1997). Konstruktion und Erprobung eines Beobachtungs-verfahrens für das Bewegungsverhalten schwer- und schwerstbehinderter Men-schen. In M. Weiss & H. Liesen (Hrsg.), *Rehabilitation durch Sport – 1. Inter-nationaler Kongress des Deutschen Behinderten-Sportverbandes* (S. 67-73). Marburg.

Lamers, W., Lenz, W. & Tarneden, R. (1996). *Spielräume – Raum für Spiel. Spiel-und Erlebnismöglichkeiten für Menschen mit schweren Behinderungen.* Düssel-dorf.

Luhmann, N. (1992). *Die Wissenschaft der Gesellschaft.* Frankfurt/Main.

Maturana, R.H. (1985). *Erkennen: Die Organisation und Verkörperung von Wirklichkeit.* Braunschweig.

Pfeffer, W. (1982). Die pädagogische Dimension des Begriffs „schwerste geistige Behinderung". *Behindertenpädagogik, 21,* 122-135.

Pfeffer, W. (1988). *Förderung schwer geistig Behinderter – Eine Grundlegung.* Würzburg.

Rieder, H. (1996). Thematiken und Arbeitsrichtungen im Gesamtfeld „Sport mit Sondergruppen". In H. Rieder, G. Huber & J. Werle (Hrsg.), *Sport mit Sondergruppen – Ein Handbuch* (S. 26-33). Schorndorf.

Rheker, U. (1989). Familiensportgruppe mit behinderten und nichtbehinderten Kindern. In K. Bös u.a. *Geistig Behinderte in Bewegung, Spiel und Sport* (S. 123-146). Duisburg.

Rheker, U. (1993). *Spiel und Sport für alle. Schriftenreihe des Behinderten-Sportverbandes Nordrhein-Westfalen,* Band 1. Aachen.

Saal, F. (1994). *Leben kann man nur sich selber – Texte 1960-1994.* Düsseldorf.

Scheid, V. & Mayr, R. (1992). Körper- und bewegungsbezogene Förderung schwerstbehinderter Menschen. *Motorik, 15* (2), 59-68.

Schlippe, A. von (1996). *Lehrbuch der Systemischen Therapie und Beratung.* Göttingen.

Siegenthaler, H. (1983). *Anthropologische Grundlagen zur Erziehung geistig Schwerstbehinderter.* Bern, Stuttgart.

Statistisches Bundesamt (1998). *Recherche zum Begriff „Schwerbehindert".* Berlin.

Thalhammer, M. (1980). Fragmente zur Erziehungswirklichkeit. *Zeitschrift für Heilpädagogik, 31* (8), 547-556.

Theunissen, G. (1992). Neuere Ansätze in der Förderung schwerstbehinderter Menschen und Perspektiven für die heilpädagogische Arbeit. *Zeitschrift für Heilpädagogik, 1,* 16-27.

Walthes, R., Cachay, K., Gabler, H. & Klaes, R. (1994). *Gehen, Gehen Schritt für Schritt. Zur Situation von Familien mit blinden, mehrfachbehinderten oder sehbehinderten Kindern.* Frankfurt/Main.

Worms, L. & Haep, H. (1999). *Elemente des Judo als Rehabilitationssport mehrfachbehinderter Menschen.* Aachen.

Herrmann Rieder

Sport und Bewegung verstärken Entwicklungschancen für Menschen mit unterschiedlichen Lernbehinderungen

1 Einführung und Überblick

Die Lernbehinderten, die Lernbehindertenschule und das Problem der Teilleistungsschwächen (und -stärken) ist in den letzten drei Jahrzehnten immer deutlicher in den Aufgabenbereich des Sports und der sportlichen Betätigung/Erziehung gerückt, zum Nutzen der betroffenen Personen.

Vor allem Kinder und Jugendliche, aber auch Erwachsene und Ältere, Personen mit defizitären motorischen Erfahrungen sind davon betroffen. Folglich haben zunächst die praktischen, pädagogischen Fragen des Sports, der positiven Beeinflussung, der Intervention, der Wertezuschreibung durch Bewegungsaktivitäten, sowie die *Optimierung von praktischen Lernwegen* im Vordergrund gestanden. Spätestens seit Kephards Artikel „The Slow Learner In The Classroom" (1968) sind die wissenschaftlichen Fragen der Ursachenforschung, der Diagnostik, der Evaluation von Entwicklungen, Programmen, Entwürfen, von Defiziten und Kompetenzen aufgegriffen worden. Mittlerweile gibt es zu den praktischen Erfahrungen mit Bewegungsprogrammen eine umfangreiche Literatur. Berichte und Modelle erfolgreicher Methodik und Didaktik sind in zahlreichen Büchern und Zeitschriftenartikeln niedergelegt[1].

Dabei ist interessant, dass Erkenntnisse, nicht zuletzt aus der Lernbehindertenpädagogik, über Ziele, Wege und neue Möglichkeiten motorischen, d.h. ganzheitlichen Lernens in die allgemeine Pädagogik und den Sportunterricht generell zurückwirkten (z.B. Sommer, 1980; Rieder, 1984; Schraag, 1984; Irmischer, 1984).

---

[1] Eggert & Kiphard, 1980; Eggert, 1993; Fischer, 1996; Höhne, 1989; Irmischer, 1984; Kanter, 1980; Kanter & Speck, 1980; Kesselmann & Kiphard, 1966; Kiphard & Huppertz, 1968; Rieder, 1977, 1984, 1996; Rieder & Fischer, 1986; Rost, 1998; Sauter, 1986; Schraag 1984, 1988; Schraag, Durlach & Mann, 1996; Schilling, 1974

Nach eingehenden Analysen über die Gestaltung eines attraktiven, motivierenden und damit erfolgreichen Sportunterrichts (Irmischer, 1984; Kiphard, 1968;
Rieder & Fischer, 1986; Schraag, 1988) und über sehr verbesserte Lehrpläne
(z.B. Baden-Württemberg seit 1995) werden folgende Stichworte aufgegriffen:

- Erlebnispädagogik
- Psychomotorik
- Analyse und Optimierung von Lernprozessen
- persönlichkeitsfördernde verbale und motorische Interventionen
- Motivationsbeeinflussung durch Förderung individueller Stärken

Tempo und Art des Lernens, ebenso die Aufnahme und Verarbeitung von Informationen und Wahrnehmungen mögen mit äußeren und inneren Blockaden
belegt und deshalb durchaus individuell anders sein. Der engagierte Sportlehrer,
Erzieher und Partner mag gerade dies als Herausforderung empfinden.

Hilfreich sind nach wie vor die generellen Überlegungen und Veröffentlichungen jener Spezialisten, die sich ein Leben lang mit Problemen der Lernbehinderung und der Sonderschulen befasst haben, z.B. Kanter & Speck (1980) und
Sommer (1980), auch jene von Motivationspsychologen wie Heckhausen (1974)
oder Rheinberg (1998), jener aus der Heimerziehung wie Flosdorf (1990) oder
Knab & Macsenare (1998) und der Verhaltensstörungen (Rost, 1998; Flosdorf,
1992). Allgemeine heutige Schulprobleme wie Gewalt, Suchtgefährdung, Null-
Bock-Mentalität sind aktuell und nicht auszuklammern.

Therapeutische Programme und Effekte können nur andeutungsweise behandelt
werden (Kiphard, 1993; Rieder, 1977, 1996). Am anderen Pol der Skala ermöglicht der Leistungssport neben Misserfolgserlebnissen oft Motivationsschübe
und die Chance einer Verarbeitung von Erfolg und Misserfolg. Er ist ebenfalls
nicht auszuklammern, da regelmäßiges Üben schnell in Training übergeht und
viele Selbsterfahrungen und -bestätigungen ermöglicht.

Die Umbenennung der Lernbehindertenschule in Baden-Württemberg 1995 in
Förderschule oder der Schulen für Verhaltensstörungen in solche für Erzie-
hungshilfe (Nordrhein-Westfalen) zeigen, dass man alle Begriffe vermeiden
möchte, die irgendwelche diskriminierenden Aspekte enthalten könnten. Dafür
werden positiv orientierte Bezeichnungen bevorzugt. Verbunden damit ist eine
Arbeits- und Forschungsstrategie, die nicht in erster Linie defizitorientiert beschreibt, sondern die vorhandenen Kompetenzen zu zeigen, auszuwerten und zu
stärken bestrebt ist. Diese Richtung wird von U. Lehr u.a. für die Älteren seit

zwei Jahrzehnten gelehrt und neuerdings im Behindertensport aufgegriffen, z.B. durch den Arbeitskreis von G. Belitz über Leichtathletik beim Kongress 1999 „Behindertensport – Wege zur Leistung". Wir zögern aber, Personen mit „Learning Disabilities" als behindert zu bezeichnen. Der Sport und die Bewegungseinwirkung und -erziehung können sich mit Vorteil der internationalen Terminologie von „Adaptet Physical Activity" (Doll-Tepper, 1996) anschließen. Lernschwierigkeiten, -verzögerungen, -erfolge bewegen sich oft weitgehend im Normalbereich und erreichen in Sonderfällen die untere Grenze der Norm, eine deutliche Auffälligkeit, wie man sich vorsichtig ausdrücken kann. Schulpraktiker sind allerdings der Meinung, dass die Voraussetzungen bei den Schülern in kognitiver und motorischer Hinsicht abnehmen. Die Zahl der Schüler aus sozial belasteter Umgebung nimmt offenbar zu.

Der Tenor dieser Abhandlung ist dennoch von Optimismus geprägt, dem Wissen um verschlungene Wege des Lernens, von Einflussvariablen der Entwicklung und von Persönlichkeitseigenschaften – ohne dass individuelle Mängel und Schäden blauäugig übersehen werden. Insbesondere betrifft dies die „mühevolle Tagesarbeit" der Sportlehrer in den Sonderschulen/Förderschulen, deren jahrelanges Bemühen im Unterricht immer neue Motivationen benötigt und nicht stereotyp werden darf. Neue Inhalte, individuelle und Gruppenerfolge, Anerkennung in der Öffentlichkeit und Abwechslung sind nötig. Es gilt deshalb, das Bewusstsein der Öffentlichkeit über Wert und Bedeutung sportlicher Aktivitäten nicht nur im Umfeld zu sensibilisieren, sondern über erfolgreiche Arbeit zu reden, zu schreiben und mit signifikanten Ergebnissen aussagekräftig zu belegen.

2 Zum Begriff Lernbehinderung und zu den Bezugsgruppen der Lernbehinderten

2.1 Formen psychomotorischer Lernbehinderung

Lernbehinderungen im Bereich von Motorik, Bewegung, Sport, Spiel und körperlicher Aktivität gibt es nicht nur in den zuständigen Sonderschulen, den Förderschulen, den Sonderschulen für Körperbehinderte, Blinde und Gehörlose. Im Handbuch zur „Lernbehindertenpädagogik" beschreibt Kanter (1980) die Arbeitsgebiete der Lernbehindertenschulen und deren Nachbargebiete Medizin, Psychologie und Soziologie. Freilich müsste man sie mit der allgemeinen und der Sportpädagogik, vor allem der pädagogischen Psychologie ergänzen. Auch die Entwicklungspsychologie, die Erwachsenenpädagogik, die Sportpraxis und

Sportwissenschaft gehören dazu. Mit der Tatsache, dass man nur etwa 25% der Schüler/innen an den Lernbehindertenschulen als motorisch minderbegabt einstufen muss, im Gegensatz zu den motorisch Auffälligen an Sonderschulen für geistig Behinderte und Verhaltensgestörte mit etwa 80%, lässt sich Kanters (1980, S. 22) Entwurf der vier Grundrichtungen:

- Pädagogik der Schulleistungsschwachen
- Pädagogik der Schwachbegabten
- Pädagogik der soziokulturell/sozioökonomisch Benachteiligten
- Pädagogik der im Lernen beeinträchtigten Personen

nach heutiger Erfahrung im Sport und nach 20 Jahren Entwicklung thematisch ergänzen:

- *Teilleistungsschwächen/Teilleistungsstörungen* im Schulsport, an Sonderschulen, bei Kindern, Jugendlichen, Erwachsenen, Senioren, also zahlreichen Personen aller Altersstufen, aller körperlichen Leistungsniveaus
- *Motorische Minderbegabung und Auffälligkeit.* Sehr schwache oder einseitige Begabung, motorisch weniger Begabte aus finanziell u.a. defizitären Umwelten gehören dazu.
- Im Lernen von Bewegungen oder Sportarten Beeinträchtigte, die aus Gründen von *Ängsten, neuromuskulären Beeinträchtigungen, konstitutionellen Defiziten, negativen Kindheitserfahrungen,* anderen Barrieren oder/und Interesselosigkeit motorisch auffällig sind.

Dieser dritte und schwierigste Bereich würde uns weit in die Sporttherapie führen. Einzelfallstudien werden dann nötig, differentielle Diagnostik, Interventionsversuche mit empirischer Begleitforschung.

Das umschriebene Aufgabengebiet soll nun aufgegliedert werden:

1. *Bezugsgruppen,* die uns im Sonderschulkindergarten, der Grundschule/Sonderschule, in motopädagogischen Gruppen, beim Anfängerschwimmen für Erwachsene, beim Erlebnissport für ältere Behinderte, bei Überängstlichen und Hyperaktiven u.a. begegnen

2. *Sportarten und Sportformen* mit aufbereiteten Bewegungsprogrammen (Diagnostik, Durchführung und Evaluation; Rieder, 1996, S. 574)

3. *Methodisch-didaktische Chancen* über Psychomotorik, Erlebnispädagogik, Sonderschullehrpläne und freizeitorientierten Sport

Wie breit motorische Lernbehinderung gestreut sein kann, wird durch einen Blick in die *heterogenen Zusammensetzungen von Schülerinnen und Schülern* in den Lernbehinderten-/Förderschulen deutlich. Immer noch handelt es sich um ein „Sammelsurium unterschiedlichster Fälle", deren Auswahl und Zuweisung nach Kriterien erfolgt, erfolgen muss (von der Realität erzwungen), wie: Intellektuelle Leistungs- oder Teilleistungsschwächen, soziale Deprivation (als Ursache von Lernbehinderung), sprachliche Probleme (bei Ausländerkindern, bei Aussiedlern und Asylanten), Verhaltensprobleme und -störungen, familiär oder durch die Umwelt verursachte Retardation, Entwicklungsverzögerungen verschiedenster Art und Ursachen.

Aussage eines Sonderschullehrers einer Förderschule: „Wir haben an unserer Schule 60% Sinti und Roma. Ihre Priorität liegt in der Familie, nicht der Lernschule. Vieles, was wir gelernt haben, bleibt also Theorie." Dies ist die Ausnahme. Die Kinder kommen aus allen gesellschaftlichen Schichten, vorrangig aus einfachen. Kinder Alleinerziehender nehmen an Zahl zu.

Vor diesem Hintergrund empfiehlt sich aus sportwissenschaftlicher Sicht eine weitere Aufteilungsmöglichkeit, die sich mehr an deutlicher werdenden *Mängeln bei zunehmenden Lernanforderungen* in verschiedensten Sportsituationen orientieren kann/könnte:

- *Mängel* beim Lernen von *sportlichen Techniken* (z.B. Fangen, Werfen), z.B. Ballbehandlung (zu denken ist dabei an ein Ballsortiment vom Gymnastikball bis zum Fuß- und Pezziball)

- Ballfertigkeiten anwenden in *Spielsituationen einfacher*, dann schwierigerer Komplexität. Motto: Zuerst Partner- und Gruppenübungen, dann erst mit Gegenspielern und Gegenmannschaften erschweren!

- *Erfassung von Spielgedanken*, z.B. bei *Kleinen Spielen, „Schlitzohrspielen"* und bei großen Spielen, beim Lernen und Ausnutzen von Taktiken. Motto: Kleine Spiele ganz groß!

- Mängel im *Wahrnehmen von Situationen, in der Antizipation von Techniken, Taktiken, Spielverhalten*. Die schnelle Umsetzung der Wahrnehmungen von Situationen in Handlungen ist ein anspruchsvoller Lernbereich. Motto: Wahrnehmungs- und Sensibilitäts- sowie Reaktionstraining!

Offensichtlich sind nicht nur motorische, sondern kognitive und soziale Anforderungen zunehmend wichtig. Dabei sind die *Lernprozesse vorrangiger als ihre*

Ergebnisse – freilich nur aus der Sicht der Lehrer. Für den Schüler zählt der Erfolg, der schnelle Erfolg. Die Reflexion über „warum nicht gelungen?", „wie besser machen?" u.a. wird bei ihm zu wenig angestellt.

An dieser Stelle, nämlich dem Schwerpunkt Lernen, sollten wir nicht vergessen, dass das *Austoben*, die Bewegung an sich, die Ablenkung, die Katharsis wichtigste Aufgaben von Sportstunden sind und auch von „chaotischen Stunden" positive Effekte konditioneller Art ausgehen können. *Ein gewisses Maß an Aktivität darf nicht unterschritten werden*, und methodische Lernwege können von lernbehinderten Schülern als tödlich langweilig empfunden werden, auch wenn sie noch so gut (gemeint) sind. Dieser Aspekt von körperlicher Beanspruchung wird um so wichtiger, wenn wir von den Sitzzeiten neun- bis zwölfjähriger Kinder erfahren: Im Durchschnitt zehn Stunden pro Tag (Urban, 1996)! Dennoch gibt es eine große Zahl hypermotorischer Kinder. Damit werden auch die von ärztlicher Seite schon in den 60er Jahren angesprochenen Bewegungsmangelkrankheiten (Kraus und Raab, 1964) wieder akut, die weniger bei den Schülern, aber um das 30. bis 40. Lebensjahr auftreten: Kreislaufunterforderung, Muskelschwäche, Koordinationsmängel, geringe Belastbarkeit und schnelle Ermüdung.

2.2 Inaktivität und Hyperaktivität

Die Entwicklungspsychologie hat das *Gesetz der Funktion* formuliert, wonach zuwenig und nicht geübte Funktionen sich zurückbilden und verkümmern. Inaktivitätsatrophien, der schnelle Muskelkater, beschwerliche Atmung und linkische Koordinationen verstärken noch sensorische und kognitive Mängel im Bewegungslernen und erzeugen eine Antihaltung und Motivationsdefizite, die erst durch langfristige und fachmännisch gezielte Interventionen wieder beseitigt werden können. Wir müssen deshalb bei unseren Lernbehinderten eine *Änderung des Verhaltens* erreichen, von der Inaktivität zum Mitmachenwollen, vom Überwinden von Misserfolgen bis hin zu systematischer Übung. Allerdings wissen Bewegungsexperten, dass sich infolge von „Bodeneffekten" schnelle Lernerfolge einstellen werden, insbesondere in den Bereichen Fitness (also Kraft, Ausdauer, Schnelligkeit), dann auch bei der Beweglichkeit, verbunden mit steigender Motivation.

Wenn wir motorische Extreme der Lernbehinderungen bei den *Inaktiven mit Antriebsschwächen einerseits* charakterisierten, dann dürfen wir die *Hyperaktiven andererseits* nicht vergessen, deren Lernschwierigkeiten mit Zappeligkeit, überschießender Motorik, Aufmerksamkeitsdefiziten (ADS-Syndrom) und Konzentrationsschwäche das andere Extrem belegen. Auch hier existiert eine umfangreiche ältere und neuere Literatur (Bauer, 1986; Kiphard, 1993; Neuhaus, 1996; Fischer, 1993), die freilich die sportfachlichen Möglichkeiten nicht detailliert genug belegt. Wie so oft werden die Kollegen/innen in den Schulen allein gelassen, wenn sie sich nicht durch eigene Weiterbildung und logische Verknüpfungen von den sichtbaren Defiziten zur gezielten Behandlung vorarbeiten, wenn sie sich nicht zum Fachmann eines motorischen Mängel-Erscheinungsbildes entwickeln. Wie sich die zunehmende Behandlung mit Ritalin sportmotorisch auswirkt, wissen wir nicht. Eine Möglichkeit gezielter Intervention böte die *Kooperation Schule und Verein mit spezieller medizinischer Betreuung.* Dem Behindertensportverband und den Sonderschulen sei deshalb empfohlen, gerade *über die kaum lösbaren Probleme Symposien zu veranstalten* (u.a. Gewalt, Sucht) und sich die besten Experten im sportlichen, sportwissenschaftlichen, medizinischen, psychologischen Bereich dafür zu sichern.

Motorische Probleme der Lernbehinderten sind, das zeigt sich gerade am Beispiel Hyperaktivität, mit Aufmerksamkeitsstörungen verbunden und „fahriger Motorik". Die Probleme dabei sind ohne Experten für Bewegung und Motorik nicht lösbar. Die gesellschaftliche Relevanz dieser Thematik wird immer größer und die betroffenen Eltern, die Schulen und therapeutische Interventionsversuche sind auf enge Zusammenarbeit angewiesen. Die Zappelphilippe, die Überaktiven, stets Abgelenkten und Ablenkbaren (nicht nur Kinder und Jugendliche) sind so ein Aufgabenfeld, das nur durch interdisziplinäre Forschungsteams erfolgreich bearbeitet werden kann, wobei Lehrer und Sportlehrer (gerade von Sonderschulen), Sportwissenschaftler, Motorikforscher, Mediziner, Neurologen, Verhaltensanalytiker, Motivationspsychologen zusammenarbeiten müssen. Antriebsarme und hyperaktive Motorik bedeutet Mängel in der Steuerung und Regelung von Bewegungen und bedarf der Diagnostik, der Epidemiologie, der Intervention (Pharmaka und/oder Bewegungsprogramme, Verhaltensmodifikationen), der Evaluation. Nur so können tägliche Phänomene an Schulen/Sonderschulen und damit Lernbehinderungen besser verstanden und in erfolgversprechende Aktionen übergeführt werden.

3 Planung und Durchführung eines verbesserten Sportangebotes für Lernbehinderte

Nach diesen grundsätzlichen Überlegungen sollen nun Lehrplanmöglichkeiten an Sonderschulen diskutiert werden, dann die Vielseitigkeit möglicher Aktivität in den Sportvereinen, auch des Behindertensports. Wie kann sich der praktische attraktive Sport „abspielen", ohne dass wir auf extreme Schwierigkeiten einzelner Schüler ausreichend eingehen können, auf die außergewöhnlich förderungsbedürftigen Kinder sowie die nicht wenigen echt Leistungsbegabten?

3.1 Der Klassendurchschnitt in der Förderschule

Die Abbildung 1 zeigt eine Einteilung der Lernbehinderten in zehn Stufen – von motorisch sehr schwachen bis zu motorisch sehr guten Lernbehinderten, mit therapeutischen und leistungssportlichen Besonderheiten. Der allgemeine Sport bewegt sich demnach zwischen den Positionen drei bis acht. Die Extreme erfordern individuelle Behandlung und Betreuung durch sporttherapeutische Programme (Rieder, Huber & Werle, 1996) oder Förderung in Sportvereinen, Leistungszentren und durch das Fördersystem des heutigen Hochleistungssports (Fessler, 1999).

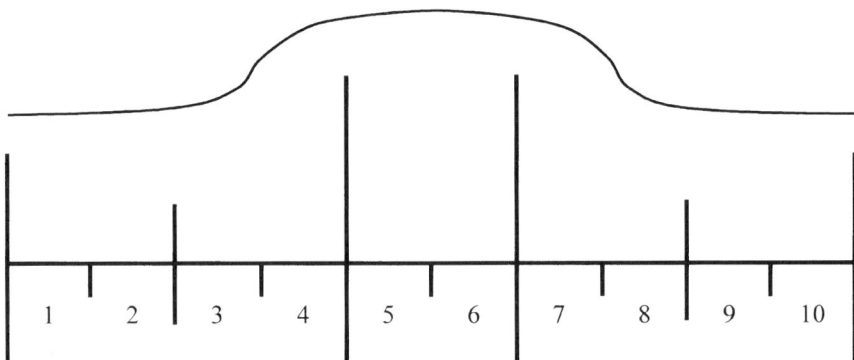

Abb. 1: Differenzierung motorischer Fähigkeiten in der Lernbehindertenschule

Legende zu Abb. 1:
1. Sehr schwache motorische Leistungsfähigkeit; Behinderungen; massive psychomotorische Störungen und Mängel; nur bedingte Gruppenfähigkeit; untere Grenze der Norm
2. Schwache koordinative und konditionelle Leistungsfähigkeit; geringe Begabung und Lernfähigkeit, z.B. mangelndes Spielverständnis

3. Deutliche motorische Gehemmtheit, Ungeübtheit; Ängste und Abwehr, aber eher normale Ausgangsbasis
4. „Linkische" Bewegungsweise und leichte motorische Auffälligkeit; willig und interessiert; ungeübt, aber mit sichtbaren Teilbegabungen, z.b. Kraft oder Ausdauer
5. *Klassendurchschnitt* an motorischer Begabung und sportlicher Leistungsfähigkeit mit Kennzeichen von Einseitigkeit und doch deutlichen Teilleistungsschwächen, z.b. bei koordinativen Aufgaben; Beobachtungsaspekte insgesamt positiv
6. Klassendurchschnitt und Schüler mit speziellen Leistungen, guter Motivation und angemessenem Lernergebnis. Sind gut ansprechbar und motivierbar, auch deshalb ansprechende Lernergebnisse
7. Die Gruppe gehört schon zum besseren Kern an Leistung, Lernfähigkeit, Mitarbeit und sportlichen Erfolgen; Anstrengungsbereitschaft. Sie fällt kaum negativ auf, aber öfters durch gute Koordinations- und Reaktionsleistungen wie z.B. bei Kleinen Spielen.
8. Schüler ohne Schwierigkeiten der Motivation und des Dazulernens; interessiert und erfolgreich im Bewältigen von Aufgaben allein und zu zweit, in der Gruppe und im Vergleich (Wettkampf); guter Durchschnitt. Teils umtriebig und „überall"; gute Spieler
9. Gute Sportler; in einem Gebiet deutlich über dem Durchschnitt und konkurrenzfähig in den Sportarten, bei Spielen, Leichtathletik, Turnen und Schwimmen; betreiben auch Sportarten, die nicht im Schulsport vorkommen; sind Mitglieder im Sportverein
10. Durch Leistungen, Fleiß und Energie sowie allgemeine sportliche Begabung ausgezeichnet; großes Sportinteresse. Mitglieder in erfolgreichen Sportvereinsgruppen, in bestimmten Sportarten in den Fördersystemen des Leistungssports; generell sportinteressiert und trainingsfleißig.

Die Schulen sind in der Regel mit beidem überfordert: Förderung der sehr Beeinträchtigten und sehr Begabten. Auch außerhalb des Schulsports können im Freizeit- und Breitensport Lernbehinderungen nicht in der gewünschten Qualität gefördert werden. Der Körperbehinderte braucht den Orthopäden und den gesundheitsorientierten, womöglich therapeutisch geschulten Bewegungsexperten. Dies trifft gleichermaßen auf Sinnesbehinderte und psychisch Behinderte aller Altersstufen zu. Für die Schule haben Schraag & Schentz (1999) ein Modell optimiert (s. Abb. 2). Besonders der Netzwerkgedanke trifft auch die Wünsche und Bestrebungen der Sportverbände und -vereine.

Ähnliche Netzwerke werden auch anderswo aufgebaut. So wurden Lernprobleme bei behinderten Älteren von Kersting-Liesigk (1996-1999) in einem Projekt bearbeitet, sportmethodisch in Bewegungsprogrammen dargestellt und überzeugend in einem Lehrvideo (Belitz, 1999) festgehalten. Das Netzwerk der Schule hat sich also schon erweitert.

Schule als „Haus des Lebens und Lernens"			
Unterricht	**Erziehung**	**Schulleitung/ Verwaltung**	**Aufbau eines Netzwerkes**
„Fördern durch Fordern"	„Erziehung ist Vorbild und Liebe"	Im Dienst der Menschen „Türöffner" für Innovationen	Kooperation
„Fordern statt verwöhnen"	Aspekte praktischer Jugendarbeit/ Erlebnispädagogische Elemente	„Schatzsuche statt Fehlersuche" Zielklarheit/ „Arbeitskompass" Regelmäßige Reflexion der pädagogischen Arbeit	Koordination

Schwerpunkte schulischer Arbeit

Abb. 2: Vier Handlungsfelder der Schule – Schwerpunkte schulischer Arbeit

3.2 Zur Lehrplangestaltung und -umsetzung

1988 legte Schraag seine „Bestandserhebung und Analyse der Bedingungen des Sportunterrichts als Grundlage zur Verbesserung und Weiterentwicklung eines Schulfaches" vor. Sie basierte auf einer Befragung an den Sonderschulen für Lernbehinderte in Baden-Württemberg (284 Schulen). In einem zweiten Schritt legte eine Kommission unter seiner Leitung und im Auftrag des zuständigen Ministeriums einen Lehrplan vor, der neue Wege ging und durch die erfahrensten Sonderschulpädagogen gestaltet und mit Leben erfüllt wurde.

1984 hat Irmischer seine Dissertation „Kritische Analysen zum Sportunterricht an Schulen für Lernbehinderte" vorgelegt: Beide Autoren zeichneten die lange und zähe historische Entwicklung nach. Andere, wichtig gewordene Untersuchungen dazu stammten von Kiphard & Huppertz (1968), Sommer (1980) und Rieder (1984). Die „Bewegungsdiagnostik im Sportunterricht für Lernbehinderte" (Sauter, 1986), als Ergebnisbericht eines Workshops befasste sich mit der Bewegungsbeurteilung, forderte motorische Gutachten, vertiefte die neurophysiologischen Aspekte der Koordinationsschwächen, gab eine Bilanz der Bewegungsdiagnostik und befasste sich mit der Ausbildung von Lehrern. Seither ist die Anzahl von Arbeiten mit grundsätzlichen Aussagen zum Themenbereich „Lernbehindertenpädagogik – Motorik" leider zurückgegangen und eine neue Bilanz stünde an.

Spielen – Spiel	Individualerfahrungen
	Erfahrungen mit Partner und Gruppe
	sportartbezogene Erfahrungen
Körper und Sinne	Individualerfahrungen
	Erfahrungen mit Partner und Gruppe
Sich-Bewegen ohne, mit und an Geräten	Individualerfahrungen
	Erfahrungen mit Partner und Gruppe
	sportartbezogene Erfahrungen
Spielen und Sich-Bewegen im Wasser	Individualerfahrungen
	Erfahrungen mit Partner und Gruppe
	sportartbezogene Erfahrungen
Schule, Freispielfläche und Natur	Individualerfahrungen
	Erfahrungen mit Partner und Gruppe

Abb. 3: Lehrplan 1995 – Übersicht der Fachgebiete

Der Lehrplan Baden-Württemberg gibt fünf Bereiche vor (s. Abb. 3). Die heutige *Schulleben-Diskussion* mit ihrer internen Konzentration und gleichzeitigen Aufnahme und Nutzung möglichst aller außerschulischen Angebote und Möglichkeiten ist bereits vorgezeichnet. Ebenso wird schon auf die Zusammenarbeit Schule und Verein verwiesen, ein Programm, das sich in Baden-Württemberg als besonders intensiv und erfolgreich zeigte (Fessler & Rieder, 1997). *Der Sport wird eindeutig und generell als Fördermaßnahme für alle Sonderschüler aufgefasst.* Der traditionelle Sportförderunterricht wird modern mit eingebracht (Rusch & Weineck, 1998) und eine große Palette von „weiteren Sportarten" aufgenommen (sogar Kegeln, Reiten, Krafttraining, Tanzkurs, Jogging u.a.), so dass eine Offenheit erreicht wurde, die neuestens sogar Break-Dance, Voltigieren, Inline-Skating, Judo u.a. mit einschließt (s. Abb. 4).

Individualsportarten	Gerätturnen Gymnastik/Tanz	Leichtathletik	Schwimmen	**mindestens 3**
Mannschaftssportarten	Kleine Spiele u. Freizeitspiele	Basketball Fußball	Handball Volleyball	**mindestens 3**
Rückschlagspiele	Badminton	Tennis	Tischtennis	**mindestens 1**
weitere Sportangebote	Ringen Judo Krafttraining Hockey Rugby Radfahren Rollschuh Reiten	Rudern/Kanu/ Kjak/Surfen/Segeln Skilanglauf/-Alpin Rodeln Eislauf Jogging Trimm-Pfad Tanzkurs	Squash Ringtennis Indiaka Kegeln aktuelle Freizeitbewegungen u.a.	**mindestens 1 neues pro Schuljahr**
Vorhaben und Projekte	Vorhaben Projekte	„Vereinspraktikum"		

Abb. 4: Aufgliederung der Lehrplaninhalte

Einer Erfahrung von Hübner (1989) folgend, der die sorgfältig konzipierten Lehrpläne von Nordrhein-Westfalen analysierte, ist ein guter Lehrplan noch keine Gewähr dafür, dass er im Sinne seiner Autoren mittelfristig realisiert wird. Der Erfolg hänge davon ab, wie ihn die Schulleiter und Sportpädagogen umsetzen, wie aufgeschlossen sie durch Erfahrung und Weiterbildung geworden sind oder, so Hübner, ob sie alles so machen wie schon immer. Diese „defensive Selektivität" (Winterhoff-Spurk, 1988) wäre verständlich, wenn man an den großen Prozentsatz der Sportlehrer ohne Sportausbildung (über 50%) und die wenigen Mittel für Geräte, besonders Kleingeräte und Bälle, erinnert. Die Herausgabe neuer Lehrpläne ist nur die Gewähr dafür, dass die Sportbeauftragten alles machen sollen (können, müssen), was von der Bewegungserziehung und der Gesamterziehung her sinnvoll ist. Die Findigkeit der Sportlehrer, ihre Position im Lehrkörper und der Kommune sind also die Voraussetzung eines modernen Sportunterrichts, ebenso wie ihre Anerkennung durch die Schüler und ihre Beachtung durch die Öffentlichkeit.

Die Entwicklung des Sports in den letzten 15 Jahren vollzog sich in einem überhöhten Tempo, bei dem Freizeitsportformen, die Entstehung von Fitnesszentren, der Rehabilitationssport, das gesundheitsorientierte Sporttreiben, die Kindersportschulen, der Betriebssport und die Entwicklung von Großvereinen u.a. erkennbar sind. Ebenso wurde zunehmende Profilbildung in der Angebotsstruktur sichtbar und die Evolution der Gymnastiken von der Heilgymnastik zur Funktionsgymnastik, von der Heimgymnastik bis zur Wettkampfgymnastik. Schließlich haben wir die *Bewegungskünste* mit ihrem Einzug in die Schule (Gaal,

1994), die Budo-Sportarten und die asiatischen Kampf- und Verteidigungskünste. Dies alles ist selbst für den Fachmann kaum zu erfassen und klar in das Schema Sport einzuordnen. Die neuen Angebotsformen sind aktuell und ziehen nicht nur bei den Jugendlichen viele Anhänger an sich. Eigentlich können Jugendliche und Erwachsene nur dann ihre sportlichen Vorlieben und Bedürfnisse verbalisieren, wenn sie das ganze riesige Gebiet der Sportangebote überschauen könnten. Wohltuend an den Lehrplänen von Baden-Württemberg ist deshalb ihre Verschlankung und Auswahlmöglichkeit im Angebot. Die Lehrpläne der Gymnasien zeigten, dass überfüllte Curricula nicht einmal von den besten Methodikern und schon gar nicht mit zahlreichen Stundenausfällen bewältigt werden konnten. Ebenso misslangen die Schwerpunktsetzungen bei gleichzeitiger Öffnung der Inhalte überall hin.

3.3 Vollerhebung an den Lernbehindertenschulen in Baden-Württemberg

Einige Daten zur Erhebung in Baden-Württemberg (Schraag, 1988) als Grundlage des neuen Lehrplans sollen nun dargestellt werden: Mit den neuen Leitgedanken des Lehrplans wurde eine stimmige Theorie erreicht. Die Gesamtentwicklung des Kindes müsse ein breit angelegtes Verständnis für Sport und Bewegung voraussetzen. Die besondere Bedeutung des Spiels wird ausgeführt. Vielseitiger Sport soll eine breite Bewegungserziehung sichern. Er soll einen Beitrag zum Schulleben leisten (Vorführungen, Wettkämpfe), den außerschulischen Sport einbeziehen (z.B. Pfadfinder und professionelle Angebote). Die hohen Ansprüche an den Sport bei Lernbehinderten sollten 1994 und in der Folge besser eingelöst werden, *da sich alle Autoren über den erzieherischen Wert und die gesundheitserzieherischen Chancen des Sports als Entwicklungsstimulus einig sind.* Irmischer schrieb 1984 (S. 252), „dass die hohen Ansprüche ... bis in die Gegenwart hinein weder durch die vorliegenden spezifischen didaktischen Entwürfe noch durch die bestehenden Lehrpläne in den Bundesländern, noch durch die reale Unterrichtssituation eingelöst werden konnten".

Kernfragen (mit Antworten) der Vollerhebung waren und sind:

- Werden die drei vorgeschriebenen Wochenstunden Sport gehalten? 63,5% der Schulen gaben keine Fehlstunden an. Das Mittel von 6,8% Fehlstunden (1-21 Stunden) zeigt freilich regional deutliche Unterschiede. Defizite wurden mit Lehrermangel und fehlenden Sportanlagen begründet.

- Welche Klassenstärken treten auf? Vorgegeben ist eine Zahl von 8-15 Schüler/innen. 22,4% der insgesamt 2089 Sportgruppen haben mehr als 15 Mitglieder. Für Bayern ermittelten Größing & Kapustin (1983) 15,3 Schüler, für Schleswig-Holstein ermittelt Bielefeld (1984) 14,3 Personen.

- Jedes Kind sollte in seiner Schulzeit Schwimmen lernen! An 17,3% der Schulen wird kein Schwimmunterricht erteilt, wobei regionale Unterschiede auftreten, bedingt durch die Größe von Kommunen zwischen 2000 bis 30000 Einwohnern.

- Wird Sportunterricht spätestens ab Klasse 7 getrenntgeschlechtlich erteilt? In 89% der Sportgruppen wurde getrenntgeschlechtlicher Sport erteilt.

- Wie hoch sind die Mitgliedschaften in Sportvereinen bei Jungen und Mädchen? 64% der 7-14-jährigen Jungen und 47% der Mädchen *aller* Schulen waren Mitglieder in einem Sportverein. Bei den *Lernbehindertenschulen waren es nur 24,4% bei den Jungen und 8,5% bei den Mädchen!*

- Welche Sportarten werden innerhalb der Vereine von den Schülerinnen und Schülern betrieben? 63% der Jungen und 6,1% der Mädchen spielten Fußball. Es folgten Handball, Turnen, Judo und Tischtennis bei den Jungen. Bei den Mädchen gaben 40% Turnen an und es folgten Handball, Gymnastik und Schwimmen; 3,1% gaben Reiten an!

- Wie hoch ist der Anteil an fachfremd unterrichteten Sportstunden? Sonderschullehrer mit Sportausbildung nur 14,7%, ohne Sportausbildung 38,8%, bei den Grund- und Hauptschulen 15% ohne Sportausbildung. In Schleswig-Holstein 74% und in Hamburg 73%.

- Zur Altersstruktur der Sportlehrer und dem Sportanteil an ihrem Unterrichtsdeputat: Von 1485 Sportlehrkräften sind 860 zwischen 31 und 40 Jahre alt, 65 sind über 50 Jahre. Der Anteil am Deputat beträgt 2 bis 4 Wochenstunden, was durch das Klassenlehrerprinzip bedingt ist.

- Zur Sportstättensituation und zur Geräteausstattung: Großgeräte waren gut vertreten, Kleingeräte und Rhythmikgeräte meist nicht vorhanden oder mangelhaft.

Diese Ergebnisse sind im Ländervergleich noch als eher günstig einzustufen. Der siebenseitige Fragebogen an 284 Schulen für Lernbehinderte wurde 277 mal ausgefüllt. Diese „beinahe Vollerhebung" querschnittlicher Art bietet somit wichtige Daten für eine Weiterarbeit und Nutzung in allen Bundesländern, bei Lehrplanentwicklungen, Aus- und Weiterbildung von Sonderschullehrern im Sport, Verbesserung der Sportstättensituation, der Kooperation Schule und Verein, Einführung regionaler Gesprächskreise und von Sportfachbetreuern. Ein wissenschaftlicher Arbeitskreis unter Einbeziehung von Experten aus Hochschulen und Sportverbänden wurde freilich nicht eingerichtet. Die Ausstattung mit Kleingeräten und Psychomotorikgeräten ist mittlerweile besser geworden, wobei gerade hier nur ein minimaler Finanzaufwand notwendig ist. Aus heutiger Sicht würde ein Arbeitskreis mit Schulärzten, Orthopäden, Internisten und Neurologen zu ergänzen sein und schwerpunktmäßig mit dem Thema „Gesundheitsfürsorge/Gesundheitserziehung" beauftragt werden müssen. *Bewegungs- und Gesundheitsförderung sind ein Thema*, wobei die präventive Seite in den Bereichen Haltung, Rückenstärken, Bewegungsaktivität und Sport, Gewohnheitsbildungen, Spaß und Motivation im Bewusstsein von Schulleitungen, Lehrern, Eltern und in erster Linie der Schüler selbst sofortige Aktivitäten benötigt. Die rehabilitativen Folgen heutiger Unterlassungen dürften schon in 10 bis 20 Jahren für die Gesellschaft unbezahlbar werden. Insofern ist es interessant, dass die Ottawa-Charta zur Gesundheitsförderung 1986 nach zehn Jahren 1996 evaluiert wurde mit dem Ergebnis, dass Gesundheitsförderungsmaßnahmen immer dann erfolgreich gewesen seien, wenn sie in Kombination mehrerer Bereiche, z.B. Schule, Medizin, Sport, Öffentlichkeit, als so genannte „sektorale Bündnisse" gestartet wurden. Dies muss auch die zukünftige Leitlinie der Gesundheitsförderung an Sonderschulen werden.

4   Akzente einer modernen Sportpraxis

Wie muss ein attraktiver und motivierender Sportunterricht mit Schwerpunkt für Lernbehinderungen und Lernschwächen aussehen, in der Sonderschule und im Sportverein? Nach welchen Prinzipien geht er vor? Ist er sportartenorientiert, muss er auf vielseitige Fitness und Bewegungserziehung achten, darf er nur den Wünschen der Schüler folgen und besteht dann aus Fußball? Die schwierige Frage für die Sportunterrichtenden ist, welche Bedürfnisse vorliegen und wie eine individuelle Förderung einzelner Kinder aussehen könnte. Die Praxis besteht aus den ablaufenden Bewegungsinhalten *und* den Anmerkungen, Anweisungen, Empfehlungen, Kommentaren, Ermutigungen, Lob u.a. durch die Lehrer. Und dies wäre die Chance pädagogisch gut ausgebildeter Sonderschullehrer! Auch als Fachfremder kann man Erfolge, erzieherische und sportliche Erfolge, erzielen, mit Engagement und Liebe Diskussionen durchstehen, überzeugen und

Bezugsperson bei den Schülern werden. Unsere These war immer – bei Lernbehinderung und Verhaltensdefiziten – dass es der Sportlehrer leichter habe, Kindern näher zu kommen, weil er seine kind-/jugendgemäßen Inhalte für entwicklungsgerechtes Bewegen einbringen kann und seine größere Nähe, ja eine Begegnung auf gleicher Ebene. Hier sei auf umfangreiche Literatur zum Sportunterricht auch an Sonderschulen, Förderschulen, Lernbehindertenschulen verwiesen (Rieder, 1977; Doll-Tepper, 1996; Irmischer & Fischer, 1989; Kiphard, 1980).

Ich werde nun keine Unterrichtsentwürfe aufstellen, die nur Mittelwerte für Schul- und Vereinsstunden sein könnten. Es wird immer sportlich bessere, mittlere und schwächere Schüler geben. Vielmehr sollen die *Möglichkeiten einer vielseitigen Sportpraxis* verdeutlicht werden, die in der Gruppe und individuell anzuwenden ist. Trotz aller Wichtigkeit von Stundenplanungen muss *die individuelle Richtung* vorherrschen. Wie schwierig dies ist, wo es gleichzeitig um *Gruppenbildung und Gruppeneffekte* geht, ist offensichtlich. Dies ist ein Spagat, den der Sportlehrer jede Stunde zu überwinden hat. Somit wird bei allem Individualismus die *Sport- und Gruppenatmosphäre* ein größter gemeinsamer Nenner für den Erfolg.

4.1   Erlebnissport – Erlebnispädagogik

Damit werden keine neuen Begriffe verwendet. Sie wurden seit GutsMuths 1793 immer wieder mit Zeitgeist, mit Leben, mit neuen Sport- und Bewegungsrichtungen erfüllt: „Gymnastik ist Arbeit im Gewande jugendlicher Freude". „In jedem Turnspiel regt sich eine Welt" (Jahn). Durch das motivierende Sportlehrerverhalten, durch den Aufforderungscharakter der Inhalte, durch neue Entwicklungen und die Vorgabe, gerade bei (allen) Lernbehinderten auf der Höhe der Zeit zu sein, verstärkt sich der Erlebnischarakter. Also: Gerätekombinationen, Parcours, Kleine Spiele, Trampolin, Klettermöglichkeiten und Inlineskating, natürlich auch Krafttraining, Fitness, Ausdauer! Was machen die Studios, was machen die Vereine, z.B. bei Jubiläen und Feiern? Ist Hip Hop wirklich so schlimm oder repräsentiert es nicht schon eine Bewegungskultur unserer Jugendlichen? Ein sonst sportlich recht einseitiger Schüler, ein hochtrainierter Breakdancer, war der Höhepunkt einer Schulabschlussfeier! Snowboarden trotz Skilauf, Schlittenfahren, Schneeballwerfen und Schneeballschlachten (meist im Schulhof verboten!). Die Rutschen nutzen in den Schwimmbädern und auf Spielplätzen! Wir sind schon mitten im Erlebnissport.

Die Freizeitindustrie hilft überall mit und nach, manipuliert zum Konsumieren und Kaufen. Somit gehört die Auswahl oder Nichtauswahl trotz Kaufanreiz zur Beratungsfunktion der Sportunterrichtenden. Vieles ist vorübergehend, wie z.B. die nicht mehr benutzten Fahrradergometer in den Kellern von Managern. Auch die neuesten sind schon wieder überholt. Billig und zweckmäßig, das gibt es im Kaufangebot kaum. Die Erlebnispädagogik kämpft auch gegen Null-Bock an, gegen Coolness und Opposition, Gewalt und Langeweile. Sie ist Spiel, manchmal Spielerei, oft Leistung in Form von Wagnis, Erproben, Risiko, von Taktik, Überlisten, von Gruppenleistungen. Und, neu und alt, von Naturerleben und/ oder Techniknutzung!

Es ist kein Zufall, dass wir gerade Manfred Schraag und seinen Mitstreitern Frank Durlach und Christel Mann die neueste umfassende Sammlung zur „Erlebniswelt Sport" (1996) verdanken − unter Mitarbeit von 30 Sportlehrern aus allen Schulgattungen. 373 Seiten − zu lang!? Aber, da steht „Orientierungshilfen für den eiligen Leser", vier Seiten Text, und das ist nicht zu viel. Allein die Überschriften (z.B. S. 33-38) liefern zahllose Stichworte wie Gleichgewichthalten, Schaukeln und Schwingen, Verstehen und Suchen, hundert Situationen „Abenteuer Sport".

Die kreativen Kräfte im Wettstreit messen zu lassen, gelingt z.B. folgender Aufgabe: Zwei oder drei Gruppen von Schülern (freie Zuordnung, noch ohne dass die Aufgabe bekannt ist) sollen aus allen verfügbaren Geräten der Sporthalle und des Geräteraumes je einen Zug bauen: Streit um die Geräte, eifriges Diskutieren und Sammeln. Nach sechs Minuten Signal: „Noch drei Minuten!". Das Ergebnis wird nun gegenseitig vorgeführt, gewürdigt und prämiert. Natürlich gewinnt jene Gruppe, deren Zug sich in Bewegung setzen kann (Mattenwagen mit Anhang)[2].

Sogar die Erfahrensten erfahren durch Literaturstudium, Besuch von Vereinsfesten und Beobachtung von Kindern/Jugendlichen ständig Neues. Die Gruppe um Schraag (1991) hatte ihre Sammelarbeit schon vorbereitet („Geräte und Materialien in der Bewegungserziehung"). Der Phantasie sind auch im Erfinden neuer und einfacher Geräte (z.B. psychomotorischer Übungsgeräte) und ihrer unkonventionellen Nutzung keine Grenzen gesetzt. Auch das Umsetzen spontaner Ein-

---

[2] Weitere Literatur mit Bildmaterial ist bei Bucher (1993) „1010 Spiele und Übungsformen" zu finden. Wer sich theoretisch mit Erlebnissport auseinander setzen will, wird auf Opaschowski (1993), Rieder (1996), Schleske (1977), Ziegenspeck (Hrsg. Zeitschrift für Erlebnispädagogik), Zimmer & Cicurs (1993) verwiesen.

fälle im Sportunterricht misslingt nur selten, gerade wenn sie von den Schülern ausgehen.

4.2 Förderung von konditionellen und koordinativen Fähigkeiten und von Fitness

Die Fülle der angesprochenen Möglichkeiten generell erfolgreicher Inhaltsstrategien bei Lernbehinderten führt uns zur Systematik und zur Hierarchisierung von Zielen im Sport zurück. Grundlage befriedigender und erfolgreicher Betätigung ist immer noch eine gewisse Fitness, die zumindest etwas über das oft zu niedrige Ausgangsniveau hinausgehen soll. Deshalb gilt es aber auch, den koordinativen Fähigkeiten, darüber hinaus der Geschicklichkeit, Reaktionsfähigkeit, dem Timing und Aiming, dem Gleichgewicht Aufmerksamkeit zu schenken. Mit *Bewegungsmerkmalen*, welche uns in Spielen, Sportformen und Techniken abverlangt werden (Meinel, schon 1960) wird die Fitnesslinie abgerundet. Bewusst zitieren wir die ursprünglichen Meinel'schen Bewegungsmerkmale: Phasenstruktur, Bewegungsrhythmus, Bewegungsübertragung, Bewegungsfluss, Bewegungselastizität, Bewegungsvorausnahme (Antizipation), Bewegungsgenauigkeit, Bewegungsharmonie.

Unsere Schüler müssen aber auch Kraft, Ausdauer und Schnelligkeit üben und – *Mehrfachhandlungen*, ein bisher wenig beschriebener Bereich des Sportunterrichts und der theorieorientierten Praxis. Kraft ist der Wunschtraum der heranwachsenden Jungen, Ausdauer ist der Wunsch aller Laufbegabten, Schnelligkeit, mehr Schnelligkeit die Anforderung an gute Spieler. *Kraft und Ausdauer zusammen bedeuten Fitness* oder Kondition, die mit *psychischer Stärke* gekoppelt sein muss, mit Sichüberwinden, Durchhalten, Leistungsbereitschaft und Willen zu stetiger Übung und konsequentem Training. *Kraftüberschuss* ist ein altes und wichtiges Ziel sportlicher Bemühung bei Jugendlichen und auch Erwachsenen, die ja, z.B. in den Studios, energievoll ihr Muskelprofil sichtbarer machen wollen. Wenn mangelnde Kraft ein Lernhinderungsgrund ist, so schaffen wir mit Kraftzuwachs (schon deutlich spürbar nach drei Wochen und sichtbar im Ergebnis schon bei zweimaligem Training 60 bis 90 Minuten die Woche) wesentlich bessere Lernchancen für Turn- und Kletterübungen, für Alltagsfähigkeiten, z.B. Treppensteigen, Springen, Werfen, Schieben, Ziehen. Aber auch Arbeitsvorgänge (z.B. Garten) profitieren davon: Mehr Leistung mit weniger Energie!

Große Geräte und Zug-Druck-Maschinen gibt es an Schulen zwar meist nicht, aber eine Fülle von Möglichkeiten mit Partnern und an Geräten in Sporthallen. Zieh- und Schiebe-Kämpfe, einen sich steif machenden Partner ablegen und hochziehen, Medizinbälle werfen und stoßen, an die Wand, zum Partner, aus der Rückenlage, aus unterschiedlichsten Ausgangspositionen. Auch das Übersteigen von Kastenteilen und Langbänken mit Belastung ist interessant (Medizinbälle, Kurzhanteln, Partner), Klimmzüge, Kletterstangen, Liegestütze, Sprungübungen, Tragestaffeln und Huckepack, die Möglichkeiten sind zahlreich. Schon vor den Kraftwellen, etwa 1960 im Leistungssport, seit etwa 1975 auch im Breitensport, seit etwa 1990 im Alterssport, gab es systematische Kraftübungen im Angebot. Eine Reaktivierung dieser Übungsformen mit der Aufforderung „Wer kann ...", verbunden mit Tests für Arm- und Beinkraft, gestatten ein wiederholtes Messen von Fortschritten.

Die Verbesserung der Ausdauer ist am besten durch Einführung in das Walking und Jogging in attraktivem Gelände möglich. Die Tempovorgabe lautet, dass man sich beim Laufen auch noch unterhalten können sollte. Aber auch die Kleinen Spiele bergen ein Repertoire für Ausdauer, z.B. bei Lauf- und Haschespielen.

Laufschnelligkeit und Reaktionsformen, Richtungswechsel, Stopps und Antritte sind gefragt. Die Messung von Ruhepuls, Arbeitspuls und Erholungspuls sollte man bei Schülern besonders nutzen, weil sich daran Erfolge und Fortschritte deutlich messen lassen. Ein Besuch mit der Gruppe im Fitness-Studio wäre attraktiv, leicht organisierbar. Fitnesserhöhung und vielseitigere koordinative Fähigkeiten, erreichbar zuerst durch spielerische Gestaltungen, dann durch planmäßiges Üben, sind beinahe schon Training. Sollte sich das Selbstwertgefühl dabei erhöhen, beruht es auf dem Zuwachs an Fähigkeiten, die der Lernbehinderte spürt und der Anmerkung des Sportlehrers, der zu *Selbstbeobachtung anregt.*

Kleine Fortschritte sind schon große Erfolge, denn stabilere Dauermotivation, Selbstvertrauen und Sicherheit folgen. Sie können ein verändertes Verhalten einleiten. Fitness sowie höhere und vielseitigere Geschicklichkeit verändern auch Haltung und Bewegung. Motorische Auffälligkeiten wie Langsamkeit, linkische Bewegungen, schlampige Haltungen, Unsicherheit im motorischen Erscheinungsbild, würden verschwinden und eine Unauffälligkeit im motorischen Erscheinungsbild erreicht werden. Auch das Sozialprestige in der Gruppe ist durch kontinuierliche Fortschritte betroffen, bringt Anerkennung bei Erwachsenen, durch Freunde und Verwandte, Bewunderung der Gleichaltrigen (oder deren Konkurrenz).

4.3 Analyse und Optimierung von Lernprozessen

Höhere Anforderungen an koordinative Leistungen reichen von kombinierten bis zu komplexen Aufgaben und beziehen Aktions- und Reaktionsgeschwindigkeit mit ein, z.b. in Spielsituationen. Das Sehen und „Schalten", sportwissenschaftlich ausgedrückt die *Informationsaufnahmegeschwindigkeit,* bereitet den Weg vom Wahrnehmen zum Handeln vor, z.b. für einen Torschuss. Dies sind freilich schon langfristige Lernprozesse. Im Erfolgsfall bestehen große Chancen, dass sie auf ähnliche Situationen bei anderen Sportarten übertragen werden. Die *Theorie der identischen Elemente* im motorischen Lernen und beim Fertigkeitstransfer, welche vor 40 Jahren von Cratty und Singer übernommen wurde (Cratty, 1979), gilt gerade für Lernbehinderte. Die Methodiker wissen, wie viel leichter neue Bewegungen gelernt werden, wenn ein Drittel davon bereits bekannt ist. Versuchen wir eine Systematik von einfachen zu schwierigen Lernprozessen, selbst wenn alle Versuche dazu, sie als quantitativ gleichgroße Lernschritte zu verstehen, bisher gescheitert sind. Was für den einen leicht ist, fällt dem anderen schwer. Gründe dafür sind zunächst die motorischen Begabungen, welche sehr unterschiedlich ausgeprägt sind, sich nicht in Cluster aufteilen lassen wie den Spieler, den Turner, den Schnellkräftigen, den Hölzernen, die Eleganten, den Brummer, die Langsamen, die Bedächtigen, die Vorsichtigen, die Risikobereiten. Das alles sind Typisierungen, die kaum eindeutig zutreffen. Begabungen und Bewegungsweisen sind sehr unterschiedlich ausgeprägt. Teilbegabungen und Teilleistungsschwächen sind die Regel.

Der Tennis-Alles-Könner Boris Becker war 12 Jahre, Steffi Graf 9 Jahre, als eine fünfjährige Längsschnittstudie (Rieder et al., 1983) deutliche Stärken und erstaunliche Schwächen offenbarte. Unter den 110 besten Jugend-Tennisspielern Deutschlands war Boris im 30-Meter-Sprint nicht unter den 50 Besten und Steffis gymnastische Fähigkeiten waren sehr deutlich unterentwickelt. Boris war bei tennisspezifischen Schrittwechseln allerdings wieder der Schnellste!

Gründe für Bewegungs- und Lernunterschiede sind die Begabung und die Bewegungsbiographie, Persönlichkeitseigenschaften wie Selbstvertrauen, Skepsis, spontane Lernfähigkeit, auch Interesse und Wetteifer, Anspruchsniveau und Wertzuschreibungen.

4.3.1 Anforderungen aufsteigender Schwierigkeit

Eine (problematische) Schwierigkeitsreihenfolge könnte folgenden Richtlinien folgen und je nach individueller Besonderheit von Lernbehinderten als Programm fungieren:

1. *Einfache Bewegungen* mit Alltagsähnlichkeit. Variationen grundlegender Bewegungsweisen über mehrere Wochen, sehr einfache Anforderungen
2. *Mittelschwere Bewegungen* lernen, die nach Zeit, Güte, Wiederholungszahlen über Wochen gut lernbar sind (Techniken des Sports, z.B. Fangen und Zielwürfe)
3. *Partnerübungen*, die sich durch Rhythmus und gegenseitiges Abstimmen auszeichnen (einfache Hebeübungen, gleichartige gemeinsame Bewegungen nach Musik, Körperschule u.a.)
4. *Übungen in der Gruppe*, z.B. im Kreis nach Musik oder Klatschen
5. *Kleine Spiele*, auch mit erhöhten taktischen Anforderungen
6. *Mehrfachhandlungen* (z.B. Trageübungen mit Türöffnen durch den Fuß oder Ellbogen)
7. *Ballspiele auf engem Raum* mit vielen Personen, zunächst in einer Gruppe, dann mit zwei Parteien.

Die Zuordnung der Schüler ist nun eine Leistung des Sportlehrers, der weiß, dass er nicht mit Punkt 5, 6 oder 7 beginnen darf und dass seine eigene Schwierigkeitsskala eine andere sein kann und wird als die der Schüler insgesamt und Einzelner. Das folgende Beispiel verdeutlicht die Problematik: eine Testübung komplexer Art, eine Herausforderung.

Die Testübung „Ball durch die Beine an die Wand"[3] wird erklärt, nicht vorgemacht. Sie fordert Ballgefühl und Antizipation und ist eine schnelle Abfolge einer Wurfaktion, eines Zwischenergebnisses (wie springt der Ball von der Wand zurück?) mit dem anschließenden Fangversuch. Gelegentliche Überforderung der Schüler schadet nicht, wenn man sicher ist, dass mit der Erklärung, dem „Trick-verraten" eine hohe Erfolgswahrscheinlichkeit verbunden ist. – Den Ablauf soll man mit den Schülern besprechen, Fehler und neue *Planung* durch *Aufmerksamkeitslenkung* gemeinsam finden.

---

[3] Schüler steht in Grätsche, mit dem Rücken vier Meter vor der Hallenwand. Er beugt sich vor und wirft den Ball durch die Beine an die Wand. Er dreht sich dann schnell um, um den zurückspringenden Ball aufzufangen.

4.3.2 Die Kleinen Spiele

Die so genannten Kleinen Spiele sind durch umfangreiche Sammlungen, Beschreibungen, Wertungen belegt (Döbler, 1992; Stemper et al. 1983; Stumpp, 1991). Das Motto heißt: *Kleine Spiele, ganz groß!* Huber hat 1991 (Fit und gesund im Sportverein) eine Sammlung vorgelegt und ihre Merkmale erneut zusammengefasst.

Innerhalb des methodischen Inventars des Sports mit Sondergruppen spielen die „Kleinen Spiele" vor allem aufgrund der folgenden Merkmale eine wesentliche Rolle:
- Kleine Spiele haben ein einfaches und überschaubares Regelwerk.
- Die Regeln solcher Spiele lassen sich variabel gestalten und verdienen sich vor allem durch diese Tatsache auch die Bezeichnung „kreative Spielformen".
- Kleine Spiele erfordern keine aufwendigen Spielgeräte, Tore, Netze oder Markierungen.
- Die Teilnehmerzahl lässt sich variabel gestalten.
- Es können Menschen mit unterschiedlichem sportlichen Fertigkeitsniveau gemeinsam spielen.
- Durch gezielte Auswahl der Spiele lassen sich auch die motorischen Grundeigenschaften Ausdauer, Kraft, Schnelligkeit und Koordination gezielt positiv beeinflussen.

Abb. 5: Kleine Spiele als Element des Sports mit Sondergruppen (aus: Huber, 1996, S. 149)

Huber (1996, S. 153) meint, bei Sondergruppen ließen sich „Spiele nicht immer spielend leiten". Sie erfahren bei einigen Autoren schmückende Beiworte wie „kreative Spiele", „kooperative", „neue Spiele", „Schlitzohrspiele", „Spiele für viele". Die Suchstrategie nach immer neuen, noch attraktiveren und für spezielle Gruppen geeigneteren Spielen kann seinem Schema folgen.

Abb. 6: Mögliche Kriterien der Schwierigkeitsauswahl Kleiner Spiele

Wenn Verhaltensänderungen im Sport am ehesten über emotionale Erlebnisse erreicht werden können, sind die Chancen dafür mittels der kleinen Spiele recht groß (keine Angst mehr vor Spielen; Lieblingsspiele).

4.4 Psychomotorik

Kein Sportpädagoge und Übungsleiter kommt heute ohne Praxis und Theorie der Psychomotorik aus. Sie entwickelte sich als eine besondere Methodik mit spielerisch-sportlichen Inhalten seit etwa 1960. Die Forderung der Eigenaktivität des Kindes/Jugendlichen/Erwachsenen/Älteren steht im Vordergrund. Die Literatur schwillt immer noch an, mitbedingt durch die Gründung des Aktionskreises Psychomotorik 1977 und seine europäische Ausweitung seit spätestens 1990. Durch Kiphards Standardwerke (1980-1983), Eggerts Diagnose der Minderbegabung (1972) und seine Theorie und Praxis der psychomotorischen Förderung (1994), durch viele Praxisbücher wurde das Lehrgebäude ausdifferenziert und durch die Zeitschrift „Praxis der Psychomotorik" mit immer neuen und interessanten Lehrbeispielen belegt. Die Praxis eines motivierenden Sports hat es in Schulen und Vereinen zu allen Zeiten gegeben. Die Psychomotorik war zunächst auf die „Übungsbehandlung" von entwicklungsrückständigen Kindern und Jugendlichen aus der Kinder- und Jugendpsychiatrie (Hünnekens & Kiphard, 1977) und verhaltensgestörte/neurotische Kinder konzentriert (Rieder, 1960).

Auffällige Kinder, vor allem motorisch auffällige, benötigten neue Lehrmethoden und Lehrinhalte. So wurde die gängige Sportpädagogik (Methodik und Didaktik) ergänzt durch Wahrnehmungstraining und Sinnesschulung, durch das Selber-finden-lassen in offenen motorischen Anreiz- und Verhaltenssituationen, durch Nutzung neuer Geräte und Gerätekombinationen sowie durch interaktive, kindzentrierte, sensible Vermittlungsformen in sorgfältig organisierten Lernsituationen. Das auffällige Kind, jenes mit minimalen cerebralen Dysfunktionen (MCD), mit Teilleistungsschwächen und motorischen sowie psychoreaktiven Fehlentwicklungen erfuhr nun *eine vertiefte Pädagogik*, die in therapeutische Bereiche führte. Der Sonderschullehrer übernimmt mit der psychomotorischen Arbeitsweise Prinzipien, die er durch den Erlebnissport bereits kennt. Er sollte die neuen Ansätze des Sportförderunterrichts und Schulsonderturnens studieren (Zimmer & Cicurs, 1993; Rusch & Weineck, 1998), sich die Motivationsregeln von Kiphard aneignen (siehe Anhang) und seine Phantasie walten lassen, von den Kindern zu lernen versuchen. Vieles ist neu im inhaltlichen Nutzungskatalog, anderes wurde in den Aufmerksamkeitsbereich der Sportlehrer erneut zurückgeholt. Die Bewegungsbaustelle von Miedzinski (1983) und die Bewegungskünste von Gaal (1994) seien stellvertretend erwähnt und zur Nutzung empfohlen.

Versuchen Sie die Kinder am Ort pantomimisch „laufen" zu lassen oder einen Plakatankleber mimen zu lassen. Dabei zeigen sich interessante Formen des Erprobens in der Gruppe, von Hilfen, Ideen, Abgucken bis zu „aha"-Erlebnissen beim oder nahe am Gelingen.

Die Bewegungskünste – endlich einmal etwas anderes – Pantomime, Zirkus, Clownerie, Akrobatik, Jonglieren, Bewegungskunststücke haben sich im Sportunterricht etabliert. „Schau, was ich kann!" Die landläufige Meinung, das sei zu hoch für die Schüler, kann man nicht teilen. Auch die Akrobatik z.B. kennt so viele einfache Formen, die toll aussehen und leicht zu lernen sind. Das „Spielzeug Körper" (zu zweit und zu dritt) erproben, bietet bis zur einfachen Pyramide eine unwahrscheinlich große Anwendungsvielfalt.

Lehrgangsangebote, z.B. durch den Aktionskreis Psychomotorik oder eine eintägige Fortbildung durch die Sportverbände, die Sportjugenden, die Ministerien, sind überall machbar. Die „Bewegungsbaustelle" eignet sich für Arbeitsgruppen von Schulen und ist bei Schraag et al. (1996, S. 175-193) durch Bilder belegt. Sicherlich können planerische und handwerkliche Fähigkeiten von Kindern im Zusammenspiel entdeckt und genutzt werden. Bei solchen Arbeits- und Bewegungsaufgaben greift der Erzieher nur ein, wenn Stagnationen auftreten. *Das Selberfinden und Gestalten ist ein wertvoller Prozess, der eigentliche pädagogische Effekt.*

Die europäische Perspektive der Psychomotorik wurde durch den Kongress 1998 verdeutlicht, eine weltweite darüber hinaus von Doll-Tepper (1996) beschrieben. Weltkongresse zum Thema „Adapted Physical Activity" verbinden Theorie und Praxis.

Richtungen und Umfang der inhaltlichen Angebote mögen den Sportlehrer vor Ort überfordern. Prinzipiell aber gilt die Suche nach den besten Wegen, den Lernbehinderten gerecht zu werden, und die Leitlinie, ihre *Kompetenzen zuerst zu erkennen und zu fördern*, nicht ihre Defizite ununterbrochen zu benennen. Es gilt, das „andere Lernen" Lernbehinderter zu verstehen, ihre Motive, Möglichkeiten, Barrieren, um aus dem reichhaltigen Markt der Möglichkeiten auszuwählen, zu erproben und experimentieren zu können. Denn ein methodischer Weg

auf der Basis individueller Ziele und Lerntempi ist wie ein Experiment, das freilich an jeder Stelle des Lernprozesses verändert werden könnte. Erst wenn einige solcher Experimente wissenschaftlich untersucht, evaluiert sind, lassen sich
optimale Lernwege mit größerer Sicherheit und Erfolgswahrscheinlichkeit ver-
allgemeinern. Von genereller Wichtigkeit in Lernprozessen ist die beteiligte
Klasse oder Gruppe. Ihre Wirksamkeit und große Bedeutung soll nun diskutiert
werden.

4.5   Gruppenprozesse und Gruppendynamik

Wir gehen davon aus, dass bei Lernprozessen in Gruppen und durch rhythmische Lehrweisen die Leistungen gefördert und in den meisten Fällen verbessert
werden können. Für Lernbehinderte ist die Akzeptanz in der Gruppe von größter
Bedeutung und die empfundene Stellung in der informellen Rangreihe trägt zum
Auf und Ab im Selbstkonzept und Selbstbewusstsein bei. Schon 1970 hat F.
Fetz biomechanische Aspekte des Bewegungsrhythmus und ihre Vorzüge beschrieben:

*   *Erleichterung* der Ausführungen für den Einzelnen durch Gruppenübungen
*   den *Mitzieheffekt* für die Gruppenmitglieder durch den gemeinsamen Rhyth-
    mus
*   *höhere Gruppenleistungen*, denn das Ganze ist mehr als die Summe seiner
    Teile
*   *Identität finden* mit Hilfe und durch die Unterstützung der Gruppe.

In neuen Gruppen bildet sich schnell eine informelle Rangreihe heraus, die
durch einen Führer, einen oder zwei Kerne (aus zwei bis vier Mitgliedern),
durch Mitläufer, aber auch deutlich durch Randfiguren, Außenseiter, Isolierte,
schwarze Schafe gekennzeichnet ist. Die Kohäsion, der Zusammenhalt durch
positive Bindungen und Stimmenzuschreibungen zur Soziometrie (siehe Dollase, 1998) und die internen Regeln sind Gegenstand von Untersuchungen. Der
Fortschritt durch positivere Bindungen in der Gruppe oder Klasse kommt einem
Heileffekt oder einer zunehmenden Identifizierung mit der Gruppe gleich (Rieder, 1977).

Eine Kenntnis der Zusammenhänge oder Dissonanzen zwischen Mitgliedern
verschafft gute Möglichkeiten für eine passendere Stoffauswahl – trotz stetem
Ruf nach Fußball. Die Gruppe kann Hilfe, Unterstützung und Halt sein, sie kann
aber auch verletzen, aussondern, isolieren, ablehnen. Der Soziologe Hofstätter

(1977) bezieht sich auf Levin, beschreibt die Forschungsentwicklung, Regeln und Zusammengehörigkeit, Beeinflussung durch und in der Gruppe. Er schildert erneut das berühmte Experiment von Sherif (1953; Gruppen zerstreiten sich und finden wieder zusammen durch das Manipulieren von Gruppenhandlungen). Er sagt aber nicht, wie die „negativen Gruppenmitglieder" am unteren Ende der Skala ihre Position verbessern könnten. So verändert jedes ausscheidende Mitglied die Rangfolge ebenso wie wechselnde Freundschaften und Abneigungen. Der Einfluss von Lehrern, neuen Lehrern, verändert die Sympathien Lehrer – Schüler. Hinzu kommt der Pygmalion-Effekt[4] (Experiment von Rosenthal & Jacobson, 1968). Es kommen Reifungsprozesse bei Kindern dazu, welche die Sichtweisen verändern. Pubertätseinflüsse auf Freundschaften spielen eine zunehmende Rolle. – Durch geschickte Gruppenzusammensetzungen und Aufgabenstellungen kann der Sportunterricht Bindungen anregen und sogar begründen durch Mithilfen, Taktik, Lob untereinander und durch Anerkennung von Lehrern, z.B. die Aufwertung von Schwächeren. Verbale und nonverbale Aufmunterung schon bei kleinen Leistungen werden Motivationen erhöhen. *Die nonverbale Information ist die schnellste.* Die eigenen Leistungen und Gruppenleistungen lassen sich durch die Schüler an der Gestik und Mimik, am Verhalten der Lehrer am schnellsten ablesen. Anerkennung fördert die individuelle Position in der Rangreihe, hilft Außenseitern und Isolierten. Kritik und harter Tadel zerstören.

Die Sportlehrer sollten versuchen, Probestunden nach dem Muster der Förderung von Gruppenprozessen zu konzipieren und kritische Analysen sowie Tadel positiv ausdrücken zu lernen. „Du hast bei vier Versuchen einmal in den Korb getroffen. Ich traue dir mindestens zweimal zu, probiere es noch mal." „Ihr habt euch beim Fußball wieder zerstritten, weil der Ball nicht abgegeben wurde. Einmal freilich hat Peter dem freilaufenden Max zugespielt und der freut sich noch acht Tage über seinen Torerfolg."

4.6   Zusammenfassung zur Sportpraxis

Entscheidend bei der Verwirklichung von guten Lehrplänen und, damit verbunden, wichtigen Erfahrungen und Persönlichkeitseffekten im attraktiven Sportunterricht sind:

---

[4] Der Pygmalion-Effekt ist ein Erwartungseffekt. Die Erwartungen und Einstellungen des Lehrers in die Fähigkeiten von Schülern heben deren Leistungen an. Die gesteigerte Erwartung kann sich in der Interaktion gerade durch Freundlichkeit, Ermutigung, Interesse, schnelles Erkennen von Schülerreaktionen und Aufmerksamkeit ausdrücken.

1. Die zunehmende Erfahrung der Sportlehrkräfte. Diese kann durch regionale Weiterbildungen mit Demonstrationsstunden stimuliert werden.
2. Das persönliche Repertoire. Es lässt sich mit einfachen Mitteln erheblich ausweiten. Aus der zitierten Literatur können allein schon durch die instruktiven Bilder in kurzer Zeit attraktive neue Stundenentwürfe gestaltet werden.
3. Auch die Fachfremden haben große Chancen, durch Kleingeräte und neue Geräte (Pezziball, Minitrampolin, Kleinhanteln, psychomotorische Übungsgeräte) Novitätseffekte zu erzielen und neue „Spielzeuge" einzuführen, wenn sich die alten abgenutzt haben sollten.
4. Der Sportunterricht in der Zusammenarbeit mit Lernbehinderten ist erlebnisorientiert und richtet sich nach psychomotorischen Mustern ebenso aus wie nach neuen Trends, nach eigener Phantasie, nach zeitgemäßer Aktualität.
5. Fünf bis zehn moderne Stundenentwürfe „in der Tasche" bei den Sportbeauftragten der Förderschulen und bei Übungsleitern sichern eine moderne Linie. Dabei sind variable Alternativen vorzusehen und zahlreich möglich.
6. Jeder Sportlehrer hat eine Reihe persönlicher Angebote (Rosinen-Orchideen-Spezialitäten), die er bei Stagnation, Langweile, Ermüdung und schlechter Form, auch der Schüler, einsetzen kann. Daneben darf die kontinuierliche Vermittlung von konditionellen Fähigkeiten und anspruchsvolleren Lernprozessen nicht zu kurz kommen.
7. Zusammenwirken aller das Fach Sport an einer Schule erteilenden Lehrkräfte. Hier werden viele Potentiale und Ressourcen nicht voll ausgeschöpft. Als Leitbild regen wir eine *„ausgeprägte Kooperationsmentalität"* von Lehrerinnen und Lehrern an Sonderschulen an (Schraag & Schentz, 1999, S. 212): z.B. gemeinsame Besprechungen zur Situation des Sportunterrichts an der Schule, Sport als Baustein im Rahmen von Schulentwicklung, Absprachen zum Aufbau und zur gemeinsamen Verwendung von Großgeräten an einem Unterrichtstag von verschiedenen Lehrkräften in aufeinander folgenden Unterrichtsstunden, gemeinsame Planung und Durchführung von Schulsporttagen.

5 Chancen der Weiterentwicklung im Sport für Lernbehinderte

Wünschenswert wäre eine neue Publikationswelle zum Sport mit Lernbehinderten wie 1978-1986. Viele generelle und spezielle Arbeiten zum motorischen Lernen, zur Psychomotorik und Erlebnispädagogik, zur Sonderpädagogik oder vertieften Pädagogik heute lassen sich gut auf Lernbehinderungen und Lernbehinderte anwenden. Mögliche Akzente erschließen sich

- durch das Studium der Lehrmethoden und des Verhaltens der Sportlehrer/Übungsleiter (immer noch aktuell und sehr empfehlenswert ist das Funk-Kolleg Pädagogische Psychologie; Weinert et al., 1974)
- durch die Weiterführung alter und neuer Richtungen in der Forschung (z.b. Motorik, Selbstkonzept und Gruppendynamik)
- durch verstärkte Nutzung und Schaffung außerschulischer Kontakte (Netzwerke, Kooperation von Schule und Verein).

Drei Beispiele können die neuen Möglichkeiten verdeutlichen:

- Kooperation von Schule und Verein
- Weiterbildungen durch Kultusverwaltungen, Aktionskreise, Hochschulen und Sportverbände
- Beachtung und Einbeziehung des außerschulischen Sports, besonders des Breiten- und Freizeitsports und der (un)organisierten Sportmöglichkeiten, Vernetzungen.

5.1 Lehrmethoden

Jede Art von Lernbehinderung bedeutet eine Blockade des natürlichen Lernvorgangs. Ihre individuellen Ursachen zu erkennen, ist schon das halbe Förderprogramm. Die Betreuer sind dann in der Situation, welche den US Sonderschulen durch das Gesetz „The Education of the All Handicapped Childrens Act" Public Law 94-142, 1975 (Henke & Rieder, 1981) aufgegeben wurde, nämlich für jedes Kind auf der Basis von Diagnostik ein Förderprogramm zu entwerfen, das von Jahr zu Jahr zu evaluieren und mit der Schule und den Eltern zu besprechen war. Selbst wenn die über 20-jährigen Ergebnisse bis jetzt hinter den optimistischen Erwartungen zurückblieben, nahm die Systematik zu und die intensivere Hinwendung zu den Kindern brachte wertvolle Erfahrungen (Sherill, 1996; De Pauw, 1988).

Die Verfeinerung der Methodik (individuell, bei Kleingruppen und Klassen) kann der Leitlinie folgen, dass, abgesehen von Lehrplänen und Systematiken des Lernens, der allgemeinen Methodik und von Stundenabläufen, dass *Methodik aktuell das Erkennen und Durchführen des oder der nächsten Lernschritte ist*, innerhalb einer Zielstellung auf Zuwachs von motorischem Können und kognitiver Wissenserweiterung. Der Unterrichtende sollte darauf hinarbeiten, seinen

„Stoff" so zu beherrschen, dass er 70% seiner Aufmerksamkeit dem Verhalten, den Äußerungen seiner Gruppe und nur 30% dem Ablauf den nächsten Lerninhalte widmen muss. Ein so optimiertes Lehrerverhalten kommt zuerst der nonverbalen Kommunikation zugute, die Zustimmung, Ermutigung, Lob oder Skepsis durch Mimik und Gestik signalisiert (Rieder & Fischer, 1986).

Aber auch die sprachlichen Äußerungen könnten treffender werden, noch besser auf die Stabilisierung von Selbstvertrauen, auf Zuversicht ausgerichtet sein. Kleine Erfolge mit großer Wirkung! Auch das Erkennen noch so kleiner Teilbegabungen und Leistungsansätze beruht auf verbesserter Beobachtung und auf Gesprächen, auf Reflexionen zu Erfolg und Misserfolg. Ein stetiger Abbau von Barrieren legt persönliche Blockaden frei und schafft bessere Lernbedingungen, die sich vom emotionalen und kognitiven Bereich auf die Motorik übertragen und umgekehrt. Eine alte *Tugend von Lehrern, die Geduld,* also die Einplanung von mittel- und langfristigen Erwartungs-, Lern- und Denkprozessen, von Erziehungsprozessen, *das Wartenkönnen,* gilt es neu zu aktivieren und zu lernen. Gegenseitiges Lernen ist der pädagogische Nutzen von Kooperationen und Netzwerken, nicht die bescheidene finanzielle Förderung.

5.2 Motorikforschung

Forschung bewegt sich zunächst immer noch im *Bereich der Diagnostik.* Vorhersagen von Leistungen und Sportverhalten bei Kindern und Jugendlichen versuchen Studien von Bös & Mechling (1983). Die Verwendung von Tests orientiert sich gerne am Trampolintest von Kiphard und am KTK von Schilling. Der Körperkoordinationstest für Kinder, er ist motivierend und nicht langweilig, liefert als standardisiertes Verfahren Vergleichswerte, die eine klare Einstufung in fünf Bereiche ermöglichen und bei Wiederholungen in bestimmten Zeitabständen Stagnationen oder signifikante Verbesserungen anzeigen. Verwiesen sei auf den von Bös & Wohlmann (1987) entwickelten AST, einen allgemeinen sportmotorischen Test, und den BKT, den Bewegungs- und Koordinationstest von Bös & Mechling (1986). Der Beitrag von Bös (1986) ist nach wie vor grundlegend und listet Untersuchungen zur motorischen Leistungsfähigkeit von Lernbehinderten im Vergleich auf. Beschreibungen und Evaluationen motorischer Tests finden sich umfassend bei Bös im Handbuch „Sportmotorische Tests" (1987). Auch hier gilt die Feststellung, dass ein neuer Schub motorischer Untersuchungen (Diagnostik/Intervention/Evaluation) notwendig sei. Bei Ausdauer, Schnellkraft, Gewandtheit, Ballgeschicklichkeit und Handgeschicklichkeit hatten die Lernbehinderten signifikant schwächere Leistungen gegenüber Grund- und Hauptschülern und den noch besseren Gymnasiasten. Die Ergebnisse der Maximalkraft aber waren weitgehend ähnlich. Bedenken wir, dass 20% der Lernbehinderten (bei einer Fünfereinteilung für Sportleistungen) die oberen Leistungsklassen vier und fünf erreichen! Eine Reihe von weiteren Untersuchungen zeigte, dass die motorischen Leistungen von Lernbehinderten durch Intervention, also gezielten Unterricht, schon über drei Monate hinweg erheblich verbessert werden können.

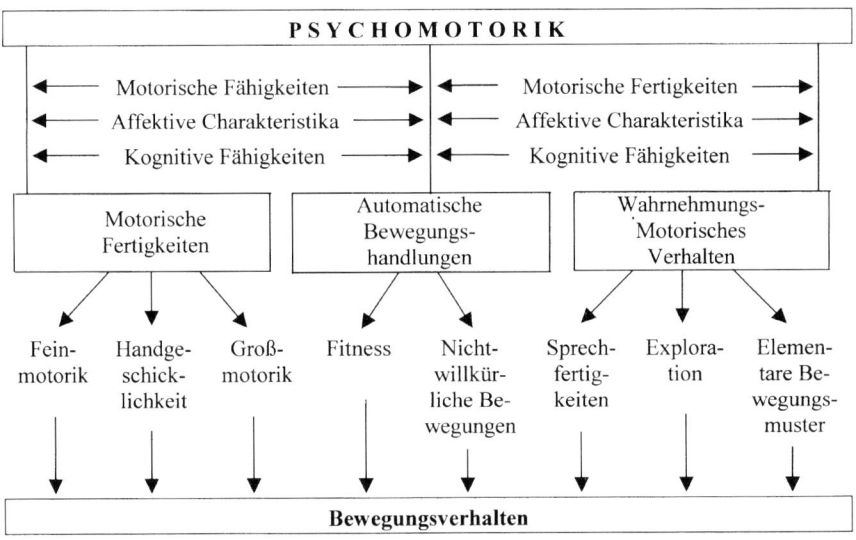

Abb. 7: Versuch einer Dimensionierung der Psychomotorik (nach: Singer, 1977, S. 124)

Forschung bedeutet für den Alltag, dass *systematische Beobachtungen* angestellt werden, z.B. in Form der subjektiven Ratings von Sportlehrern. Verbunden damit ist eine subjektive Einschätzung motorischer Leistungen und der Leistungsfähigkeit. Die eigenen Planungen und Durchführungen werden überprüft, ebenso die Lernbereitschaft von Einzelnen und der Klasse/Gruppe, das Abschätzen von Erfolg und Misserfolg u.a. Damit wird zwar zur Anwendung von „selbst gestrickten Verfahren" ermutigt, diese sind aber zumindest eine Kontrolle des eigenen Handelns und bedeuten einen ersten Schritt zur wissenschaftlichen Systematik. Diagnostik und Testanwendung kann freilich, wenn sie sich übertrieben nur auf quantifizierbare Items und Beobachtungsinhalte beschränkt, an der Wirklichkeit vorbeilaufen. Aus schulpraktischer Sicht ist ein Beschränken auf Einzelheiten der Motorik ebenso wenig akzeptabel wie ein zu oberflächlicher Gesamteindruck. Systematische Motorikforschung wird sich weiterhin zwischen möglichst genauer Erfassung spezieller Fähigkeiten, wie dem Gleichgewicht, und einer Gesamterfassung konditioneller und koordinativer Fähigkeiten bewegen. Kenntnisse von Systematiken wie der von Singer (1977) sind stets hilfreich (s. Abb. 7 und 8).

Abb. 8: Einflussfaktoren beim Erlernen psychomotorischer Fertigkeiten (nach: Singer 1977, S. 129)

5.3 Einbeziehung des außerschulischen Sports

Der außerschulische Sport wird noch zu wenig genutzt. Ein Überblick, wie viele Kinder einer Schule im Sportverein sind, was sie dort machen und was sie im heimischen Umfeld mit Freunden, Eltern oder Bekannten an Bewegungsaktivitäten aufweisen, wäre nützlich. Die Unterstützung durch Sportvereine, auch außerhalb der Kooperation Schule und Verein, würde auch die Verhaltenstrends der Jugendlichen besser zeigen und eine breitere Auswahlmöglichkeit von Aktionen für Lernbehinderte gestatten. Familienaktivitäten in Form von Baden/Schwimmen, Wandern/Walking oder Radfahren müssen bekannt sein und unterstützt werden. Initiativen zum Freizeitsport gehen manchmal von den Kommunen und den Krankenkassen aus.

Auch Partnerschaften/Patenschaften sind bekannt, nicht nur mit den Traditionssportvereinen. Viet Vo Dao, Judo, Inlineskating, Krafttraining als Schnupperkurse haben sich wie bei den etablierten Sportarten bewährt. – Das Thema der Weiterbildungsmöglichkeiten für Sonderschullehrer und das vielseitige Angebot der Sportverbände verlangt *Kontakt zum öffentlichen Sport*. Kontaktierungen und gegenseitige Informationen über Vorhaben und Anregungen mit Hilfe der

Schulbehörden sind wichtig. Auch Lizenzen, wie z.B. für Rückenschule oder Asthma, bereichern die Möglichkeiten der Lehrer an Sonderschulen. Die Kooperationen zwischen Schule und Verein zeigen leider eine rückläufige Tendenz durch die Reduzierung der Fördermittel.

6 Abschließende Anmerkungen

Es wurde verdeutlicht, dass *Lernbehinderung ein Globalbegriff* ist, der, auf Motorik, Bewegungsverhalten und Sport bezogen, eine ganze Skala von Ausprägungen hat, die von Beeinträchtigungen bei Bewegungs-Alltagsfertigkeiten bis zu sportlichen Fähigkeiten und Fertigkeiten führt. Von der Bewegungsarmut und -einschränkung der motorisch Gehemmten reicht sie bis zur Hyperaktivität mit gleichzeitigen Konzentrations- und Aufmerksamkeitsstörungen, einem Mangel an zentraler Steuerung der Motorik. Ungeschicktes und linkisches Verhalten (Kiphard, 1966) ist mit der Psyche gekoppelt und verursacht auch soziale Aktionen und Reaktionen. Deshalb ist die *psychomotorische Übungsbehandlung* die Methode der Wahl. Von notwendigen individuellen Bewegungsprogrammen sind wir aber meist noch weit entfernt.

Die *Lernbehinderten im Bewegungsbereich gehören allen Lebensaltern an,* weshalb neben einer guten diagnostischen Erfassung von motorischen (beeinträchtigten bis gestörten) Verhaltensweisen die Kenntnis der Biographien, der Motivationen, von Persönlichkeitsfaktoren wesentlich zur erfolgreichen Programmgestaltung beiträgt. Gruppenanschluss und Anerkennung, möglichst auch durch das gesamte Umfeld, tragen zur erfolgreichen Intervention bei.

Notwendig wäre eine neue Publikationswelle zu Sport und Bewegung für Lernbehinderte, mit Fallbeispielen längsschnittlicher Ausrichtung und Ergebnisevaluation. Gut möglich und organisierbar sind Fachtagungen von Experten (Sportpädagogen, Sonderschullehrern, Medizinern) zu den Hauptfragestellungen und in der Folge landesweite Aus- und Weiterbildungsmöglichkeiten. Das Studium der Basisliteratur und spezieller theoretischer und praktischer Richtungen ist angesichts der schnellen Weiterentwicklung des Sports, vor allem im Freizeitbereich, die Chance für einen aktuellen und attraktiven Sportunterricht. Therapie einerseits und Hochleistungssport andererseits werden dabei tangiert. Zunehmend notwendig wird eine *Orientierung an der pädagogischen Psychologie* und eine Bearbeitung von konkreten Bewegungsproblemen, z.B. von Lernstörungen, mit empirischer Pädagogik.

Das Lehrverhalten bedarf bei Einzelunterricht und Gruppenunterricht im Verein sowie in der Förderschule einer ständigen Eigenkontrolle. Das Experiment von Rosenthal & Jacobson (1968) über den Pygmalioneffekt macht deutlich, dass die Objektivität im Lehren, Einschätzen und Beurteilen von Schülern und gerade von Lernbehinderten mit kommunikationsstörenden Eigenschaften auf recht wackeliger Basis steht. Denn: wir bevorzugen die schon Bevorzugten und benachteiligen die schon Benachteiligten – freilich meist unbewusst. So bleibt die Verbesserung unserer Lehrfähigkeiten (Teaching skills) eine ständige Aufgabe. Unsere eigene Kontrolle im Verhalten verlangt eine ständige Reflexion des Unterrichtsgeschehens gerade auch außerhalb der rein intellektuellen Anforderungen, also des Verhaltens und speziell des motorischen Verhaltens, von Hilfsbereitschaft, Zusammenspiel bis zum fair play. Der bestehende Schulalltag und auch die Routine im Sportverein darf auch nach 20 Jahren und mehr nicht dazu führen, in Resignation zu verfallen oder wertvolle Gespräche, weil scheinbar ohne Wirkung, nicht weiter zu führen.

Das Thema Lernbehinderte fände in einer stärkeren Anbindung in den Sportvereinen und in Kooperationen von Schule und Verein einen neuen Aufschwung – zugunsten der motorischen und sozialen Lebensqualität dieser recht inhomogenen Bezugsgruppe. Der moderne Sport kann nach Inhalten, Lehrmethoden und psychosozialer Zielsetzung eine Reihe von dargestellten Methoden anbieten, motivierend und stabilisierend wirken und mit großer Aussicht auf Erfolg zur Selbstsicherheit und verbesserten Lebensqualität insgesamt beitragen.

7   Literatur

Bauer, A. (1986). *Minimale cerebrale Dysfunktion und/oder Hyperaktivität im Kindesalter*. Berlin.

Belitz, G. (1999). *Mobil bleiben – aktiv sein! Senioren im Behindertensport. Videofilm im Auftrag des Behindertensportverbandes Nordrhein-Westfalen* (60 Minuten). Duisburg.

Bielefeld, J. (1984). Rahmenbedingungen des Sportunterrichtes an Schulen für Lernbehinderte. In Staatliches Institut für Lehrerfort- und Weiterbildung Speyer: *Arbeitsmaterialien zum SIL-Fortbildungsprojekt Bewegungserziehung. Sport in der Schule für Lernbehinderte* (S. 5-11), Heft 2. Speyer.

Bös, K. (1987). *Handbuch sportmotorischer Tests*. Göttingen.

Bös, K. & Mechling, H. (1983). *Dimensionen sportmotorischer Leistungen*. Schorndorf.

Bös, K. & Mechling, H. (1986). *Bewegungskoordinationstest (BKT)*. Testmanual. Göttingen.

Bös, K. & Wohlmann, R. (1987). *Allgemeiner sportmotorischer Test (AST)*. Göttingen.

Bucher, W. (Hrsg.). (1993). *1010 Spiel- und Übungsformen für Behinderte (und Nichtbehinderte)* (3. Aufl.). Schorndorf.

Cratty, B. J. (1979). *Motorisches Lernen und Bewegungsverhalten*. Bad Homburg.

De Pauw, K. (1988). Sport for Individuals with Disabilities: Research Opportunities. *Adapted Physical Activity Quaterly, 2* (5), 80-89.

Döbler, E. H. (1992). *Kleine Spiele* (19. Aufl.). Berlin.

Dollase, R. (1998). Soziometrie. In D. H. Rost (Hrsg.), *Handwörterbuch pädagogische Psychologie* (S. 488-492). Weinheim.

Doll-Tepper, G. (1996). Entwicklungen und Perspektiven des Sports mit Sondergruppen im europäischen Kontext. In H. Rieder, G. Huber & J. Werle (1996), *Sport mit Sondergruppen. Ein Handbuch* (S. 595-609). Schorndorf.

Eggert, D. (Hrsg.). (1972). *Zur Diagnose der Minderbegabung*. Weinheim.

Eggert, D. (1994). *Theorie und Praxis der psychomotorischen Förderung*. Dortmund.

Eggert, D. & Kiphard, E. J. (Hrsg.). (1980). *Die Bedeutung der Motorik für die Entwicklung normaler und behinderter Kinder* (4. Aufl.). Schorndorf.

Eggert, D. (1993). *Diagnostisches Inventar motorischer Basiskompetenzen*. Dortmund.

Fessler, N. (1999). *Talentsuche und Talentförderung im Sport. Analyse des Systems der Talentfördergruppen in Baden- Württemberg*. Schorndorf.

Fessler, N. & Rieder, H. (Hrsg.). (1997). *Kooperation von Schule und Sportverein in Deutschland*. Schorndorf.

Fetz, S. (1970). *Biomechanische Aspekte des Bewegungsrhythmus*. Salzburg.

Fischer, K. (1993). Hyperaktivität im frühen Kindesalter aus entwicklungstheoretischer Sicht. In M. Passolt (Hrsg.), *Hyperaktive Kinder: Psychomotorische Therapie* (S. 47-60). München.

Fischer, K. (1996). *Entwicklungstheoretische Perspektiven der Motologie des Kindesalters*. Schorndorf.

Flosdorf, P. (1990). Therapeutische Heimerziehung. In O. Speck & K. R. Martin (Hrsg.), *Handbuch der Sonderpädagogik, Bd. 10. Sonderpädagogik und Sozialarbeit*. Berlin.

Flosdorf, P. (1992). Aushalten und Standhalten – Wandel der Bedingungen und Perspektiven. Alltagsbewältigung in der Heimerziehung. In H. Junge (Hrsg.), *Zwischen Fordern und Gewähren. Erziehen in veränderten Lebenswelten* (S. 125-145). Freiburg.

Gaal, J. (1994). *Bewegungskünste. Zirkuskünste*. Schorndorf.

Größing, S. & Kapustin, P. (1983). *Sport an Sonderschulen* (Teil 1). Abschlußbericht. München: TU, Institut für Sportwissenschaft.

Hanke, U. & Rieder, H. (1981). Verbesserte Ausbildung behinderter Kinder im Sport als Folge gesetzgeberischer Initiativen in den USA und zentrale amerikanische Begriffe der sportlichen Förderung Behinderter. *Motorik, 3*, 95-102.

Heckhausen, H. (1974). Lehrer-Schüler-Interaktion. In F. E. Weinert, C. F. Graumann, H. Heckhausen, M. Hofer u.a. (Hrsg.), *Pädagogische Psychologie 1. Funk-Kolleg* (S. 547-573). Frankfurt/M.

Hofer, M. (1974). Verhaltensweisen von Lehrern und ihre Auswirkungen. In F. E. Weinert, C. F. Graumann, H. Heckhausen, M. Hofer u.a. (Hrsg.), *Pädagogische Psychologie 1. Funk-Kolleg* (S. 537-546). Frankfurt/M.

Hofstätter, P. R. (1977). Gruppendynamik. In T. Herrmann, P. R. Hofstätter, H. P. Huber & F. E. Weinert (Hrsg.), *Handbuch psychologischer Grundbegriffe* (S. 184-196). München.

Höhne, M. (1989). Motopädagogik in der Sonderschule. In T. Irmischer & K. Fischer (Red.), *Psychomotorik in der Entwicklung* (S. 99-112). Schorndorf.

Huber, G. (Red.). (1991). *Fit und gesund im Sportverein* (hrsg. von Landesarbeitsgemeinschaft für Gesundheitserziehung Baden-Württemberg e.V.). Freudenstadt.

Huber, G. (1996). Kleine Spiele. In H. Rieder, G. Huber & J. Werle (Hrsg.), *Sport mit Sondergruppen* (S. 146-157). Schorndorf.

Hübner, H. (1989). *Entwicklung und Implementation eines curricularen Reformprogramms. Beitrag zu einer sozialwissenschaftlich fundierten und beratungskompetenten Sportpädagogik.* Habilitationsschrift, Universität Münster.

Hünneckens, H. & Kiphard, E. J. (1977). *Bewegung heilt. Psychomotorische Übungsbehandlung bei entwicklungsrückständigen Kindern* (6. Aufl.). Gütersloh.

Irmischer, T. (1984). *Didaktik des Sportunterrichtes in der Schule für Lernbehinderte.* Dortmund.

Irmischer, T. & Fischer, K. (Red.). (1989). *Psychomotorik in der Entwicklung.* Schorndorf.

Kanter, O. (1980). Lernbehinderungen und die Personengruppe der Lernbehinderten. In G. O. Kanter & O. Speck (Hrsg.), *Pädagogik der Lernbehinderten* (S. 34-64). Berlin.

Kanter, O. & Speck, O. (Hrsg.). (1980). *Handbuch der Sonderpädagogik, Bd. 4. Pädagogik der Lernbehinderten.* Berlin.

Kesselmann, G. & Kiphard, E. J. (1966). Geschicklichkeits-Circuit. Eine Form heilpädagogischer Bewegungserziehung. *Zeitschrift für Heilpädagogik.*

Kiphard, E. J. (1966). *Unser Kind ist ungeschickt.* München, Basel.

Kiphard, E. J. (1968). Zum Problem der Bewegungsstörung in der Lernbehindertenschule. *Zeitschrift für Heilpädagogik, 19* (1), 13-24.

Kiphard, E. J. (1980). Motopädagogik. Dortmund.

Kiphard, E. J. (1993). Das hyperaktive Kind aus psychomotorischer Sicht. In M. Passolt (Hrsg.), *Hyperaktive Kinder: Psychomotorische Therapie* (S. 64-84). München.

Kiphard, E. J. & Huppertz, H. (1968). *Erziehung durch Bewegung.* Bad Godesberg.

Knab, E. & Macsenare, M. (Hrsg.). (1998). *Heimerziehung als Lebenshilfe.* Mainz.

Kraus, H & Raab, W. (1964). *Erkrankungen durch Bewegungsmangel. Hypokinetik Disease.* Herausgegeben und übersetzt von P. Beckmann. München.

Meinel, K. (1960). *Bewegungslehre*. Berlin.

Miedzinski, K. (1983). *Die Bewegungsbaustelle*. Dortmund.

Neuhaus, C. (1996). *Das hyperaktive Kind und seine Probleme*. Ravensburg.

Neuhäuser, G. (1990). Das Therapiekonzept der Psychomotorik aus medizinischer Sicht. In G. Huber, H. Rieder & G. Neuhäuser (Hrsg.), *Psychomotorik in Therapie und Pädagogik* (S. 121-135). Dortmund.

Opaschowski, H. W. (1993). *Freizeitökonomie: Marketing von Erlebniswelten*. Opladen.

Rheinberg, F. (1998). Motivationstraining und Motivierung. In D. H. Rost (Hrsg.), *Handwörterbuch pädagogische Psychologie* (S. 357-360). Weinheim.

Rheinberg, F. (1998). Paradoxe Effekte von Lob und Tadel. In D. H. Rost (Hrsg.), *Handwörterbuch pädagogische Psychologie* (S. 393-396). Weinheim.

Rieder, H. (1960). Sport als Therapeutikum bei neurotischen Kindern. *Praxis der Psychomotorik, 5*, 176-187.

Rieder, H. (1977). Therapeutische Möglichkeiten im Sportunterricht. In W. Günzel (Hrsg.), *Taschenbuch des Sportunterrichtes* (S. 202-218). Baltmansweiler.

Rieder, H. (1984). Methodik als Schlüssel zu einem pädagogisch-therapeutisch orientierten Sportunterricht in der Schule für Lernbehinderte. In O. Kanter, H. Langenohl & M. Sommer (Hrsg.), *Sportunterricht an der Lernbehindertenschule* (S. 46-84). Berlin.

Rieder, H. (1995). Pädagogisch-therapeutische Akzente in der Sportwissenschaft und Sportpraxis. Zur Entwicklung einer „vertieften" Pädagogik. In H. J. Schaller & D. Pache (Hrsg.), *Sport als Bildungschance und Lebensform* (S. 129-139). Schorndorf.

Rieder, H. (1996). Adapted Physical Activity. In H. Rieder, G. Huber & J. Werle (Hrsg.), *Sport mit Sondergruppen. Ein Handbuch* (S. 81-85). Schorndorf.

Rieder, H. (1996). Zur Weiterentwicklung des Fachgebietes Sport mit Sondergruppen. In H. Rieder, G. Huber & J. Werle (Hrsg.), *Sport mit Sondergruppen. Ein Handbuch* (S. 567-580). Schorndorf.

Rieder, H. & Fischer, G. (1986). *Methodik und Didaktik im Sport*. München.

Rieder, H., Huber, G. & Werle, J. (Hrsg.). (1996). *Sport mit Sondergruppen. Ein Handbuch*. Schorndorf.

Rieder, H., Krahl, H., Sommer, H. M., Weiker, H. & Weiß, M. (1983). *Leistungsdiagnostik bei jugendlichen Tennisspielern. Abschlußbericht über die vom deutschen Tennisbund initiierte Längsschnittstudie*. Heidelberg.

Rosenthal, R. & Jacobson, L. (1968). *Pygmalion in the Classroom*. New York (Deutsche Fassung: Pygmalion im Unterricht. Weinheim. 1971).

Rost, D. H. (Hrsg.). (1998). *Handwörterbuch pädagogische Psychologie*. Weinheim.

Rusch, H. & Weineck, J. (1998). *Sportförderunterricht. Lehr- und Übungsbuch zur Förderung der Gesundheit durch Bewegung* (5. Aufl.). Schorndorf.

Sauter, P. (Red.). (1986). *Bewegungsdiagnostik im Sportunterricht für Lernbehinderte. Workshopbericht des Institutes für Sport und Sportwissenschaft*. Heidelberg.

Schäfer, I. (1989). Grundbausteine der psychomotorischen Übungsbehandlung. Entwicklungsabschnitt 1955 bis 1975. In T. Irmischer & K. Fischer, *Psychomotorik in der Erziehung* (S. 19-31). Schorndorf.

Schilling, F. (1974). *Körperkoordinationstest für Kinder KTK.* Manual. Weinheim.

Schleske, W. (1977). *Abenteuer, Wagnis, Risiko im Sport. Struktur und Bedeutung in pädagogischer Sicht.* Schorndorf.

Schraag, M. (1984). *Schüler motivieren. Konzepte, Modelle und andere Beispiele für lernschwache Kinder.* Bonn.

Schraag, M. (1988). *Sonderschule L und Sport. Bestandserhebung und Analyse der Bedingungen des Sportunterrichts als Grundlage zur Verbesserung und Weiterentwicklung eines Schulfaches.* Berlin.

Schraag, M. (1999). *Sonderschule neu denken – auch im Sport.* Auf der Suche nach Partnern.

Schraag, M. & Jansen, W. (Red.). (1991). *Geräte und Materialien in der Bewegungserziehung.* Schorndorf.

Schraag, M., Durlach, F. J. & Mann, Ch. (1996). *Erlebniswelt Sport. Ideen für die Praxis in Schule, Verein und Kindergarten.* Schorndorf.

Schraag, M. & Schentz, W. (1999). Die innovative Sonderschule. Bewährtes neu denken – Neues Schaffen, Neuem begegnen. *Sonderpädagogik, 29* (4), 206-223.

Sherif, M. & Sherif, C. (1953). *Groups in Harmonie and Tension.* New York.

Sherrill, C. (1996). Individual Differences, Adaptation and Creativity Theorie: Aplications and Perspectives. In G. Doll-Tepper & W. D. Brettschneider (Hrsg.), *Physical Education and Sport. Changes and Challenges.* Aachen.

Singer, R. N. (1977). Psychomotorik – Ein Überblick. In H. Rieder, *Bewegungslehre des Sports. Sammlung grundlegender Beiträge 2* (S. 120-140). Schorndorf.

Sommer, M. (1980). Sport. In G. O. Kanter & O. Speck (Hrsg.), *Handbuch der Sonderpädagogik, Bd. 4. Pädagogik der Lernbehinderten* (S. 419-431). Berlin.

Stemper, T., Schöttler, B. & Lagerström, D. (1983). *Fit durch Bewegungsspiele.* Erlangen.

Stumpp, U. (1991). *Spielerisch zur Kondition.* Niedernhausen.

Urban, A. (1996). *Movement. Ein neues Rückenschulkonzept für Schüler von 10 bis 17 Jahren. Entwicklung und Durchführung.* Magisterarbeit, Universität Heidelberg (Institut für Sport und Sportwissenschaft).

Winterhoff-Spurk, P. (1988). Medienpsychologie. In R. Asanger & G. Wenninger (Hrsg.), *Handwörterbuch Psychologie* (S. 423-427). München.

Zimmer, R. & Cicurs, H. (1993). *Psychomotorik. Neue Ansätze im Sportförderunterricht und Sonderturnen* (3. Aufl.). Schorndorf.

8 Anhang

Verhaltensweisen von Lehrern und ihre Auswirkungen
(Exzerpt aus: Hofer, 1974, S. 537-546)

Der Effekt emotionaler Wärme (S. 540): Der bisherige Stand der Forschung bezüglich der ersten Hauptdimension des Lehrerverhaltens kann auf die Formel gebracht werden: Emotionale, positive Zuwendung des Lehrers zu den Schülern ist ein wesentliches Element im Unterricht. Auch wenn der direkte Kontext zur schulischen Leistung unbedeutend ist, schafft sie doch die Voraussetzung, aufgrund derer ein konstruktives Unterrichtsverhalten erst möglich wird.

Der Effekt von Planung und Kontrolle (S. 541): Eines steht fest: Lehrer mit einem mittleren und wohldosierten Ausmaß an Kontrolle, Lenkung und Planung sind bei den Schülern nicht nur beliebter; sie scheinen auch den größeren Erfolg zu haben: Ihre Schüler erfassen schneller, denken mehr und lösen Probleme besser als bei unsystematischen, planlosen und nachlässigen Lehrern.

Der Effekt von Initiative und Abwechslung (S. 542): Je einfallsreicher und tatkräftiger Lehrer sind, desto größer ist ihr Erfolg, ausgedrückt in Leistungstestwerten ihrer Schüler (Solomon et al. 1964). Auch ist das Ausmaß der Mitarbeit von Schülern bei engagierten Lehrern ziemlich ausgeprägt. „..."

Der Effekt von Klarheit und Verständlichkeit (S. 543): Die fachliche Qualifikation von Lehrern steht nicht allein in Beziehung zum Lernerfolg ihrer Schüler. Sie (die erfolgreichen Lehrer) betonen die Schlüsselwörter auf besondere Art, sie deuten an, wann ein Teil der Erarbeitung abgeschlossen ist und ein anderer beginnt, sie verwenden häufig erklärende und verbindende Wörter wie „obwohl", „deshalb", „aber" und „weil".

Katalog didaktisch-methodischer Unterrichtshilfen
(aus: Kiphard, 1980, S. 173)

Die folgende Zusammenstellung erhebt keinen Anspruch auf Vollständigkeit und wird je nach Zusammensetzung der Gruppe oder Klasse verschiedene Verwendung finden. Sie ist aus der motopädagogischen Praxis entstanden, und zwar weitgehend unter dem Gesichtspunkt praktikabler Motivationshilfen, die jeder Pädagoge in Art eines Stufenprogramms zusammenstellen kann.

- Lehrerbezogener Unterrichtsstil: Die Übungen „spannend", „abwechslungsreich" und „erlebnisreich" gestalten.
- Häufige und später sparsam verwendete Verstärkungen durch den Pädagogen, die schon während der ersten Lernversuche einsetzen sollen: Blickkontakt, Kopfnicken, Zulächeln, über den Kopf streichen, auf die Schulter klopfen, Lob, etwas vormachen dürfen.
- Mutmachen durch sympathisierendes Zuschauen: Beflügelnder Lehreroptimismus, eventuell Cross-Sex-Effekt zwischen Lehrerin und Schüler oder Lehrer und Schülerin, anteilnehmendes Mitschwingen der beteiligten Altersgenossen.
- Sachbezogener Unterrichtsstil mit weitgehender Lehrer-Hintergrundhaltung: Aufforderungscharakter des Übungsgutes, wobei auf verbale Aufgabenstellung hin und wieder ganz verzichtet werden kann.
- Anreiz des Neuen: Immer wieder neue Übungssituationen durch variiertes Kombinieren der Großgeräte und Kleingeräte schaffen. Hierbei fehlt zum Teil noch das entsprechende Angebot durch die Gerätefirmen.
- Mobilisieren spontaner Bewegungsfreude bis hin zur exzessiven, emotionalmotorischen Entladung als „Ventilfunktion": Laufen, Galoppieren, Hüpfen, Springen und Tanzen, Bewegungsspiele, Trampolinspringen usw.
- Vorläufiger Verzicht auf Leistungsanforderungen, um so den Teufelskreis einer negativen Leistungserwartung zu durchbrechen.
- Zurückgreifen auf das Spiel als Primärmotivation: Induzierung von Spielideen, Aufgreifen der von den Kindern entgegengebrachten Spielvorstellungen.
- Zunächst auf den individuellen Stärken aufbauen, um Erfolgserlebnisse bei Übungen, die den Kindern leicht fallen und in denen sie sich hervortun können, zu erreichen. (Motivationsaufbau durch „Erfolg auf Anhieb").
- Entscheidungsfreiheit bei der Übungswahl: Leistungsgestaffeltes Übungsangebot, verschiedene Übungsstationen (Circuit), Neigungsgruppen, Arbeitsgemeinschaften, induktive Lehrweise (Selbstfinden von Problemlösungen).
- Anbieten konkreter und konstruktiver Bewegungsaufgaben mit überschaubaren Nahzielen in Form von „Erfindungsübungen".
- Gelenktes Hinführen zu individuellen Bewegungsfertigkeiten in einem Neigungsgebiet in Form von gezielten Übungsreihen; Ballgeschick, Jonglieren, Trampolinspringen, Bodenturnen, Balancieren usw.
- Anstreben einer bewussten Verhaltenskontrolle durch motorische Brems- und Steuerungsübungen mit anschließender psychophysischer Entspannung, besonders nach hochdynamischen Übungsteilen.

- Gewöhnung an gelegentliche Misserfolge, um die Kinder tragfähiger und konflikttoleranter zu machen (Verlieren-Können).
- Hinführen zur sozialen Integration und Kommunikation durch kooperative Interaktionen in Form von Partneraufgaben, Gruppenstaffeln und Mannschaftsspielen.

Gudrun Doll-Tepper

Historische und aktuelle Entwicklungen im Leistungssport von Menschen mit Behinderungen

1   Historische Anfänge

Menschen mit Behinderungen und Erkrankungen wurde bereits in früheren Jahrhunderten von ärztlicher Seite zu körperlicher Aktivität aus therapeutischen Gründen geraten. Dabei stand der rehabilitative Aspekt im Vordergrund, ein Leistungsvergleich und ein Training bis zur maximalen Leistung wurden eher kritisch betrachtet. Organisiertes Sporttreiben erfolgte allerdings erst gegen Ende des 19. Jahrhunderts in Deutschland, als sich speziell die Gruppe der Gehörlosen zu sogenannten Taubstummenvereinen zusammenfand. 1888 wurde in Berlin der erste Taubstummenverein gegründet, bereits 1924 kam es zur Gründung des „Comité International des Sports des Sourds" (CISS) und den ersten

Weltspielen für Gehörlose in Paris. 1944 gründete Sir Ludwig Guttmann das Querschnittgelähmten-Zentrum im Stoke Mandeville-Hospital in Aylesbury, England. Er war es auch, der die ersten Gelähmten-Spiele 1948 ins Leben rief. Am 20. Juli 1948 wurden diese Spiele, an denen 16 britische Kriegsversehrte teilnahmen, eröffnet, am gleichen Tag wie die Olympischen Spiele in London. Diese gleichzeitige Eröffnung war keineswegs zufällig, denn Sir Ludwig Guttmann hatte es sich zur Aufgabe gemacht, behinderten Sportlern und Sportlerinnen zu gleichem Ansehen wie nicht behinderten Athleten und Athletinnen zu verhelfen und verfolgte zielstrebig die Integration dieser Sportler und Sportlerinnen in die Olympische Bewegung.

Dennoch waren die Anfänge des Behindertensports nach dem Zweiten Weltkrieg – bis Mitte der 70er Jahre mit dem Terminus Versehrtensport überschrieben – eher im Kontext rehabilitativer Motive zu sehen, erst in den 80er und 90er Jahren erfolgte eine stärkere Annäherung an den Hochleistungssport der Nichtbehinderten, wobei auch der Entwicklung des Freizeit- bzw. Breitensports große Beachtung geschenkt wurde. Ohne Zweifel war es Guttmanns Traum, den Spielen der Querschnittgelähmten, die ebenso wie die Olympischen Spiele im vierjährigen Turnus stattfinden sollten, weltweite Aufmerksamkeit und Akzeptanz zu verschaffen. 1952 kam es zu den „Stoke Mandeville Games", an denen sich neben britischen Teilnehmern nun auch Sportler und Sportlerinnen aus den Niederlanden beteiligten, und bei den Sportwettkämpfen der darauffolgenden Spiele 1956 nahmen weitere Nationen teil. 1960 stellt in der Geschichte des Behindertensports ein besonderes Jahr dar, das zu einem historischen Meilenstein in der Entwicklung werden sollte. Erstmals fanden die Spiele außerhalb Englands statt. Sie wurden im Anschluss an die Olympischen Spiele in Rom organisiert und fanden in Fachkreisen große Aufmerksamkeit, allerdings weniger in der Öffentlichkeit. Bemerkenswert ist, dass Papst Johannes XXIII. die Teilnehmer an diesem internationalen Sportereignis zu einer Audienz einlud, in deren Verlauf er Guttmann zu seiner Initiative gratulierte und ihn als „Coubertin der Querschnittgelähmten" öffentlich ehrte. Die folgenden Jahre brachten eine ständig steigende Zahl an Teilnehmern und beteiligten Nationen, und es fanden – neben den Sportlern und Sportlerinnen mit Querschnittlähmungen – auch solche mit anderen Behinderungsarten Zugang zum sportlichen Wettkampf. Die Aufnahme von Menschen mit den unterschiedlichen Behinderungsarten in das internationale Sportgeschehen verlief nicht immer konfliktfrei. Um den spezifischen Interessen behinderter Sportler und Sportlerinnen Rechnung zu tragen, erfolgten in den 60er bis 80er Jahren Gründungen speziell an der jeweiligen Behinderungsart orientierter internationaler Verbände (vgl. Kap. 2).

Unabhängig von diesen Entwicklungen kam es in den USA Anfang der 60er Jahre zu umfangreichen Initiativen durch die Kennedy-Foundation, die die sportliche Förderung von Menschen mit geistiger Behinderung zum Ziel hatten. 1968 wurden erstmalig „Spiele für geistig Behinderte" unter dem Namen „Special Olympics" durchgeführt. Damit wurden regelmäßige internationale sportliche Wettkämpfe für diesen Personenkreis etabliert, die bis heute mit großem Erfolg weitergeführt werden.

In der Bundesrepublik Deutschland wird heute unter dem Oberbegriff Behindertensport differenziert zwischen dem „Rehabilitationssport", dem „Breitensport" und dem „Leistungssport". Dieser wird folgendermaßen definiert (DBSJ, 1998, S. 5): „Allgemein: Unter Leistungssport versteht man den mit dem Ziel der Erreichung einer persönlichen Höchstleistung betriebenen Sport. Leistungssport kann je nachdem, ob Leistung als absoluter oder relativer Wert aufgefasst wird, einen engen oder weiten Bedeutungsspielraum erhalten. Im weiteren Sinne ist jedes Sporttreiben Leistungssport, da der Leistungsvollzug einen Grundbestandteil des Bewegungsverhaltens darstellt, das sich in verschiedenen Sportarten (und Sportformen) konkretisiert. Das entscheidende Kriterium für den Leistungssport im weitesten Sinn ist das an persönlichen und damit an relativen Grenzen orientierte Anspruchsniveau der Leistungssport treibenden Menschen. Im engeren Sinne wird Leistungssport Behinderter dann zu Spitzen- bzw. Hochleistungssport, wenn ein Höchstmaß an persönlichem Einsatz (Zeit, Leistungsvermögen, Leistungswille) notwendig ist, um den vorgegebenen absoluten Normen des Rekordes, erzielt in den jeweils international gültigen Schadensklassen/Wettkampfklassen und der Meisterschaft (in den jeweils gültigen Schadensklassen/Wettkampfklassen), möglichst nahe zu kommen bzw. neue derartige Normen zu setzen."

In den letzten Jahren wird im Kontext von Behindertenleistungssport immer häufiger der Begriff „Paralympischer Sport" verwendet. Zum Terminus „paralympisch" gibt es zwei unterschiedliche Interpretationen. Die Vorsilbe „para" steht für „gleichsam" oder „wie" und soll die Nähe bzw. Parallele zu „olympisch" ausdrücken. In älteren Quellen wird die Ableitung aus dem Wort „Paraplegie" erwähnt (vgl. Labanowich, 1990). Scruton (1998) verweist in ihrem historischen Rückblick „Stoke Mandeville – Road to the Paralympics" darauf, dass 1984 der Begriff „Paralympics" als Bezeichnung für die „World Wheelchair Games" in Stoke Mandeville verwendet wurde und sich seither durchgesetzt hat.

2 Der Beitrag der internationalen und nationalen Behindertensportorganisationen zur Entwicklung des Leistungssports

Der internationale Gehörlosensportverband „CISS" richtete bereits im Jahr seiner Gründung 1924 die ersten Weltspiele für Gehörlose aus und trug damit maßgeblich zur Entwicklung des Wettkampfsports für Gehörlose bei. Auch auf nationaler Ebene wurden Sportverbände für Gehörlose gegründet, so auch in Deutschland 1910, die ihrerseits nationale Meisterschaften organisierten. Dabei kam es nicht nur zu einer Förderung von Sommersportarten, sondern auch Wintersportarten wurden systematisch entwickelt. Die auf Initiative von Sir Ludwig Guttmann 1952 gegründete „International Stoke Mandeville Games Federation" (ISMGF) zielte auf sportliche Förderung von Querschnittgelähmten und war zudem auch Ausrichter der wichtigsten Wettkampfveranstaltung. Als zunehmend Sportler und Sportlerinnen mit anderen Behinderungsarten in die Sportangebote und Sportwettbewerbe Eingang suchten, war es erneut Guttmann, der 1964 eine weitere Organisation gründete, die „International Sport Organization for the Disabled" (ISOD), die vor allem Amputierten und „Les Autres" (z.B. Menschen mit Gliedmaßenmissbildung) offen stand. Ebenfalls in England kam es 1968 zur Gründung der „International Cerebral Palsy Society", die dann 10 Jahre später zur Gründung von CP-ISRA (Cerebral Palsy – International Sport and Recreation Association) führte. 1981 entstand eine eigenständige Sportorganisation für die Sehbehinderten und Blinden, IBSA (International Blind Sports Association), und 1986 folgte die Gründung eines internationalen Verbandes für Menschen mit geistiger Behinderung „International Sports Federation for Persons with Mental Handicap" (INAS-FMH).

Diese immer stärkere Differenzierung in Sportverbände für die unterschiedlichen Behinderungsarten ermöglichte zwar einerseits eine spezifische Förderung und den Aufbau eines Wettkampfwesens, brachte aber zunehmend auf internationaler Ebene Koordinierungsprobleme mit sich. Aus diesem Grund wurde 1982 ein „International Coordinating Committee" (ICC) eingerichtet, an dem ISMGF, IBSA, CP-ISRA und ISOD beteiligt waren. Vorrangig ging es um die gemeinsame Vorbereitung und Durchführung internationaler Spiele, für die – insbesondere gegenüber dem Internationalen Olympischen Komitee (IOC) – mit „einer Zunge" gesprochen werden sollte (vgl. Scruton 1993). Unabhängig von diesem Anliegen entwickelten aber die einzelnen Verbände ihre eigenen Klassifizierungssysteme, und ein Ausgleich unterschiedlicher Interessen und das Erreichen eines Konsenses fiel häufig schwer. Die teilweise unüberwindlichen Schwierigkeiten schlugen sich bei der Durchführung der Spiele 1984 nieder; die Spiele der Querschnittgelähmten fanden in Stoke Mandeville statt, ISOD, IBSA und CP-ISRA entsandten ihre Sportler und Sportlerinnen zu getrennten Spielen nach Champaign, Illinois (USA). Zwar schloss sich die 1986 gegründete INAS-FMH dem „International Coordinating Committee" (ICC) an, eine Teilnahme dieser Sportler an den Winterspielen in Innsbruck, Österreich, und an den Sommerspielen in Seoul, Korea, 1988 erfolgte jedoch nicht.

1989 kam es – nach entsprechender Vorbereitung durch Mitglieder eines Ad-hoc-Komitees des ICC – zur Gründungsversammlung des „International Paralympic Committee" (IPC), das als internationaler Dachverband für die verschiedenen Behindertensportorganisationen fungieren sollte, wobei allerdings die einzelnen behindertenspezifischen Verbände erhalten blieben und auch gegenwärtig unter dem Dach des IPC weiter bestehen. Dem neu gegründeten IPC traten die sechs internationalen Behindertensportorganisationen bei, ISMGF bzw. nach entsprechender Namensänderung ISMWSF (International Stoke Mandeville Wheelchair Games Federation), ISOD, IBSA, CP-ISRA, INAS-FMH und auch CISS. Allerdings verließ 1995 CISS wieder das Internationale Paralympische Komitee, nachdem es eine Reihe gegenseitiger Zugeständnisse und Verträge gegeben hatte, CISS aber schließlich an stärkerer Autonomie interessiert war.

Zweifellos kommt den jeweiligen Behindertensportorganisationen im Hinblick auf die Entwicklung des Leistungssports von behinderten Athleten und Athletinnen ein großes Verdienst zu, zumal Klassifikationssysteme entwickelt und überarbeitet wurden, sportliche Regelwerke für den Wettkampfbetrieb entstanden und Hinweise und Richtlinien für Trainer und Training erarbeitet wurden. Insbesondere für den Rollstuhlsport gelang es, bereits frühzeitig entsprechende Konzepte auf internationaler Ebene vorzulegen und weiterzuentwickeln.

Der Einfluss medizinisch orientierter Klassifikationen wurde zunehmend verdrängt durch das Bemühen, funktionale Aspekte stärker zu berücksichtigen (vgl. Kap. 4.1). Es kann hier nicht auf die vielfältigen Unterschiede in den Auffassungen der einzelnen internationalen Behindertensportorganisationen eingegangen werden. Fest steht, dass auch gegenwärtig noch viele Hindernisse im gegenseitigen Verstehen überwunden werden müssen. Philosophisch begründete unterschiedliche Positionen bestehen beispielsweise zwischen den Organisationen „Special Olympics International" und „INAS-FMH". Während es „Special Olympics International" um ein vielseitiges, die individuellen Stärken der Teilnehmer in den Mittelpunkt stellendes Sport- und Wettkampfangebot für Menschen mit geistiger Behinderung geht, strebt „INAS-FMH" nach Realisierung eines am internationalen Leistungssport orientierten Systems, das auch bei Menschen mit geistiger Behinderung Anwendung finden soll. 1999 änderte „INAS-FMH" seinen Namen und heißt nun „INAS-FID", wobei das „ID" für „Intellectual Disability" (intellektuelle Behinderung) steht.

Ohne auf die jeweilige Entwicklung der Behindertensportorganisationen in der ehemaligen DDR und in der Bundesrepublik Deutschland einzugehen, bleibt insgesamt festzuhalten, dass es sehr frühzeitig in Deutschland gelungen ist, einen Dachverband für die sporttreibenden behinderten Menschen zu gründen (Bundesrepublik Deutschland: Deutscher Versehrten-Sportverband, gegründet 1952; DDR: Deutscher Verband für Versehrtensport der DDR, gegründet 1959), dem heute als „Deutscher Behinderten-Sportverband" (DBS) neben einer Zuständigkeit für den Rehabilitations- und Breitensport auch die zentrale Aufgabe der Organisation des Behindertenleistungssports obliegt und der als Nationales Paralympisches Komitee für Deutschland fungiert. Daneben existiert als Dachverband für den Gehörlosensport der „Deutsche Gehörlosen-Sportverband" (DGS). Beide Verbände sind Mitglied im „Deutschen Sportbund" (DSB) und sind – neben der Wahrnehmung vielfältiger anderer Aufgaben – entscheidend an der Entwicklung des Leistungssports von Menschen mit Behinderungen in Deutschland beteiligt. Der internationale und nationale Wettkampfkalender ist in den vergangenen Jahren immer umfangreicher geworden, speziell ausgebildete Trainer und Übungsleiter werden eingesetzt und die medizinische, trainingswissenschaftliche sowie psychologische Betreuung erfordert immer stärkere Spezialisierung. Das steigende Medieninteresse, die Professionalisierung in verschiedenen Bereichen des Behindertenleistungssports und die Technisierung von Sportgeräten stellen neue Herausforderungen dar, auf die an anderer Stelle noch genauer eingegangen wird (vgl. Kap. 4 und 5).

3 Internationale Sportwettkämpfe von Athleten und Athletinnen mit Behinderungen: Damals und heute

Das internationale Wettkampfgeschehen im Sport ist heute ohne die Paralympischen Sommer- und Winterspiele kaum noch vorstellbar. Das ist nicht immer so gewesen. Viele internationale Sportwettkämpfe haben am Anfang der Bewegung kaum öffentliche Resonanz gefunden. Auch hinsichtlich der Bezeichnung der Spiele hat es in den letzten 50 Jahren manche Veränderungen gegeben. Teilnehmerzahlen und Anzahl der teilnehmenden Nationen sind stetig angestiegen und haben die Organisatoren vor enorme logistische Probleme gestellt. Die beiden Tabellen 1 und 2 sollen einen Überblick über die Entwicklung der Paralympischen Sommer- und Winterspiele geben.

Tab. 1: Sommer-Paralympics

Jahr	Austragungsorte		teilnehmende Länder Paralympics	Teilnehmer Paralympics
	Olympische Spiele	Paralympische Spiele		
1960	Rom, Italien	Rom, Italien	23	400
1964	Tokio, Japan	Tokio, Japan	22	390
1968	Mexico City, Mexico	Tel Aviv, Israel	29	1100
1972	München, Deutschland	Heidelberg, Deutschland	44	1400
1976	Montreal, Kanada	Toronto, Kanada	42	2700
1980	Moskau, UdSSR	Arnhem, Niederlande	42	2550
1984	Los Angeles, USA	New York, USA	45	2500
		Aylesbury, GB	41	1430
1988	Seoul, Korea	Seoul, Korea	65	4300
1992	Barcelona, Spanien	Barcelona, Spanien	94	4000
1992*		Madrid, Spanien	73	2500
1996	Atlanta, USA	Atlanta, USA	103	3200
2000	Sydney, Australien	Sydney, Australien	123	3820

* Zum ersten Mal in der Geschichte: Paralympische Spiele für Menschen mit geistiger Behinderung

Tab. 2: Winter-Paralympics

Jahr	Austragungsorte		teilnehmende Länder Paralympics	Teilnehmer Paralympics
	Olympische Spiele	Paralympische Spiele		
1976	Innsbruck, Österreich	Örnskolasvik, Schweden	14	250
1980	Lake Placid, USA	Geilo, Norwegen	18	350
1984	Sarajevo, Jugoslawien	Innsbruck, Österreich	22	500
1988	Calgary, Kanada	Innsbruck, Österreich	22	700
1992	Tignes-Albertville, Frankreich	Tignes-Albertville, Frankreich	24	600
1994	Lillehammer, Norwegen	Lillehammer, Norwegen	31	1000
1998	Nagano, Japan	Nagano, Japan	30	700

Die bereits dargestellte Gründung von behindertenspezifischen Sportorganisationen hatte die Teilnahme von Athleten und Athletinnen mit verschiedenen Behinderungsarten zur Folge und führte zu einem Anstieg der Teilnehmerzahlen. Im historischen Rückblick wird deutlich, dass die Ausrichterstädte der Olympischen Spiele keineswegs immer bereit waren, die Paralympischen Spiele zu organisieren. Mit Regelmäßigkeit erfolgt dies erst seit den Sommer-Paralympics

1988 in Seoul/Korea. Gesondert zu betrachten sind in diesem Kontext die Welt-spiele der Gehörlosen, die in den Tabellen 3 und 4 dargestellt werden.

Tab. 3: Welt-Winterspiele der Gehörlosen

Jahr	Austragungsort	Land
1949	Seefeld	Österreich
1953	Oslo	Norwegen
1955	Oberammergau	Österreich
1959	Montana	Schweiz
1963	Åre	Schweden
1967	Berchtesgaden	Deutschland
1971	Adelboden	Schweiz
1975	Lake Placid	USA
1979	Meribel	Frankreich
1983	Madonna di Campiglio	Italien
1987	Oslo	Norwegen
1991	Calgary	Kanada
1995	Ylläs	Finnland
1999	Davos	Schweiz

Tab. 4: Welt-Sommerspiele der Gehörlosen

Jahr	Austragungsort	Land
1924	Paris	Frankreich
1928	Amsterdam	Niederlande
1931	Nürnberg	Deutschland
1935	London	Großbritannien
1939	Stockholm	Schweden
1949	Kopenhagen	Dänemark
1953	Brüssel	Belgien
1957	Mailand	Italien
1961	Helsinki	Finnland
1965	Washington	USA
1969	Belgrad	Jugoslawien
1973	Malmö	Schweden
1977	Bukarest	Rumänien
1981	Köln	Deutschland
1985	Los Angeles	USA
1989	Christchurch	Neuseeland
1993	Sofia	Bulgarien
1997	Kopenhagen	Dänemark
2001	Rom	Italien

Ebenfalls getrennt von den bisher genannten Sportereignissen werden die „Spe-cial Olympics International" in den Tabellen 5 und 6 in ihrer Entwicklung dar-gestellt.

Tab. 5: Special Olympics Sommerspiele

Jahr	Austragungsort	Land	Teilnehmer	teilnehmende Länder
1968	Chicago/Soldiers Field	USA	1000	2 (aus den USA 26 Staaten)
1970	Chicago/Illinois	USA	2000	3 (aus den USA 50 Staaten)
1972	Los Angeles/California	USA	2500	ohne Angabe
1974	MT. Pleasant/Michigan	USA	3200	10
1979	New York	USA	3500	über 20
1983	Baton Rouge/Louisiana	USA	4000	über 250
1987	South Bend/Indiana	USA	4700	70
1991	Minneapolis/Minnesota	USA	6000	über 100
1995	New Haven/Connecticut	USA	7000	143
1999	Raleigh, Durham/North Carolina	USA	7000	150

Tab. 6: Special Olympics Winterspiele

Jahr	Austragungsort	Land	Teilnehmer	teilnehmende Länder
1977	Steamboat Springs/Colorado	USA	500	2
1981	Smugglers' Notch/Vermont	USA	600	5
1985	Park City/Utah	USA	ohne Angabe	14
1989	Reno/Nevada	USA	1000	18
1993	Salzburg	Österreich	1600	50
1997	Toronto/Ontario	Kanada	2000	73
2001	Anchorage, Alaska	USA	1900	80

Trotz aller Unterschiedlichkeit bezüglich der beteiligten Sportler und Sportlerinnen, der zuständigen Organisationen, des Medien- und Öffentlichkeitsinteresses u.a. lassen sich doch einige generelle Aussagen machen. Es fällt auf, dass in hohem Maße europäische und nordamerikanische Länder an der Ausrichtung internationaler Behindertensportspiele beteiligt sind, während Ozeanien und Länder Asiens kaum, afrikanische und südamerikanische Länder bisher keine Ausrichtung übernahmen.

Das auch im Nichtbehindertensport existierende Ungleichgewicht schlägt sich also auch im Behindertensport und hier insbesondere in der Ausrichtung von internationalen Sportwettkämpfen für Sportler und Sportlerinnen mit Behinderungen nieder. Auf diesen Aspekt wird in Hinblick auf die zukünftige Entwicklung noch einzugehen sein.

4 Zentrale Themen des Behindertenleistungssports

4.1 Klassifikation

Bereits seit vielen Jahren sind Bestrebungen im Gange, ein Klassifizierungssystem im Behindertensport zu entwickeln, das die unterschiedlichen Behinderungsgrade und -arten sowie die jeweiligen Sportarten berücksichtigt und gleichzeitig einen fairen Wettkampf ermöglicht. Alle Behindertengruppen sind von Veränderungen im Klassifizierungssystem betroffen, spezielle Probleme bestehen zusätzlich bei der Frage nach der so genannten „minimal disability". Der Präsident des Internationalen Paralympischen Komitees, Dr. Robert Steadward, stellt dazu fest: „Some of these individuals may not be disad-vantaged at all as the technology improves and standards quickly escalate" (Steadward, 1996, S. 34).

Wenn Sportler und Sportlerinnen mit einer Behinderung an Wettkämpfen teilnehmen wollen, so muss eine klare Definition von „minimal disability" vorliegen, allerdings treten hier Differenzen bei den verschiedenen Sportarten und unterschiedlichen Behinderungsarten auf. Von den einzelnen Sportkomitees und den Behindertensportorganisationen werden gegenwärtig diese Zulassungskriterien erarbeitet (vgl. Vanlandewijck & Chappel, 1996). Bedenken gegenüber der gegenwärtigen Klassifikation wurden von den Vertretern von INAS-FMH geäußert: „Ziel sollte es sein, allen Personen die gleichen Rechte und Freiheiten zuzugestehen. Einem Menschen mit einer körperlichen, sensorischen oder mentalen Behinderung bzw. Beeinträchtigung sollten nicht Rechte verwehrt werden, die jemand ohne diese Behinderung hat. Nicht behinderte Athleten und Athletinnen treten gegeneinander im offenen Wettbewerb an. Da gibt es kein Klassifikationssystem. Die Olympischen Spiele sind offen für alle, aber nur die Besten in der Welt nehmen am Wettbewerb teil. Im Fall derjenigen mit einer intellektuellen Beeinträchtigung ist INAS-FMH der Auffassung, dass die Wettbewerbe gleichermaßen offen sein sollten bei Paralympics und Weltmeisterschaften. Wenn ein Athlet von INAS-FMH registriert worden ist, dann gibt es keine Notwendigkeit einer Klassifikation. In dieser Hinsicht unterscheidet sich die Position der mental bzw. intellektuell Behinderten von der der Athleten mit einer körperlichen oder sensorischen Behinderung, bei denen die Klassifikation von zentraler Bedeutung zur Gewährleistung eines fairen Wettbewerbes ist." (INAS-FMH, 1994, S. 2).

In gegenwärtig laufenden Forschungsprojekten arbeiten beispielsweise deutsche Sportwissenschaftler wie Innenmoser, Froböse und Brüggemann an Fragen einer Schadensklassenreduzierung. Auch Quade, am Bundesinstitut für Sportwissenschaft in Köln tätig, und viele Jahre aktiver Behindertenleistungssportler, hat in Sachen Klassifizierung ebenfalls seit Jahren Vorschläge für eine Reform des Systems vorgelegt (Quade, 1994). Hier ist die Sportwissenschaft gefordert, sich aktiv an diesen wichtigen Entscheidungsfindungsprozessen zu beteiligen. Zweifellos ist ein neues, verständliches und faires Wettkampfsystem erforderlich, denn das Problem der Vielfalt der sogenannten Schadensklassen stellt eine große Belastung für den Behindertensport dar. In der Vergangenheit war es weder den Medien noch den Zuschauern zu vermitteln, warum es mehrfache Endläufe in einer Sportdisziplin geben muss. So wurden beispielsweise bei den Sommer-Paralympics in Seoul/Korea im Schwimmen über 100-m-Freistil noch 36 Finals durchgeführt. Deutliche Verbesserungen sind seither auf der Basis der funktionellen Klassifikation erzielt worden und haben zu einer Reduzierung der Schadensklassen geführt; dennoch fehlt es weiterhin an einem System, das die jeweilige Sportart, die Behinderungsart und den -grad berücksichtigt. Einen guten Überblick über die aktuellen internationalen Entwicklungen im Bereich der Klassifikation geben die Beiträge von Vanlandewijck & Chappel (1996), Strohkendl (2001) und Davis (2001), die Hintergründe und Trends beleuchten.

4.2 Prothesen-, Rollstuhl- und Sportgeräteentwicklung

Die technologische Entwicklung hat zu rasanten Fortschritten bei der Herstellung von Prothesen, Rollstühlen und orthopädischen Hilfsmitteln geführt, die in sportlichem Training und Wettkampf Verwendung finden. Als Folge haben sich enorme Leistungsverbesserungen sowohl in verschiedenen Sommer- als auch Wintersportarten ergeben. Dennoch sind die zu verzeichnenden Leistungssteigerungen nicht ausschließlich auf Materialveränderungen zurückzuführen, sondern hängen ebenfalls mit den erheblich verbesserten Trainingsformen der Athleten und Athletinnen mit Behinderungen zusammen (vgl. van der Woude, Dallmeijer, Janssen & Veeger, 2001; Vanlandewijck, Spaepen, Daly & Theisen, 2001; siehe auch Beitrag von Innenmoser in diesem Band).

4.3 Sportmedizinische Aspekte

Neben dem anerkannten präventiven Nutzen regelmäßiger körperlicher Aktivität lässt sich auch im rehabilitativen Bereich eine Verbesserung der kardiozirku-latorischen Leistungsfähigkeit, insbesondere bei Sportlern mit einer Quer-schnittsläsion, nachweisen (vgl. Huonker, Schmid, König, Mrosek & Keul, 1996). Bisherige Untersuchungen beziehen sich schwerpunktmäßig auf Athleten mit unterschiedlichen körperlichen Behinderungen (Querschnittlähmungen, Amputationen, Cerebralparesen), während sportmedizinische Arbeiten bezogen auf Athleten mit Sehbehinderungen bzw. geistiger Behinderung bisher nur in geringer Zahl vorliegen.

Bezüglich der Verletzungsrisiken im Behindertenleistungssport kommt Zimmer (1997) in seiner Dokumentation der Verletzungen bei den Paralympics 1996 in Atlanta zu dem Ergebnis, dass ein erhöhtes Risiko nicht besteht. Umfangreiche Untersuchungen zur Frage nach der Art und Häufigkeit von Sportverletzungen im Behindertensport sind in den USA insbesondere von Ferrara & Buckley (1996) durchgeführt worden, die in diesem Zusammenhang von der Einrichtung einer Dokumentationsstelle berichten, die den Namen „Athletes with Disabilities Injury Registry" (ADIR) trägt. Mit Hilfe der erfassten Daten soll es dabei gelin-gen, Risiken bei der Teilnahme am Sport zu identifizieren und Verletzungsmus-ter und Trends aufzudecken (vgl. dazu auch Schmid, 1999; Huonker, Schmid & Keul, 1999). Darüber hinaus stellen spezifische Formen der Leistungssteige-rung, z.B. das „Boosting" bei Tetraplegikern, eine besondere Herausforderung für die sportmedizinische Forschung dar (vgl. Burnham, Wheeler & Bhambhani, 1994; Riding, 2001a, 2001b). Dabei geht es um die absichtliche Auslösung einer vegetativen Dysreflexie direkt vor bzw. im Wettkampf mit dem Ziel der Leis-tungssteigerung. Das „Boosting" stellt eine höchst gefährliche Situation für die Sportler und Sportlerinnen mit einer Querschnittlähmung dar und wird in der Doping-Liste des Internationalen Paralympischen Komitees als verbotene Mani-pulation geführt (vgl. Schmid & Keul, 1997).

4.4 Integration

Integration ist im Behindertensport zu einem außerordentlich häufig verwende-ten, aber auch gleichermaßen umstrittenen Begriff geworden. Dabei kann Integ-ration auf das Miteinander von Menschen unterschiedlicher Behinderungsarten und -grade bezogen sein, aber auch das gemeinsame Sporttreiben von behinderten und nicht behinderten Personen meinen. Außerdem wird Integration im Zusammenhang mit Organisationsstrukturen und Sportereignissen diskutiert.

In einem umfangreichen, vom Bundesinstitut für Sportwissenschaft geförderten Forschungsprojekt wurde darüber hinaus die Einstellung von Sportlehrern, Sport- und Sonderpädagogikstudenten und Übungsleitern und Trainern im Hinblick auf die Integration von Menschen mit Behinderungen im Sport in Schule und Verein untersucht (Doll-Tepper, Schmidt-Gotz, Lienert, Döen & Hecker, 1994). Auf die Ergebnisse dieser Einstellungsstudie soll hier nicht im Einzelnen eingegangen werden, sie gibt jedoch aufschlussreiche Einblicke in die Bereitschaft, behinderten Menschen den Zugang zum und die Teilnahme am Sporttreiben zu ermöglichen. Bemerkenswert ist außerdem, dass selbst in Sportkreisen ein erstaunlich geringer Kenntnisstand über den Behindertensport ermittelt wurde. Im Rahmen unserer Untersuchung stellten wir folgende Fragen:

1. Welche Behinderungsart haben Sportler hauptsächlich, die Torball spielen?
2. Welche Regeländerung gibt es im Rollstuhl-Tennis im Vergleich zum Fußgänger-Tennis?
3. Dürfen Nichtbehinderte in Rollstuhl-Basketball-Mannschaften bei nationalen Meisterschaften spielen?
4. Bekommen Leistungssportler mit Behinderung Unterstützung seitens der Sporthilfe?
5. Was sind Paralympics?
6. Gibt es Ski-Weltmeisterschaften der behinderten Sportler?
7. Wie heißt der nationale Spitzenverband der behinderten Sportler?
8. Wie heißt die Einteilung oder Gruppierung von Leistungssportlern nach Behinderungsgraden?
9. Wo liegt die Bestzeit im Rollstuhlmarathon?
10. Nennen Sie einen national bekannten Leistungssportler mit einer Behinderung!

Ihr Wissen schätzten die Übungsleiter folgendermaßen ein:

	absolut	prozentual
gering	96	36,5%
gering bis mittel	67	25,5%
mittel	63	24,0%
mittel bis hoch	19	7,2%
hoch	13	4,9%
keine Angabe	5	1,9%

Im Vergleich dazu ergaben die Ermittlungen mit unserem kurzen Fragebogen folgende Kenntnisse über den Wettkampfsport behinderter Menschen (als Punkte für richtige Antworten von 1 bis 10).

	absolut	prozentual
keine richtige Antwort	56	21,3%
1 richtige Antwort	42	16,0%
2 richtige Antworten	69	26,2%
3 richtige Antworten	49	18,6%
4 und mehr richtige Antworten	44	16,7%
keine Angaben	3	1,1%

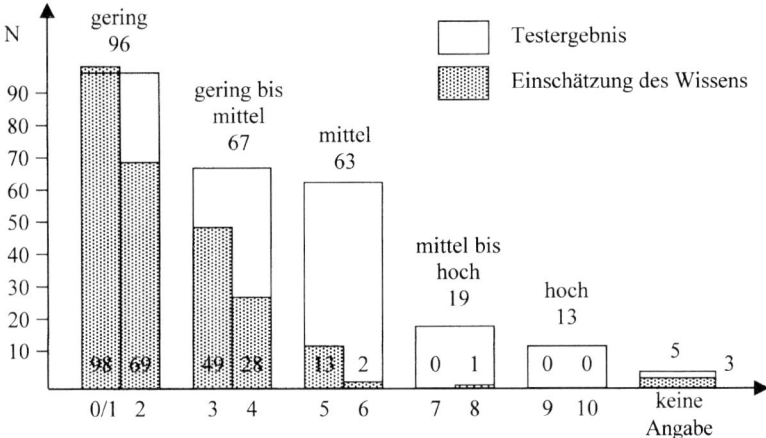

Abb. 1: Einschätzung und Testergebnisse zum Kenntnisstand über den Leistungssport behinderter Menschen

Es zeigt sich eine erhebliche Diskrepanz zwischen der Selbsteinschätzung bezüglich des Kenntnisstandes und dem tatsächlichen Wissen der Befragten. Knapp zwei Drittel der Befragten konnten nur ein oder zwei Fragen über diesen Themenbereich richtig beantworten. Der höchste erzielte Wert waren acht richtige Antworten von einem Übungsleiter, gefolgt von zweimal sechs richtigen Antworten. Dies zeigt, dass selbst in einem Jahr der Paralympischen Spiele Informationen über den Sport behinderter Menschen nur in sehr geringem Maße zu den Nichtbehinderten vordringen.

Auf ein drittes, in höchstem Maße brisantes, Thema soll abschließend eingegangen werden: die Problematik der gemeinsamen Teilnahme von Sportlern und Sportlerinnen mit unterschiedlichen Behinderungen, d.h. Körperbehinderungen (Querschnittsgelähmte, Amputierte, Cerebral-Bewegungsgestörte – um nur die wichtigen Gruppen zu nennen) und Sinnesbehinderungen (Sehbehinderte und Blinde) und erst neuerdings Sportler und Sportlerinnen mit geistiger bzw. intellektueller Behinderung. Im Kontext von Integrationsbemühungen geht es nicht nur um Fragen der Klassifikation und der Zulassungskriterien, sondern es geht auch um gegenseitige Akzeptanz. Besonders für die Sportler und Sportlerinnen mit geistiger Behinderung müssen hier noch weltweit gültige Regelungen getroffen werden.

Anlässlich der 1. IPC Leichtathletik-Weltmeisterschaften der Behinderten 1994 in Berlin, an der erstmals auch Sportler und Sportlerinnen mit geistiger Behinderung teilnahmen, wurden Interviews mit Aktiven, Trainern und Betreuern durchgeführt, um Aufschlüsse über die Einstellung gegenüber den Athleten mit unterschiedlichen Behinderungen zu erhalten. In den Interviews wurden außerordentlich divergierende Auffassungen ermittelt. Vor allem von Seiten der Athleten mit Körperbehinderungen bestanden große Vorbehalte gegenüber den Sportlern und Sportlerinnen mit geistiger Behinderung. Verschiedentlich wurde vor allem von Rollstuhlsportlern geäußert, dass sie die Glaubwürdigkeit des Behindertenleistungssports und ihre langjährigen – inzwischen auch weitgehend erfolgreichen – Bemühungen um Akzeptanz als „vollwertige" Leistungssportler in der Welt der „Nichtbehinderten" durch die Teilnahme dieses Personenkreises in Gefahr sähen. Dagegen verglichen einige körper- und sinnesbehinderte Sportler ihre frühere Situation um Anerkennung mit der heutigen Situation von Sportlern mit geistiger Behinderung und wünschten ihren gemeinsamen Bemühungen Erfolg.

Interessant und gleichermaßen dringend diskussionswürdig ist die Entscheidung des Weltverbandes für den Sport von Menschen mit geistiger Behinderung (INAS-FMH) im Sommer 1994, den Terminus „mental handicap" durch „learning disability" zu ersetzen. International definierte Begriffe, z.B. durch die Weltgesundheitsorganisation, werden damit im Bereich des internationalen Sports außer Kraft gesetzt; wenn dies auch als verständliches Anliegen interpretiert werden kann, Stigmatisierungsprozesse weltweit zu unterbinden, so scheint eine solche Entscheidung doch in höchstem Maße problematisch zu sein und ist wohl eher als Beitrag zu größerer Begriffsverwirrung zu sehen. Auch dies sind Fragen, denen man sich aus sportwissenschaftlicher Sicht in Deutschland stellen muss.

In diesem Kontext soll auf Parallelen und Unterschiede zwischen der Olympischen und Paralympischen Bewegung eingegangen werden, die Steadward

(1996) ausführlich unter dem Aspekt der Integration diskutiert hat. In seinem bemerkenswerten Beitrag „Paralympism, Olympism and the sport for handicapped people" wählt Landry (1993) als Ausgangspunkt seiner Überlegungen das bereits erwähnte historische Zusammentreffen zweier Ereignisse, das keineswegs nur ein Zufall war: der 28. Juli 1948 als Eröffnungstag für die Olympischen Spiele in London und für die ersten Sportwettkämpfe behinderter Athleten in Stoke Mandeville. Kaum jemand hätte es gewagt, der Paralympischen Bewegung eine so rasante Entwicklung vorauszusagen, deren Kulmination wir heute mit den Paralympischen Spielen erleben. Landry sieht von Beginn dieser Bewegung an eine große Nähe zur Olympischen Bewegung, zum Sport der Nichtbehinderten. Ihm scheint der Begriff „Paralympics" überflüssig, vielmehr hält er in Zusammenhang mit dem Hochleistungssport behinderter Athleten den Terminus „Olympismus" für besser geeignet.

Ob dies von den Vertretern der Paralympischen und Olympischen Bewegung ebenso gesehen wird, ist allerdings zu fragen. Aktuelle Literatur zum Thema „Olympische Spiele und ihre Zukunft", wie das Buch von John Lucas (1992), „Future of the Olympic Games", thematisieren die Paralympics mit keinem Wort. Das trifft u.a. auch auf die Arbeiten über „Olympische Heroen von 1896 bis heute" von Kamper & Soucek (1991) sowie auf das Nachschlagewerk von Frenzen (1988) über die Olympischen Spiele zu. Auch hier lässt sich erheblicher Nachholbedarf konstatieren. Ein positives Beispiel findet sich in dem von Grupe (1999) herausgegebenen Sammelband „Einblicke – Aspekte olympischer Sportentwicklung", in dem der internationale Behindertensport als Ausdruck des Wandels von Sport und Gesellschaft thematisiert wird.

Die zentralen Herausforderungen für die Paralympische Bewegung, die er in engem Bezug zur Olympischen Bewegung sieht, lassen sich nach Landry's (1993) Auffassung folgendermaßen beschreiben:

1. Der philosophischen Auseinandersetzung mit Wertvorstellungen und -maßstäben, mit Fragen transkultureller Identifikation etc. – wie sie in der Olympischen Bewegung geführt wird – darf sich auch die Paralympische Bewegung nicht verschließen.

2. Auf internationaler Ebene ist der Hochleistungssport, also auch der Olympische Sport und die Olympische Bewegung, entscheidend beeinflusst von finanziellen Interessen, von Zuschauerinteresse, von gesellschaftlicher und politischer Aufmerksamkeit. Hier muss der Paralympische Sport – so Landry – noch deutlich Boden gutmachen.

3. In das Konzept des Olympismus, das es neu zu überdenken gilt, sollte der Paralympismus integriert werden, weil er eine enorme Kraft hinsichtlich sozialer Veränderungen beinhaltet.

4. Im Streben um und im Erreichen einer Balance zwischen ausgewählter Integration z.B. von Sportwettbewerben behinderter Athleten in Sportwettkämpfe nicht behinderter Sportler auf der einen Seite und auf einer Bewahrung von Eigenständigkeit und Unabhängigkeit der Paralympischen Bewegung/des Paralympischen Sports von der Olympischen Bewegung/vom Olympischen Sport wird eine entscheidende Herausforderung gesehen.

Bereits 1994 sind Möglichkeiten zukünftiger Entwicklungen bezogen auf die Olympische und Paralympische Bewegung aufgezeigt worden, die sich im Wesentlichen in drei unterschiedlichen Szenarios darstellen lassen (vgl. Doll-Tepper & von Selzam, 1994):

- Integration
- Unabhängigkeit
- Kooperation.

Bezogen auf die beiden relevanten Organisationen, das IOC und das IPC, würde dies folgendermaßen aussehen (s. Abb. 2):

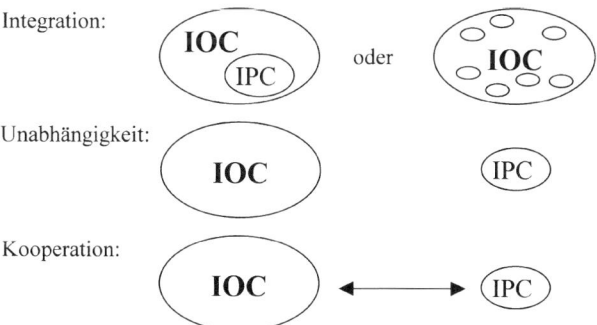

Abb. 2: Szenarien für die Zukunft von IOC und IPC

Angesichts aktueller Entwicklungen erscheint die 3. Variante am ehesten realisierbar und sinnvoll, weil sie gegenseitiges Kennenlernen und Verstehen ermöglicht und auf dieser Basis Entscheidungen über weitere Weichenstellungen in Richtung „Integration" oder „Autonomie" getroffen werden können. Die hier dargestellten Ansätze und Überlegungen dürfen aber nicht auf die internationalen Entwicklungen beschränkt bleiben, sondern sollten zum Gegenstand von Diskussionen und damit schließlich auch als Hilfe für Strukturentscheidungen im Sport etc. auf nationaler Ebene gemacht werden.

4.5 Ethische Aspekte

Erst in jüngster Zeit wird eine Reihe von ethischen Fragen bezogen auf den Behindertenleistungssport diskutiert (vgl. Doll-Tepper, 1998). Dabei gilt es festzuhalten, dass es zwar einige spezifische Besonderheiten in diesem Bereich gibt, grundsätzlich jedoch ethische Aspekte im Leistungssport bzw. Hochleistungssport von Menschen mit und ohne Behinderung gleichermaßen Berücksichtigung finden müssen. So verwundert es nicht, dass zunehmend Fragen des Kinderhochleistungssports auch im Behindertenbereich kontrovers diskutiert werden oder beispielsweise – aus internationaler Perspektive – die teilweise erheblichen Unterschiede im Training und Wettkampf zwischen Athleten und Athletinnen aus Industrieländern und Entwicklungsländern sehr nachdenklich stimmen und zu neuen Initiativen im Hinblick auf Förderung und Solidarität auffordern. Betrachtet man die Ergebnislisten internationaler Wettbewerbe, wie den Sommer- bzw. Winterparalympics und den Weltmeisterschaften der Behinderten, so fällt auf, dass es nur wenigen Sportlern und Sportlerinnen mit einer Behinderung aus den Entwicklungsländern gelingt, in die Medaillenränge vorzudringen. Um dieser Entwicklung Einhalt zu gebieten, werden gegenwärtig Maßnahmen erörtert, die – analog zur „Olympic Solidarity" – auch eine „Paralympic Solidarity" zum Ziel haben.

Die im Sport reklamierte Verantwortung für sich selbst ist auch im Behindertenleistungssport in den vergangenen Jahren häufig thematisiert worden. Dabei wurde deutlich, dass sich Sportler und Sportlerinnen mit einer Behinderung bevormundet fühlten, weil sie von den zuständigen Organisationen bzw. von Fachleuten unterschiedlicher Disziplinen, vor allem der Medizin, zu bestimmten Wettbewerben nicht zugelassen wurden – vorwiegend mit der Begründung gesundheitlicher Gefährdung. Hier lassen sich eine Reihe von Beispielen anführen, z.B. der Riesenslalom für Blinde. Bei dem Personenkreis mit intellektueller Beeinträchtigung haben sich in diesem Kontext zusätzliche Probleme ergeben, weil die Fähigkeit zu eigenverantwortlichem Tun von einigen Kritikern in Frage gestellt wird.

Das bereits angesprochene Problem der Klassifikation (vgl. Kap. 4.1) lässt sich aus ethischer Sicht ebenfalls als ein behindertensportspezifisches Phänomen betrachten. Die Zulassung zum Behindertenleistungssport erfordert, so ist gegenwärtig die mehrheitliche Auffassung, das Vorhandensein einer Behinderung. Wie gering darf aber diese Behinderung sein („minimal disability")? Wo liegen die Grenzen für eine Wettkampfteilnahme beim Vorhandensein einer Schwerstbehinderung? Muss man überhaupt eine Behinderung haben, um wettkampfmäßig Rollstuhl-Basketball zu spielen bzw. an einem Rollstuhlmarathon teilzunehmen? All diese Fragen werden sehr kontrovers diskutiert (vgl. Lindström, 1992; Doll-Tepper, 1998) und lassen erwarten, dass es hier in Zukunft zu weiteren Veränderungen kommen wird, die das Wettkampfgeschehen beeinflussen werden.

Die zunehmende Professionalisierung des Behindertenleistungssports in Verbindung mit kommerziellen Interessen hat zu neuen Herausforderungen geführt, denen sich die behinderten Sportler und Sportlerinnen und ihre Trainer heute gegenübersehen. Dazu gehören beispielsweise leistungssteigernde Maßnahmen bis hin zum Doping sowie die technologische Entwicklung von Prothesen und Rollstühlen. Und schließlich bleibt zu fragen, welchen gesamtgesellschaftlichen Beitrag der Behindertenleistungssport im Hinblick auf eine stärkere Integration und Akzeptanz von Menschen mit Behinderungen zu leisten vermag.

5 Ausblick: Die Zukunft des Leistungssports von Athleten und Athletinnen mit Behinderungen

Ohne Zweifel hat der Behindertenleistungssport in den letzten Jahrzehnten eine rasante Entwicklung genommen, die von einigen als „Erfolgsgeschichte" beschrieben wird. In vielen Ländern der Welt erfährt der Sport behinderter Menschen zunehmend Aufmerksamkeit und Förderung. In der Bundesrepublik Deutschland haben sich beispielsweise Olympiastützpunkte für die Behindertenleistungssportler und -sportlerinnen geöffnet und bieten damit erheblich verbesserte Trainingsmöglichkeiten. Gleichzeitig wird durch diese Maßnahmen ein Beitrag zur Integration geleistet, wobei die tatsächlichen Erfolge sich heute noch nicht abschätzen lassen. Qualifizierte Trainer werden in diesem Bereich mehr denn je gebraucht und erfordern von den zuständigen Spitzenverbänden neue Initiativen. In vielen Ländern der Welt haben sich inzwischen Nationale Paralympische Komitees gegründet (vgl. Doll-Tepper, 1997), in der Bundesrepublik Deutschland nimmt der Deutsche Behindertensportverband diese Funktion wahr.

Wie immer die organisatorische Anbindung und Verantwortung auch gestaltet wird, es kommt darauf an, den Sportlern und Sportlerinnen mit einer Behinderung adäquate Trainings- und Wettkampfmöglichkeiten zu bieten, sie sportmedizinisch und sportwissenschaftlich zu betreuen und auch die nachsportliche Karriere zu begleiten. Hier zeichnen sich für die Zukunft vielfältige Herausforderungen für die Bearbeitung praxisrelevanter Fragen aus sportwissenschaftlicher und -medizinischer Sicht ab.

Auf internationaler Ebene hat das Internationale Paralympische Komitee mit der Einrichtung eines sportwissenschaftlichen Komitees eine zukunftsweisende Initiative ergriffen, um den Kenntnisstand im Behindertenleistungssport durch die Zusammenarbeit von Sportwissenschaftlern und -medizinern, Athleten, Trainern und Sportfunktionären zu verbessern (vgl. Doll-Tepper et al., 1995). Die Entwicklung, Verbreitung und Anwendung von Kenntnissen bezieht sich auf die folgenden drei Phasen (s. Abb. 3):

1. Phase des Einstiegs (Kennenlernen von Sportarten, Motivation zu regelmäßigem Sporttreiben etc.)

2. Phase des aktiven Sporttreibens (Teilnahme an Sportwettkämpfen, Paralympics etc.)

3. Phase des Endes der sportlichen Karriere (Übergang vom Hochleistungssport zum rekreativen Sporttreiben etc.)

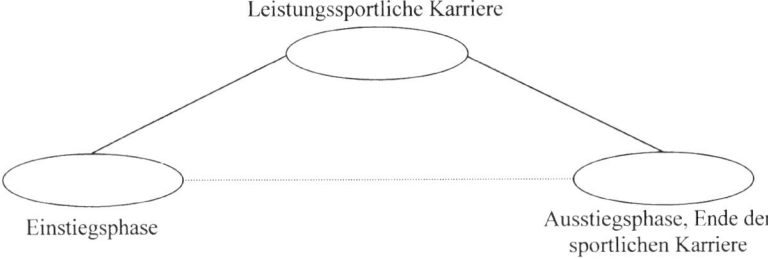

Abb. 3: Phasen im sportlichen Lebenslauf

Als Hauptthemen, die dringend einer Bearbeitung bedürfen, sind vom sportwissenschaftlichen Komitee des IPC folgende identifiziert worden:

• Klassifikation

• Integration (Behinderte – Nichtbehinderte, unterschiedliche Behinderungsarten etc.)

• Anwendbarkeit biomechanischer, leistungsphysiologischer etc. Prinzipien auf den Leistungssport (von Athleten mit Behinderungen)

- Leistungssteigernde Maßnahmen
- Leistungsmessung
- Barrieren der Sportteilnahme
- Einstellungen gegenüber Menschen mit Behinderungen im Sport; Einstellungen von Menschen mit Behinderungen gegenüber dem Sport
- Ende der Sportlerkarriere bei Menschen mit Behinderungen
- Zuschauerinteresse
- Medien
- Gleichberechtigung von Athleten unterschiedlichen Geschlechts, unterschiedlicher Herkunft etc.
- Maßnahmen der „Erziehung" der Öffentlichkeit und Informationsverbreitung
- Sportverletzungen (Ätiologie, Prävention, Behandlung)
- Kinder- und Jugendsport.

Da eine wissenschaftliche Bearbeitung in Deutschland erst für wenige Bereiche erfolgt ist, bestehen hier für die Zukunft wesentliche Aufgaben, die in Kooperation mit den Verbänden, Sportlern und Sportlerinnen und den Trainern und Betreuern stattfinden sollte. Dem Erfahrungs- und Informationsaustausch – regional, national und international – kommt dabei eine besondere Bedeutung zu. Bemerkenswert ist deshalb eine Initiative, die 1993 in Kanada mit einer Konferenz zum Thema „VISTA – The Outlook" (Steadward, Wheeler & Nelson, 1994) begann und 1999 in Köln fortgesetzt wurde. Als bedeutsame Themen wurden identifiziert (vgl. Doll-Tepper, Sonnenschein & Kröner 2001):

- Sport performance
  - Exercise physiology
  - Advances in training techniques
  - Technical developments/equipment
  - Sport medicine
- Classification
- Integration/development/recruitment
- Ethics
- Organization/administration
- Media/marketing/sponsoring.

Solange sich das Sporttreiben von Menschen mit Behinderungen unterschiedlicher Art innerhalb von Rehabilitationseinrichtungen und Heimen vollzog, entzog es sich in der Vergangenheit verschiedenen positiven wie negativen Einflüssen. Bereits heute, und in Zukunft vermutlich in noch stärkerem Maße, wird der Behindertenleistungssport den rasanten gesellschaftlichen Wandel – mit all den damit verbundenen Veränderungen und Problemen – mit vollziehen. Er kann aber auch eine Vehikelfunktion übernehmen, die weit über den Sport hinausreicht, indem er Integrationsprozesse dynamisch vorantreibt, ohne seine Besonderheit und – zumindest partielle – Eigenständigkeit aufzugeben.

In der Zukunft wird es wichtig sein, Menschen mit unterschiedlichen Behinderungen im und durch den Sport die Entfaltung ihrer Persönlichkeit und ihrer sportlichen Fähigkeiten zu ermöglichen. Manchem mag dieses allzu optimistisch klingen, erscheint aber angesichts der Veränderungen, die sich in den letzten Jahrzehnten nachweisen lassen, durchaus als ein realistisches Szenario für die Zukunft. Es spiegelt sich auch wider in dem Motto, das Rick Hansen der Schilderung seiner Weltumrundung im Rollstuhl voraussetzte: „Never give up on your dreams".

6   Literatur

Burnham, R., Wheeler, G. & Bhambhani, Y. (1994). Intentional induction of autonomic dysreflexia among quadriplegic athletes for performance enhancement: efficacy, safety and mechanisms of action. *Clinical Journal of Sport Medicine,* (4), 1-10.

Davis, R.W. (2001). Organization and administration of the classification process for the Paralympics. In G. Doll-Tepper, M. Kröner & W. Sonnenschein (Eds.), *New Horizons in Sport for Athletes with a Disability. Proceedings of the international Vista'99 Conference.* Vol. 1. (S. 379-392). Aachen.

Deutsche Behinderten-Sportjugend (in Zusammenarbeit mit der Deutschen Sportjugend und dem Bundesministerium für Frauen und Jugend als Förderer) (Hrsg.). (1998). *Behinderte Kinder und Jugendliche im Sport* (3. Aufl.). Duisburg.

Doll-Tepper, G. (1997). *Entwicklung einer Datenbank im Behindertensport.* Köln.

Doll-Tepper, G. (1998). Behindertensport. In O. Grupe & D. Mieth (Hrsg.), *Lexikon der Ethik im Sport* (S. 63-66). Schorndorf.

Doll-Tepper, G., Schmidt-Gotz, E., Lienert, C., Döen, U. & Hecker, R. (1994). *Einstellungen von Sportlehrkräften zur Integration von Menschen mit Behinderungen in Schule und Verein.* Köln.

Doll-Tepper, G. & Selzam, H. von (1994). Towards 2000 – The Paralympics. In R. Steadward, E. Nelson & G. Wheeler (Eds.), *VISTA '93 – The Outlook* (S. 478-487). Rick Hansen Centre, Edmonton.

Doll-Tepper, G. & IPCSSC (Eds.). (1995). *The Paralympic Movement – New Directions and Issues in Sport Science.* Berlin.

Doll-Tepper, G., Kröner, M. & Sonnenschein, W. (Eds.). (2001). *New Horizons in Sport for Athletes with a Disability. Proceedings of the international Vista'99 Conference.* Vol. 1 and 2. Aachen.

Ferrara, M. & Buckley, W. (1996). Athletes with Disability Injury Registry. *Adapted Physical Activity Quarterly, 13* (1), 50-60.

Frenzen, K.-H. (1988). *Olympische Spiele*. Aachen.

Grupe, O. (Hrsg.). (1999). *Einblicke – Aspekte olympischer Sportentwicklung*. Schorndorf.

Huonker, M., Schmid, A., König, D., Mrosek, P. & Keul, J. (1996). Trainingsinduzierte Adaptationen des Herz-Kreislauf-Systems bei querschnittsgelähmten Rollstuhlfahrern. *Schweiz. Zeitschrift für Sportmedizin und Sporttraumatologie, 4* (1), 19-23.

Huonker, M., Schmid, A. & Keul, J. (1999). Sportmedizinische Themen im Behindertensport. *dvs-Informationen, 14* (3), 43-45.

INAS-FMH (1994). *Eligibility Criteria for Paralympic and World Games, Off. Arbeitsdokument*. Leeds.

Kamper, E. & Soucek, H. (1991). *Olympische Heroen von 1896 bis heute*. Erkrath.

Labanowich, S. (1990). The Paralympic Games: A Retrospective View. *Palaestra, 5* (4), 9-14; 48-52.

Landry, F. (1993). Paralympism, Olympism and the sport for handicapped people. In Fundación ONCE (Ed.), *I Paralympic Congress Barcelona 1992* (S. 28-59). Barcelona.

Lindström, H. (1992). Integration of Sport for Athletes with Disabilities into Sport Programmes for Able-Bodied Athletes. *Palaestra, Spring*, 28-32; 58-59.

Lucas, J. (1992). *Future of the Olympic Games*. Champaign.

Quade, K. (1994). Classification in Sport of the Disabled. In Royal Norwegian Ministry of Cultural Affairs (Eds.), *Second Paralympic Congress Lillehammer, Report* (S. 107-109). Oslo.

Riding, M. (2001a). Boosting in Paralympic sport – some ethical considerations. In G. Doll-Tepper, M. Kröner & W. Sonnenschein (Eds.), *New Horizons in Sport for Athletes with a Disability. Proceedings of the international Vista'99 Conference*. Vol. 1. (S. 267-272). Aachen.

Riding, M. (2001b). Doping – a Paralympic perspective. In G. Doll-Tepper, M. Kröner & W. Sonnenschein (Eds.), *New Horizons in Sport for Athletes with a Disability. Proceedings of the international Vista'99 Conference*. Vol. 1. (S. 273-277). Aachen.

Schmid, A. (1999). Leistungsphysiologische Untersuchungen bei unterschiedlichen Sportarten des Behinderten-Leistungssports. *dvs-Informationen 14* (3), 39-42.

Schmid, A. & Keul, J. (1997). Boosting. In Bundesinstitut für Sportwissenschaft & Deutscher Behinderten-Sportverband, *Dokumentation 3. Workshop, Leistungssport der Behinderten* (S. 14-15). Bonn.

Scruton, J. (1993). *The Eleven Years of ICC*. Stoke Mandeville.

Scruton, J. (1998). *Stoke Mandeville – Road to the Paralympics*. Brill, Aylesbury.

Steadward, R. (1996). Integration and Sport in the Paralympic Movement. In Sport Science Review; Doll-Tepper, G. (Ed.), *Adapted Physical Activity, 5* (1), 26-41.

Steadward, R., Wheeler, G. & Nelson, E. (Eds.). (1994). *VISTA '93 – The Outlook*. Rick Hansen Centre, Edmonton.

Strohkendl, H. (2001). Implications of sports classification systems for persons with disabilities and consequences for science and research. In G. Doll-Tepper, M. Kröner & W. Sonnenschein (Eds.), *New Horizons in Sport for Athletes with a Disability. Proceedings of the international Vista'99 Conference*. Vol. 1. (S. 281-301). Aachen.

Van der Woude, L., Dallmeijer, A., Janssen, T. & Veeger, D. (2001). Wheelchair sport performance – some recent research developments: Alternative modes of ambulation. In G. Doll-Tepper, M. Kröner & W. Sonnenschein (Eds.), *New Horizons in Sport for Athletes with a Disability. Proceedings of the international Vista'99 Conference*. Vol. 1. (S. 179-203). Aachen.

Vanlandewijck, Y. & Chappel, R. (1996). Integration and Classification Issues in Competitive Sports for Athletes with Disabilities. In Sport Science Review; Doll-Tepper, G. (Ed.), *Adapted Physical Activity, 5* (1), 65-88.

Vanlandewijck, Y., Spaepen, A., Daly, D. & Theisen, D. (2001). Understanding handrim wheelchair propulsion. In G. Doll-Tepper, M. Kröner & W. Sonnenschein (Eds.), *New Horizons in Sport for Athletes with a Disability. Proceedings of the international Vista'99 Conference*. Vol. 1. (S. 205-219). Aachen.

Zimmer, M. (1997). Dokumentation der Verletzungen bei den Paralympics 1996. In Leistungssport der Behinderten, *Dokumentation 3. Workshop, Bundesinstitut für Sportwissenschaft und Deutscher Behindertensportverband* (S. 19-20). Bonn.

Volker Scheid & Friedhold Fediuk

Menschen mit und ohne Behinderungen gemeinsam im Sport

1 Integration – auf dem Weg zu mehr Gemeinsamkeit

Für den Integrationsbegriff liegen recht unterschiedliche Inhaltsbestimmungen vor. Grundsätzlich steht der Begriff für die soziale Eingliederung in die Gemeinschaft mit anderen Menschen gemäß den eigenen Bedürfnissen. Speck (1991, S. 288) hebt hervor, „dass soziale Integration keine Einpassung behinderter Menschen in Lebenszusammenhänge nichtbehinderter Menschen darstellt, sondern einen Wechselwirkungsprozess, bei dem sich beide Seiten aufeinander zu verändern, so dass gegenseitig adäquate Beziehungen und Verbindlichkeiten, kurzum mehr Gemeinsamkeit und Zusammengehörigkeit entstehen".

Diese Gemeinsamkeiten erstrecken sich auf verschiedene Lebensbereiche (wie Familie, Schule, Beruf, Freizeit) und können in einzelnen Bereichen sehr unterschiedlich ausgeprägt sein. Der Grad der Integriertheit ist von persönlichen und sozialen Gegebenheiten abhängig, er wird im Wesentlichen subjektiv bestimmt, ist aber gleichzeitig an die Schaffung grundlegender Voraussetzungen und äußerer Bedingungen gebunden (vgl. Scheid, 1995, S. 16).

Dem normativen Integrations*ziel* steht ein sozial-kommunikativer Lern- und Anpassungs*prozess* voran. Bewegung, Spiel und Sport scheinen in besonderem Maße geeignet, entsprechende Prozesse in Gang zu setzen. Der Attraktivität des Spiel- und Bewegungsangebotes sowie der adäquaten methodischen Aufbereitung kommt dabei eine entscheidende Rolle zu. Die Angebote müssen sich an der besonderen Heterogenität integrativer Gruppen orientieren und dabei unterschiedliche Leistungs- und Lernvoraussetzungen berücksichtigen, verschiedene Lösungswege offen halten und in Wettbewerbssituationen gleiche Beteiligungschancen eröffnen. Nach Feuser (1990, S. 15) ist die integrative Pädagogik durch die Zusammenarbeit am gemeinsamen Gegenstand unter Berücksichtigung individueller Kompetenzen gekennzeichnet: „Integration erfordert eine Pädagogik, in der alle Kinder in Kooperation miteinander auf ihrem jeweiligen Entwicklungsniveau und mittels ihrer momentanen Wahrnehmungs-, Denk- und Handlungskompetenz an und mit einem gemeinsamen Gegenstand spielen, lernen und arbeiten".

Der vorliegende Beitrag setzt zwei Schwerpunkte: (1) Auf der Grundlage der integrationstheoretischen Position von Reiser (1991) werden *Ansätze und Befunde des integrativen Sports* dargelegt (Kap. 2 und 3). (2) Der zweite Schwerpunkt bezieht sich auf *didaktisch-methodische Grundlagen des integrativen Sports* (Kap. 4 und 5).

2 Theorie integrativer Prozesse – Dialektik von Gleichheit und Verschiedenheit

Seit Anfang der 80er Jahre begründet die Frankfurter Gruppe um Reiser Vorstellungen, die geeignet scheinen, unterschiedliche Strömungen, Aussagen und Ergebnisse zu ordnen und frühere Gegensätze überwinden zu helfen. Die Theorie integrativer Prozesse (vgl. Reiser, 1991) hebt das Recht auf Unterschiedlichkeit hervor, ohne auf die Gemeinsamkeit zu verzichten. Demgemäß bilden die beiden Tendenzen *Verschiedenheit* und *Gleichheit* in ihrem dialektischen Spannungsverhältnis den integrationstheoretischen Kern. Gleichheit steht für die berechtigten Wünsche auf Dabei-sein, das Bedürfnis nach Gemeinsamkeit und die Hoffnung auf Normalität. Verschiedenheit kennzeichnet das So-sein des Menschen, sein selbstverständliches Anrecht auf Anders-sein und die Forderung, so angenommen zu werden, wie er ist.

Integration stellt ein Richtziel dar, welches eine für die Situation passende *dynamische Balance* von Differenz und Gleichheit herstellen soll. Auf den Wegen zu diesem Ziel können als *integrative Prozesse* bezeichnete Entwicklungen von Abgrenzungen zu Annäherungen führen, und die zentrale Herausforderung des integrativen Unterrichts erscheint als ein Balanceakt zwischen individuellen und gemeinsamen Lernsituationen, die in ausgewogener Weise zur Geltung kommen müssen, damit jedes Kind zu seinen Möglichkeiten findet und auch die soziale Integration der Gruppe gefördert wird (s. Abb. 1).

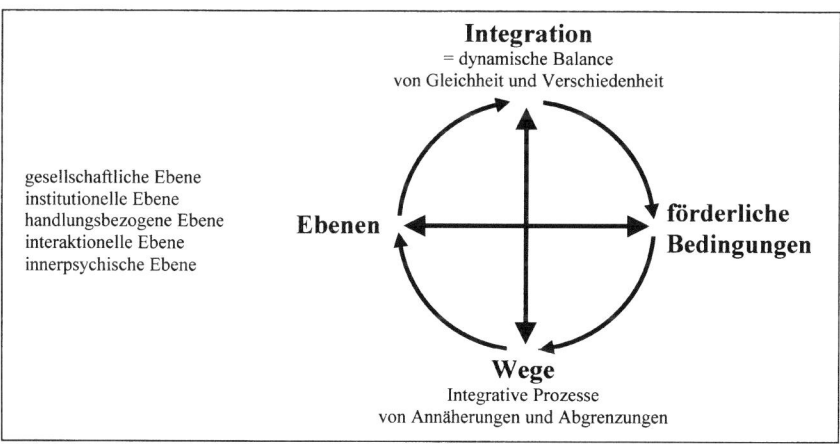

Abb. 1: Integration als dynamische Balance von Gleichheit und Verschiedenheit (Reiser, 1991 nach Hinz, 1993)

Das besondere Erkenntnisinteresse der Frankfurter Gruppe gilt der Wahrnehmung und Verbesserung der Bedingungen, welche die Einleitung und die Entwicklung integrativer Prozesse begünstigen (z.B. Ressourcen konzeptioneller, materieller und personeller Art) und die Untersuchung ihres Einflusses auf unterschiedlichen Ebenen. Eine sinnvolle Einbettung der Integration in die gesellschaftliche und schulische Wirklichkeit bedarf verschiedener Übergangs- und Entwicklungsstadien: Aufmerksamkeit erregen, Einstellungen verändern, Begegnungsmöglichkeiten eröffnen, institutionelle Voraussetzungen schaffen. Mit der Theorie integrativer Prozesse und ihren fünf Betrachtungsebenen liegt zugleich ein Ansatz vor, der geeignet scheint, die unterschiedlichen Integrationsströmungen, ihre Aussagen und Ergebnisse zu ordnen (s. Kap. 3).

Den sonder- und integrationspädagogischen Beiträgen sowie bildungspolitischen Empfehlungen ist gemeinsam, dass sie die fachspezifische Perspektive kaum berücksichtigen. Die neuen Aufgaben für die Fachpädagogiken sind somit offensichtlich, die Herausforderungen für die Sportpädagogik evident. So kann bspw. der integrative Unterricht nicht hinreichend beurteilt werden, wenn nicht Kenntnisse und Erfahrungen über den schulischen Erfolg aus den Unterrichtsfächern vorliegen und untersucht werden.

3   Befunde der Integrationsforschung im Sport

Dem Sport werden, zumeist ohne dass diese Behauptung systematisch überprüft wird, allgemein besondere Integrationsleistungen zuerkannt. Für den Sportunterricht scheint aufgrund günstiger Rahmenbedingungen eine Vorreiterrolle in der fachbezogenen Integrationsdebatte möglich, da er weniger als andere Fächer reglementiert sei (vgl. Wurzel, 1991, S. 13 f.). Dieser Anspruch wird jedoch keineswegs uneingeschränkt erfüllt, so z.B. in einem integrativen Modellversuch bei blinden und sehenden Schülern, bei dem das Unterrichtsfach Sport explizit ausgenommen war und für den geringen fachspezifischen Stellenwert im Rahmen der Begleitforschung steht. Dem entspricht, dass der integrative Sport erst in wenigen Beiträgen (u.a. Streicher & Leske, 1985; Fediuk, 1988; Bös & Scholtes, 1990; Scheid, 1995; Fediuk, 1999) sportwissenschaftlich betrachtet und auf der Basis empirischer Daten evaluiert wurde. Dennoch begründen die Befunde wichtige Erkenntnisse und sollen nachfolgend den fünf Ebenen der Theorie integrativer Prozesse zugeordnet werden (vgl. auch Scheid & Fediuk, 1999).

3.1 Innerpsychische Ebene

Auf dieser Ebene werden die Aussagen, die mit der einzelnen Person, ihrer Entwicklung und ihren Problemlagen zu tun haben, zusammengefasst. Ein Schwerpunkt der Begleitforschung der integrativen Modellversuche liegt in der Untersuchung der Individualentwicklung der Schüler. Im Kern weisen die Resultate eine Bestätigung der Patt-Hypothese aus (vgl. Hinz, 1993, S. 60 ff.), d.h., dass die gemeinsame Erziehung mindestens zu den gleichen (sozialen) Leistungsergebnissen wie das separierende System führt. Befürchtungen, verbunden mit dem Postulat der Leistungsunterlegenheit und eingeschränkten Entfaltungsmöglichkeit aufgrund der Anwesenheit von behinderten Kindern in Integrationsgruppen, entbehren ebenso einer wissenschaftlichen Grundlage wie überzogene Erwartungen, die eine generelle Leistungsüberlegenheit aufgrund der günstigeren Rahmenbedingungen annehmen. Für die Beurteilung der Frage der Leistungsentwicklung der Schüler sind die konkreten Bedingungen in der einzelnen Klasse wichtiger als der Vergleich integrativer oder normaler Klassen.

Auch die Befunde aus dem integrativen Sport lassen die Unter- oder Überforderungen als im Grundsatz unbegründet erscheinen: In einer Kölner Studie (vgl. Kerp, 1993, S. 87) sagten – mit einer Ausnahme – alle befragten Lehrkräfte an Grundschulen aus, dass die motorische Förderung der behinderten wie der nichtbehinderten Schüler gut möglich war. Den Aussagen lag ein individualisierter Leistungsbegriff zugrunde. Die Ergebnisse einer deskriptiven Analyse über motorische Fördermaßnahmen einer erblindeten Schülerin in einem Gymnasium (vgl. Kesselring, 1989, S. 114 ff.) belegen signifikante Verbesserungen, die das Niveau von gleichaltrigen sehenden Kindern erreichen. Das Konzept stellt eine Kombination aus Sportunterricht im regulären Klassenverband sowie parallelen und zusätzlichen Fördermaßnahmen dar. Die Aufgabe der Absicherung motorischer Leistungsverbesserungen durch vergleichende Betrachtungen bleibt bestehen und war bislang erst punktuell Gegenstand empirischer Analysen. Hierzu zeigen die Ergebnisse einer Untersuchung von Fediuk (1988, S. 278 ff.) keine unterschiedlichen Veränderungen in Abhängigkeit der Faktoren Integration, Behinderung, Programm und deren wechselseitigen Beziehungen. Betroffene Lehrkräfte an integrativ arbeitenden Schulen stellten eine „Steigerung von Bewegungssicherheit und -vermögen" bei den behinderten Schülern sowie eine „normale Leistungsentwicklung und Bewegungsförderung" bei den nichtbehinderten Mitschülern fest (Scheid, 1995, S. 161).

3.2 Interaktionelle Ebene

Auf der interaktionellen Ebene werden Aussagen über die Beziehung zwischen den Kindern unter der Zielperspektive Begegnung analysiert. Das primäre Ziel der Integrationspädagogik besteht in der umfassenden sozialen Qualifizierung aller Schüler. Überprüft am Kriterium der gleichgewichtigen sozialen Beziehungen zwischen Schülern mit und ohne Behinderungen resümiert Hinz (1993, S. 80 ff.), dass zwischen den behinderten und nichtbehinderten Kindern in Integrationsklassen eine alltägliche Beziehung gewachsen ist. Konflikte bestehen quantitativ und qualitativ im Rahmen dessen, was auch unter homogenen Gruppierungen üblich ist. Demgemäß weist die Interaktionsbereitschaft keine eindeutige Tendenz aus und hängt von multiplen Faktoren ab. Das Merkmal Behinderung wirkt sich nicht per se auf die Akzeptierung aus. Reaktionen erfolgen auf einzelne Personen, und diese können sich infolge eines Personalisierungseffektes differenziert darstellen.

Welche Ergebnisse liegen aus dem integrativen Sport vor? Im Rahmen der Vorbereitung von Spielstationen für ein Spiel- und Sportfest wurden bei Gymnasialschülern und Schülern einer Sonderschule für geistig Behinderte Veränderungsmöglichkeiten der sozialen Handlungsfähigkeit in Abhängigkeit eines schulischen Partnerschaftsmodells untersucht (vgl. Bös & Scholtes, 1990). Der empirische Teil umfasste eine Analyse zur Überprüfung der Partnerschaft auf ihre Wirksamkeit anhand ausgewählter Merkmale zu den Bereichen Kontaktaufnahme, Hilfeleistung, Toleranz und Kooperation. Die Resultate belegten signifikante Veränderungen in die pro-integrative Richtung bei den Einstellungsmerkmalen. Scheid (1995, S. 67 ff.) beweist anlässlich einer Begegnungsveranstaltung (Spiel- und Sportfest) längerfristige positive Einstellungsveränderungen (über einen Zeitraum von sieben Monaten) bei den nichtbehinderten Teilnehmern nach. Das Feldexperiment von Fediuk (1988) schloss ebenfalls eine Einstellungsuntersuchung ein. Wesentlich war der Befund, dass die Schüler, die am Sportprogramm in der integrativen Gruppe teilnahmen, ihre Einstellungen von Vor- zu Nachtest signifikant unterschiedlich im Vergleich zu einer Kontrollgruppe veränderten. Auch die Resultate einer Studie über die Auswirkungen eines viermonatigen integrativen Sportunterrichts auf emotional-soziale Persönlichkeitsmerkmale bei geistig behinderten und nichtbehinderten Kindern (vgl. Streicher & Leske, 1985, S. 477) zeigten, dass Vorurteile abgebaut werden konnten, die soziale Distanz abnahm und das Ausmaß der Akzeptanz sich verbesserte.

3.3   Handlungsbezogene Ebene

Die Handlungsebene des integrativen Sports umfasst jene Prozesse, die das Unterrichtsgeschehen unmittelbar betreffen. Die Befunde zu den in den Bundesländern durchgeführten Modellversuchen zur Integration von Behinderten in allgemeinen Schulen stehen für einen besonderen Stellenwert des Sports in der Diskussion um die integrative Unterrichtung und belegen die generelle Möglichkeit einer Einbindung behinderter Kinder und Jugendlicher in den Sportunterricht an allgemeinbildenden Schulen (vgl. Scheid, 1995, S. 143 ff.). Demgemäß überwiegen Spiel- und Übungsformen, an denen alle Schüler teilnehmen können. Die Inhalte des integrativen Sports sind prinzipiell die gleichen wie jene im allgemeinen Sport, allerdings wird ihre Thematisierung wesentlich von der Gruppe bestimmt (z.B. Bewegungsaufgaben, Spiele und Turnen). Die Hinweise aus weiterführenden Schulen orientieren sich stärker an sportlichen Handlungen. So begründete Wurzel (1991) einen pragmatischen Ansatz der Variation und Erweiterung des Sports über die vorhandenen Angebote hinaus als Notwendigkeit des Sportunterrichts in Gruppen von sehenden und blinden Schülern (z.B. Kreistorball, bei dem behindertentypische Spielelemente aufgegriffen und in ein Mannschaftsspiel integriert werden).

Der integrative Sport sieht in der Öffnung von Strukturmerkmalen des Unterrichts geeignete Ansätze für die Verwirklichung integrativer Zielsetzungen. Wesentlich sind Veränderungen in Richtung Variabilität bei der Unterrichtsorganisation und Aktivitätsförderung bei der Unterrichtsgestaltung. Die Unterstützung der umfassenden sozialen Qualifizierung aller Schüler bei einer Individualisierung von Lernprozessen ist ein konsensfähiges integrationspädagogisches Ziel. Danach können die Kinder Kompetenzen erwerben, die sie dazu befähigen, mit behinderten wie nichtbehinderten Menschen positiv und konstruktiv umzugehen. Die didaktisch-methodischen Überlegungen in Kapitel 4 beziehen sich im Schwerpunkt auf diese handlungsbezogene Ebene des integrativen Sports.

3.4   Institutionelle Ebene

Auf der institutionellen Ebene werden die Rahmenbedingungen in konzeptioneller, materieller und personeller Hinsicht sowie institutionelle Weiterentwicklungen betrachtet. Es geht um Prozesse, bei denen Institutionen für sich wie in Kooperation mit anderen Einrichtungen ihre Leitvorstellung unter der Zielperspektive Gemeinsamkeit neu definieren.

Den Ansätzen des integrativen Sports ist eine erhebliche Variabilität gemeinsam. Die schulische Integration ist angesichts bildungspolitisch divergierender
Positionen in den Bundesländern institutionell in unterschiedlicher Art verwirklicht. Allgemein gelten die Vorgaben derjenigen Sonderschulform, die der behinderte Schüler besuchen müsste, wenn er nicht integrativ beschult würde. Den
differenzierten Förderbedürfnissen gemäß, werden bei der Entwicklung behin-
dertenspezifischer Richtlinien und Lehrpläne unterschiedliche Strategien verfolgt. So stützt sich der Sportunterricht an manchen Sonderschulen auf die Curricula der allgemeinen Schule (Schüler mit Verhaltensstörungen, Sprach- oder
Lernbehinderungen). Die Curricula sind tendenziell dann behindertenspezifisch
angelegt, wenn Art und Grad der Behinderung das sportliche Lernen und Sporttreiben mit nichtbehinderten Schülern mehr oder weniger deutlich beeinträchtigen, z.B. wenn geistigbehinderte, mehrfachbehinderte oder sinnesgeschädigte
Schüler gemeinsam mit Nichtbehinderten unterrichtet werden sollen.

Erweiterungen in Richtung Bewegungserziehung und Sport scheinen unaus-
weichlich zu sein. Die zentrale Aufgabe im integrativen Sport ist die pädagogische Bewältigung der Heterogenität (siehe Absch. 4.1). Bemerkenswert scheint,
dass die in den Richtlinien und Lehrplänen formulierten Ziele und Inhalte im
integrativen Unterricht grundsätzlich beibehalten werden können, diese jedoch
in Abhängigkeit von den jeweiligen Bedingungen akzentuiert, modifiziert, um-
strukturiert oder differenziert werden müssen (vgl. Fediuk, Heidenreich & Krönert, 1996, S. 111).

Der integrative Sport ist an spezielle Ressourcen gekoppelt, unter denen gemeinsames Lernen erst sinnvoll möglich wird. Um den besonderen Lernbedürfnissen Behinderter und dem gesteigerten Ausmaß an Heterogenität entsprechen
sowie Entscheidungen für oder wider die Integration treffen zu können, sollten
die Lehrkräfte von der Frage ausgehen, unter welchen konzeptionellen, personellen und materiellen Rahmenbedingungen die Bewältigung der neuen Anforderungen vorstellbar ist. Erst wenn die pädagogisch erforderlichen Bedingungen
zur Verfügung stehen bzw. bereitgestellt werden können, kann gemeinsames
Lernen auch im Schulsport verwirklicht werden. Wesentliche Rahmenbedingungen für einen integrativen Sportunterricht – Personal, Qualifikation, Material-
und Raumangebot – wurden anlässlich einer Schulbefragung von Scheid (1995,
S. 159 ff.) eruiert.

3.5   Gesellschaftliche Ebene

Auf der gesellschaftlichen Ebene werden soziale Normen, Werte und Begriffe, die im Kontext mit Integration wirksam werden, betrachtet und die Zielperspektive der Normalisierung ausgewiesen. Menschen mit Behinderungen werden in unserer Gesellschaft aufgrund des durchorganisierten Systems von Sondereinrichtungen nach wie vor isoliert statt integriert, was mit der Absicht ihrer optimalen Förderung geschieht. Hier stellt das von ihnen reklamierte Recht auf Selbstbestimmung und Selbstvertretung, welches allerdings vorrangig auf Autonomie zielt, eine bislang wenig beachtete Facette in der Integrationsdiskussion dar. Entspricht der integrative Sport den Erwartungen behinderter Menschen, und dies angesichts der gesellschaftlichen Realität, in der es offenbar in noch nicht ausreichendem Maße gelungen ist, dass sie sich im Umgang mit Nichtbehinderten integriert fühlen können? Die Bedürfnisse der sporttreibenden Menschen anzuerkennen, erhält – vor dem Hintergrund der einleitend gegebenen Begriffsbestimmung – besonderes Gewicht. Es gilt daher, die freie Entscheidung über die Frage, in welchen sozialen Gruppierungen Menschen mit Behinderungen welchen Tätigkeiten nachgehen möchten, als einen Aspekt von Integration zu respektieren und zu unterstützen.

Auch wenn die Gleichbetroffenengruppe nicht als Aussonderung empfunden wird, so besteht jedoch ebenso eine bedeutende Aufgabe darin, Modelle des integrativen Sports mit dem Ziel zu entwickeln, dass es zunehmend normal wird, trotz oder gerade wegen unterschiedlicher Voraussetzungen gemeinsam Sport zu treiben. Eine wesentliche Begründung des gemeinsamen Sports geht von den Unsicherheiten aus, die Menschen mit und ohne Behinderung im Umgang miteinander haben. Sie sollen sich als selbstverständlichen Teil der sozialen Umwelt kennen- und akzeptieren lernen sowie Vorurteile und negative Einstellungen abbauen. Dieses bedingt, Begegnungen zu initiieren und zu unterstützen, die geeignet sind, Verständnis zu wecken und aufzubauen.

Derartige Bestrebungen finden inzwischen in informellen Gruppierungen und in vielen Breiten- und Freizeitsportgruppen ihre praktische Umsetzung. Sie stellen Beispiele dar, dass die sporttreibenden Menschen für sich selbst bestimmen (wollen), was Sport ist, nach welchen Regeln, an welchen Orten und mit welchen Partnern er betrieben wird. Es sind Vorstellungen erkennbar, die an einem dynamischen Sportverständnis ansetzen, Bewegung, Spiel und Sport für alle bieten, die Möglichkeiten und das Erleben einer gemeinsamen Freizeitgestaltung herausstellen und von den herkömmlichen Wettkampfsportarten und Mannschaftsspielen wegführen. Die breitgefächerte Heterogenität der Sportgruppen wird als eine Herausforderung und Chance zur Loslösung von eng gefassten Normen im Sport, zur besonderen Gewichtung partner- und gemeinschaftsfördernder Bewegungsaufgaben, zur Wiederentdeckung oder Erfindung von Bewegungsspielen oder Tänzen angesehen (vgl. Kapustin, 1991). Im Mittelpunkt stehen freizeitpädagogische Leitprinzipien wie freie Zeiteinteilung, Freiwilligkeit, Zwanglosigkeit, Wahlmöglichkeit, Entscheidungskompetenzen, Eigeninitiative und größere Offenheit bezüglich Alter, Geschlecht sowie individueller Leistungsfähigkeit. Bekannte Modelle, die solche integrativen Breiten- und Freizeitsportkonzepte seit geraumer Zeit erfolgreich praktizieren, sind:

- Göttinger Modell (Mentz, 1991)

- Familiensportmodelle aus Würzburg (Kapustin, 1991, siehe auch Beitrag in diesem Band) und Paderborn (Rheker, 1993)

- „Sport Omnibus City Nord" bzw. „Multisport City Nord" aus Hamburg (Laurisch, 1988; Burmeister, 1991).

Neben diesen erfolgreichen Modellen dürfen die vielfältigen Maßnahmen und Programme von (Behinderten-)Sportverbänden, der Bundesvereinigung Lebenshilfe, des Hochschulsports und der Sportjugend Hessen nicht unerwähnt bleiben (u.a. Tagungen und Berichte, Spiel- und Sportfeste, Freizeiten, Aus- und Fortbildung). Dennoch besteht ein großer Beratungs- und Informationsbedarf, flächendeckende integrative Angebotsstrukturen sind nicht in Sicht, so die Umfrageergebnisse bei hessischen Sportvereinen (vgl. Seel, 1993, S. 19).

4 Didaktisch-methodische Grundlagen des integrativen Sports

4.1 Bewältigung von Heterogenität im integrativen Sport

Die *Integrationspädagogik* hat vier bedeutende Begründungsmuster herausgefiltert (vgl. Eggert, 1994), an denen sich auch der integrative Sport messen lassen muss:

- „Eine Integrationsklasse ist bejahte und gewollte *Heterogenität*" (Wocken 1987, S. 70). Engagierte Integrationsbefürworter nehmen die Heterogenität als pädagogische Herausforderung und als Chance für Veränderungen des Schulalltags an, indem neue, gewinnbringende Impulse Offenheit und Phantasie fördern. Auch bieten die erforderlichen unterrichtlichen Innovationen ein hohes Maß an Lebensnähe, Anschaulichkeit und Handlungsorientierung.

- „Getrennte Institutionen stabilisieren gegenseitige Vorurteile, Vorbehalte, Abwehrhaltungen, Ängste und Aggressionen" (Schöler, 1993, S. 20). Durch die Integration sollen Unsicherheiten im wechselseitigen Umgang behoben oder verringert werden und neue *Qualitäten des Miteinanders* entstehen. So werden bereits im Schulalter Formen des Zusammenlebens entwickelt und erprobt, die nicht durch Aussonderung oder Abgrenzung geprägt sind, weil in diesem Alter eine Einflussnahme eher möglich scheint als in dem Gefüge von verfestigten Normen, welches die Erwachsenenwelt bestimmt.

- Die *Nichtbehinderten* werden für Mitmenschlichkeit sensibilisiert, mit Konfliktsituationen konfrontiert und erweitern ihr soziales Handlungsspektrum, bspw. Rücksichtnahme lernen und bedarfsgerechte Hilfen gewähren. Die Vielfältigkeit, Andersartigkeit und Unterschiedlichkeit bspw. in Integrationsklassen zu erleben, kann die Akzeptierung des von der Norm Abweichenden fördern. Nichtbehinderte können so Erfahrungen sammeln, die sie befähigen, auch mit Behinderten positiv, konstruktiv und angstfrei umzugehen.

- Die *Behinderten* erfahren ein Stück Normalität und erwerben durch das Vorbild der Nichtbehinderten einen Zugewinn an Erkenntnissen und Erfahrungen, verbunden mit einer Absage an vermeintlich behindertenspezifische Schonräume. Dies beinhaltet die Entwicklung des Gefühls, angenommen zu sein und wie selbstverständlich dazuzugehören, zu lernen, die Behinderung zu verstehen, zu akzeptieren und angebotene Hilfen anzunehmen, sowie zu lernen, sich gemäß ihrer Möglichkeiten aktiv an gemeinsamen Unternehmungen zu beteiligen.

Die Begründungsmuster blieben nicht unwidersprochen, da sie den einzelnen Ansätzen nur unzureichend gerecht werden. Zudem müssen die spezifischen Rahmenbedingungen in ihren integrationsfördernden oder aber integrationshemmenden und -verhindernden Auswirkungen bedacht werden. Der integrative Sport stellt allgemein die Aufgabe, die personbezogene, individualisierende Sichtweise in der sonderpädagogischen Förderung mit den Vorstellungen und Konzepten der Sportpädagogik zu verknüpfen. *Dabei geht es insbesondere um die Frage, unter welchen Bedingungen die Individualität der Teilnehmer entfaltet und – in der Folge – die Heterogenität in den Gruppierungen bewältigt werden kann* (vgl. Fediuk, 1999).

Allgemein geht es bei der (sport-)pädagogischen Bewältigung von Heterogenität um ein in vielen Gruppierungen zu beobachtendes Phänomen (z.b. in Bezug auf das Geschlecht, das Lebensalter, die sozio-kulturelle Herkunft oder den Grad der Geübtheit). Unter integrativen Prämissen handelt es sich jedoch um ein *differenziertes, oftmals erhöhtes Ausmaß an Heterogenität*, welche gegenüber der Regelsituation quantitative und qualitative Unterschiede aufweist.

Einerseits können zieldifferente und zielgleiche Integrationsformen nach Art und Grad der Behinderung unterschieden werden, bspw. hinsichtlich der Beurteilung der Realisierungschancen des integrativen Sports für den Bereich des Sportunterrichts durch Lehrer (vgl. Scheid, 1995, S. 153). Bei schweren Behinderungen ist die Notwendigkeit zu zieldifferenten Interventionen offensichtlich. Demgegenüber lassen bspw. die schulischen Konzepte bei leichten Behinderungen (z.b. Sprach- und Lernbehinderungen, Verhaltensstörungen) eine Orientierung an den Curricula der allgemeinen Schulen erkennen, insbesondere wenn die sonderpädagogische Förderung in einer Sonderschule zeitlich befristet ist und Übergangsoptionen zu wahren sind. Die Folge sind (vermeintlich) zielgleiche Integrationsformen, allerdings unter der Gefahr, dass sonderpädagogische Förderbedürfnisse zu wenig berücksichtigt werden und Fördermaßnahmen unterbleiben. Andererseits stellt der Gruppenrahmen spezifische Bedingungen, z.b. bezüglich der Anzahl und der Verteilung der Schüler mit sonderpädagogischem Förderbedarf in den Integrationsgruppen.

Die Entfaltung der Individualität und die Bewältigung von Heterogenität in integrativen Gruppierungen stellen hohe pädagogische Anforderungen an die Lehrkräfte. Maßnahmen der inneren Differenzierung, soziale und offene Unterrichtskonzepte stellen (sport-)didaktische Lösungsansätze dar (vgl. Scheid, 1995, S. 170 ff.; Fediuk, 1999, S. 32 ff.).

4.2 Innere Differenzierung und individualisiertes Leistungsverständnis

Differenzierungsmaßnahmen des Sports hängen von den jeweils verfolgten Zielsetzungen ab. So ist bspw. die Orientierung an dem Ziel „optimale Förderung aller Schüler" im Sport verbreitet; sie wird jedoch vorrangig auf die optimale Entwicklung der sportlichen Leistungsfähigkeit bezogen. Von allgemeinen Zielen ausgehend können derartige Betrachtungen dagegen weitgehend irrelevant sein. Die Sinnorientierungen des normierten, regelbezogenen Sporttreibens bestimmen aber auch die Anforderungen des Sportunterrichts, bspw. wenn der Unterricht auf eine Zeitminimierung beim Laufen zielt. Der integrative Sport sollte sich u.E. nicht diesen Erscheinungsweisen verschließen, will er nicht als Modell einer reinen Behutsamkeitsförderung missverstanden werden, in welchem sportbezogene Perspektiven nicht zugelassen werden. Die Wege zur Verwirklichung des integrativen Sports führen oftmals über *Formen der inneren Differenzierung* (vgl. Klafki & Stöcker, 1993, S. 182 ff.):

- Bei prinzipiell gleichen Lernzielen und Lerninhalten für alle Teilnehmer einer Sportgruppe wird die Differenzierung im Bereich der *Methoden und Medien* vorgenommen. Von besonderer Bedeutung sind flexible Sozialformen des Unterrichts, damit die wechselseitige Anregung von Schülern mit unterschiedlichen Fähigkeiten, Voraussetzungen, Motivationen und Einstellungen möglich wird. So kann die Lehrkraft bspw. im Stationsbetrieb verschiedene Geräte und Materialien einsetzen, die zur Individualisierung des Unterrichts beitragen (z.B. Hockwende über Sprungkästen in unterschiedlicher Höhe).

- Von der Beobachtung ausgehend, dass keineswegs alle Teilnehmer die gleichen Lernziele erreichen können, erstreckt sich die innere Differenzierung auf die Bereiche der *Lernziele und Lerninhalte*, d.h. einer qualitativen Differenzierung, wobei das unterschiedliche Niveau der Anforderungen dem Entsprechungsniveau der Gruppenmitglieder angepasst werden muss, etwa strukturiert in ein Fundamentum (eine für alle verbindliche Basis bzw. Grundanforderung) und ein Additum (in verschiedene Aufbaustufen gegliederte Ergänzungen bzw. Zusatzanforderungen).

Die Verfasser gehen von der didaktischen Prämisse aus, dass die Wettkampfbedingungen des integrativen Sports individuell wie sozial akzeptierbar sein müssen. Forderungen wie: „Jeder muss gewinnen können!" zielen etwa auf die Loslösung von der Norm, dass alle Kinder von der gleichen Linie aus laufen, springen oder werfen. Die Hoffnungen gründen sich insbesondere auf der Erhöhung von Spannung durch Herstellung von Chancengleichheit, indem Leistungsunterschiede kompensiert und Erfolgschancen offen gehalten werden (bspw. einen Vorsprung bis ins Ziel nicht zu verlieren oder diesen aufzuholen). Für den integrativen Sport sind vier *Differenzierungsprinzipien* relevant:

1. *Handicap-Prinzip*: Sporthistorischen Dokumenten ist zu entnehmen, dass für viele Meetings der Anfangszeit Vorgabewettbewerbe ausgeschrieben waren. Durch Einteilungen wurden das Teilnehmerfeld vergrößert, schwächeren Startern Chancen zum Sieg eingeräumt und dadurch spannende Endkämpfe

herbeigeführt. Demgemäß wurden bei Laufdisziplinen die Startmarkierungen in unterschiedlicher Entfernung zum Ziel platziert und aus unterschiedlichen Positionen gestartet. Erweiterungen auf die Sprung- (z.B. Hoch- und Weitsprung) und Wurfdisziplinen (z.B. Diskuswerfen) sind ebenfalls belegt. Die zeitlich nur begrenzt durchgeführten Vorgabewettbewerbe sollten jedoch nicht nur in ihrer sporthistorischen Bedeutung wahrgenommen werden, sondern können im Rahmen problemorientierter sportdidaktischer Entwürfe (vgl. Brodtmann, 1984) relevant sein. Demgemäß bestehen Chancen für die Initiierung von Unterrichtsprozessen, bei denen die Schüler die Veränderungsmöglichkeiten des Sports begreifen und erfahren sollen, sowie in der Übertragung des originären Bestrebens, eine möglichst große Anzahl von Sportlern für die Teilnahme an Wettbewerben zu gewinnen.

2. *Präzisionsprinzip*: Eine individuell vorgegebene Leistung soll möglichst genau erreicht werden. Bei Ziel-Zonen-Läufen starten bspw. alle Schüler nach der gleichen Zeitvorgabe auf einer Linie. Die Aufgabe besteht darin, individuelle Zielmarkierungen zu erreichen, was über unterschiedliche Entfernungen gelingt. Wie schätzen die Schüler ihre Laufqualitäten ein? Erreichen sie – nach Probeläufen – ihr selbst gewähltes Ziel? Bei Würfen gilt nicht die weiteste Distanz als Bewertungsmaßstab, sondern der naheste Abstand an ein für alle Schüler erreichbares Ziel, d.h. nicht nur weit werfen, sondern auch treffen (Trefferoptimierung statt Distanzmaximierung). Ein Geräteparcours wird nicht möglichst schnell absolviert, sondern es kommt darauf an, ein „Gepäckstück" auf dem Weg nicht zu verlieren und ins Ziel mitzubringen (Ergebnisorientierung statt Zeitminimierung).

3. *Risikoprinzip*: Die Schüler sollen Anforderungen selbst setzen und überprüfen können. Hierdurch lernen sie, die eigenen Fähigkeiten realistisch einzuschätzen. Ein Ziel (z.B. Laufentfernung oder Sprunghöhe) soll erreicht, aber auch verfehlt werden können: „Wie viele Runden willst du beim Dauerlaufen schaffen?" Bei Ziel-Zonen-Läufen können Risikofaktoren relevant werden, etwa wenn das Leistungskriterium darin besteht, eine selbst gewählte Vorgabe zu erreichen oder nicht.

4. *Individualisierungs- und Mannschaftsprinzip*: Verbesserungen werden nicht gegeneinander, sondern über die Zeit erzielt. Nicht die Einzelleistung, sondern die gemeinsame Leistung der Gruppe oder Mannschaft zählt. Eine im Gruppenvergleich geringe, aber individuell hohe Leistung muss als solche anerkannt werden.

Die besondere Bedeutung der inneren Differenzierung für den integrativen Sport besteht darin, dass die Unterschiede zwischen den Teilnehmern mit und ohne Behinderung nicht verwischt werden, sondern den Ausgangspunkt für Maßnahmen zur Verwirklichung des Rechts auf Verschiedenheit darstellen. Aus der Forderung nach der prinzipiellen sozialen Gleichberechtigung von unterschiedlich kompetenten Menschen erwachsen für alle Teilnehmer Ansprüche auf die Entfaltung subjektiver Leistungsniveaus und die Befriedigung individueller Lernbedürfnisse. Demgemäß betont die Integrationspädagogik, dass auch eine „Schule für alle" die Aufgabe der Qualifizierung leistungsbezogener Rollen erfüllt (vgl. Hinz, 1993, S. 65), wobei den Vorstellungen ein *individualisiertes Leistungsverständnis* wie folgt zugrunde liegt:

- Das individuelle Leistungsvermögen jedes einzelnen Schülers bestimmt die Anforderungen und den Orientierungsrahmen für Aufgabenstellungen im integrativen Sport (vgl. Werner & Neugebauer, 1992, S. 44). Hier wird der Leistungsanspruch derart individualisiert, dass jeder Schüler das leistet, was er gemäß seiner subjektiven Voraussetzungen und Möglichkeiten sowie anhand der Lernbedingungen zu leisten in der Lage ist. Diese Prämisse kann auch die Befürchtung entkräften, dass bei der Integration die Nichtbehinderten zum Zurückstellen ihrer Bedürfnisse gezwungen seien und daher „zu kurz" kämen. Im integrativen Sport wird zwar Rücksichtnahme verlangt; niemand muss jedoch auf das Ausleben seiner Bedürfnisse nach Bewegung, Spiel und Sport verzichten, da dies möglicherweise unterschwellige Emotionen der Ablehnung oder des Neides hervorrufen könnte. Individuelle Bezugsnormen können ferner dazu beitragen, dass Leistung auf Kosten anderer vermieden wird und das Leistungsstreben nicht zwangsläufig mit der Abwertung anderer Leistungen einhergehen muss. Die für viele Kinder und Jugendlichen nicht erfüllbaren Vorgaben des Sports treten so in den Hintergrund zugunsten von individuell angepassten Leistungsanforderungen.

- Die objektive quantifizierbare sportmotorische Leistung stellt nur eine Ausprägung der Kategorie Leistung dar. Leistung umfasst weitaus vielfältigere Facetten, die vom wettkampfmäßig betriebenen Sport, dem Bestreben nach ästhetischer Gestaltung, dem gelingenden Spiel miteinander bis hin zum Wunsch nach Verbesserung der Kondition reichen können. Es sollten daher Prozesse initiiert werden, in denen die vielfältige Dimensionierung der Leistungskategorie als ein Grundmerkmal vorherrscht. Eingrenzungen auf quantifizierbare Maßstäbe oder Gleichsetzungen mit dem Konkurrenz- und Selektionsdenken wären einsinnige Interpretationen, die sportdidaktischen Konzepten, denen die Vielfältigkeit und Mehrperspektivität des sportlichen Handelns wichtige Anliegen sind, widersprächen.

Die individuellen Bezugsnormen und Dimensionen der Leistungskategorie im integrativen Sport verwirklichen Forderungen nach Leistung in konsequenter Weise und stehen im Gegensatz zum „Frontal-Einheitsmarsch" (Müller, 1996a, S. 116) des Regelunterrichts, in dem viele Kinder unter- oder überfordert und in ihrer optimalen Leistungsentwicklung behindert werden. Dem individualisierten Leistungsverständnis, in dessen Beurteilung Faktoren wie individuelle Leistungsbereitschaft, subjektiver Lernfortschritt oder quantifizierbare Leistungen in Bezug auf die Lernausgangslage, aber auch soziale, kreative oder organisatorische Fähigkeiten als Kriterien für die Gesamtbewertung einfließen sollten, entspricht die Messgrundlage: (Bewertungs-)Maßstab ist, wie vollständig ein Kind seine Fähigkeiten nutzt und erweitert.

Die Fragen, wie allen Teilnehmern eine ihren individuellen Fähigkeiten angemessene Leistungsanforderung geboten und wie die Entwicklung von organisatorischen Maßnahmen im Hinblick auf die individuellen Besonderheiten unterstützt werden kann, zielen auf eine grundsätzliche Überwindung der Vorstellung (des Sports), dass Lernen und Üben nach je einer für die Schüler gleichen Aufgabenstellung erfolgt, und lenken stattdessen die Aufmerksamkeit darauf, bei welcher Differenzierungsform die für die Integration bedeutenden gemeinsamen Handlungsmöglichkeiten erschwert, bei welcher erleichtert werden. Zudem weisen alternative Formen der Aufgabenbewältigung und thematisch unterschiedliche Bewegungsangebote (vgl. Müller, 1996a, S. 116) darauf, dass das integrationspädagogische Postulat des gemeinsamen Lernens zeitweilig außer Kraft gesetzt wird. Die Lösungen von Problemen des integrativen Sports sollten daher weder allein in äußeren Differenzierungsmaßnahmen gesehen werden – dies käme einer Verdrängung gleich –, noch sollten sie durch eine bloße Anpassung der Behinderten an die Erfordernisse des Regelsports ignoriert werden.

Der integrative Sport wird dann einer Belastungs- und Bewährungsprobe ausgesetzt, wenn bislang Undenkbares zur Normalität avancieren muss. Wie etwa können positive Spielerlebnisse beim Handballspielen entstehen, wenn dabei gleichermaßen den Lernbedürfnissen und -ansprüchen von Teilnehmern mit sportspielspezifischen Kompetenzen, den reduzierten Fortbewegungsmöglichkeiten eines körperbehinderten Mädchens sowie dem stark eingeschränkten Spielverständnis eines geistigbehinderten Jungen zu ihrer Entfaltung verholfen werden soll (vgl. Müller, 1991)? Die Lösungen gleichen einem Balanceakt zwischen dem Wunsch nach dem normierten Handballspiel und einer aufgrund der integrativen Gesamtsituation erforderlichen regelmodifizierten Spielform.

Die sportpädagogische Differenzierungsdiskussion und die Beiträge des integrativen Sports tragen stark die Momente der Individualität und Verschiedenheit. Hier wie dort geht es um die Berücksichtigung des Individuums: des Heranwachsenden mit einer Behinderung oder Entwicklungsbeeinträchtigung, des Kindes, dessen Entwicklung weitgehend unauffällig verläuft, und des sportlich engagierten Schülers, seiner subjektiven Interessen, Voraussetzungen sowie Bedürfnissen und den individualisierten Lernbedingungen. Innere Differenzierung allein kann jedoch zu einem segregierenden Nebeneinander führen; äußere Differenzierung beinhaltet von vornherein eine Trennung. Im folgenden Abschnitt soll daher die Aufmerksamkeit auf die *soziale Dimension des integrativen Sports* gelenkt werden.

4.3   Soziale Dimension des integrativen Sports

Die umfassende soziale Qualifizierung aller Kinder und Jugendlichen bei einer Individualisierung von Lernprozessen ist ein konsensfähiges integrationspädagogisches Ziel. So unterstreicht die Integration die Idee vom Erhalt bzw. der Wiederherstellung gemeinsamer Lebens- und Lernumfelder, um der Erweiterung der Entwicklungsmöglichkeiten aller willen (vgl. Feuser, 1985, S. 354). Das Modell der schulischen Integration Hamburgs (vgl. Wocken et al., 1988, S. 105 ff.) zeigt jedoch, dass nicht in jedem Fall und zu jeder Zeit eine Arbeit an gemeinsamen Vorhaben stattfinden muss, um Integrationsansprüchen zu genügen. So sollten insbesondere kooperative Lernsituationen nicht als notwendige Bedingung des integrativen Unterrichts betrachtet werden, weil in manchen Phasen vielleicht nur beschränkte, dennoch sinnvolle Gemeinsamkeiten in kommunikativer Auslegung möglich sind, die der Klärung der Beziehungen zwischen den Teilnehmern dienen. Demgemäß lassen sich nach Art und Intensität von Gemeinsamkeiten *Typen von Lernsituationen* unterscheiden, welche die Komplexität des Unterrichts differenziert abbilden (vgl. Hinz, 1993, S. 107), am integrativen Sport expliziert:

- *Koexistente Lernsituationen:* Es gibt keine direkte Einflussnahme und Interaktion miteinander; der eine Partner hat für den anderen trotzdem eine Bedeutung, z.B. wenn die Schüler danach fragen, warum die geistig behinderte

Mitschülerin das Geschehen in der Turnhalle teilweise von der Bühne aus beobachtet.

- *Komplementäre Lernsituationen:* Ein Partner beeinflusst den anderen in seiner Handlungsplanung mehr als umgekehrt, z.b. wenn ein Schüler dem anderen hilft, aus Rollbrettern und einer Turnmatte ein Fahrzeug zu bauen.

- *Kommunikative Lernsituationen:* Beide Partner beziehen sich aufeinander, der Interaktion liegt aber keine gemeinsame Handlungsplanung zugrunde, z.b. wenn die Schüler während der Freiarbeit sich an Aktivitäten beteiligen, die von der behinderten Mitschülerin initiiert worden sind.

- *Kooperative Lernsituationen:* Wechselseitiges Zusammenwirken zweier Partner, die sich gegenseitig beeinflussen, zugleich jedoch die eigene, individuelle Handlungsplanung aufrechterhalten, z.b. wenn die Schüler auf der schrägen Ebene Abenteuersituationen erleben und in Rollenspielen verarbeiten.

Die Modelle des integrativen Sports zeigen, dass Sport soziales Miteinander fördern, aber auch zu Ausgrenzungen führen kann, wenn bspw. parallel zum Sportunterricht differenzierende Maßnahmen der Einzelförderung stattfinden, aber auch wenn bei einem räumlichen Beisammensein blinde Schüler auf eigens erworbenen Fahrradergometern trainieren, während die sehenden Mitschüler sich Mannschaftsspielen zuwenden. Wäre die permanente (räumliche, zeitliche oder konzeptionelle) Trennung das dominierende oder gar alleinige Unterrichtsprinzip, der Forderung nach Gemeinsamkeit würde nicht hinreichend entsprochen werden. So findet die Zielsetzung der umfassenden sozialen Qualifizierung aller Schüler im integrativen Sport seine besondere Aufgabe und Ausprägung. Die nachfolgenden drei Integrationsmodelle beschreiben Wege in Richtung *Koedukation*:

1. *Behindertentypische Formen:* Was spricht dagegen, die Auswahl von Inhalten und ihre Thematisierung nicht auch nach den behindertentypischen bewegungs- und sportbezogenen Betätigungen vorzunehmen? Zum einen kann das Erfordernis der Parteilichkeit zugunsten eines Behinderten (oder mehrerer) sachlich begründet sein, bspw. in der Vorbereitung auf Wettbewerbe im Rahmen schulsportlicher Programme. Zum anderen kann eine Orientierung an den behindertenspezifischen Aktivitäten für alle Schüler bedeutend sein, wenn etwa durch die Zentrierung auf bestimmte Wahrnehmungsbereiche besondere psychomotorische Kompetenzen entwickelt werden sollen, vorhan-

dene Fähigkeiten, Fertigkeiten und Kenntnisse vertieft werden sollen, indem andere Sinnesmodalitäten die Kontrollfunktionen übernehmen, ein Verständnis für die Situation des auf den Rollstuhl als Fortbewegungsmittel angewiesenen Kindes erzeugt werden soll sowie die Schüler erfahren sollen, dass in manchen Sportarten und -disziplinen die behinderten Mitschüler besondere Leistungsvoraussetzungen erworben haben.

2. *Regelsportliche Formen:* Unter der Voraussetzung, dass Art und Grad der Behinderung sich nicht nachteilig auf das Sporttreiben auswirken, wird die Aufmerksamkeit auf die Erscheinungsformen des allgemeinen Sports gelenkt. Didaktische Begründungen für die Behinderten können etwa der Wunsch nach Teilhabe an dem gesellschaftlichen Kulturgut Sport sein, einschließlich der Vermittlungsmodelle, sowie die Initiierung und Unterstützung von Begegnungssituationen, in denen die Behinderung keine Nachteile begründet.

3. *Angepasste Formen:* In manchen Bereichen des Sports kann die Gemeinsamkeit von Menschen mit und ohne Behinderungen nur unter bestimmten Voraussetzungen, d.h. nach Art und Ausmaß differenzierter Unterstützungsmaßnahmen, realisiert werden. Eine kompetent und gleichwertig wahrgenommene Beteiligung sicherzustellen, erfordert konzeptionell, personell und inventariell angepasste Bedingungen, um die notwendigen Kompensationsmöglichkeiten einzuleiten und zu unterstützen.

Koedukation bedeutet bei dem erstgenannten Ansatz eine Vereinnahmung der nichtbehinderten Teilnehmer in Bezug auf die Erfordernisse des behindertentypischen Sporttreibens, bei dem zweiten Ansatz die Anpassung der Behinderten in Bezug auf die Bedingungen des allgemeinen Sports. Die Modelle können einen Beitrag leisten, um die Vielfältigkeit des Sports kennen zu lernen, und führen zu einer Erweiterung der Handlungskompetenz im Sport. Darüber hinaus kann bei den angepassten Formen die Einsicht erwachsen, trotz unterschiedlicher Voraussetzungen gemeinsam Sport zu treiben.

Die vorgenannten Modelle weisen jedoch als Nachteil auf, dass zieldifferente Integrationsmaßnahmen unterbleiben und die zentrale Fragestellung: „Wie können behindertentypische Strukturelemente in den Regelsport verwoben werden?" unbeantwortet bleibt. Im Folgenden sollen *zwei Erfahrungs- und Handlungsfelder* herausgestellt werden, in denen typische soziale Lernprozesse initiiert und gefördert werden.

Regeln verstehen und handhaben

Die pädagogische Intention von problemorientierten sportdidaktischen Entwürfen (vgl. Brodtmann, 1984) besteht darin, dass die Schüler Regeln selbständig finden und in ihren Wirkungen erfahren sollen.

Wie können bspw. Probleme des gemeinsamen Spielens für alle verbindlich geregelt werden? Zeichen von Langeweile und Enttäuschung sowie eine immer geringere Anzahl von aktiv am Geschehen Beteiligten können Anknüpfungspunkte für Überlegungen bilden, ob sich die Spielrealität für alle Schüler als befriedigend darstellt. Am Beispiel von Zweifelderball (vgl. Döbler & Döbler, 1992, S. 254 ff.) lassen sich diese Absichten verdeutlichen. Es handelt sich vor allem an der Grundschule um ein bekanntes Spiel, zu dem Hildenbrandt (1979, S. 90) aus Sicht der psychomotorischen Förderung kritisch anmerkt, dass Aktivität und Passivität im Sinne einer möglichst hohen Spielbeteiligung für alle Kinder ungünstig verteilt sind. So wird der Anteil der passiven Schüler im Spielverlauf immer größer, und nur wenige Kinder finden Gelegenheit, den Ausgang als individuellen Erfolg zu verbuchen. Obgleich gerade die (sport-)leistungsschwachen Schüler möglichst intensiv beteiligt sein sollten, wird gerade ihnen durch Abschiebung allenfalls eine untergeordnete Spielrolle zugestanden. Demgemäß verliert Zweifelderball seine pädagogische Dignität, weil im Korsett der sportlichen Reglementierung Bewegungsförderung eher verhindert als ermöglicht wird.

Problemorientierte Vermittlungsansätze werfen die Frage auf, warum alle Schüler nach dem gleichen Regelwerk spielen? Den Anregungen zum Umgang mit Problemen des Spielalltags ist gemeinsam, dass Maßnahmen gesucht werden, die helfen, den Ausscheidemodus zu überwinden und psychomotorische Unterschiede kompensieren zu helfen. Gerade die leichte *Veränderbarkeit von Spielregeln* begünstigt Lösungen für den integrativen Sport:

- *Raumregeln:* Die Raumbegrenzungen können den unterschiedlichen Wurf-, Lauf- und Reaktionsfähigkeiten der Schüler angepasst werden, indem die zuvor unterlegene Mannschaft, unter Beibehaltung der Gruppierungen, in dem folgenden Spieldurchgang in einem größeren und die zuvor überlegene Mannschaft in einem kleineren Feld spielt. Diese Regelung, die durch ein Ziehtau als eine schnell zu verändernde bewegliche Mittellinie umgesetzt werden kann, beinhaltet durch die unterschiedlichen Wurfentfernungen und differenzierten Ausweichreaktionen eine Anpassung an die individuellen Voraussetzungen der Schüler. Demgemäß stellt das vergrößerte Feld für jene

Mitspieler, die über zielgenaue Wurftechniken auch über weite Distanzen verfügen, eine angemessene Anforderung und zusätzliche Herausforderung dar. Gleichzeitig erhöht sich die Wahrscheinlichkeit, Treffer zu erzielen für die Spieler der anderen Mannschaft infolge der kürzeren Flugphase des Balles.

• *Handlungsregeln:* Die zuvor unterlegende Mannschaft erhält innerhalb des gegnerischen Feldes eine Jokerposition, die Entscheidungs- und Handlungsfreiräume aus unbedrängter Situation sichert (z.B. markiert durch Reifen). Die Regel, dass der Spieler, den der (behinderte) Joker berühren kann, das Feld verlässt, gewährt An- und Abspielmöglichkeiten. Die verringerte Zuspielweite erhöht zudem die Abtreffchancen, vermindert behindertenspezifische Nachteile und verlangt zugleich von den (sport-)leistungsstärkeren Schülern schnellere Reaktionen durch eine erschwerte Spielbeteiligung. Auch im Behindertensport weist Zweifelderball eine praktische Spielbedeutung auf. Zur Anwendung gelangen bspw. veränderte Regelungen der Trefferfläche. Bei Rollstuhlfahrern sind nur die Radabdeckungen Treffbereich, da dies die Chance eröffnet, Treffern durch Wegdrehen des Rollstuhles zu entgehen. Die Elemente „Beschützen" und „Kooperation" erhalten eine stärkere Bedeutung, wenn dem Behinderten ein Assistent zur Seite steht. Dieser kann bspw. die Aufgaben wahrnehmen, das Abtreffen durch Körpereinsatz zu verhindern und das Spiel zu unterbrechen (z.B. „Stopp" zu rufen, wenn er den Ball gefangen hat), damit sein Partner nachfolgend in der statischen Spielsituation durch Rollen einen Treffer erzielen kann.

Sonderbedingungen können von Teilnehmern als ungerecht empfunden werden. Wenn die Lösungen jedoch mit allen Beteiligten gemeinsam gesucht werden und die Veränderungen neue Herausforderungen für die zuvor überlegene Mannschaft darstellen, können durch Mitdenken, Mitsprache und Motivation befriedigende Spielsituationen und -variationen entstehen.

Mit Unterschieden umgehen lernen

Die Kategorie Leistung weist eine zusätzliche soziale Bedeutung auf, indem sie das Erlernen der Fähigkeit einschließt, über Unterschiede hinweg mit anderen Menschen zu kooperieren und sie bei ihrer Lebensbewältigung zu unterstützen. Damit ist eine der zentralen Voraussetzungen für das gemeinsame Sporttreiben angesprochen: *die Bereitschaft zur Rücksichtnahme auf die jeweils weniger*

Leistungsfähigen. Rücksichtnahme zu lernen, stellt so ein Ziel des sozialen Lernens dar und impliziert angesichts einer behindertentypisch geprägten Lebenswelt eine allmähliche Gewöhnung an gemeinsames Handeln zum Abbau von vorurteilsbedingten Verhaltensrelationen gegenüber den Mitschülern.

Demgemäß sehen Streicher & Leske (1985, S. 477) den Sport als soziales Lernfeld als besonders geeigneten Ansatz für den gemeinsamen Sportunterricht von geistig behinderten und nichtbehinderten Jugendlichen. Mit Unterschieden umzugehen, bedeutet für die pädagogische Konzeption eine Unterteilung in aufeinander folgende Stufen, um sukzessive von einer Vorbereitung über eine allmähliche Gewöhnung zu gemeinsamen Handlungen voranzuschreiten. Die Phasen sind nicht als statische Konstrukte misszuverstehen, sondern ermöglichen, bedarfsgerechte Überlagerungen, Wiederholungen und Rückschritte vorzunehmen: In einer *Vorbereitungsphase* wird für die geistig behinderten und nichtbehinderten Schüler in separierten Unterrichtseinheiten eine Sensibilisierung für den integrativen Sportunterricht angestrebt. Dieser wird daran anschließend in einer *Initialphase* durchgeführt, in der besonderer Wert auf motivierende Spielformen mit hohem Anreizwert und Neuigkeitsgehalt gelegt wird. In der folgenden *Aktionsphase* wird den Schülern die Möglichkeit zur Auseinandersetzung mit 'Aufgaben unterschiedlichen Schwierigkeitsgrades gegeben. Im Vordergrund stehen der Aufbau einer realistischen Umwelteinschätzung und die Wahrnehmung und Akzeptierung der Gegenwart eines geistig behinderten Menschen als selbstverständlichen Teil der sozialen Umwelt. Die *Integrationsphase* beinhaltet schließlich die bewusste personale Auseinandersetzung zwischen geistig behinderten und nichtbehinderten Schülern durch gemeinsame Handlungen an gemeinsamen Aufgaben.

Die sportpädagogische Diskussion über soziales Lernen und die Beiträge des integrativen Sports tragen in besonderer Weise dem Moment der Gemeinsamkeit Rechnung und fokussieren die auf sozial-kommunikativen Verständigungsprozessen beruhenden unterrichtlichen Veränderungen. Auch die Diskussion über die *„Öffnung" des Unterrichts* beinhaltet Realisierungschancen für den integrativen Sport.

4.4 Chancen der „Öffnung" des Sportunterrichts

Die Integrationspädagogik sieht in der Überwindung der Lernschule und der unterrichtlichen Begrenzungen geeignete Ansätze für die Verwirklichung integrativer Zielsetzungen. Wesentlich sind Veränderungen in Richtung Variabilität bei der Unterrichtsorganisation und Aktivitätsförderung bei der Unterrichtsgestaltung. Diese werden u.a. durch selbstbestimmte, selbsttätige, handlungsorientierte Unterrichts- und Lernformen, individual- und gruppenorientierte Aufgabenstellungen umgesetzt (vgl. Wocken et al., 1988, S. 359 ff.).

Auch die Vertreter von „offenen" Unterrichtskonzepten im Sport (Hildebrandt & Laging, 1981; Frankfurter Arbeitsgruppe, 1982) sehen die vorrangige Aufgabe des Sportunterrichts darin, der Individualität jedes einzelnen Schülers zu seiner Entfaltung zu verhelfen und Unterrichtssituationen zu arrangieren, die Möglichkeiten zu einem selbstverwirklichenden sportlichen Handeln gewähren. Demgemäß wird den Schülern Raum zur Entfaltung ihrer Initiativen gewährt, zur Verwirklichung der eigenen sportbezogenen Interessen und Vorstellungen, zum selbstbestimmten Umgang mit Sport, mit den Partnern im Sport und mit den Bewegungsräumen und Geräten des Sports. Die Schüler führen selbständig Entscheidungen herbei und handeln demgemäß, vollzogen durch bewusste inhaltliche Absprachen sowie bei der Herstellung und Einhaltung eines organisatorischen, formalen und sozialen Rahmens. Der Typus eines von Schülern selbst getragenen Sportunterrichts zielt auf die Entwicklung eines erweiterten Sportverständnisses. Als dessen Kennzeichen finden offene Bewegungsaufgaben oder erfahrungsoffene Bewegungsthemen Eingang in den Sportunterricht, lassen variable und differenzierte sowie selbsttätig und selbständig erbrachte Lösungen zu, oder fordern diese explizit heraus, und gewähren Räume für individuelle Bewegungsantworten und phantasievolle Gestaltungen.

Die Durchführung eines auf Schülerorientiertheit zielenden Sportunterrichts ist an die Veränderung der Lehrerrolle hinsichtlich Planung, Realisierung und Reflexion des Unterrichts als eine wesentliche Bedingung gekoppelt. Bei der Unterrichtsvorbereitung handelt es sich primär um vorstrukturierte, Entscheidungs- und Handlungsspielräume beinhaltende Angebote und Arbeitsvorschläge, zwischen denen Lehrer und Schüler kommunikativ pendeln. Hierbei kann die *Verständigung* als ein leitendes Prinzip einer veränderten Unterrichtsmethodik angesehen werden. Demgemäß stellt Sport ein Entscheidungs- und Handlungsfeld dar, bei dem sozial-kommunikative Prozesse einen hohen Rang einnehmen. Auch die Mehrzahl der Modelle des integrativen Sports sieht die Förderung und Entwicklung einer weitgehend selbständigen Handlungsfähigkeit der Teilnehmer vor, die ihren jeweiligen Lern- und Leistungsvoraussetzungen entsprechen. Im Mittelpunkt stehen insbesondere die *Freiarbeit* und auf *Verständigung* zielende Vermittlungsmodelle.

- Stellvertretend seien die Erfahrungen des Sportunterrichts an der Montessori-Grundschule in Borken genannt. Reformpädagogischen Sichtweisen Montessoris folgend, die sich gegen eine gelenkte Leibeserziehung in relativ starren Formen wenden und stattdessen fordern, dem Kind die Freiheit zu gewähren, sich nach seinen Bedürfnissen nach Belastung und Entspannung zu bewegen, berichten Werner & Neugebauer (1992) über den Sportunterricht in einer jahrgangsgemischten integrativen Klasse der ersten bis vierten Schuljahre (23 Schüler, davon fünf Kinder als behindert eingestuft – geistigbehindert, körperbehindert, gehörlos). Die Kinder selbst, jedoch nicht nur jene mit Behinderungen, sind das wichtigste didaktische Regulativ, wobei die Behinderten den Bemühungen um gemeinsame Handlungen charakteristische Merkmale geben. Hierzu bedarf es Erweiterungen und Veränderungen bei den Planungsgrundlagen, insbesondere eine relativ große Bereitschaft zur inhaltlichen Flexibilität, die in der Unterrichtspraxis die Normalität darstellt. Die Freiarbeit ist der wichtigste methodische Ansatz, der kreative, Ideen entwickelnde Umgang mit dem Sport, die Differenzierung durch Gruppen- oder Angebotsteilung, die nach verschiedenen Seiten flexible Orientierung an einem Durchschnittswert (bspw. bei der Überwindung einer Hindernisbahn).

- Erfahrungen des integrativen Sportunterrichts lassen die Verständigung als ein leitendes Unterrichtsprinzip erkennen. So berichtet Müller (1996b) über Spielprobleme, die bei der Einführung des Handballspiels in einer Integrationsklasse bestehen. Diese beziehen sich vorrangig auf die Verletzung des subjektiven Gerechtigkeitsempfindens bei den Nichtbehinderten durch ungerechte Sonderbedingungen für einen behinderten Mitschüler und werden als Beziehungsprobleme bewertet. Der Lehrer hat einseitig Regelungen festgelegt, die in der Spielumsetzung zu einer Ausgrenzung des Behinderten führen. Zur Lösung derartiger Probleme favorisiert der Autor gemeinsame Gespräche und Unterrichtsprozesse, in denen die Schüler ihre Sichtweisen und Bedürfnisse artikulieren und sich auf Regelungen verständigen, die sie selbst gefunden und vereinbart haben, weil diese aufgrund von persönlich empfundener Verantwortlichkeit dazu führen können, dass die Schüler ihr Handeln nach selbstgewählten Vorgaben ausrichten, den Regelungen freiwillig folgen und Betätigungsformen entstehen, die für alle Beteiligten befriedigend sind. Unter der Bedingung, dass den Schülern Ermessensspielräume für eigenständige Entscheidungen und Handlungen eingeräumt werden, kann so ein Beitrag zur Stärkung der sozialen Beziehungen in der Gruppe geleistet werden. Beim Lehrenden setzt ein derartiger Prozess zentral die Bereitschaft zum Dialog voraus.

5 Sinnrichtungen und Mehrperspektivität im integrativen Sport

Untersuchungen über die individuellen Motive zum Sporttreiben zeigen, dass es den einen, den originären Sinn des Sports nicht gibt. Vielmehr kann Sport auf unterschiedliche Weise als sinnvoll erfahren werden. Aus der Vielzahl empirisch belegter Einstellungen fokussierte Kurz (1990, S. 85 ff.) sechs typische *Sinnrichtungen*. Diese stellen eine pädagogisch gefilterte Auswahl dar und erschließen mögliche Zielsetzungen des Sports in Schule und Verein:

Leistung: Bewertung der Handlung nach anerkannten Kriterien (z.B. Zeit, Weite, Höhe)

Spannung: Ambivalenz des Handlungsverlaufs bezüglich Gelingen und Misslingen (z.B. Spiel, Erlebnis, Abenteuer, Risiko)

Eindruck: Vollzug der Bewegung selbst mit den durch sie erschlossenen sensitiven Reizen (z.B. Körpererfahrung, Bewegungsgefühl)

Gesundheit: körperlich-seelische Folgen der Bewegung (z.B. Wohlbefinden)

Ausdruck: ästhetische Aufnahme der Handlung durch andere (z.B. Darstellung, Präsentation)

Miteinander: Beisammen-Sein mit anderen während oder aus Anlass der sportlichen Situation (z.B. soziales Lernen)

Primäre Legitimation des Sportunterrichts müsse es sein, die Schüler mit der Vielfalt des Sports vertraut zu machen, erfahren zu lassen, welch unterschiedliche Sinnperspektiven in den verschiedenen Formen des Sports liegen können und darauf vorzubereiten, im Sport sinnerfüllt handeln zu können.

Kurz (1992) hat den Ansatz der „Handlungsfähigkeit im Sport" zu der Idee eines mehrperspektivischen Sportunterrichts weiterentwickelt. Dieser zielt darauf, dass sich verschiedene „pädagogisch bedeutsame Sinnperspektiven des Sports nebeneinander entfalten" (S. 16). Mehrperspektivität als zentrale sportdidaktische Bezugsgröße beinhaltet die An- und Herausforderung, zu einem sinngeleiteten, möglichst vielfältigen Tun im Sport beizutragen. Für einen auf *Mehrperspektivität* ausgelegten Unterricht sprechen insbesondere drei Gründe:

1. Er kann eher an den unterschiedlichen Interessen der Teilnehmer, Sport zu treiben, anknüpfen als Konzepte, welche eng begrenzte Motive thematisieren.

2. Er kann durch die größere Bandbreite pädagogischer Zielsetzungen vielfältigere Förderungsmöglichkeiten erschließen.

3. Die Teilnehmer werden angeleitet, die Fragen nach der Bedeutung und den Sinnperspektiven des Sports für sich selbst zu entscheiden.

Das Postulat der verschiedenen, pädagogisch gleichwertigen Sinnperspektiven scheint jedoch Begrenzungen zu erfahren. So legen die sportlichen Aktivitäten einen mehrperspektivischen Unterricht nicht in gleicher Weise nahe. Zudem erscheinen einzelne Motive (z.B. Gesundheit) innerhalb des Spektrums gleichgestellter Perspektiven überhöht.

Bei Kurz (1990, 1992) bleiben die Belange der sonderpädagogischen Förderung unberücksichtigt. Die Leitidee „Handlungsfähigkeit im Sport" bildet gleichwohl die Grundlage für sportpädagogische Reflexionen von Wurzel (1991) zum gemeinsamen Sportunterricht von sehenden und blinden Schülern. Die Autorin berichtet über den Sportunterricht in zwei Sportgruppen über einen Beobachtungszeitraum von 1½ Jahren (Klasse 7/8: 26 Mädchen zweier 7. Klassen bzw. nachfolgend 16 Mädchen einer 8. Klasse und eine blinde Schülerin; Klasse 8/9: 18 Mädchen einer 8. Klasse bzw. nachfolgend 26 Mädchen zweier 9. Klassen und eine blinde Schülerin).

Wurzel (1991, S. 107 ff.) entwickelt den Ansatz richtlinienbezogen, entsprechend den Plänen des Landes Nordrhein-Westfalen, und betont die Variation und Erweiterung des Sports über die vorhandenen Angebote hinaus als Notwendigkeit des Sportunterrichts in heterogenen Gruppen. Für sie sind nicht nur Überlegungen über den Schüler als aktiv Sporttreibenden wichtig, das didaktische Konzept beinhaltet darüber hinaus die Kompetenzbereiche „Sport arrangieren" und „Sport instruieren":

• Die Schüler sollen zu einer größtmöglich selbständigen Herstellung von Voraussetzungen für das Sporttreiben angehalten werden. Wurzel (1991, S. 165 ff.) verlangt bspw. von Blinden selbständige Orientierungsleistungen, läuferische Aktivitäten in begrenzten Räumen oder Ballspiele, die allen Schülern trotz unterschiedlicher Voraussetzungen ihren jeweiligen Beteiligungsmöglichkeiten angemessene, gleichberechtigte sowie selbständig zu realisierende Spielrollen eröffnen.

• Im integrativen Sport kann der Gewährung von Hilfen eine besondere Bedeutung zuteil werden. Für den gemeinsamen Sportunterricht von sehenden und blinden Schülern geht es bspw. in erster Linie um unterstützende Maßnahmen zur Umsetzung verbaler Informationen, u.a. bei den Sozial- und Arbeitsformen oder Materialhilfen. So kann durch Paarbildung einer sehenden und einer blinden Schülerin durch Handfassung eine gemeinsame Beteiligung bei Fangspielen erfolgen. Hierbei sollte jedoch die Teilnahme des Blinden nicht ausschließlich an der Hand einer sehenden Mitschülerin erfolgen, da dies dem Prinzip der größtmöglichen Selbständigkeit widersprechen würde. Durch die Sozialform Partner (oder Kleingruppe) sind z.b. bei Wurfspielen dann selbständig erbrachte Leistungen möglich, wenn die Wurfrichtung und -entfernung verbal mitgeteilt sowie das Ergebnis rückgemeldet werden. Die Informationen können ferner über tastbare Bildreihen (bspw. zu Bewegungsabläufen) aufbereitet werden.

Die von Kurz (1990, 1992) begründeten Sinnperspektiven bieten didaktische Orientierungsgrundlagen auch für den integrativen Sport. Allerdings liegen den Modellen bislang vorrangig jene Motive zugrunde, die für die Initiierung und Unterstützung integrativer Prozesse vordergründig eher geeignet scheinen als andere. Hiermit gehen Vorstellungen konform, vornehmlich jene Handlungsbereiche des Sports zu thematisieren, in denen integrationsfördernde Lernprozesse besonders „einfach" verwirklicht werden können. Angesichts der umfassenden sozialen Qualifizierung aller Teilnehmer als wesentliche integrationspädagogische Zielsetzung ist evident, dass hierunter vornehmlich Situationen des Miteinanders und die Förderung der sozialen Entwicklung fallen.

Ein „Eignungsprofil" allein würde aber den Bedürfnissen der Menschen im integrativen Sport und dem Spektrum an sportlichen Betätigungen von Menschen mit und ohne Behinderungen insgesamt nicht gerecht werden und auch den didaktischen Intentionen von Kurz (1990, 1992) widersprechen. Wenn es daher um eine gleichrangige Betonung von prinzipiell gleichwertigen Sinnperspektiven geht, dann sieht sich auch der integrative Sport mit der Aufgabe konfrontiert – und hat individuell wie sozial tragfähige Lösungen entwickelt –, Prozesse zu initiieren, in denen bspw. Leistung und Spannung stärker als zuvor genannt in Erscheinung treten.

Der didaktischen Forderung nach Mehrperspektivität kann auch im integrativen Sport durchaus Rechnung getragen werden. Die nachfolgenden Beispiele zeigen verschiedene Möglichkeiten auf, wobei die Zuordnung zu Sinndimensionen nur einer Schwerpunktsetzung entspricht und Überschneidungen bzw. Bezüge zu den anderen Sinnbereichen selbstverständlich sind (Fediuk, 1999, S. 154 ff.):

Leistung

Mit dem integrativen Sport ist keineswegs eine generelle Absage an Leistungs-
ansprüche verbunden. Einerseits scheint die Befürchtung, dass der integrative
Sport unter dem traditionellen Leistungsgedanken zu Problemen und Frustratio-
nen führen kann, durchaus berechtigt. Andererseits ist der integrative Sport daran zu messen, inwieweit er angemessene Leistungsforderungen für alle Teilnehmer aufzeigen kann, bspw. durch die individuelle Bezugsnorm und die weit
gefächerte Dimensionierung der Kategorie Leistung (s. Absch. 4.2).

Demgemäß schlägt Wurzel (1991, S. 161 ff.) individuell angepasste Bewe-
gungskombinationen im Gerätturnen vor (bspw. zur Schwunggrätsche) und berichtet über Spielformen, die eine angepasste Einbeziehung behinderter Schüler
im Volleyball erlauben, bspw. Pritschen partnerweise: Der Blinde wirft den Ball
zum Sehenden, dieser pritscht den Ball senkrecht hoch, fängt ihn auf und rollt
den Ball zum Blinden zurück; Pritschen zu dritt (zwei Sehende, ein Blinder):
Diese Sozialform erlaubt die Einbeziehung des technischen Elementes gegenseitiges Zupritschen; Haltet den Ball in der Luft: Jeder Schüler, der den Ball nicht
in der Luft halten kann, rollt ihn zum Blinden. Dieser wirft den Ball einem sehenden Mitspieler nach Zuruf zu, und der Ball wird durch Pritschen weiterge-
spielt.

Spannung

In Mannschaftsspielen kann allen Schülern eine ihren jeweiligen Voraussetzungen angemessene und gleichberechtigte Spielrolle eröffnet werden. Dabei sind
u.a. Verständigungsprozesse über Regelanpassungen relevant. Wurzel (1987)
hat bspw. an einem Gymnasium Kreistorball als ein gemeinsames Mannschaftsspiel von blinden und sehenden Schülern entwickelt, indem sie blindentypische
Spielelemente aufgriff und diese in eine Spielform mit modifizierten Basketballregeln einfügte. Kreistorball wird mit zwei Mannschaften aus je vier bis sechs
Sehenden und einem Blinden gespielt. Ein Torerfolg ist nur durch die Kooperation der Sehenden und des Blinden einer Mannschaft möglich. Die Sehenden der
angreifenden Mannschaft passen sich nach zu vereinbarenden Basketballregeln
einen Klingelball untereinander zu. Der Blinde hält sich wegen seiner eingeschränkten Orientierungsmöglichkeit auf einer Matte in einem Kreis auf, welcher von den anderen Spielern nicht betreten werden darf. Der Ball muss in den
Kreis gerollt werden, wo er von dem Blinden aufgenommen wird. Seine Mit-

spieler wechseln daraufhin in einen Torraum und erwarten nach Zuruf den Wurf ihres blinden Mitspielers. Ein gefangener Ball zählt als Torerfolg, und der Ball wechselt zur anderen Mannschaft.

Weitere Beispiele stammen von Sowa (1995, S. 56 ff.). Er lenkt die Aufmerksamkeit auf die Veränderbarkeit von Raumregeln und schlägt differenzierte Aktionsbereiche vor, in denen jeweils Teilnehmer mit vergleichbaren Voraussetzungen gegeneinander spielen, bspw. Hockey.

Eindruck

Vor dem Hintergrund eines innensichtgeleiteten Anspruchs der Körpererfahrung im Sport haben Treutlein et al. (1992) Lernvorschläge verfasst, die zeigen, dass die Erfahrungsmöglichkeiten u.a. in den Individual- und Mannschaftssportarten Leichtathletik, Judo, Schwimmen, Handball und Basketball reichhaltiger sind als die Art, wie sie überwiegend betrachtet und gelehrt werden, bspw. die allseitige Anspruchnahme der Sinne für die Bewegungswahrnehmung.

Unter integrativen Zielsetzungen sind insbesondere die Modelle der Sportjugend Hessen (1991) und des Hochschulsports (vgl. Fehres et al., 1995) hervorzuheben. Demgemäß erfahren bspw. die Kinder nach bewegungsintensiven Angeboten (Bewegungslandschaften, die sie zu beinahe unermüdlichen Aktivitäten veranlassen) und weniger belastenden Unterrichtsabschnitten, wie ihr Körper auf Anstrengung und Erholung reagiert, oder die Körpersinne der Teilnehmer werden auf außergewöhnliche Weise aktiviert, u.a. im fließenden Wasser schwimmen.

Gesundheit

Keine der von Kurz (1990) entfalteten Sinnperspektiven des Sports wurde umfassender bearbeitet als das Gesundheitsmotiv. Ein gesundheitlich bedeutsamer Sport schließt folgende Elemente ein (vgl. Fediuk, 1999, S. 52 f.): Bewusstmachung von gesundheitlich bedeutsamen Zusammenhängen; Ausbildung von gesundheitsbegünstigenden Lebensgewohnheiten; Vermittlung von Einsichten, Kenntnissen und Fähigkeiten, die für eine gesundheitsdienliche Lebensweise wichtig sind; das Wecken, Erhalten und Verstärken des Bedürfnisses nach Bewegung; Erreichen einer überdauernden Motivation zu Bewegung, Spiel und Sport; Unterstützung des subjektbezogenen Handelns des Schülers, sich aus eigenem Antrieb um seines Wohlbefindens willen zu bewegen; Sensibilisierung und Entwicklung der Wahrnehmungsfähigkeit für Signale und Reaktionen des eigenen Körpers im Sport; Übernahme von Verantwortung für die Gesundheit anderer und Unfallprophylaxe.

Dem zuletzt genannten Aspekt gemäß berichtet Henke (1994, S. 103 ff.) über die zunehmende Beteiligung von Kindern einer Integrationsklasse im 1. Schuljahr an Gerätearrangements und ihren Absicherungen, um Risiken und Gefährdungen sich selbst und den Mitschülern gegenüber einschätzen und vermeiden zu lernen.

Ausdruck

Holzhauer (1996, S. 59 f.) beschreibt eine projektbezogene Unterrichtseinheit Bewegungskünste in einer Integrationsklasse im vierten Schuljahr. Dabei stellt „Zirkus" das Verbindungsglied des Themas dar, in das individuelle Fähigkeiten eingebracht, in Kleingruppen erarbeitet, weiterentwickelt und in Form von Darbietungen oder Aufführungen präsentiert werden. Betätigungen, wie bspw. Schwingen an der Trapezstange, Balancieren auf dem Schwebebalken, Voltigieren auf dem Pauschenpferd, Jonglieren mit den Chiffontüchern, Pyramiden in der Akrobatik sowie Flugrollen, lassen Raum für vielfältige Gestaltungen, einschließlich Verwirklichung von Kostüm- und Dekorationsideen. Die Kinder können sich in Rollen wie Zirkusdirektor, Artisten, Clowns oder Zauberer selbst bestätigen und anderen eine Freude bereiten. Die Autorin sieht die Bedeutung des Projektansatzes auf zwei Ebenen: (1) Das Erlernen zirzensischer Künste öffnet bei manchen Kindern den Zugang zur gezielten Entwicklung von turnerischen Fertigkeiten. (2) Das Thema bietet zudem vielfältige Gelegenheiten zur Differenzierung: Elemente der außerschulischen Bewegungswelt werden aufgenommen und weiterentwickelt, während andere Kinder sich mit Turnen befassen.

Das Modell des integrativen Rollstuhltanzens (vgl. Krombholz, 1988) kann als ein weiteres Beispiel für die Umsetzung dieser Sinnorientierung im integrativen Sport genannt werden.

Miteinander

Baumeister & Hirning (1993) berichten über eine kooperative Kajak-Arbeitsgemeinschaft von Schülern einer Körperbehindertenschule und eines Gymnasiums, bei der Begegnungsmöglichkeiten zwischen Jugendlichen unterschiedlicher Schularten geschaffen werden, um Berührungsängste und Vorurteile abzubauen. Die primären Zielsetzungen umfassen ein gleichberechtigtes und chancengleiches Miteinander. Im Vordergrund steht so die Vermittlung von Gemeinschaftserlebnissen, die durch Begegnungen im Hallenbad, einen Nachmittag auf einem Baggersee und eine dreitägige Flusswanderfahrt umgesetzt werden. Die Erfahrungen zeigen, dass der Kanusport gute Voraussetzungen zur Verwirklichung integrativer Zielsetzungen bietet, da er günstige kompensatorische Möglichkeiten (bei Schäden im Beinbereich) aufweist, Chancen für gegenseitige Hilfe und Rücksichtnahme gegeben sind und zudem ein neuer Bewegungs- und Erfahrungsraum mit einem hohen Erlebniswert an Natur- und Gruppenerfahrungen erschlossen wird.

Kooperative Bewegungsspiele und Aufgabenstellungen (vgl. Fediuk, 1999, S. 42) stellen weitere Beispiele dar, wie im integrativen Sport dieser Sinnperspektive entsprochen werden kann.

6 Ausblick

Ausbildung und Qualifizierung

Sportlehrkräfte sehen sich mit integrativem Gedankengut konfrontiert, sie sind jedoch zumeist auf sich allein gestellt und nicht oder nur sehr unzureichend auf den Sport in integrativen Gruppen vorbereitet (vgl. Doll-Tepper et al., 1994, S. 83 f.). So erbrachte eine Erhebung an allgemeinbildenden Schulen mit Integrationsschülern, dass nur die Hälfte des betroffenen Lehrpersonals über relevante (Zusatz-)Qualifikationen verfügt und nur an knapp 60% der Schulen eine zweite Lehrkraft zur Verfügung steht (vgl. Scheid, 1995, S. 160). Einige Lehrer gleichen die offensichtlichen Ausbildungsdefizite durch hohen pädagogischen Einsatz aus, andere lehnen ein diesbezügliches Engagement ab.

Die Frage der Qualifizierung erscheint als ein entscheidender Ansatzpunkt für wirksame Verbesserungen. Demgemäß fordert Kleindienst-Cachay (1993, S. 514), dass „alle Sportlehrer mit Stufenschwerpunkt Grundschule einer elementaren Ausbildung in Fragen des Sportunterrichts mit Sondergruppen bedürfen", und weist hin auf die Integration behinderter und nichtbehinderter Schüler sowie den sozialen Wandel, der einen sonderpädagogisch ausgerichteten Sportunterricht auch für andere Kinder nahe legt und eine veränderte Themengewichtung innerhalb der universitären Studienangebote in Richtung einer sonderpädagogischen Grundqualifizierung für Lehrer der allgemeinen Schulen bedingt.

Für den Freizeitbereich sind insbesondere die von der Sportjugend Hessen (1992, 48 f.) unternommenen Schritte zur Qualifizierung von Übungsleitern hervorzuheben, bspw. Fortbildungsmaßnahmen und integrative Freizeiten. Hier geht es zukünftig verstärkt darum, in Zusammenarbeit mit den entsprechenden Gremien des Landessportbundes und seiner Fachverbände Ausbildungseinheiten zum Thema „Integrationssport – ein Aspekt des Freizeitsports" zu konzipieren und als feste Bestandteile in die Übungsleiterausbildung aufzunehmen, um eine größere Sensibilisierung in den Vereinen anzustreben.

Sportwissenschaftliche Integrationsforschung

Die sportwissenschaftlichen Befunde sind gegenwärtig auf Ansätze mit Modell- oder Experimentalcharakter begrenzt, deren Bedingungen sich erheblich von jenen des integrativen Unterrichts in der Regelsituation unterscheiden. Zudem müssen die Resultate sehr vorsichtig bewertet werden, da sie auf verschiedene methodische Problemfelder weisen. So werden den Resultaten von Bös & Scholtes (1990) keine Vergleichsdaten von Kontrollgruppen gegenübergestellt. Die Gruppierungen der Studie von Fediuk (1988) umfassen eine annähernd gleiche Anzahl behinderter und nichtbehinderter Schüler und weichen von den Empfehlungen der schulischen Integration ab. Überwiegend werden die Probanden nicht nach Zufallskriterien ausgewählt, vornehmlich die nichtbehinderten Schüler nahmen freiwillig teil (vgl. Bös & Scholtes, 1990, S. 247). Wurzel (1991, S. 18) führt jedoch am Beispiel der integrativen Unterrichtung Sehgeschädigter aus, dass Einwände genau dann formuliert werden, wenn der integrative Sportunterricht Teil des Pflichtunterrichts werden soll und Schüler wie Lehrkräfte sich nicht nur freiwillig mit der Integrationsthematik auseinandersetzen müssen.

Vor dem integrationspädagogischen Hintergrund erscheinen die Rahmenbedingungen, welche die Einleitung integrativer Prozesse begünstigen, sowie individuelle Entwicklungsverläufe als relevant für die zukünftige Forschung (vgl. Scheid, 1995, S. 187 ff.). Insbesondere aus den USA liegen richtungweisende

Beiträge vor, bspw. zur Untersuchung unterstützender Maßnahmen, die zu einer erfolgreichen Integration beigetragen haben (vgl. Block & Krebs, 1992). Durch die geringe Anzahl der jeweils involvierten behinderten Menschen sind individualisierende Betrachtungen bedeutend, z.b. statistisch kontrollierte Einzelfall-Analysen, um auf diese Weise Beiträge für die Entwicklung von hypothesengeleiteter Forschung zu leisten.

Insgesamt spiegeln die Ansätze des integrativen Sports personbezogene und individualisierende Sichtweisen wider und nehmen die Gemeinsamkeit als eine gewollte und bejahte pädagogische Herausforderung an. Die Heterogenität und Variabilität des integrativen Sports als Normalität wahrzunehmen sowie Entwicklungen, die auf Gemeinsamkeit zielen, ohne das Spezifische zu negieren, in ihrer Dialektik zu begreifen, erscheint so als der vorgezeichnete Weg für die zukünftige Arbeit.

7   Literatur

Baumeister, B. & Hirning, H. (1993). Kanusport – eine Möglichkeit zum gleichberechtigten Miteinander. *Praxis der Psychomotorik, 18*, 155-160.

Block, M.E. & Krebs, P.L. (1992). An alternative to least restrictive environments: A continuum of support to regular physical education. *Adapted Physical Activity Quarterly, 9*, 97-113.

Bös, K. & Scholtes, U. (1990). Integrativer Sportunterricht von nichtbehinderten und geistigbehinderten Schülern. *Zeitschrift für Heilpädagogik, 41*, 246-253.

Brodtmann, D. (1984). *Unterrichtsmodelle zum problemorientierten Sportunterricht.* Reinbek.

Burmeister, C. (1991). Sportomnibus City-Nord. Integrationssportgruppe unter dem Motto: Mehr Sport für Alle – für Alle mehr Sport und 'Ohne Norm in Form'. *Praxis der Psychomotorik, 16*, 50-53.

Döbler, E. & Döbler, H. (1992). *Kleine Spiele. Ein Handbuch für Kindergarten, Schule und Sportgemeinschaften* (19. Aufl.). Berlin.

Doll-Tepper, G. et al. (1994). *Einstellungen von Sportlehrkräften zur Integration von Menschen mit Behinderungen in Schule und Verein.* Köln.

Eggert, D. (1994). Integration, Motopädagogik und Sport. Möglichkeiten der psychomotorischen Förderung im gemeinsamen Leben behinderter und nichtbehinderter Kinder. *Motorik, 17*, 39-45 und 74-80.

Fediuk, F. (1988). *Integrierter Sport mit geistig retardierten und nichtretardierten Jugendlichen – theoretische Grundlagen und Ergebnisse einer feldexperimentellen Untersuchung.* Köln.

Fediuk, F. (1999). *Integrativer Schulsport. Eine Analyse nationaler und internationaler Beiträge zum gemeinsamen Schulsport von Kindern und Jugendlichen mit und ohne Behinderungen* (Habilitationsschrift). Kassel.

Fediuk, F., Heidenreich, R. & Krönert, M. (1996). Curriculare Bausteine für Bewegungserziehung und Sport im Gemeinsamen Unterricht. In Landesinstitut für Schule und Weiterbildung (Hrsg.), *Bewegungserziehung und Sport in der sonderpädagogischen Förderung* (S. 103-112). Bönen.

Fehres, K., Schulke-Vandre, J. & Thieme, B. (1995). *Bewegung – grenzenlos. Theoretische und praktische Ansätze zum Integrationssport an bundesdeutschen Hochschulen.* Hamburg.

Feuser, G. (1985). Gemeinsame Erziehung behinderter und nichtbehinderter Kinder (Integration) als Regelfall?! *Behindertenpädagogik, 24*, 354-391.

Feuser, G. (1990). Grundlagen einer integrativen Pädagogik im Kindergarten- und Vorschulalter. *Behinderte, 13* (1), 5-26.

Frankfurter Arbeitsgruppe (1982). *Offener Sportunterricht – analysieren und planen.* Reinbek.

Henke, J. (1994). *Integrationspädagogik und Integrationssport in der Grundschule.* Paderborn.

Hildebrandt, R. & Laging, R. (1981). *Offene Konzepte im Sportunterricht.* Bad Homburg.

Hildenbrandt, E. (1979). Aufriss der Motopädagogik. *Motorik, 2*, 86-93.

Hinz, A. (1993). *Heterogenität in der Schule. Integration – Interkulturelle Erziehung – Koedukation.* Hamburg.

Holzhauer, S. (1996). *„Zirkus Konfetti" – eine Unterrichtseinheit im Sportunterricht einer vierten Grundschulklasse mit gemeinsamem Unterricht* (Päd. Prüfungsarbeit). Baunatal.

Kapustin, P. (1991). *Familie und Sport.* Aachen.

Kerp, S. (1993). *Möglichkeiten und Grenzen der Integration behinderter Schülerinnen und Schüler in den Sportunterricht der Primarstufe.* Diplomarbeit, Universität Köln.

Kesselring, A. (1989). *Prozessanalyse der motorischen Lernfortschritte und der Integration einer blinden Schülerin.* Dissertation, Universität Heidelberg.

Klafki, W. & Stöcker, H. (1993). Innere Differenzierung des Unterrichts. In W. Klafki (Hrsg.), *Neue Studien zur Bildungstheorie und Didaktik* (S. 173-208) (3. Aufl.). Weinheim, Basel.

Kleindienst-Cachay, C. (1993). Sportpädagogische Reflexionen zur wohnortnahen Integration. *Sportunterricht, 42*, 507-518.

KMK (1994). Empfehlungen zur sonderpädagogischen Förderung in den Schulen der Bundesrepublik Deutschland. *Zeitschrift für Heilpädagogik, 45*, 484-494.

Krombholz, G. (1988). Taps, Kicks und Dreivierteltakt. Tanzsport. In U. Genzler (Hrsg.), *Comeback. Sport für Behinderte* (S. 139-144). München.

Kurz, D. (1990). *Elemente des Schulsports* (3. Aufl.). Schorndorf.

Kurz, D. (1992). Sport mehrperspektivisch unterrichten – warum und wie? In K. Zieschang & W. Buchmeier (Hrsg.), *Sport zwischen Tradition und Zukunft* (S. 15-18). Schorndorf.

Laurisch, H. (1988). Nichtaussonderung im Sport – der 'Sport Omnibus City Nord' in Hamburg. In M. Rosenberger (Hrsg.), *Ratgeber gegen Aussonderung* (S. 248-252). Heidelberg.

Mentz, S. (1991). Bewegung, Spiel und Sport als Lebenshilfe – Ergebnisse integrierter Maßnahmen. In G. Doll-Tepper & C. Lienert (Hrsg.), *Sport von Menschen mit geistiger Behinderung. Situation und Trends* (S. 65-70). Marburg.

Müller, B. (1991). Handball spielen lernen. *Sportpädagogik, 15* (2), 59-63.

Müller, B. (1996a). Integrativer Sportunterricht. *Sportunterricht, 45*, 113-117.

Müller, B. (1996b). Integrativer Sportunterricht. Praxisbeispiele. *Sportunterricht (Lehrhilfen), 45*, 39-47.

Reiser, H. (1991). Wege und Irrwege zur Integration. In A. Sander & P. Raidt (Hrsg.), *Integration und Sonderpädagogik* (S. 13-33). St. Ingbert.

Rheker, U. (1993). *Spiel und Sport für alle. Integrationssport für Familie, Verein und Freizeit.* Aachen.

Scheid, V. (1995). *Chancen der Integration durch Sport.* Aachen.

Scheid, V. & Fediuk, F. (1999). Integrativer Sport – Eine Zwischenbilanz. *dvs-Informationen, 14* (3), 35-38.

Schöler, J. (1993). *Integrative Schule – Integrativer Unterricht.* Reinbek.

Seel, R. (1993). Integratives Circusprojekt gab interessante Impulse. *Sport in Hessen*, S. 19.

Sowa, M. (1995). *Mannschaftsspiele in heterogenen Gruppen. Eine Chance des Sports für alle.* Dortmund.

Speck, O. (1991). *System Heilpädagogik – eine ökologisch reflexive Grundlegung* (2. Aufl.). München.

Sportjugend Hessen (1991). *Bewegung kunterbunt. Spiel und Sport für behinderte und nichtbehinderte Kinder.* Frankfurt.

Sportjugend Hessen (1992). *Integration durch Sport. Fachtagung des Hessischen Kultusministeriums in Zusammenarbeit mit der Sportjugend Hessen.* Frankfurt.

Streicher, W. & Leske, R. (1985). Soziale Integration Geistigbehinderter im Sportunterricht der Grund- und Hauptschule. *Zeitschrift für Heilpädagogik, 36*, 477-487.

Treutlein, G., Funke, J. & Sperle, N. (Hrsg.) (1992). *Körpererfahrung im Sport. Wahrnehmen – Lernen – Gesundheit fördern* (2. Aufl.). Aachen.

Werner, S. & Neugebauer, D. (1992). Gemeinsam Sport lernen. *Sportpädagogik, 26* (2), 40-45.

Wocken, H. (1987). Integrationsklassen in Hamburg. In H. Wocken & G. Antor (Hrsg.), *Integrationsklassen in Hamburg* (S. 65-90). Solms-Oberbiel.

Wocken, H., Antor, G. & Hinz, A. (Hrsg.) (1988). *Integrationsklassen in Hamburger Grundschulen. Bilanz eines Modellversuchs.* Hamburg.

Wurzel, B. (1987). ´Kreistorball´. Ein Vorschlag für das gemeinsame Spiel von Blinden und Sehenden. *Motorik, 10*, 41-46.

Wurzel, B. (1991). *Sportunterricht mit Nichtbehinderten und Behinderten. Untersucht am Beispiel von Sehenden und Blinden.* Schorndorf.

Verzeichnis der Autoren

Prof. Dr. Gudrun Doll-Tepper   Freie Universität Berlin
                                Institut für Sportwissenschaft
                                Schwendenerstr. 8
                                14195 Berlin

PD Dr. Friedhold Fediuk   Universität Gesamthochschule Kassel
                                Institut für Sport und Sportwissenschaft
                                Heinrich-Plett-Str. 40
                                34132 Kassel

Prof. Dr. Ingo Froböse   Deutsche Sporthochschule Köln
                                Institut für Rehabilitation und Behindertensport
                                Carl-Diem-Weg 6
                                50933 Köln

OStR Hermann Herwig   Carl-Strehl-Schule
                                Deutsche Blindenstudienanstalt e.V.
                                Am Schlag 6 a
                                35037 Marburg

Prof. Dr. Jürgen Innenmoser   Universität Leipzig
                                Sportwissenschaftliche Fakultät
                                Institut für Rehabilitationssport,
                                Sporttherapie und Behindertensport
                                Jahnallee 59
                                04109 Leipzig

Prof. Dr. Peter Kapustin   Universität Würzburg
                                Institut für Sportwissenschaft
                                Judenbühlweg 11
                                97082 Würzburg

Dipl. Sportl. Ralf Kuckuck   Deutscher Behinderten-Sportverband e.V.
                                Bundesgeschäftsstelle
                                Friedrich-Alfred-Straße 10
                                47055 Duisburg

Prof. Dr. Hermann Rieder   Universität Heidelberg
Institut für Sport und Sportwissenschaft
Im Neuenheimer Feld 700
69120 Heidelberg

Prof. Dr. Volker Scheid   Universität Gesamthochschule Kassel
Institut für Sport und Sportwissenschaft
Heinrich-Plett-Str. 40
34132 Kassel

Prof. Dr. Hans-Georg Scherer   Universität Osnabrück
Fachgebiet Sport und Sportwissenschaft
Jahnstraße 41
49080 Osnabrück

Dr. med. Lutz Worms   von Bodelschwinghsche Anstalten
Bewegungs- und Sporttherapeutischer Dienst
der Teilanstalt Bethel
Karl-Siebold-Weg 7
33617 Bielefeld

Bildnachweis:

Entwurf Titelseite: Tacke – Neumann & Partner
Titelfoto: Peter Kapustin
Fotos: Peter Kapustin, Jürgen Innenmoser

Behinderte machen Sport
Band 7
Arnd Köster/Peter Clarenbach
Morbus Parkinson
Ein Leben mit Bewegung

196 Seiten, 50 Fotos, 10 Abb.
Broschur, 14,8 x 21 cm
ISBN 3-89124-420-7
€ 16,90 / SFr 30,20

Behinderte machen Sport
Band 9
Peter Kapustin/Ralf Kuckuck/
Volker Scheid (Hrsg.)
**Bewegung und Sport bei schwer-
und mehrfachbehinderten
Menschen**

230 S., 120 Fotos, 23 Abb., 11 Tab.
Broschur, 14,8 x 21 cm
ISBN 3-89124-543-2
€ 16,90 / SFr 30,20

Behinderte machen Sport
Band 10
Regina Naschwitz-Moritz (Hrsg.)
Die psychomotorische Idee
Grundlagen und
Praxisanregungen

288 Seiten, Fotos, Abb., Tab.
Broschur, 14,8 x 21 cm
ISBN 3-89124-598-X
€ 16,90 / SFr 30,20

Behinderte machen Sport
Band 12
Michael Kolb/
Barbara Heckmann
**Mehr Spiele für den Herz-
und Alterssport**

224 Seiten, 68 Fotos, 10 Abb.
Broschur, 14,8 x 21 cm
ISBN 3-89124-803-2
€ 16,90 / SFr 30,20

VIDEOS

Behinderte machen Sport
Film 1
Behinderten-Sportverband
Nordrhein-Westfalen
Morbus Parkinson
Ein Leben in Bewegung

Das Video zum Buch
VHS, ca. 21 Min.
ISBN 3-89124-521-1
€ 16,90* / SFr 31,70*

Behinderte machen Sport
Film 2
Behinderten-Sportverband
Nordrhein-Westfalen
Mobil bleiben – Aktiv sein!
Ältere Menschen im Behindertensport

VHS, 55 Min.
Dokumentarfilm: 35 Min.
Mini-Bewegungsprogramm: 20 Min.
ISBN 3-89124-689-7
€ 16,90* / SFr 31,70*

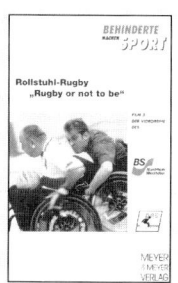

Behinderte machen Sport
Film 3
Behinderten-Sportverband
Nordrhein-Westfalen
Rollstuhl-Rugby
„Rugby or not to be"

VHS, 7 Min.
ISBN 3-89124-686-2
€ 12,90* / SFr 24,50*

*Unverbindliche Preisempfehlung

MEYER
& MEYER
VERLAG

MEYER & MEYER Verlag | Von-Coels-Straße 390 | D-52080 Aachen | Fax +49 (0)241-958 10-10